D1734672

DE ONDERWERPING

Philipp Blom

De onderwerping

Een geschiedenis van de verhouding van
de mens tot de natuur

Vertaald door W. Hansen

2023
DE BEZIGE BIJ
AMSTERDAM

Deze uitgave werd mede mogelijk gemaakt dankzij een subsidie
van het Goethe-Institut, dat gefinancierd wordt door
het Duitse ministerie van Buitenlandse Zaken.

Copyright © 2022 Carl Hanser Verlag GmbH & Co. KG, München
Copyright Nederlandse vertaling © 2023 W. Hansen
Oorspronkelijke titel *Die Unterwerfung*
Oorspronkelijke uitgever Carl Hanser Verlag, München
Omslagontwerp Buro Blikgoed
Omslagillustratie © J.Leyendecker / Mechernich Lead Mine /
Ptg.akg-images
Foto auteur Patrick Post
Vormgeving binnenwerk Perfect Service, Reeuwijk
Druk Wilco, Amersfoort
Bindwerk Abbringh, Groningen
ISBN 978 94 031 1072 1
NUR 320

debezigebij.nl

Bij de productie van dit boek is gebruikgemaakt van papier dat het keurmerk van de Forest Stewardship Council (FSC®) mag dragen. Bij dit papier is het zeker
dat de productie niet tot bosvernietiging heeft geleid.

Voor Lea en Benedikt

Inhoud

De sprong in de lucht

Een ogenblik van de grootst mogelijke doodsverachting, van blind geloof, als hij naar de klip rent en zich in de lucht werpt, vertrouwend op zijn vleugels, die vreemd en onbuigzaam zijn, tot de wind ze grijpt en ze met één ruk de lucht in tilt, alsof het enkel veren zijn. Daar vliegt hij, stijgt op, snelt met fladderende vlerken de zomerlucht in, boven het eiland. Hij ziet de huizen onder zich, de bomen en de velden en zelfs de bergen steeds kleiner worden, de glinsterende zee reikt tot aan de horizon, tot aan het wit overal. Hij voelt zijn kracht, verheft zich met elke vleugelslag hoger en hoger, steeds verder. Onder zich ziet hij zijn vader vliegen. Nooit zou die de moed hebben zich zo ver de hemel in te slingeren, gelijk een god, heerser over de eilanden en de zee. Maar hij hoort het bonzen van het bloed dat in zijn oren klopt en door zijn opzwellende aderen golft, hij voelt elke aanspanning van zijn spieren, hij voelt de warme lucht die hem omspoelt als een vloeiende omarming, de adem van een onbekende godin. Icarus verheft zich hoger, verder dan de meeuwen en de ganzen, hoger dan de dapperste adelaars vliegen. Het is hem gelukt. Hij is ontkomen aan de wereld daar beneden. Aan haar tirannieke wetten. Van nu af aan zal hij zijn eigen wetten schrijven. Van nu af aan zal hij als een koning leven, verheven, vrij en op elke uitdaging voorbereid. Hij zal de heer van dat alles zijn, van die kleine vlekjes land die er hier van bovenaf uitzien alsof een vogel ze tijdens het vliegen heeft laten vallen, alsof de goden met de eilanden gedobbeld hebben om een prijs. Zo meteen bereikt hij de wolken, die vrij en ontembaar langs de hemel vlieden, zo meteen kan hij ze pakken en hen hun geheim ontrukken.
Nog enkele vleugelslagen, dan is hij er.

Proloog
Koop mij een wolk

'Ik heb groot respect voor mijn materiaal. Alsof het zelf een levend wezen is. Het meeste is door de mensen bedacht. En we moeten het weer aan het vertellen krijgen. Niet de auteur vertelt, zoals we vroeger altijd met de paplepel ingegoten kregen. Alle mensen en gebeurtenissen vertellen.'

Alexander Kluge[1]

Kijk naar de hemel, naar de oneindigheid en daaronder het hoge samengaan van tumultueuze wolken. Wat de strook land eronder ook te bieden heeft, een Alpenpanorama, de dagelijkse file op Sunset Boulevard, een industriële ruïne, oceanen door stormen geteisterd, korenvelden of glinsterende wolkenkrabbers: ginds boven waait de wind vrij, daar moeten ook de gedachten vrij zijn in steeds nieuwe gedaanten. Daar moet de laatste wildheid heersen.

Schilders zijn van oudsher verliefd op wolken, op de stormachtige metamorfosen ervan, op de plasticiteit der vormen, het spel van licht en schaduw, en de dramatische stemmingswisselingen die binnenvallen als plotseling de zon verdwijnt of als een openbaring door de torenhoge loden massa's breekt.

De grootste wolkenvirtuozen waren de Hollanders die rond het midden van de zeventiende eeuw hun eigen stemming begonnen te zien in de verscheurdheid en de poëzie van hemelse landschappen, alleen al omdat de aardse landschappen hun niet veel te bieden hadden: amper een heuvel, laat staan dramatische toppen en ravijnen, majesteitelijke rivieren of panorama's. Alles was er vochtig en klein, bruinig met grijs, zonder grote accenten, klassieke ruïnes of andere bronnen van verheven

huivering. De mensen daar waren boer of haringvisser. Het land was
een streep aan de horizon, alleen onderbroken door wat bomen of een
rij windmolens. Grote delen van dat landschap waren geschapen door
mensenhand; niet alleen de velden, waarvan de randen als met een lini-
aal getrokken waren, ook de grachten en de steden, überhaupt het land
zelf, dat aan de Noordzee afgedwongen was door ingenieurs, dijkgraven
en het harde werk van anonieme armen. 'God heeft de aarde geschapen,'
zegt een oude zegswijze, 'en de Hollanders hun eigen land.' Aan zelfbe-
wustzijn heeft het hun niet ontbroken.

1. Jacob van Ruysdael, *Korenveld*, ca. 1670, olie op linnen, 100 x 130,2 cm, The
Metropolitan Museum of Art, New York, nalatenschap Benjamin Altman, 1913.
Catalogusnummer: 14.40623

Maar de schilders zochten meer dan de afgepaste productie-eenheden van
tuinderijen en weilanden met koeien. Hun opdrachtgevers, de patriciërs
van Amsterdam en andere handelscentra, wilden visuele voorstellingen
van hun levensgevoel en hun ideeën. Het waren strenge protestanten,
die meenden dat ze God direct rekenschap verschuldigd waren. Zonder

biecht en absolutie waren ze geheel op hun geweten teruggeworpen. De kunstenaars van die tijd projecteerden dat drama in de natuur. Linnen waarop een boerderij of een klein bos te zien is, vormen het podium voor psychologische drama's, waarbij de wolkenmassa's de uitbeelding zijn van de storm aan emoties en de innerlijke strijd.

In de hemel herkenden Rembrandt, Ruysdael en hun collega's de laatste wildernis van een opgeworpen, afgemeten en in stroken geknipte wereld. De zee, de eeuwige voeder en eeuwige vijand van alle kustvolken, vertegenwoordigde de natuur die zich niet liet bedwingen en waarvan de kracht gerespecteerd moest worden, als je leven je lief was. Maar de zee was altijd ook de bron voor vis en handelswaar, werk en carrière. Bij alle ontzag was er een pragmatische relatie met de Noordzee. De hemel was de laatste plek waar de stormen van de ziel konden worden uitgebeeld.

*

1 juli 2021: honderdjarig jubileum van de Communistische Partij van China. Een eregarde marcheert ten overstaan van zeventigduizend genodigde en geüniformeerde gasten en zesenvijftig stuks geladen artilleriegeschut over het Plein van de Hemelse Vrede en door een reusachtige poort, die gekroond is met de getallen 1921 en 2021 en een gouden hamer en sikkel. De soldaten bewegen zich met de bij elke hoek exact afgepaste discipline van één enkel lichaam, het metaal van hun geweren glinstert in de zon, hun blik is strak naar voren gericht, naar een glorierijke toekomst. Bij het hijsen van de nationale vlag schieten de kanonnen honderd saluutschoten af. De Communistische Jeugd en de Jonge Pioniers betuigen de partij bij een reusachtig portret van Mao Zedong enthousiast hun dankbaarheid. De jonge mensen dragen in hun linkeroor kleine oordopjes zodat ze de spreekkoren en partijlofzangen perfect gesynchroniseerd kunnen scanderen, niets is er aan het toeval overgelaten. Helikopters vliegen in een formatie van '100' over het plein.

Ver van die plechtigheid en de overal aanwezige posters, vlaggen en lichtreclames voor het jubileum van de partij gaat het normale chaotische leven van de stad verder. Een voor veel inwoners aangenaam bijeffect van de officiële plechtigheden is dat de drukkende stolp van smog,

die normaal het ademen bemoeilijkt, dunner geworden is. De hemel
straalt blauw en hoewel de foto's van die dag duidelijk een geel-grijze
nevel boven de huizen te zien geven, zijn het zicht en de luchtkwaliteit
toch veel beter dan op andere dagen, omdat vooral sterk vervuilende
fabrieken in de omgeving van Peking enkele dagen vóór de plechtigheid
hun productie hebben moeten verminderen.

Maar internationale wetenschappers vonden voor het mooie weer op
die feestelijke dag nog een andere oorzaak: de regering had zich bediend
van een technologie waarin ze de laatste jaren enorm veel geld had ge-
investeerd: *cloud seeding*. Daarbij worden zilverjodide of andere chemicaliën door vliegtuigen op wolken gesproeid om daar de vorming van
druppels te stimuleren en zo op de gewenste plek het uitregenen van
wolken te provoceren. Door de kunstmatige regen op de voorafgaande
dag was de lucht gereinigd en de hemel boven het Plein van de Hemelse
Vrede was bijna blauw. Ook bij de Olympische Spelen van 2008 had
cloud seeding al fraaie televisiebeelden opgeleverd.

Volgens officiële Chinese gegevens is alleen tussen 2012 en 2017 meer
dan tweehonderd miljard kubieke meter water kunstmatig uitgeregend,
en artilleriteprojectielen met jodide hebben in 2019 reusachtige hagel-
schade verhinderd. Doel is om het veranderen van het weer verder uit
te breiden, tot een gebied bestreken wordt dat anderhalf maal zo groot
is als India, om landbouwkundige productiecijfers en propagandistische
gebeurtenissen te beschermen.[2]

*

'Ik, Noa Jansma, verkoop wolken,' deelt een jonge Nederlandse kunstenares op haar website mee. In economische taal legt ze haar project
uit:

1. De delving: de wolken worden mijn eigendom. Volgens de bezet-
tingstheorie van Jean-Jacques Rousseau maak ik me er meester van
door er een grens omheen te trekken voordat iemand anders dat doet.
Ik heb kunstmatige intelligentie getraind dat voor me te doen.
2. De UR (*unique registration*): volgens de arbeidstheorie van John

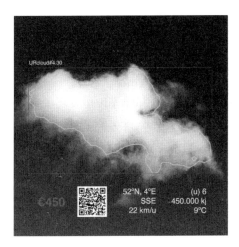

2. Project Noa Jansma: *Buycloud.*
Bron: https://www.noajansma.com/
buycloud

Locke moeten mensen met de wolken interageren om ze tot hun eigendom te maken. Ik heb een installatie gebouwd waarin mensen op het gras kunnen liggen en naar geprojecteerde voorbijdrijvende wolken kunnen kijken. De wolken worden naar hun eigenschappen geprijsd (in euro's) en er wordt een QR-code aan toegevoegd. Als de toeschouwers die QR-code met hun mobiele telefoon scannen, betreden ze de wereld van de virtuele speculatie. Als deel van de interactie delen ze hun data (een selfie en hun naam) met de wolk en krijgen ze een certificaat.

3. Het US (*universal system*): na betaling krijgen de eigenaren een certificaat, dat ook in een onlinekadaster wordt opgeslagen. De gekochte wolken drijven met hun koopprijs in de virtuele ruimte. Geïnspireerd door kapitalistische krachten kunnen in het kadaster grote wolken kleine wolken opvreten en op hun kosten groeien.[3]

De pandemie heeft Jansma's project noodgedwongen veranderd in een onlinegebeurtenis. Niettemin ziet ze midden in de catastrofe juist voor Buycloud een ondubbelzinnige kans: 'Nieuwe studies voorspellen dat bij oplopende emissies weldra geen cumuluswolken meer zullen bestaan. Dat zal leiden tot een temperatuurstijging van acht graden Celsius – rampzalig voor de planeet, maar uitstekend voor de wolkenmarkt. De aanschaf van een wolk wordt een poëtische maar stabiele investering.'

Het lachen vergaat de investeerders af en toe, maar de kunstenares wil haar ideeën nog iets verder opschroeven. Haar inspiratie haalde ze uit de geschiedenis van de Europese onderwerping van andere continenten, legt ze uit: 'Toen in de vijftiende eeuw westerse "ontdekkers" het land bezochten dat we tegenwoordig Amerika noemen, zeiden ze tegen de oorspronkelijke inwoners dat ze hun land wilden kopen. De oorspronkelijke inwoners waren in de war. Hun land? Kopen? Hun woordenschat kende geen woord of begrip voor het eigendom van natuurfenomenen.'[4] De wolken als laatste nog niet gekoloniseerd fenomeen wachten erop eindelijk op de mondiale markt gebracht te worden.

*

Wolken – het laatste ongetemde deel van de natuur? Dat zijn zij, de permanent veranderlijke wolken, uitsluitend in onze voorstelling. Het ontstaan ervan wordt allang door de opwarming van de aarde versneld, ze worden geobserveerd, ingedeeld, gevolgd, geanalyseerd, chemisch gemanipuleerd en niet alleen in een kunstproject voorzien van prijzen en tot voorwerp van speculatie gemaakt: toekomstige opties op de oogstopbrengsten van afzonderlijke landbouwkundige *commodities* en daarmee ook weddenschappen op het weer in de oogsttijd zijn allang normaal. Met wolken kan veel geld verdiend worden.

Wie lang genoeg naar een landschap (in het Engels fraaier *skyscape* genoemd, of zelfs *cloudscape*) van cumuluswolken kijkt, een veld van ranke cirrus in het licht van de ondergaande zon, of een dreigend loden onweersfront, kan er niet aan ontkomen hypnotisch opgezogen te worden door hun onuitputtelijke fantastische variaties op een thema. Er doemen gezichten en gestalten op, draken vechten met elkaar, wonderlijke creaturen, dreigende rotswanden rijzen op, zonnestralen snijden dwars door donkere muren heen of verlichten een scène als in een barokke opera. Geen landschap kan grandiozer zijn dan de bergen en ravijnen van die hoog oprijzende hersenschimmen. Als bij de aanblik van stromend water of de branding of vuur kan het bewustzijn geheel meegesleept worden door die stroom, en er uiteindelijk in verloren gaan.

Het is die chaotische, ongrijpbare, voortdurend veranderende aard van de wolken die het hun mogelijk heeft gemaakt zich zo lang aan de heerschappij van de mensen te onttrekken. Ze behoorden altijd al aan de goden toe, die hen naar hun wil konden samenballen of uit de hemel verbannen, waarin ze zich konden verbergen en van waaruit ze hun bliksems slingerden.

Maar nu slimme ondernemers en zelfbenoemde dromers allang plannen maken om de planeet, waarop de mensheid zich recent heeft gedragen als een rockband in een hotelsuite, gewoon achter zich te laten en met een kosmische ark van Noah de eigen verwoestende instincten en bezitsaanspraken naar andere delen van de melkweg te brengen, is ook de ruimte van de wolken allang gekoloniseerd. Alleen in de hoeken en gaten van de voorstellingskracht die nog niet door commerciële belangen in bezit genomen of verdoofd zijn, kunnen de wolken hun magie nog aanzwellend en verwaaiend aan de hemel veraanschouwelijken – een herinnering aan de omstandigheid dat alles wat deel van de natuur is, is opgenomen in een voortdurend stromen en onmogelijk vastgelegd kan worden.

Het getemde land onder de wolken en de zucht naar steeds nieuwe veroveringen in de stratosfeer zijn de uitdrukking van een collectieve waan, het volkomen ontketende idee namelijk dat de mens buiten en boven de natuur staat en haar kan en moet onderwerpen. Dat mensbeeld beschouwt zichzelf als verheven boven dieren en andere levende wezens, ziet de natuur als coulisse van zijn eigen ambities en als opslagplaats van grondstoffen. Vanuit die bevoorrechte positie maakt hij zich op om de wereld geheel aan zijn wil te onderwerpen.

Om die eerzucht heen fladdert een faustische waanzin. Maar tegelijkertijd is die waan van de overheersing van de natuur zo alomtegenwoordig en allesdoordringend dat het moeilijk valt voldoende afstand te scheppen om hem te zien met al zijn groteske en fascinerende gezichten, maskers en fratsen, die ook de wolken per slot van rekening alleen tonen als je er niet middenin zit, maar ze vanuit de verte bekijkt.

De onderwerping van de natuur is allang mondiale praktijk geworden. In samenlevingen die zichzelf graag als verlicht zien en ook vaak een christelijke traditie kennen, is die waan bijzonder diepgeworteld in natuuropvatting en mensbeeld. In families en scholen wordt hij doorgegeven, hij is als patroon terug te vinden in verhalen, films en videogames, in wetten, opmerkingen en zelfs grappen, van waaruit de sociale wereld zich aan het individu voordoet als drager van diezelfde verhoudingen.

Die onderwerping bepaalt de wereldvisie en het zelfbeeld van veel samenlevingen die zich op een gemeenschappelijke erfenis beroepen. Vanuit hun perspectief doet de geschiedenis zich voor als uitbreiding van de beschaving en ontwikkeling van de vooruitgang, die door toeval of de voorzienigheid zijn hoogste uitdrukking vindt in de eigen manier van leven of een sterk daarop gelijkende. De vooruitgang van nomadendom naar akkerbouw, naar stadsculturen, schrift en geld, wiel en spoorwegen, mensenrechten, liberale democratieën en mondiale markten lijkt in een niet-aflatend tempo door te gaan.

Zo althans hebben waarnemers het in het zogenoemde Westen na de ineenstorting van de Sovjet-Unie beschreven, maar de geschiedenis heeft diverse wendingen genomen. De eschatologie van de liberale democratieën en de liberale markten is enerzijds gevolgd door de techno-toekomst van Silicon Valley, dat hetzelfde oude verlangen in nieuwe kleren hult en het voorstelt als transhumanisme, als het zich vestigen op verre planeten of als heerschappij van de Kunstmatige Intelligentie.

Op andere gebieden is dat narratief stukgelopen op de werkelijkheid, van de klimaatramp tot en met het openbarsten van postimperiale wonden en vernederingen, van het Midden-Oosten tot in Oekraïne. Achter die overduidelijke conflicten razen de minachting van natuurlijke systemen en de daarmee verbonden instorting van de biodiversiteit op de voorspelbare catastrofe af. In plaats van een hemels Jeruzalem doemen op middellange afstand een Sodom en Gomorra op.

Het getemde en overheerste land, de onderworpen planeet, blijkt overvraagd door zoveel willekeurige en plotselinge manipulatie. Organische verbindingen, die in miljoenen jaren zijn ontstaan en in de aarde zijn opgeslagen, werden binnen enkele decennia de atmosfeer in geblazen: hun energie wakkerde de bliksemsnelle opkomst van een species aan tot een ongekende macht.

Maar vanuit het perspectief van de ecologische systemen kent die opkomst een prijs: verfijnd op elkaar ingespeelde levenscycli storten in, chemische samenstellingen en temperaturen van oceanen en atmosferen veranderen, oceanische stromingen en bergwinden veranderen van richting, poolijs smelt, regenwouden verdwijnen, zeespiegels stijgen, de biodiversiteit stort in. Het hemelse Jeruzalem is nog onbewoond maar allang klamvochtig.

Die natuurlijke processen verlopen zoals wetenschappers hebben voorspeld, maar wel veel sneller dan in veel modellen was berekend. Daarom moeten we erop voorbereid zijn dat ook de volgende stadia van de opwarming van de aarde net zo zullen verlopen als berekend is, maar het potentieel aan verdringing, ontkenning en politieke instrumentalisering is zo enorm dat de naakte, voor de hand liggende en waarneembare waarheid niet zal worden erkend.

Zo voltrekt zich de ramp voor ons aller ogen. Maar homo sapiens is geen bijzonder belangrijk organisme en hij zal het lot van de planeet waarop hij huist slechts tijdelijk beïnvloeden, ervoor en erna regeren de microben, waarvoor zoogdieren weinig meer zijn dan drager-organismen. Maar homo sapiens – op het toneel van de evolutie is dat idee niet gespeend van ironie – ziet zichzelf als middelpunt, als maat der dingen, als heerser van de natuur. Hij meent daadwerkelijk dat alle levende wezens voor zijn weergaloze majesteit in het stof vallen.

Een nuchtere blik ziet homo sapiens als een primaat die zichzelf hopeloos overschat, een onbeduidend deel in een systeem van systemen dat in de westerse traditie met 'natuur' wordt aangeduid, een biologische nieuweling die op het ogenblik de cyclus van alle innovatieve species lijkt te doorlopen: maximale uitbreiding, uitputting van de hulpbronnen, gevolgd door een ineenstorting. Die weg is ook het Romeinse Rijk gegaan.

De onderwerping van de natuur speelt in het drama dat zich ontvouwt een sleutelrol, zij het een andere dan verwacht. Ze is allang deel van het weefsel geworden waarin onze samenlevingen denken en handelen. Ze lijkt een vanzelfsprekend deel van het menselijk leven te zijn, terwijl het succes ervan nooit zeker is geweest; haar carrière verloopt avontuurlijker dan die van veel romanhelden. In een zeer beperkte geografische en culturele omgeving is het idee van de onderwerping van de natuur eeuw na eeuw meer geworteld geraakt, en is toen een nieuw en oneindig veel machtiger leven begonnen. Met de schepen, boeken en kanonnen van de Europeanen werd het over de wereld verspreid, de verlichters verklaarden de absolute overheersing van de natuur tot de voornaamste opgave van de mens, wetenschappers en ingenieurs zetten schijnbaar reuzenstappen op weg naar een glorieuze toekomst, kapitalisten en communisten maakten er in even sterke mate hun staatsraison van en verklaarden letterlijk de oorlog aan de natuur.

In dit boek probeer ik de verbazingwekkende geschiedenis van dat waanidee na te gaan, van de geboorte ervan in de dageraad van de schriftelijk vastgelegde beschaving tot en met het sterven ervan als gevolg van de klimaatcrisis.

*

Buiten de 'westerse' traditie is het beeld heel anders. Er bestaan nauwelijks andere samenlevingen waarvan de mythen en verhalen overgeleverd en ontsloten zijn en die tegelijkertijd de mens als heerser over de natuur zien, verheven boven wat er kruipt en krioelt aan zijn voeten, ertoe uitverkoren haar te onderwerpen en de geschiedenis te voltooien.

In de Chinese filosofische tradities bijvoorbeeld staat centraal dat de weg, de *dao*, aangeeft hoe en waarheen de natuur gaat en dat mensen die weg kennen en het evenwicht moeten leren respecteren (zoals we later zullen zien gebeurt dat echter ook allemaal niet zo idyllisch als het op het eerste gezicht lijkt). De Azteken zagen zichzelf als slaven van tirannieke en incompetente goden, die hen in alle natuurverschijnselen tegemoet traden en die alleen met overdreven bloeddorstige mensenoffers in een goed humeur konden worden gehouden.

De Aboriginals in Australië zien zichzelf als voetreizigers over de droompaden van hun voorouders, die hen vertrouwelijk met hun land verbinden en een spirituele geografie vormen. Het volk van de Jívaro in Ecuador weet dat het een volk van rovers is dat in oorlog met de natuur leeft en met geweld of via list neemt wat het van de alomtegenwoordige vijand buit kan maken. Voor de Nieuw-Zeelandse Maori en hun Polynesische voorvaderen is de natuurlijke wereld vol dingen en plekken die voor iedereen of alleen voor bepaalde mensen *tāpuu* zijn, taboe, en die niet aangeraakt, gegeten of betreden mogen worden.

In de Shinto-traditie van Japan ligt de hoogste esthetische perfectie en de grootste wijsheid in de meditatieve identificatie met natuurlijke en vergankelijke vormen en processen. Mensen van het volk van de San in Botswana en Namibië weten dat ze verwanten van dieren en bomen zijn en dat hun voorvaderen in stenen en zelfs in de wind kunnen wonen. Het is makkelijk over dat soort ideeën te glimlachen als poëtisch naïef, maar culturen als die van de San hebben het meerdere millennia achtereen voor elkaar gekregen in een betrekkelijk stabiele verhouding met hun natuurlijke medemensen te leven. Het westerse model is binnen enkele eeuwen, misschien zelfs wel binnen enkele decennia, op zijn grenzen gestuit.

Dit soort wereldvisies (en het zijn er maar een paar, willekeurig gekozen) verschillen sterk van elkaar en brengen heel verschillende mensbeelden en handelingspatronen over. Ze ontstonden in culturen met heel verschillende niveaus van technologische ontwikkeling en sociale complexiteit, onder heel verschillende klimatologische omstandigheden en als reactie op diverse uitdagingen. Maar wat ze gemeen hebben, is dat ze mensen als deel van een gesloten systeem zien.

Veel tradities kennen de mens een bijzondere positie toe, zoals ook Dipesh Chakrabarty beschrijft,[5] maar in geen van die vele wereldbeelden duikt het waanzinnige en adembenemend narcistische idee op dat de mens boven de natuur staat en niet alleen andere mensen en territoria maar de natuur zelf onder de knie kan dwingen, door gebeden of door technische arsenalen en een wetenschappelijke binnendringing van de laatste geheimen van de kosmos.

Lang is dat idee slechts een onder vele geweest, de waan van de onderwerping van de natuur concentreerde zich op de eerzuchtige fantasieën van enkele monniken en geleerden in Europa, een deel van de wereld dat na de ineenstorting van het Romeinse Rijk in anarchie was vervallen. In andere delen van de wereld ontwikkelden er zich culturen met andere ideeën over de wereld en ongetwijfeld ook andere collectieve waanideeen. Sommige samenlevingen en hun verhalen leefden overwegend geïsoleerd, andere stonden voortdurend in contact met elkaar door migratie, handel en oorlog. Maar geen van de culturele wereldopvattingen slaagde erin zich over de hele aardbol te verspreiden.

In de vijftiende eeuw ontstaat er een razensnelle historische dynamiek die dat evenwicht verstoort. Binnen enkele generaties wordt het narratief van de natuurbeheersing en de onderwerping geglobaliseerd, door de koloniale machten meegenomen en verspreid, overgenomen en vaak versterkt door rebellen en vrijheidsstrijders, in de hand gewerkt, bezongen en voltrokken door kerken, communisten en kapitalisten. In dat proces werden andere wereldopvattingen als verouderd gebrandmerkt en bestreden, terwijl het evangelie van de wetenschappelijke beheersing van de natuur in dienst van de mens, de economie en de vooruitgang in vele miljoenen hoofden werd gestampt en desnoods met pantserbrigades werd doorgedreven.

Tegenwoordig is die waan zo endemisch en met zeer fijne haarwortels zo diep tot in het laatste hoekje van ons bewustzijn en ons mensbeeld binnengedrongen dat het voor veel mensen letterlijk onmogelijk is zich de wereld voor te stellen vanuit een andere invalshoek. De geschiedenis van die ongekende waan is een mogelijkheid kritisch afstand te nemen tot dat idee, dat in veel opzichten de matrix van de westerse natuuropvatting vormt.

Daarom lijkt het de beste weg het idee van de onderwerping van de natuur niet als een entomoloog op te prikken en te classificeren, maar het gehele proces van het ontstaan ervan te beschrijven, te observeren hoe het zich ontvouwt, nieuwe geesten en gemeenschappen infecteert, voor zijn overleven strijdt, verandert en triomfeert, vanaf het begin ervan in Mesopotamië tot en met de mondiale heerschappij en de langzame teloorgang ervan. Uit die ineenstorting ontstaat een filosofische revolutie die groter is dan de copernicaanse: de radicale herontdekking van de mens als deel van de natuur. Dat intellectuele avontuur zal in deel III van deze geschiedenis terugkeren.

De mens als deel van de natuur ontstaat als de geschiedenis van de natuuroverheersing op haar kop wordt gezet (Marx zou zeggen: van het hoofd op de voeten). In plaats van homo sapiens als heerser van de schepping op te vatten is het ook mogelijk hem te zien als een dier dat in alle mogelijke verbanden verwikkeld is, een knooppunt in een eindeloos complex vlechtwerk van veranderende situaties, als een wezen met minder macht en wilsvrijheid dan het zichzelf vleiend toeschrijft.

Wie handelt er dus eigenlijk, vanuit dat perspectief gezien? Hoe be-

langrijk zijn in dat complexe beeld de verhalen die samenlevingen in
hun collectieve en individuele innerlijke theaters het podium op sturen
en die hun handelen moeten leiden? Kunnen collectieve ideeën en verhalen een actieve rol spelen in de geschiedenis, of zijn het alleen maar
passieve hersenspinsels? Handelen mensen met andere woorden meer
als vrije individuen of meer als deel van een collectieve sfeer, van een gemeenschappelijke culturele horizon, vanuit het drama van hun innerlijk
theater?

Misschien is het interessant om ook de waan van de onderwerping
van de natuur en daarmee elke collectieve waan, elk verhaal dat een gemeenschap zichzelf vertelt, als een niet-biologische, maar in elk geval wel
levensverwante actor op te vatten, die zich met een bepaalde bedoeling
en creativiteit zijn eigen weg baant, die zich aanpast en verandert en
strategieën bedenkt om zich verder te verspreiden en meer geesten te
infecteren, zoals een virus doet, en daarmee de evolutie zelf. Zo gezien
is de onderwerping een evolutionaire dynamiek die gebruikmaakt van
mensen, zoals ook schimmels en microben het doen in de grote dans van
verweringen en afhankelijkheden die we 'het leven' noemen. De waan als
handelende persoon: dat in zekere zin evolutionaire perspectief schept
de nodige analytische afstand om de geschiedenis ervan überhaupt te
kunnen vertellen.

*

Het passieve deel bij al dit nadenken over de verhouding van mens en
natuur speelt de natuur, die ik 'natuur' wil blijven noemen, hoewel beide
begrippen in de loop van deze overdenkingen zullen vervluchtigen. De
moeilijkheid van het nadenken ligt al in dat ene woord 'natuur' besloten, waarvan je toch zou denken dat meteen duidelijk is wat er bedoeld
wordt; maar al bij eerste navraag komt er twijfel op en weet niemand hoe
een gesprekspartner het begrip opvat.

Alleen om de betekenishorizon wat open te breken en wat licht te
werpen op dat woord in zijn complexiteit, zij eraan herinnerd dat het
woord 'natuur' altijd al een verschil met zich meebrengt. Natuur staat
tegenover cultuur, het een definieert het tegendeel van het ander, maar

tegelijkertijd zijn ze van elkaar afhankelijk; Bruno Latour beschrijft ze als 'Siamese tweeling, die teder voor elkaar zijn of elkaar met hun vuisten te lijf gaan, terwijl ze dezelfde romp blijven delen'.[6]

Afhankelijk van de ideologische dispositie krijgt de hiërarchie tussen cultuur en natuur verschillend gestalte. De natuur is onaangetast en is uit zichzelf afkomstig (of door goddelijke tussenkomst), de cultuur is door mensen gemaakt en is hun eigenlijke bestemming. De mens staat tussen natuur en cultuur. Zijn historische missie ligt in de emancipatie uit de natuur en het scheppen van een hogere cultuur, de grondslag van zijn vrijheid en zijn bevrijding van zijn aardse banden.

Dit ietwat overtrokken narratief wordt weerspiegeld in een kunstgenre dat in een periode tot leven kwam toen de relatie tussen mensen en de natuur radicaal veranderde: stillevens, die vooral in de Nederlanden van de zeventiende eeuw populair werden. Een klassiek stilleven – een schilderij met een boeket bloemen of een bord met vruchten, of keukeningrediënten inclusief wild en vissen – is nooit de uitbeelding van een natuurlijk zich voordoend tafereel, maar een zorgvuldig arrangement van verschillende delen volgens een morele ordening. En een stilleven is nooit levend. Het Franse woord ervoor is *nature morte*, dode natuur.

Een stilleven ordende de natuur niet alleen – het voorzag haar ook van een morele inhoud, veranderde natuurlijke dingen als bloemen en vruchten in zuivere codetekens van een goddelijke ordening. Elk boeket toonde afgesneden bloemen waaraan het sterven in schoonheid inherent was, en een vrucht op het hoogtepunt van zijn rijpheid, vlak voordat het tot verrotting overgaat, al omgonsd door de eerste vliegen. Een kaars zou weldra opbranden, een bloemblad is snel verdroogd, een glas raakt snel leeg, een fluit wordt door de vergankelijke adem tot een kort en melodisch leven gewekt – en wat de terugkerende dodenschedels, rekeningenboeken (het was een land van handelaren) en religieuze traktaten betreft, is elke interpretatie overbodig. De natuur werd een moreel spektakel, een ruimte voor een opvoering van de menselijke sterfelijkheid en van een verlangen naar transcendentie.

Dat soort denken, constateert Bruno Latour, leidt tot structurele schizofrenie: 'Maar juist die ontoelaatbare generalisering leidde tot de vreemde handelwijze om aan een objectief en langzaam verklaard element van de wereld het leven te ontzeggen, en een subjectief, bewust en vrij verklaard element met leven te overladen.'[7] Het ervaringscontinuüm van natuur/cultuur, waarbinnen het menselijke bewustzijn bestaat, wordt opgesplitst in een individuele, subjectieve, 'overbezielde' cultuur, en in de schaduw ervan, een ontzielde, geobjectiveerde natuur. Het een bepaalt het ander.

De op afstand gezette 'natuur' wordt enerzijds een verstomd middel en een economische externaliteit, maar anderzijds een stilleven, een landschap, een toeristisch decor, kitsch. De rest is de historische wraak van Jean-Jacques Rousseau: in een samenleving die zich van alle natuurlijke ritmen, voedingsmiddelen en prikkels bevrijd heeft en haar ervaringen steeds meer overbrengt naar een sfeer van digitale schijnvertoningen, wordt een authentieke, onaangetaste natuur definitief een plek om naar te hunkeren, ook al bestaat zo'n natuur sinds de proclamatie van het antropoceen nergens meer op deze planeet.

De culturele tegenbeweging van de kunstmatigheid van de cultuur is op zijn laatst sinds Rousseau de terugkeer naar het paradijs, naar de kinderlijke onschuld en de harmonie met de natuur, naar de idylle. Dat is in het beste geval gevaarlijke anarchistische romantiek, maar meestal zuivere gedachtekitsch. Er bestaat geen terugkeer en geen stilstand in de natuur of in de geschiedenis, geen stille en neutrale plek voor het denken van waaruit de wereld objectief kan worden beschreven. Alleen al het feit dat al het denken in en via verouderende, wellustige, zieke, angstige, voortdurend veranderende lichamen en ervaringshorizonten gebeurt maakt zo'n historische abstractie onmogelijk.

Tussen de overbezielde cultuur en de passieve natuur, tussen de extreme scheiding van de natuur en het verlangen naar de terugkeer in haar schoot, biedt de geschiedenis van het Westen een compleet panorama aan spanningen en houdingen. Maar tegelijkertijd is de manier waarop het moderne Avondland de natuur uitbeeldt iets 'wat in de wereld het minst gedeeld wordt', aldus de antropoloog Philippe Descola.[8] In veel regio's op onze planeet worden mensen en niet-mensen niet als fundamenteel van elkaar gescheiden gezien, verklaart hij. Ze leven in dezelfde 'ontologische niche', hebben dezelfde behoeften, zijn aan elkaar verwant, zijn door dezelfde verhalen met elkaar verbonden en zijn volledige individuen met hun eigen ratio, moraal en samenleving.

Die scheiding van de ontologische niches tussen westerse mensen en hun cultuur en dat wat ze 'natuur' noemen, is nooit compleet – in feite is een deel van dit boek gewijd aan de archeologie van het theoretische verzet ertegen –, maar ze heeft de cultuur van de onderwerping mogelijk gemaakt en bepaald, door uit de organismen waarmee mensen deze planeet delen een *nature morte* te maken.

Waar in het continuüm tussen extatische opheffing en totale objectivering de verschillende stemmen en houdingen zich ook mogen bevinden, ze delen allemaal de gecompliceerde, tegenstrijdige geschiedenis van het begrip waarvan ze uitgaan. Het is belangrijk de moeilijke biografie van dat begrip mee te lezen en mee te denken, als in het nu volgende het woord 'natuur' in verschillende contexten en betekenissen schijnbaar argeloos opduikt en zich steeds weer aan elke duidelijke definitie onttrekt.

Maar in één betekenis is de natuur juist massief in het leven van vele miljoenen mensen teruggekeerd. De corona-epidemie heeft drastisch duidelijk gemaakt hoe willekeurig en grootscheeps die scheiding geworden is, hoe kwetsbaar mensen zijn, hoe direct deel van de natuur, verweven en verwikkeld in biologische, economische, politieke en sociale verbanden, buiten hun controle en zelfs buiten hun kennis. Het is een pandemie die vermoedelijk door menselijk ingrijpen in de natuur veroorzaakt is en door menselijke vindingrijkheid zal worden beëindigd.

Maar nu al heeft het virus waarnemingen en instincten veranderd, lichamelijke gevoelens, werkmethoden, familiedynamiek en sociale rituelen. Het heeft sociale verschillen vergroot en regeringen gecompromitteerd, het vertrouwen in de wetenschap in sommige landen versterkt en in andere landen geërodeerd, samenlevingen gespleten, talloze mensen psychisch en financieel belast, carrières bevorderd en gebroken, tot nieuwe medische doorbraken geleid, ongekend overheidsingrijpen veroorzaakt en oude debatten een nieuw vocabulaire gegeven. Hoelang het de wereld ook in een uitzonderingssituatie houdt, het zal een andere wereld achterlaten.

Als een biologische pandemie binnen enkele maanden zulke diepe sporen in denken en gedrag van miljoenen mensen kan achterlaten, of ze nu lichamelijk geïnfecteerd zijn geweest of niet, hoe is het dan wel niet met een waanidee waarvan de infectueuze macht al duizenden jaren samenlevingen steeds weer kwelt? En wat komt er na de pandemie? Er is altijd een daarna.

I

MYTHOS

De wereld op een vaas

3. Stenen vaas, reliëf, Mesopotamië, Uruk-tijd, ong. 3200-2900 vóór onze jaartelling. Museum Bagdad, Iraq Museum

Dit is de wereld en haar orde. Een machtige cilinder van bleek, geelgrijs albast, groot als een tienjarig kind, en daarop horizontale banden met figuren rondom.

Helemaal onderaan, vlak boven de voet, kabbelen de golven, de wateren van de Eufraat en de Tigris, die van de dorre vlakte vruchtbare velden maken, de wateren aan de kust, waar zich de zoete en zoutige wateren van een godin en een god in een daad van kosmische verwekking vermengd hebben om de bekende wereld te scheppen, de fonkelende kanalen, die zich in een dicht net tussen de velden en de tuinen uitstrekken. Alles rust op het water, dat net als in het Gilgamesj-epos de wereld schept, voedt en omgeeft.

De volgende band toont korenaren en riet, geteelde en wilde planten van dit kustlandschap, direct daarop gevolgd door een band met schapen en trots gehoornde rammen, die elkaar in een schijnbaar eeuwige processie volgen.

Op het volgende vlak schrijdt een lange rij mannen die kroezen met olie of bier en schalen vol vruchten dragen om hun oogst in de tempel te gaan offeren. Ze zijn allemaal in dezelfde geste verstrakt, en profil met amandelvormige ogen, een markante neus en een kaal hoofd, hun tot een hoek gebogen armen met hun last voor zich uit houdend, hun lichaam zacht en sterk gebouwd, alsof ze willen laten zien dat hun heer rijk is en zij genoeg te eten hebben, hun benen bij het lopen gespreid, hun genitaliën duidelijk zichtbaar.

Een brede band scheidt die onvermoeide dragers van de bovenste voorstelling, die voor de kijkers bijna op ooghoogte is. Een naakte man biedt de godin biddend een korf met vruchten aan. De beide rietbundels met de ringvormig opgerolde uiteinden identificeren haar als een machtige godin.

Dit vlak toont een heel bijzonder ritueel: offer en heilige bruiloft. De vorst huwt Inana, de beschermgodin van de stad en vorstin van de hemel, godin van de vleselijke liefde en van de oorlog, de gerechtigheid en de macht. We weten niet precies hoe dat ritueel voltrokken werd. Misschien heeft de koning plaatsvervangend met de hogepriesteres het huwelijk voltrokken, maar zoals de priesteres bij deze coïtus niet meer alleen maar een aardse vrouw is, is de koning tegelijkertijd het lichaam en de plaatsvervanger van Dumuzi, de goddelijke metgezel van Inana. De vorsten voltrokken zo een jaarlijks ritueel dat de vruchtbaarheid van het land veilig moest stellen.

De natuur – levenloos, plantaardig, dierlijk – neemt de laagste rangen van de piramide in, waarvan de top het offer in de tempel vormt, de mystieke bruiloft, zoals latere christelijke auteurs het moment zouden noemen, waarop het aardse leven zich verbindt met het bovenaardse om de ordening van de wereld te garanderen.

Boven de rangen van de natuurlijke wereld vinden we de slaven en mensen met een lage status (ook al zijn de hier afgebeelde mensen wellicht symbolisch ontklede priesters). Pas in de hoogste rang dragen de meeste mensen (behalve de priesters) rituele kleding. De koning wordt als bruidegom (helaas is dat fragment verloren gegaan) aan een brede sjerp naar zijn bruid geleid. De priester overhandigt een bruidsgift. De bruid staat voor de ingang van haar tempel en voorraadhuis, een deel van het tempelcomplex; de priesters en bestuurders behoren tot dezelfde schrijvende en wiskundig opgeleide klasse. De opslag van het graan voor slechte jaren, de belastingheffing voor de velden en de vaststelling van de prijzen vormden de machtsbasis van de tempelelite.

In de tempel staan twee godenbeelden en diverse offergaven – en een paar vazen die verbazingwekkend veel lijken op de Uruk-vaas. Archeologen gaan ervan uit dat bij dit meesterwerk uit de tempel van Inana nog een tweede, overeenkomstige vaas hoorde en dat beide in de tempel van Inana stonden, zodat de beide vazen van die afbeelding deel worden van de geschiedenis die ze vertellen – een eeuwige zelfreferentiële bespiegeling.

Dit spel met referenties is niet toevallig, want het object zelf wordt spel. Het bruiloftsritueel tussen de vorst/Dumuzi en de godin (vertegenwoordigd door een priesteres of tempelprostituee) werd elk jaar gevierd. De heilige bruiloft herinnerde ook aan het lot van de god Dumuzi, die de helft van het jaar in de onderwereld moest doorbrengen en elk jaar opnieuw geboren werd, net als de planten. Het garandeerde de continuïteit van die cyclus en het verklaart tegelijkertijd de simpele conische vorm van de vaas, want de vaas kan ook gezien worden als een reusachtig rolzegel, dat, eindeloos voortrollend, een steeds terugkerende kringloop van bruiloft en oogst symboliseert, gesteund door de eeuwige hiërarchie van de goddelijke orde.

De Uruk-vaas kan niet alleen bekeken worden, ze draagt haar boodschap ook in haar vorm mee, en in de manier waarop ze van zichzelf deel van haar eigen geschiedenis maakt. Ze stelt een wereld voor waarin de mensen de aarde aan zich onderworpen hebben en zelf onderworpen zijn aan de goden, en waarin alles een goddelijke orde volgt. In die orde is er één ambivalent element: de mens is het enige schepsel dat op twee verschillende vlakken van de vaas opduikt: als half dier en half god bewoont hij een tussenrijk.

Die dubbele natuur riep bij de Mesopotamiërs kennelijk al een moeilijk te verdragen spanning op. Net als over alle grote spanningen, breuken of angsten vertelden de mensen elkaar ook hierover verhalen. Een van die verhalen, over een grote koning die voor twee derde god en voor een derde mens was en die uittrok om de natuur en de dood zelf te onderwerpen, werd een centraal verhaal van Uruk; aan het begin van het tweede millennium voor onze jaartelling werd het door een schrijver en priester, Sîn-leqe-unnīnī, naar oude overleveringen op twaalf kleitabletten opgetekend, in een tekensysteem dat ongeveer 1800 jaar eerder was ontwikkeld om de voorraden makkelijker bij te kunnen houden: het schrift.

Gilgamesj, de held

'Hij die alles gezien heeft, de grondvesten van de wereld. Hij die alles wist, alles begreep. Gilgamesj die alles gezien heeft, de grondvesten van de wereld. Hij die alles wist, alles begreep. Hij die alle landen ontdekte, alle wijsheid verzamelde. Wat bedekt was, zag hij; hem bleef niets verborgen. Hij heeft kennis gebracht van vóór de grote zondvloed.'[9] Met die versregels begint het oudste schriftelijk overgeleverde verhaal, dat op grond van archeologische vondsten in grote trekken teruggaat tot in het zesde millennium vóór onze jaartelling. En dat verhaal levert de eerste getuigenis voor het idee van de onderwerping van de natuur. Daarom moet het hier enigermate uitgebreid naverteld worden. Gilgamesj, de koning van het Mesopotamische Uruk, wil door heldendaden naam maken en mislukt ten slotte bij zijn poging het eeuwige leven te verkrijgen. Ondanks zijn wijsheid en zijn kracht lijdt hij schipbreuk. Deze held is wijs en toch dwaas, een voortreffelijk vorst en toch een tiran, wreed en toch vaak zachtaardig, een tegenstrijdige en ambivalente hoofdpersoon, zoals alle grote figuren uit de wereldliteratuur.

In de proloog van het epos treedt Gilgamesj als stedenbouwer op, die om Uruk heen een grote muur gebouwd heeft, die imposant uit de vlakte oprijst, een bouwwerk zoals de wereld nog nooit gezien heeft – 'Zie zijn tinnen glanzen als koper. Bekijk zijn onvergelijkelijke borstwering.'[10]

Maar niet alles is hier zo mooi als de glanzende muren. De koning onderdrukt zijn volk. Hij dwingt de jongemannen dag en nacht paraat te zijn om hem te amuseren, en hij eist het recht op van de eerste nacht met elke maagd van de stad. Niemand kan hem een halt toeroepen, en daarom wenden zijn vertwijfelde onderdanen zich tot de goden met het verzoek zijn enorme appetijt te beteugelen en hen te bevrijden van de last van zijn willekeur.

De goden verhoren de jammerklacht en besluiten de overmachtige koning af te leiden. Ze scheppen Enkidoe, een man die in kracht en lichaamsbouw evenwaardig is aan hem, een behaarde rondtrekkende gezel, die ver van de ommuurde stad in de wildernis leeft en tussen de gazellen graast. Als de stedelingen van dat vreemde wezen horen, sturen ze de hoer Sjamchat om hem te verschalken. Ze treft hem aan bij een waterplaats, waar hij met andere dieren drinkt, en gaat tot handelen over: 'Zij deed haar kleed uit en hij dekte haar. Zijn liefdesspel ging als een fluistering over haar heen. Zes dagen en zeven nachten bleef Enkidoe hard en bedreef de liefde met haar.'

Als Enkidoe eindelijk verzadigd is, moet hij vaststellen dat de dieren waartussen hij geleefd heeft, nu voor hem vluchten. Zijn vroeger onschuldige lichaam is 'bezoedeld' door zijn nieuwe kennis, door zijn contact met de cultuur, maar zijn nachten met Sjamchat hebben het verstand in hem doen toenemen en hij blijft bij haar. Door haar wordt hij een inwoner van de stad, hij raakt verwijderd van de wildernis. Op een marktplaats in Uruk ontmoet hij Gilgamesj, die juist voorbereidingen treft weer eens een jonge vrouw te ontmaagden. Enkidoe verspert hem de weg en de twee vechten met elkaar tot de wanden wankelen, zonder dat de een de ander kan verslaan. De tegenstanders worden zo vrienden.

Het verlangen van Gilgamesj naar bevestiging en roem is door zijn nieuwe vriendschap en zijn nieuwe populariteit bij zijn onderdanen en de goden nog lang niet gestild. Hij besluit samen met Enkidoe naar het cederbos te gaan om daar de bosgeest Choembaba, de wachter van de ceders, te doden. De raadgever van de koning en Enkidoe proberen hem daarvan af te brengen, want Choembaba staat onder de bescherming van de god Enlil en is een afschrikwekkend gedrocht. Maar Gilgamesj wijkt niet van zijn voornemen af en ten slotte stemt Enkidoe ermee in om hem te begeleiden. Na zware gevechten slagen de beide helden erin de afschrikwekkende bosgeest te doden. Gilgamesj velt de reusachtige ceders om daaruit poorten voor de tempel van Nippoer te vervaardigen. Ook de afgehakte kop van Choembaba nemen ze mee.

De moed en de kracht van de twee vrienden imponeren zelfs de goden. De machtige godin Isjtar heeft besloten met de mooie koning te trouwen. Isjtar is niemand anders dan Inana, de 'vorstin van de hemel' en godin van de liefde en de oorlog. Er wordt van haar gezegd dat ze wreed omgaat met haar minnaars, als ze hen moe wordt. Gilgamesj weet dat en bezorgt zijn hemelse vereerster een afwijzing. In woede ontstoken en diep vernederd bewerkstelligt de godin dat het hemeldier losgelaten wordt om Gilgamesj en Enkidoe te vernietigen. Maar de beide helden zijn ook tegen die bedreiging opgewassen en doden de stier.

Gilgamesj zet een wild vreugdefeest in Uruk op touw, maar de goden zijn vertoornd over zijn euveldaad en zijn arrogantie. Ze besluiten dat een van de twee vrienden moet sterven en sturen een koortsaanval naar Enkidoe. Gilgamesj is buiten zichzelf van pijn en verdriet om zijn vertrouwde kameraad, zijn tweede zelf. Hij wil diens dood niet accepteren en blijft bij zijn lijk, tot een made uit diens neus valt. Pas dan overvalt hem een verschrikkelijk inzicht: 'Zal ik niet ook sterven? Ben ik niet net als Enkidoe? Angst deed zijn intrede in mijn gemoed. Ik ben bang voor de dood...'

Door het verlies van zijn vriend wordt de grote koning zich bewust van zijn eigen sterfelijkheid, en hij besluit op weg te gaan om Oetnapisjtim te vinden, de oude man aan wie de goden de onsterfelijkheid hebben geschonken. Misschien kan hij hem helpen onsterfelijk te worden? Na een lange en gevaarlijke reis komt hij aan bij een herberg aan de oever van de zee aan de rand van de wereld, de eerste Last Chance Saloon uit de wereldliteratuur.

Hij vertelt de kasteleinsvrouw over zijn heldendaden, maar zij is niet onder de indruk. Als hij haar over zijn doodsangst en zijn droefheid vertelt, geeft ze hem een raad die ook na duizenden jaren niets van zijn wijsheid heeft verloren: 'Gilgamesj, waar ga je heen? Het leven dat je zoekt, zul je zeker niet vinden. Toen de goden de mensheid schiepen, gaven ze de dood aan de mensen; het eeuwige leven hielden ze voor zichzelf. Dus, Gilgamesj, eet je dik! Maak pret, vier dagelijks feest! Ga dag en nacht dansen, maak muziek! Laten je kleren schoon zijn en je hoofd gewassen, baad jezelf in water! Zie het kleintje dat je hand vasthoudt, laat je vrouw zich verheugen op je mannelijke vuur!'[11]

De rondtrekkende held is echter vastbesloten het water over te steken om Oetnapisjtim te zoeken, en hij slaat de wijze raad in de wind. Hij vindt de veerman, velt zeventig bomen om die als staken voor de overtocht met de boot te gebruiken, en ten slotte vindt hij de oude man.

Ook de onsterfelijke Oetnapisjtim probeert Gilgamesj het verlangen naar onsterfelijkheid uit het hoofd te praten. Als een eendagsvlieg is de mens voor korte tijd door de rijkdommen van de wereld omgeven, om dan plotseling te verdwijnen: 'De mensen worden als riet in een rietkraag geknakt. De dood neemt zowel de sterke jonge man als het mooie meisje weg.'

De oude man vertelt hem zijn eigen verhaal. Lang geleden besloten de goden de stad Sjoeroeppak en al haar inwoners, die lastig voor hen geworden waren, door een vloed weg te vagen. Alleen de god Ea wilde niet meedoen. Hij gaf Oetnapisjtim de opdracht een schip te bouwen en alle dieren op het schip te laden, zodat ze de vloed zouden overleven. De oude man bouwde het schip en laadde er zijn gezin op, alle dieren die hij kon vinden, de vertegenwoordigers van alle ambachten, zijn hele bezit, en 'het zaad van al wat leeft'. Daarna beginnen de goden aan hun imposante vernietigingswerk: 'Licht veranderde in duisternis. Het land brak als een aardewerken pot. Een hele dag woedde de storm. De wind gierde onstuimig en stuwde de watervloed hoog op.' Zelfs de goden werden bevangen door angst toen ze zagen wat ze hadden aangericht. Ze schreeuwden het uit, hieven luide klachten aan en betreurden hun wreedheid, omdat ze nu pas begrepen dat van nu af aan ook niemand meer offers aan hen zou brengen.

Zes dagen en zeven nachten woedde de vloed, toen trok het water zich terug en het schip kwam op een bergtop tot rust, van waaruit Oetnapisjtim een duif, een zwaluw en een raaf uitstuurde om naar land te zoeken. Eindelijk plengde hij 'op de top van de berg' een offer en 'de goden roken de aangename geur. De goden kwamen als vliegen op de offergaven af' om hun honger te stillen.

Na dat verhaal besluiten Oetnapisjtim en zijn vrouw hun onbuigzame bezoeker op de proef te stellen. Als Gilgamesj zeven dagen en nachten wakker kan blijven, zal de oude man de godenraad bijeenroepen om te beslissen over zijn onsterfelijkheid. De held willigt in, maar is zo uitgeput dat hij meteen inslaapt. Hoewel hij de toets niet heeft doorstaan, ontfermt de vrouw van Oetnapisjtim zich over hem en vertelt hem over een plant die eeuwige jeugd verleent. Gilgamesj vindt de plant tijdens een avontuurlijke duik op de bodem van de zee.

Terwijl de held op de terugweg naar de mensen in een koele bron baadt, vreet een slang de plant op en vervelt, want nu heeft zij een nieuw leven verworven. Gilgamesj heeft alles op het spel gezet en alles verloren, en hij moet met lege handen terug naar Uruk. Zijn laatste woorden herhalen het begin van het epos. Ze prijzen de schoonheid van de stad en de muur rondom, een wonderwerk zonder weerga.

Het is verbazingwekkend dat de eerste held uit de literatuurgeschiedenis een onvolmaakte en zoekende mens is, die – hoewel voor twee derde goddelijk – de ene fout na de andere maakt en daarom moet lijden, omdat hij te arrogant is, doof voor goede raad, te trots en te onwetend, omdat hij zijn plaats in de wereld niet kent.

Hij mag dan wel de oudste held uit de literatuur zijn, hij is ons helemaal niet vreemd, een mens met ambities en fouten die ons bekend voorkomen. En hier ontmoeten we hem voor het eerst: de waan van de onderwerping. Gilgamesj, die iedereen in de strijd moet overwinnen, die de wachter van het bos doodslaat en timmerhout maakt van de ceders van de goden, de heerser over een stad en de tuinen, die de dood zelf wil overwinnen, deze met fouten behepte held is de eerste drager van die waan waartegen de mythe een waarschuwing uitspreekt: je kunt de natuur niet beheersen, ontheiligen, onderwerpen, buiten werking stellen. Hoe ver je ook gaat, welke heroïsche daden je ook op je weg volbrengt, het is verloren moeite tegen de wil van de goden en de wetten van het lot. Aan het eind resteert alleen het inzicht.

Meteen in de eerste regels wordt al zijn grote verdienste genoemd, die met zijn grootste fout samenhangt. Gilgamesj bracht 'kennis van vóór de grote zondvloed' mee over zijn ontmoeting met Oetnapisjtim, kennis over het harmonieuze samenleven met de goden, waarover hij de onsterfelijke oude man hoorde vertellen, kennis dus die hijzelf eerder niet bezeten heeft.

Het epos verklaart ook de onwetendheid van de hoofdpersoon, want de oude kennis werd door een goddelijke fout vernietigd. Toen de goden besloten de mensheid door een vloed uit te roeien, gaf de god Ea de opdracht aan de oude Oetnapisjtim een schip te bouwen voor zichzelf en de zijnen, en voor voldoende dieren van allerlei soort. Oetnapisjtim was wijs, kende de relatie tussen mensen en goden, maar werd naar een oord aan de overzijde van het water van de dood verbannen, onbereikbaar voor de mensen. Van de kennis, die Gilgamesj weer terugbracht, spreken de eerste regels van het epos.

Het Gilgamesj-epos is een verhaal van een onwetende die alle mogelijke fouten maakt, omdat niemand zich herinnert hoe je de goden kunt dienen en kunt leven in overeenstemming met de door hen geschapen aarde. Ook Enkidoe, het kind van het woud, wordt door de aanraking met de cultuur, met prostituees en daarna met brood en bier, een cultuurwezen, voor wie de dieren weglopen.

De blik vanaf de tinne

De stad met haar hoge muren was de eigenlijke nalatenschap van Gilgamesj, zijn aandeel aan de eeuwigheid. Wat dacht een tijdgenoot van Gilgamesj als hij op de tinnen van de hoge muren van Uruk naar de omgeving stond te kijken, tot aan de horizon? Hoe dacht hij over het diepe groen van de tuinen onder hem en over de velden met hun glinsterende kanalen in de verte? Over het stoffige landschap aan gene zijde van de beschaving, de steppe en het moeras en de bergen? Hoe dacht hij over de rivier die hen allen voedde, en hoe dacht hij over het steppegras en de wolken, over de vliegen die aan zijn oor kriebelden, en over de hitte van de zon in de middag?

Aan de andere kant van de tinnen dwaalde het oog over dadelpalmplantages, en daarachter velden met gerst, vlas en sesam, over tuinen met kikkererwten, linzen, bonen, uien en fruitbomen als tamarinde en granaatappel, een bloeiend landschap. Daarachter lag zover het oog reikte een weidelandschap in een vlakte met kleine boerderijen en dorpen, een groen schijnsel over de grijsbruine eeuwigheid, die zich tot aan de horizon uitstrekte, tot aan de steppe waar vroeger Eden lag.

Daar ontstond het idee dat tot in onze tijd doorwerkt. De steppe als oord van wildheid en onzekerheid, een vijandelijk oord, dat erop wacht gekoloniseerd en geciviliseerd te worden, maar dat ook als wildernis vijandig tegenover de cultuur kon staan, blijkt uit het fraaie beeld van de Bijbelse Tuin van Eden, in de Bijbel *Gan-ba-Eden*, in de Avestische taal van Noord-Iran, de linguïstische en wellicht ook culturele oorsprong ervan, een *pairi daēza*, een omheinde tuin in de steppe, een beschermde en schaduwrijke boomgaard midden in de vijandelijke natuur.

De filosofie van de tuinen vult bibliotheken van Japan tot Engeland en stelt van meet af aan de vraag of er naast de onderwerping niet ook een samenwerkende vorm en een verder denken van mogelijkheden van natuurlijke vormgeving kan bestaan. In de tuin was altijd al de spanning tussen wildernis en beteugeling aanwezig. In de Europese middeleeuwen ontstond daaruit de *hortus conclusus*, het omheinde oord, waar de maagd en de eenhoorn in mystieke eendracht leven, een georganiseerde ruimte, die allegorisch de hele orde van de schepping moet uitbeelden en waarin de planten hun eigen symbolische taal spreken. De tegenstelling van natuur en cultuur vond zijn manifestatie in die praktijk, soms ook de meditatieve en vegetatieve overwinning of de ontkenning van die tegenstellingen.

Het beeld van de Tuin van Eden begeleidt niet alleen de cultuur van het Westen, maar was hier sterk ontwikkeld en van meet af aan gekenmerkt door bepaalde motieven, die zich duizenden jaren lang gehandhaafd hebben. Uruk, de eerste cultuur die van zichzelf kon denken dat het de natuur misschien niet had onderworpen, maar wel door eigen ijver en de gunst van de goden beteugeld en geordend had, werd door de Akkadische koningen verdrongen. Ze bleven de Soemerische taal van Uruk bij rituelen gebruiken, maar brachten verder naast de eigen taal ook een sterkere hiërarchische cultuur mee.

De sociale structuur van het Soemerische Uruk is moeilijk te achterhalen, omdat er wel tempels, maar geen duidelijk identificeerbare paleisgebieden zijn. Dat veranderde onder de Akkaden, die van circa 2300 vóór onze jaartelling in het zuidelijke Mesopotamië de eerste steppestaat in de geschiedenis opbouwden. Niet alleen hun architectuur toont een sterkere sociale grens tussen heersers en beheersten, ook hun denken was nogal verticaal gestructureerd.

Een hoogtepunt van de koninklijke zelfrepresentatie waren de ceremoniële leeuwenjachtpartijen, waarbij de vorst zich als onderwerper van de natuur en beschermer van de cultuur kon opvoeren. Een andere vernieuwing van de Akkadische paleisstad is de door meerdere heersers onderhouden koninklijke dierentuin, die aan een verbaasd publiek exotische dieren als olifanten, leeuwen en apen kon tonen: niet alleen gedomesticeerde dieren, ook hun neven uit de wildernis waren onder menselijke heerschappij gebracht.

Tussen het begin van de Soemerische beschaving ongeveer 5000 jaar vóór het begin van onze jaartelling tot aan de Akkadische periode rond 2300 vóór onze jaartelling was al meer tijd verstreken dan onze tijd verwijderd is van het klassieke Griekenland, maar er was een sterke culturele continuïteit die via talen en geografische verplaatsingen bleef bestaan. Een van die stabiele ideeën was het uitzicht vanaf de tinne over het gecultiveerde landschap midden in de wildernis, de tuinen in de woestijn. Wie hier stond kon net als Gilgamesj denken de natuur te kunnen onderwerpen.

Klimaat en geografie begunstigden dat perspectief. De Mesopotamische stadsculturen vormen het begin van een historisch fenomeen dat de historicus Karl Wittfogel als 'hydraulische samenlevingen' aanduidde: gemeenschappen die door de geplande en georganiseerde bewatering van hun velden intensieve landbouw konden bedrijven en zich samen met stedelijke centra en rigide hiërarchieën en militaire eliteculturen konden ontwikkelen.

Wittfogels wellicht al te schematische theorie van de hydraulische samenlevingen is intussen vaak bekritiseerd en delen ervan zijn weerlegd, maar zijn observatie van bepaalde morfologische overeenkomsten van die stadsculturen was niettemin waardevol, temeer daar zulke culturen onafhankelijk van elkaar, op verschillende historische momenten en op verschillende continenten, steeds weer zijn ontstaan, van China en het dal van de Indus tot Mesopotamië en Midden-Amerika. In Angkor-Wat en in de Nederlanden bleken kanalisering, bewatering en drooglegging van hele landschappen enorm effectieve instrumenten in de strijd om de beheersing van de als passief of vijandig ervaren natuur en voor de voortbrenging van een intensieve (in de bewoordingen van Latour) 'overbezielde' cultuur.

De bewatering van de velden maakte grotere en frequentere oogsten mogelijk (of in het geval van Mesopotamië, dat er überhaupt geoogst kon worden). Veel mensen konden op één plek leven, zodat de productie van voedsel een overschot opleverde en aan een bepaalde klasse van de samenleving werd toevertrouwd. Zo ontstonden er gedifferentieerde samenlevingen, waarin handelaren, handwerkers, ambtenaren, priesters en krijgers hun eigen taken konden vervullen.

De belastingheffing van de boeren maakte de heersers van de steden machtig en stelde hen in staat legers uit te rusten en hun velden niet alleen te beschermen, maar ook veroveringsveldtochten te ondernemen, want net als Gilgamesj eerder al waren ook de Akkadische heersers alleen roemrijk als ze rijkdommen en buit naar hun stad brachten. Tegelijkertijd vereiste een efficiënte belastingheffing een functionerende boekhouding en een goed bestuur.

Die stadsculturen leverden een geheel nieuw model van macht en sociale cohesie op. De grote stap naar de landbouw was al rond 12.000 vóór onze jaartelling gezet, zij het vaak als deel van een nomadische of half-nomadische levenswijze. Historici die zich met de prehistorie bezighielden hebben lang gediscussieerd over de sociale gevolgen van de agrarische revolutie en beweerd dat die een abrupte verandering van een leven in kleine groepen van jagers-verzamelaars naar een bestaan als horige landarbeiders heeft betekend. Maar recentere opgravingen laten zien dat er vaak en gedurende duizenden jaren een co-existentie van velden en kleine, flexibele nederzettingen heeft bestaan (ook de Akkaden en de Soemeriërs schijnen lang naast en met elkaar geleefd te hebben), zonder vestingen en duidelijke sociale hiërarchieën, zonder een sterk 'binnen' en 'buiten', zonder een duidelijke tegenstelling dus tussen natuur en cultuur, want de gemeenschappen leefden minstens een deel van het jaar op een manier die sinds het paleolithicum maar weinig veranderd was en door dezelfde verhalen en legenden kon worden beschreven. Gemetselde structuren als Çatalhöyük in het huidige Turkije en Knossos op Kreta schijnen daarbij als verzamelplaatsen voor de verschillende gemeenschappen en hun rituelen te hebben gefunctioneerd, hoewel recenter onderzoek aannemelijk maakt dat Çatalhöyük soms ook dichtbewoond is geweest.

In het Mesopotamië van het vierde millennium vóór onze jaartelling was het beeld van een dichtbevolkte stad radicaal veranderd. Wie Uruk voor het eerst bezocht, de drukte op straat, de grote rituelen in de tempel, de rijkdom, de geuren en klanken van een stad in een wereld zonder steden, en eromheen de tuinen en velden en dorpen, kon licht tot de overtuiging komen dat de Soemeriërs in staat waren de natuurlijke wereld zelf te onderwerpen.

De bewaterde velden van het Tweestromenland zijn veelzeggende getuigenissen van een bestuur en een samenleving met arbeidsverdeling, waarin bouwmeesters, bureaucraten en arbeiders waren, een systeem dat vanuit een eenvoudig begin uitgroeide tot een ongehoorde complexiteit en dat het landschap zo veranderde dat ook de samenleving zich nieuw kon uitvinden, want ze leiden tot een nog grotere bevolkingsconcentratie, tot meer handel, meer oorlogen, meer slaven en een maatschappij met een nog sterkere arbeidsverdeling en met een heersende elite van priesters en aristocraten.

Zo ontstonden er eilandachtige stadsculturen, die hun macht opbouwden op watermanagement en die ondanks culturele verschillen op enkele gebieden verbazingwekkend veel op elkaar leken. Een landschap vol bewaterde velden en tuinen met kleine boerderijen en dorpjes, kanalen en relatief goede wegen omringt een stad die meestal concentrisch is aangelegd en haar sociale geografie spiegelt in de topografie van woonplekken en openbare pleinen, met paleizen voor de adel en tempelwijken, marktpleinen, openbare rituelen, maar ook executies, vaak wijken voor buitenlanders, maar ook winkels aan straten, bordelen, kazernes en een stadsmuur.

Die organisatie beschrijft het Tenochtitlan uit de vijftiende eeuw al evenzeer als drie eeuwen eerder Angkor-Wat in Cambodja, het Midden-Amerikaanse Tikal en de stadsculturen in Mesopotamië.

Landschap en herinnering

Bij alle behoedzaamheid die geboden is bij verleidelijke speculaties kan de klimatologische en geografische invloed op landbouwpraktijken en -producten, op nuttige dieren en grondstoffen en daarmee ook op maatschappelijke structuren en hun geschiedenis nauwelijks in twijfel worden getrokken. Een voorbeeld: Midden-Amerikaanse culturen beleefden een relatief zwakke economische en machtspolitieke ontwikkeling – ook omdat hun vóór de komst van de Europeanen geen last- en rijdieren ter beschikking stonden: lama's en alpaca's zijn voor dergelijk werk niet geschikt. Transporten over lange afstanden moesten door mensen worden verricht, slechts op enkele trajecten kon vervoer via kanalen plaatsvinden. Maar een drager kon voedsel hoogstens over dertig kilometer transporteren, dan had hijzelf meer eten nodig dan hij kon dragen.

Hoeveel invloed een samenleving op haar natuurlijke omgeving had, was ook afhankelijk van klimatologische omstandigheden. De Khmer in Angkor-Wat in de twaalfde eeuw of de Azteken in Tenochtitlan in de vijftiende eeuw leefden in tropische gebieden waar de organische wereld voortdurend doordringt in alles wat mensen gemaakt hebben en dat hoe dan ook wil terugwinnen. Van schimmel via mieren en eindeloos creatieve plantenloten is de natuur onverdroten actief, in de regentijd worden de straten onbegaanbaar en het leven trekt zich zo ver mogelijk in de huizen terug. In zo'n klimaat kom je niet snel op het idee de natuur onder de knie te dwingen.

De beschavingen in Egypte en in het dal van de Indus kenden uiteenlopende klimatologische omstandigheden, maar ze waren er beide van afhankelijk dat de rivier als hun levensader eenmaal per jaar buiten zijn oevers trad en de velden onder water zette en ze van voedingsstoffen voorzag. Net als in Cambodja en in het subtropische Midden-Amerika was de natuur daar als dominante actor werkzaam, zij bepaalde het ritme, al was het dan in een voedende rol. Een Egyptenaar zou niet op het idee komen de natuur te beheersen, want zijn bestaan hing af van het ritme van de rivier, reden waarom hij aan de goden van de rivier offers bracht. Er kon een stuwmeer worden geopend als de regen uitbleef, maar de jaarlijkse overstroming van de Nijl of de Indus kon geen mens naar zijn hand zetten.

We weten niet hoe egalitair en als gemeenschap georganiseerd Harappa in het dal van de Indus echt was, maar de Egyptische cultuur is genoegzaam bekend om een vergelijking met Mesopotamië aan te durven. In agressiviteit, systematische slavernij en onderwerping van andere volken, in voorliefde voor monumentale architectuur, hiërarchische organisatie en zucht naar macht en roem deden de farao's niet onder voor de heersers van het Tweestromenland, iets wat hen in het tweede millennium vóór het begin van onze jaartelling ook tot geopolitieke rivalen maakte.

Toch bestaat er geen Egyptische Gilgamesj, geen Egyptische godmens, die alles wil onderwerpen. Een farao kon van zichzelf beweren van de goden af te stammen en zich als God laten vereren, hij kon tempels bouwen en roemrijke oorlogen voeren, maar de mythen behoorden alleen de goden toe en beschreven de kringloop van leven en dood, de heersers van de verschillende domeinen. Osiris, de lijdende god, die elk jaar opnieuw moest sterven en weer opstaan, gaf zo ook het ritme aan van de agrarische jaarcyclus van bevruchting, geboorte, rijpheid en dood, de schijnbaar eeuwige adem van de jaarlijkse overstromingen en de vruchtbaarheid die ze brachten.

Uruk lag in een rivierenlandschap, dat getekend was door marsgrond en steppe. Het regende er weinig, de zomers waren heet. Alleen tijdens de korte winter kon het water in de kruiken bevriezen. Dat landschap was inderdaad getransformeerd. Voor de stadsmuur strekten zich dadelplantages uit en groene, geordende velden; de natuur was beteugeld. Ze was als onderworpen.

Niets van dat al was mogelijk geweest zonder dwang, zonder de uitoefening van tirannieke macht en, nog concreter, zonder graan, zonder schrift en zonder een effectieve belastingheffing. De landbouwhistoricus James C. Scott benadrukt dat die ontwikkeling alleen mogelijk was in samenlevingen die graan verbouwden. De conventionele geschiedschrijving ziet de ontwikkeling van de landbouw als een vooruitgang die het de mensen mogelijk maakte het onzekere en armoedige bestaan van nomaden achter zich te laten.

Maar analyses van skeletten van sedentaire en nomadische prehistorische gemeenschappen in de vruchtbare halvemaan leveren een ander beeld op. De botten en tanden van de boeren wettigen de conclusie dat ze zich minder uitgebreid en minder evenwichtig gevoed hebben dan hun nomadische verwanten. Maar hun botten vertonen ook meer stressbreuken door hard werken; door de domesticatie van gevogelte, runderen en varkens waren ze meer blootgesteld aan ziekteverwekkers, en bovendien stierven ze jonger. De verandering van hun levenswijze was voor die mensen dus zeker geen vooruitgang, maar heeft alleen onder dwang plaats kunnen vinden, bijvoorbeeld door een bedreiging van buitenaf, zoals overvallen door andere clans of gewapende bendes, waartegen kleine dorpen zich niet konden verdedigen; ze moesten beschermers zoeken, die van hun kant tribuut en vroondienst eisten.

Die uitkomst ondermijnt het historische vooruitgangsverhaal van de landbouw en de stadsculturen. De antropoloog Guillermo Algaze vat de nieuwe stand van het wetenschappelijk onderzoek zo samen: 'Vroege dorpen in het Nabije Oosten hebben planten en dieren gedomesticeerd. De stedelijke instellingen in Uruk hebben mensen gedomesticeerd.'[12]

Het belangrijkste instrument van die beteugeling was niet het zwaard, maar waren de belastingen, en het was daarvoor absoluut noodzakelijk dat de gevestigde boeren, die van nu af aan onderdanen waren, op open velden graan verbouwden. Het enorme voordeel van graan vanuit het perspectief van de belastinginner is niet moeilijk te begrijpen. Een dier dat bij de jacht wordt buitgemaakt, vruchten die in het bos verzameld zijn, of wilde koren en zelfs groente die in de aarde groeit, is amper aan controle te onderwerpen. Een boer zal zelden zeggen hoeveel hij werkelijk geoogst, verzameld of gedood heeft. Maar een graanveld ligt er open en bloot bij. Het heeft een bepaalde oppervlakte, een bepaalde oogsttijd en een bepaalde weegbare en telbare hoeveelheid graan, die van tevoren berekend kan worden. Het is bij uitstek geschikt om beheerd en via heffingen belast te worden, vervoerd en opgeslagen. Wie het graan beheert, beheert de macht.

Op graan konden hele staten groeien. Sedentair geworden of gemaakte boeren konden de velden bewerken en in minder drukke tijden ingezet worden voor werkzaamheden als de bouw van kanalen, tempels en vestingen. De belastingen die hun werden opgelegd in de vorm van graan en andere producten, bevorderden een doelmatige bureaucratie, die op haar beurt een complexe boekhouding aan moest kunnen. Het spijkerschrift werd als geheugensteun en ter vastlegging van de opslagvoorraden, schulden en tegoeden ontwikkeld. Dat geldt kennelijk niet voor alle vroegere schriftsystemen. Het vroegste gebruik van schrifttekens in China en Meso-Amerika komt uitsluitend in een rituele context voor.

De samenleving van Uruk voelde de herinnering aan haar onderwerping nog in haar botten. Haar verhalen en mythen draaiden om macht en willekeur. In *Enoema Elisj*, de scheppingsmythe, besluit de oppergod Apsu al zijn nakomelingen te vermoorden, omdat de jonge goden te veel lawaai maken en zijn rust verstoren. Dat ietwat lichtvaardige motief leidt tot een catastrofale oorlog tussen de goden, in de loop waarvan als bij toeval de aarde uit het lijk van de opstandige watergodin Tiamat en vervolgens de mensheid uit het bloed van een andere god wordt geschapen.

De enige reden voor het scheppen van de mensheid was volgens de mythe dat het werk op het veld en het voorzien in het eigen onderhoud de goden te veel wordt en ze de mensen als slaven willen houden: die moeten het zware werk op de akker verrichten en hun goddelijke heren met hun offergaven voeden. Ook bij Gilgamesj gaat het om macht en machtsmisbruik, om de onderwerping van de natuur en van haar wetten door de bovenmenselijke kracht van een hoofdpersoon die zich uiteindelijk hopeloos overschat.

Met deze gedachten in het achterhoofd mag je gevoeglijk aannemen dat de Uruk-vaas voor de tijdgenoten van Gilgamesj, die van de tinnen van de stad naar de tempel was gegaan om daar de twee rituele albastvazen te bewonderen, geen moeilijkheden heeft opgeleverd. De banden op de vaas en de gestalten erop waren duidelijk te identificeren: het water als fundament van alle leven, de cultuurplanten, de ordelijk marcherende dieren en de naakte dienaren, en ten slotte het offer in de tempel zelf, waar de mensen hun plicht jegens hun goden deden en door dat ritueel ook nog de eigen sociale orde legitimeerden.

De samenleving, zo leest een kundig oog dit naar boven toe te ontcijferen beeld, is een piramide, van het gewone naar het goddelijke. Waar je als individu geboren wordt, wordt beslist door het lot, de wil van de goden. Waarschijnlijk zul je boer zijn, of slavin, of dienaar of arme sloeber of een hoer, maar ook dat is de wil van de goden, en de wil van de goden mag niet geminacht worden, want die slaan onverbiddelijk terug met ziekte en ongeluk, nederlaag en schaamte. Zelfs de koning moet offeren aan de goden, die boven hem staan, om hen te verdedigen tegen de andere goden en hun gunstelingen en soldeniers. De wereld bestaat uit heersers en beheersten, en zelfs de heersers worden beheerst door de imperatieven van hun status en de onverbiddelijke dynamiek van de omstandigheden waarin ze een rol spelen zonder dat ooit gewild te hebben. De goden van de Soemeriërs zijn de eerste slavenhouders uit de geschiedenis. De heersers van de stad voeren enkel de grillige en onbuigzame wil van die goden uit.

De 'natuur' speelt in dat wereldbeeld in zoverre geen rol dat noch de Soemerische noch de latere Akkadische taal, die in Uruk en andere stedelijke centra van Mesopotamië gesproken en geschreven werd, woorden voor 'natuur' en 'cultuur' kent. In de bewaard gebleven mythen en alledaagse documenten is vaak sprake van hemel en aarde, land en zee, zon en sterren, velden en tuinen, planten en dieren, maar niet iets Groots dat mensen ervaringen schenkt die niet van andere mensen stammen, maar uit een oorspronkelijke werkelijkheid komen, behalve inderdaad het Eden, de zich ver uitstrekkende wildernis.

Op de talloze ons overgeleverde Soemerische en Akkadische kleitabletten zijn niet alleen epen en literaire werken behouden, maar ook een groot aantal administratieve documenten, brieven van handelaren, handboeken en goederenlijsten. De elementen van de natuur werden dus heel gedifferentieerd waargenomen, zolang ze verband hielden met de belangen van de mensen. Dadelpalmen werden op plantages gekweekt, tuinboeken kenden de meest geschikte oogsttijden en alle andere details van de exploitatie, de astronomie was zo ver voortgeschreden dat zonsverduisteringen en de banen van planeten berekend konden worden, er werd dwars door verschillende en gevaarlijke landschappen heen gebruikgemaakt van handelswegen om goederen als koper, tin, Chinese keramiek en lapis lazuli in te voeren, maar ondanks die gedetailleerde kennis komt de natuur alleen als bedreiging of als hulpbron voor. Buiten het bereik van de beschaving lag de wildernis, het rijk van de barbaren en van boze geesten.

De vrije markt van de slachtoffers

Wat onze Mesopotamiër staande op de muur gezien heeft, weten we pas als hij erover praat; en als hij zo zou praten als in de vele overgeleverde hymnen, toverspreuken en schriftelijke toespraken, zou hij eerst eens de goden danken, die zoveel schoonheid en vruchtbaarheid mogelijk hebben gemaakt, want de goden waren naar zijn begrip inderdaad fysiek aanwezig in de wereld om hem heen, en tussen hen en de mensen vond een uitwisseling plaats als op een markt, zij het in een onvermijdelijke metafysische gemeenschap.

Na het pijnlijke fiasco van de vloed waarbij niet alleen de meeste mensen en dieren het leven lieten, maar ook de goden zonder offergaven op een houtje moesten bijten, verkeerden de mensen tegenover de goden in een goede onderhandelingspositie. Beiden hadden elkaar nodig, want zonder offergaven leden de goden honger en zonder goddelijke bescherming kon geen mens ver komen. De logica kwam verbazingwekkend overeen met de loyaliteit van tegenwoordige voetbalfans, die met hun club meelijden, grote offers brengen en telkens weer teleurgesteld worden, maar soms ook onvergetelijke triomfen kunnen vieren. Kleitabletten verraden echter dat een Mesopotamiër die zich door zijn plaatselijke god genegeerd of bedrogen voelde, zeker elders steun kon zoeken. De mensen schreven verzoeken aan hun god en dreigden hem af en toe min of meer subtiel met de mogelijkheid zich tot een andere god te wenden als resultaten uitbleven. Net als in de politieke wereld, in de strijd van de grote machten, koninkrijken, stadstaten, legers en families kon een Mesopotamiër verschillende opportunistische allianties sluiten met plaatselijke en algemene, oeroude en pas door andere volken overgenomen goden en godinnen, een realpolitik van de verering.

De goden eisten hun tribuut in de vorm van offergaven, rituelen en uitbundige lofzangen, ze behandelden de individuele mens als een koning een provinciegouverneur die in alle rust in zijn gebied naar eigen inzicht de lakens kan uitdelen, als hij maar voldoende belasting en krijgsbuit naar de hoofdstad stuurt. Zolang de zoete geur van de brandoffers ten hemel stijgt, laten de goden en scheppers hun aarde aan de mensen. Die kunnen dus met de aarde om zich heen omspringen zoals ze willen, zolang ze braaf hun tribuut betalen en zich aan de geboden houden – of althans de schijn ophouden dat te doen. 'De Mesopotamische religie,' leidt Jean Bottéro uit heilige teksten af, 'heeft nooit iets mystieks gehad; ze heeft er nooit toe aangemoedigd intimiteit met de goden te zoeken. Men "bewondert" ze, "aanbidt" ze, "looft" ze, "vleit" ze, maar in hun plaats is geen andere houding denkbaar dan die van de "toegenegenheid", van de "onderwerping", van de "angst" voor de hoogste en almachtigste heer en meester.'[13]

Zolang de goden tevreden waren, konden de koningen van de stadstaten zich wijden aan hun eigenlijke taken: hun rijk vergroten, de rivalen in toom houden of in een roemrijke veldslag verslaan, lucratieve plunderexpedities eropuit sturen (gebruikelijke politieke praktijk in de bronstijd), voor zichzelf een monument oprichten in de vorm van grote bouwprojecten, de geraffineerdste ambachtslieden en kunstenaars en de beste bouwmeesters en ingenieurs om zich heen verzamelen om hun eigen naam te vereeuwigen – en daarna, na afwerking van die lange maar niettemin onvolledige lijst, konden ze de raad van Gilagamesj' kasteleinsvrouw opvolgen en elke dag feestvieren, de schoonheid koesteren en in de armen van een geliefde inslapen.

De kleine machthebber in de provincie, die het met de verre centrale regering op een akkoordje moest zien te gooien, maar die in zijn eigen gebied belastingen kon afpersen, schatten in de eigen kas kon laten vloeien en naar willekeur meedogenloos kon heersen (gouverneurs konden zich zelden lang handhaven), is evenwel maar één kant van de relatie die de Mesopotamiërs met hun goden onderhielden, want terwijl ze enerzijds in de tempel de juiste offers aan de goden moesten brengen, waren de godheden, demonen en geesten toch voortdurend om hen heen, bewoonden bergen en rivieren en velden, huizen en hoofden, magische amuletten en kruiden langs de kant van de weg. Het goddelijke was overal.

De rituelen – officieel in de tempel of in privévertrekken – waren slechts de praktische manifestatie van de relatie die mensen en andere schepselen van de goden met elkaar verbond. Dat stoorde machtigen uit die tijd en ook de kleine luiden (voor zover hun leven uit de documenten is af te lezen) niet om krachtig hun eigen belangen na te jagen, maar ze wisten net als hun held Gilgamesj dat hun plannen die van de goden konden kruisen en dat ze daarvoor zouden moeten boeten, als ze er niet in slaagden de beledigde godheid door offers en andere min of meer subtiele omkoping aan hun kant te krijgen. Het was een kwestie van actie en reactie.

Gilgamesj haalde zich de toorn van de goden op de hals, toen hij Choembaba doodsloeg en daarna Isjtar vol minachting afwees. Hij moest er rekening mee houden dat de wraak der goden genadeloos zou zijn, dat ze een leven zouden opeisen, ook al was dat niet het zijne, maar dat van zijn beste vriend Enkidoe. Zo was het nu eenmaal. Het Akkadische woord voor ziekte luidt in vertaling 'hand van God'.

De mens leefde door de wil en de macht en de nimmer eindigende conflicten en grillen van de goden. Ze waren noch universeel (elke stad had haar eigen beschermgodheid), noch rechtvaardig of alwetend of noodzakelijk goed, maar je moest met hun belangen en hun invloed rekening houden.

De mythe van Gilgamesj trekt door zeker vijf millennia Mesopotamische geschiedenis. Maar de conflicten, beelden en personages erin hebben zich op verschillende manieren tot in onze tijd gehandhaafd. Gilgamesj weerklinkt in de Bijbel, hij keert terug als Odysseus en als Parsifal, zijn egomanische amok loopt vooruit op Faust, Prometheus en Orpheus – er is nauwelijks een hedendaags verhaal, van Hollywood tot Netflix, via *Fortnite* en de vertelpatronen in de media, dat niet altijd nog op het archetype van het Gilgamesj-epos teruggrijpt.

Gilgamesj was de enige die kennis van vóór de vloed meebracht. Vóór die vloed, zo lijkt het, is historische kennis amper mogelijk, en wat overleefd heeft bestaat uit harde steen en ivoor, niet uit het zijdefijne weefsel van oeroude verhalen, ook al worden de draden ervan zelfs tot op de dag van vandaag verder gesponnen.

Vóór de vloed

4. *Venus van Willendorf* (Wachau), ca. twintigduizend jaar vóór het begin van onze jaartelling. Kalkzandsteen met rode beschildering; hoogte 10,5 cm. Naturhistorisches Museum, Wenen.

Het is een van de beroemdste vrouwen uit de kunstgeschiedenis, en toch weten we zo goed als niets van haar. De zogenoemde Venus van Willendorf werd in de buurt van een dorp in het Oostenrijkse Wachau gevonden. Haar leeftijd wordt op krap dertigduizend jaar geschat. Ze is elf centimeter groot en vervaardigd van een steen die van honderd kilometer verderop naar de Donau is gebracht. Verder tasten we in het duister.

Wie is die vrouw met haar grote heupen en borsten en de duidelijk zichtbare vulva? Draagt ze een muts van kleine slakkenhuizen, zoals ze in andere graven uit het stenen tijdperk zijn gevonden, of heeft ze kort kroezig haar zoals mensen uit Afrika, waarvandaan haar voorouders misschien niet zoveel generaties eerder waren gekomen? De eerste mensen die Europa bevolkten, hadden een donkere huid. De kleine schone blijft zwijgen en wordt juist daardoor een immens scherm waar we van alles op kunnen projecteren.

Generaties onderzoeksters hebben geprobeerd de betekenis van die figuren uit het stenen tijdperk te ontraadselen; intussen zijn er van hen tweehonderd gevonden, van Siberië tot in Spanje, van Roemenië tot in Egypte. Wat hebben ze voor de mensen betekend en welk verhaal vertellen ze? Kunnen ze uitsluitsel geven over de vraag hoe mensen in die tijd dachten? Zijn het vruchtbaarheidssymbolen die van een innige symbiotische relatie met de natuur getuigen? Zijn het godinnen of evenbeelden van dezelfde vruchtbare moedergodin?

Deze raadselachtige idolen behoren tot de weinige materiële getuigenissen van een ver verleden, die het mogelijk zouden maken conclusies te trekken over de ideeënwereld en de verhaalde kennis van mensen van duizend generaties geleden. De beroemde grotschilderingen lijken uit een wereld van sjamanen en een animistische natuur te komen, waarin dieren ritueel bezworen of verbannen werden en in veel gevallen een sjamanistische figuur met horens op zijn hoofd kennelijk rituelen uitvoert. Maar hier hangt al veel af van de interpretatie, van de toestand waarin ze bewaard werden, van de verwering en vaak ook van wat onderzoekers in hun vondsten hopen aan te treffen, erin lezen en dan triomfantelijk menen te ontdekken. Hoe minder vondsten er zijn en hoe minder context, hoe groter de afstand tussen bewijsbare feiten en plausibel klinkende hypothesen.

Het bestaan van vrouwenfiguren, die deels uiterst zorgvuldig zijn vervaardigd, zijn een aanwijzing voor de status van vrouwen in de samenleving, en omdat de onderwerping van de natuur een traditioneel sterk door mannen uitgeoefende business is, openen die voorstellingen althans een klein venster op de mentaliteit van mensen die tot zo'n dertigduizend jaar geleden leefden.

Vermoedelijk genoten vrouwen in paleolitische groepen van jagers-verzamelaars meer respect dan in de dorpen en steden in latere tijden. In een kleine groep – hier zijn vergelijkingen met huidige groepen van die soort inderdaad veelzeggend – is elke hand belangrijk, elke vaardigheid kostbaar, elk paar ogen kan een leven redden. Geen man heeft de boventallige middelen om meer vrouwen aan zich te binden, geen vrouw kan door te veel kleinkinderen afgehouden worden van productieve essentiële arbeid.

De parelachtige versiering op het hoofd van de Venus van Willendorf doet denken aan een fijngeknoopte muts van zeeslakkenhuizen, die in een grot in Ligurië op het hoofd van een vrouwelijk skelet werd gevonden en dat enkele millennia van de Oostenrijkse vondst verwijderd is. Die vrouw was, met oker bedekt, heel secuur begraven; in hetzelfde grottencomplex werden dertien kleine Venusbeeldjes ontdekt, die weliswaar van een hardere steen en in een andere stijl waren gemaakt, maar voorzien waren van dezelfde rondingen, die door keurige archeologen steeds weer werden omschreven als 'rondingen die de vruchtbaarheid benadrukken'.

Dat duidt allemaal op culturen die niet overal maar in groepen over grote afstanden steeds weer met elkaar dingen uitwisselden en handel met elkaar dreven. Hoe zou de Venus van Willendorf anders aan haar mosselmuts zijn gekomen, die waarschijnlijk ook een statussymbool van toenmalige vrouwen was? En daar begint het speculeren al, er ontstaan al panorama's van gelukkige, egalitaire, vreedzaam handeldrijvende samenlevingen, waarin niets kwaadaardigs kon gebeuren.

Ook in het geval van de Venusfiguren is niet alles even simpel als het op het eerste gezicht lijkt. Zijn het echt wel beelden die de moedergodin voorstellen, wier cultus langzaam werd verdrongen door patriarchale, agressievere en veroverende samenlevingen?

Het idee van een matriarchaat in het stenen tijdperk, vóór de verspreiding van de landbouw, heeft een lange en fascinerende traditie. De Zwitserse geleerde Johann Jakob Bachofen verkondigde die stelling al in 1861 in een geschrift met de voor die tijd provocerende titel *Mutterrecht*, dat toentertijd een schandaal veroorzaakte, omdat het verkondigde dat een vreedzame matrilineaire hoogontwikkelde cultuur geusurpeerd was door een agressief patriarchaat, met als gevolg dat de wereld niet alleen wreder was dan vroeger, maar de sporen van de vermoorde beschaving uit de weg had geruimd, zoals een moordenaar het lijk.

Bachofen was jurist en classicus en bouwde zijn enorme materiaalverzameling over vroege matriarchale samenlevingen op tekstbronnen op, wat een onderzoek uitsloot van samenlevingen die vóór de uitvinding van het schrift hadden bestaan. Toch vond zijn idee na zijn dood weerklank en inspireerde zulke van elkaar verschillende persoonlijkheden als de dichter en historicus Robert von Ranke Graves, de psychiater en analyticus Carl Gustav Jung, de mythe-onderzoekster en archeologe Marija Gimbutas, en Joseph Campbell, de auteur van het monumentale *The Masks of God*. Van nationalistische mystici rond 1900 tot en met feministes van de tweede golf beriep een breed spectrum van denkers zich op de Zwitserse hoogleraar, wiens werk bij zijn leven bijna volledig in de vergetelheid was geraakt en pas later nieuw ontdekt werd.

Op zoek naar het verloren matriarchaat

De stelling dat menselijke samenlevingen oorspronkelijk zachtaardiger waren en dat vrouwen het er niet alleen voor het zeggen hadden, maar dat ook eigendom, erfopvolging en nakomelingschap via de vrouwelijke lijn werden bepaald, heeft niet alleen een bepaalde ketterse aantrekkingskracht, maar verklaart ook enkele opvallende zaken uit de klassieke geschiedenis. Grote epen als het Gilgamesj-epos en later ook de *Ilias* en de *Odyssee*, de Bijbel en de Indiase *Mahābhārata* rechtvaardigen de conclusie dat daar oudere mythen en rituelen verdrongen en geïnterpreteerd zijn. Die oudere elementen hadden betrekking op de verering van vrouwelijke godheden en kwamen uit samenlevingen die vreedzamer, minder meedogenloos en matriarchaal waren. De tijd vóór de vloed, aldus deze theorie, behoorde de vrouwen toe en werd eerst ondermijnd door patriarchale landbouwers, daarna vernietigd en vervolgens in de collectieve herinnering verdrongen en onzichtbaar gemaakt.

Rond 1900 gaven publicaties over de door Arthur Evans uitgevoerde opgravingen van het koningspaleis van Minos op Kreta een enorme impuls aan het idee van het historisch matriarchaat. Eindelijk waren de stellingen van Bachofen en zijn leerlingen door archeologische vondsten aangetoond en bewezen. Evans ontdekte in de ruïnes van Knossos niet alleen een archaïsch koninkrijk dat zijn bloeitijd lang voor de Grieken had gekend, maar een heel andere samenleving. Op de fresco's en kunstwerken in het paleis waren atletische jonge vrouwen te zien, die met doodsverachting over de rug en de lansgelijke horens van een stier sprongen, en een machtige hogepriesteres, die slangen in haar handen samenhield zoals Zeus zijn bliksems – overal sprak uit de vondsten een cultuur waarin vrouwen een ongekende macht uitoefenden en onverschrokken en zinnelijk aanwezig waren.

Het paleis van Knossos was een centraal oord van de Europese verbeelding – niet alleen in de bronstijd, maar ook in de vroege twintigste eeuw. In de opbloei van nieuwe technologieën herinnerde de geschiedenis van Daedalus en Icarus aan de gevaren van de menselijke hybris, zoals de minotaurus, half stier en half man, eraan herinnerde dat de onnatuurlijke lust van de mensen gevaarlijke monsters schiep. Die legenden konden op verschillende manieren geïnterpreteerd worden, maar ze spraken direct een samenleving aan die zich tussen Mary Shelleys Frankenstein en Freuds gevaarlijke onbewuste gefascineerd betoonde over de vernietigende, duistere kant van de lichte, nieuwe wereld, een verloochende erfzonde van de beschaving, die net als de minotaurus verborgen en onschadelijk gemaakt moest worden, maar onschuldig leven bleef verslinden.

Er waren nog diepere resonanties die ervoor zorgden dat Knossos, zijn rituelen en zijn sociale wereld veelbetekenend leken. Na de genadeloze desillusie van de Eerste Wereldoorlog was de tijd rijp voor de herontdekking van andere samenlevingen, andere vormen van macht en autoriteit dan de perversiteit van de patriarchale heerlijkheid die tot de catastrofe had geleid. De vanzelfsprekende zinnelijkheid van die mediterrane schoonheid sprak een generatie aan wier eigen seksuele rolpatronen waren gaan wankelen. Feministes eisten nieuwe regels voor het samenleven; neurasthenie of zenuwzwakheid was de psychologische epidemie van die periode; mannen zagen hun seksuele identiteit in twijfel getrokken en vluchtten in masculiene rituelen, het leger en mannelijkheidswanen. In die context schiep het visioen van een door vrouwen aangevoerde hoogontwikkelde beschaving van existentiële lichtheid een machtig tegenbeeld van de rigide mannenheerschappij van die tijd met haar snorren en uniformen, om maar te zwijgen van de sociaal afgedwongen seksuele huichelarij.

Onder de grond van een heuvel vol bloemen op Kreta kwam een andere wereld tevoorschijn en daarmee ook de geschiedenis van de verwoesting door de archaïsche Grieken, die niet alleen het land veroverd hadden en de paleizen vernietigd, maar ook de verhalen en de herinnering van de eilandcultuur, die oorspronkelijk de grote moedergodin en haar minnaar en gezel, de heilige stier, geëerd hadden.

Inderdaad konden Evans en andere onderzoekers op een gebied dat zich uitstrekte van Europa naar het oosten tot aan India en Mesopotamië en in het zuiden tot Egypte, door hun vele vondsten bewijzen leveren: een gehoornde god (meestal een stier of een oeros, in het noorden ook een hert of een rendier, in schaarse gevallen een geitenbok) dook in verschillende cultische contexten en voorstellingen op, waarvan het historische begin teruggaat tot de diepste nacht van onze voorgeschiedenis; van vijftienduizend jaar oude grotschilderingen in Zuidwest-Frankrijk tot de hemelstier in de Gilgamesj, van de reebok-hoofdtooi in Noord-Engeland, cilindrische zegels uit het dal van de Indus en de stierreliëfs uit Çatalhöyük uit het negende millennium vóór het begin van onze jaartelling tot aan de gehoornde god van Enkomi op Cyprus en de Apisstier in het Egypte van de eerste dynastie, in het derde millennium vóór onze jaartelling – gehoornde godheden en sjamanen, die bij rituelen hoornen droegen, Mesopotamische heersers die zich met gehoornde helmen toonden, zijn allemaal goed gedocumenteerd. Hij was er, de gehoornde god. Hij was machtig, een verbinding tussen mensen en dieren en hun geesten, jagers en hun buit. Zijn potentie garandeerde rijke oogsten.

Maar dan vindt vooral in de regio van de Middellandse Zee rond de achtste eeuw vóór onze jaartelling een nieuw soort samenleving ingang. Landbouw, vaste nederzettingen en ook vaste sociale hiërarchieën maakten definitief een einde aan het leven van kleine, meer of minder mobiele gemeenschappen. Ze hadden efficiëntere technieken, de landbouw voedde een groter aantal mensen, de belasting op de oogsten door de heersende families was het begin van staten, besturen, legers, eigendom, oorlog, maar ook van arbeidsdeling, tempels, paleizen, markten en bibliotheken.

Die nieuwe samenlevingen brachten hun eigen religieuze overleveringen mee die hiërarchieën begunstigden en waarvan de mythen langzaam maar gestaag de herinneringen aan de zachtaardigere, matriarchale oude cultuur verdrongen. Dat verdringingsproces was des te effectiever toen met de landbouw en de ermee gepaard gaande belastingheffing ook het schrift zijn intrede deed en de mythen van de veroveraars daarom de eerste waren die hun versie van de geschiedenis konden vastleggen en verspreiden.

In de Bijbel zijn duidelijke signalen te vinden van die strijd tegen de gehoornde god en de moedergodin door een deel van de priesters. Niet voor niets dansen de afvallig geworden Israëlieten om een gouden kalf en worden ervoor gestraft. De Mesopotamische godin Isjtar/Inana werd in de Levantijnse regio onder de naam Asjera vereerd, alleen of als gemalin van de god Jahwe, een klassiek paar voor de mythische omgeving van hun tijd, zoals ook Isjtar en Tammoez en Isis en Osiris. Hebreeuwse en Aramese inscripties uit de achtste en zevende eeuw vóór onze jaartelling noemen 'Jahwe en zijn Asjera' als beschermgoden, die samen aangeroepen werden.

Dat goddelijke paar werd kennelijk ook door de Judeeërs lang aanbeden. Koning Salomo had in de door hem gebouwde tempel van Jahwe nog heel vanzelfsprekend een schrijn voor Asjera ingebouwd, zoals het boek der Koningen naar aanleiding van de verwoesting van de tempel door koning Hizkía en daarna weer door koning Josiah weet te vertellen, want kennelijk was die cultus taai. Niettemin – de tijden waren veranderd. De priesters in Jeruzalem hadden hun lot in de handen van één enkele god gelegd, een van die talloze plaatselijke godheden zoals ze ook in Mesopotamië bestonden, een god die hun land en macht had beloofd, zolang ze zijn wetten volgden en hun heilig verbond met hem respecteerden.

Als de god van de Judeeërs vroeger ooit met de vruchtbare Asjera gelieerd is geweest, eindigde hun relatie in een verschrikkelijke vechtscheiding. Jahwe duldde niet dat er nog iets in zijn machtsgebied aan zijn vroegere gemalin herinnerde, zoals de Statenvertaling doet vermoeden:

'Gij zult ganselijk vernielen al de plaatsen, alwaar de volken, die gij zult erven, hun goden gediend hebben; op de hoge bergen, en op de heuvelen, en onder allen groenen boom.// En gij zult hun altaren afwerpen, en hun opgerichte beelden verbreken, en hun bossen met vuur verbranden, en de gesneden beelden hunner goden nederhouwen; en gij zult hun naam te niet doen uit diezelve plaats.'[14]

De te verbreken 'beelden', die hier worden bezworen, zijn in het Hebreeuws nog 'asjerim', dus de zuilen of misschien boomstammen die

Asjera in haar heiligdommen symboliseerden, zoals ze ook Inana's heiligdom op de Uruk-vaas symboliseren, misschien de *Axis mundi*, de levensboom, een onontbeerlijk bestanddeel van sjamanistische riten.

De hele passage in Deuteronomium (dus het vijfde boek van Mozes volgens de christelijke aanduiding, het boek Devarim volgens de joodse) toont de heer van zijn meest onsympathieke en gewelddadige kant. Hij spreekt over zijn veroveringstocht met zijn volk zoals Assurbanipal het gedaan zou hebben, als veldheer trots op zijn grootheid, 'zijn sterke hand en zijn uitgestrekte arm', waarmee hij de strijdwagen van de farao en rivaliserende stammen vernietigde, 'toen de aarde haar muil opensperde en hen verslond met hun gezinnen en tenten en al hun dieren'. Geen god dus met wie je graag ruzie krijgt.

God belooft zijn volk het land waarheen hij het voert in bezit te nemen, met de ironische toevoeging dat het een land is 'vloeiende van melk en honing'. Die god stelt een heel eenvoudige deal voor. Zijn volk moet hem liefhebben, 'zo zal ik den regen uws lands geven te zijner tijd, vroege regen en spade regen, opdat gij uw koren, en uw most, en uw olie inzamelt'. Hij waarschuwt voor elke contractbreuk, elke verleiding waardoor de joden van het rechte pad afwijken, en 'de toorn des Heeren tegen u ontsteke, en Hij de hemel toesluit, dat er geen regen zij, en het aardrijk zijn gewas niet geeft; en gij haastig omkomt van het goede land, dat u de Heere geeft'.

De heer belooft de zijnen een groot rijk, als ze zich niet tot andere goden richten, de verovering van de hele toentertijd bekende wereld: 'Alle plaats, waar uw voetzool op treedt, zal de uwe zijn; van de woestijn en de Libanon, van de rivier, de rivier Frath, tot aan de achterste zee, zal uw gebied zijn' (Deuteronomium, 11:24).

Zo wordt het uitwissen van de naam Asjera in de veroverde gebieden *ethnic cleaning* door vernietiging van een hele cultuur (hier nogmaals in moderner Nederlands):

'Jullie moeten alle plaatsen verwoesten waar de volkeren wier bezit jullie zullen overnemen, hun goden gediend hebben, op de hoge bergen, op de heuvels en onder elke groene boom. En hun altaren moeten jullie afbreken, hun zuilen stukslaan, hun Asjerim in het vuur verbranden en de beelden van hun goden vernietigen, en hun namen moeten jullie uit die plaats verwijderen.'[15]

De verbazingwekkende resultaten van de opgravingen van Arthur Evans maken het aannemelijk dat op Kreta en daarmee in het gebied van de Middellandse Zee zich soortgelijke processen van verdringing en vergetelheid moeten hebben afgespeeld. Volgens de mythe (die hoofdzakelijk overgeleverd is door de Romeinse dichter Ovidius) stuurde de zeegod Poseidon een volmaakte stier naar zijn gunsteling, koning Minos, zodat Minos die kon offeren. Maar Minos hield de stier zelf en offerde een andere stier. Uit wraak zorgde Poseidon ervoor dat zijn vrouw Pasiphaë de stier zo onverzadigbaar begeerde dat ze Daedalus de opdracht gaf een stellage in de vorm van een koe te bouwen zodat het heerlijke dier met haar kon paren. Het resultaat van die mythologische mesalliance was Minotaurus, die door Daedalus zou worden opgesloten in een labyrint, waar hij nooit meer de weg uit zou vinden. Maar de Atheners moesten de tirannieke Minoërs een tribuut van jongelingen en maagden sturen, totdat Theseus de Minotaurus met behulp van de gouden draad van Ariadne overwon.

Maar wat als dat verhaal propaganda van de Griekse veroveraars is? Het is niet moeilijk achter de moraal van het verhaal van de nobele Griekse held en monsterdoder iets anders te zien, namelijk de gediscrediteerde stierencultus en de sterke vrouw in het centrum ervan, wier overgave aan de heilige en machtige minnaar van de godin in de nieuwe Helleense versie als pervers wordt voorgesteld. Het resultaat, een wezen dat half dier en half mens is, is te monstrueus om in het licht van de zon te mogen leven. Het vreet de jonge lichamen op die in de kunst van Knossos volledig ongehinderd waaghalzig over zijn massieve lijf sprongen. Minos zelf is de zoon van Zeus en Europa, de enige keer in de Griekse mythologie dat de oppergod zelf de gestalte van een stier aanneemt om zijn lusten te stillen.

De schriftelijke vastlegging van oude mythen bepaalde mede wie de macht van de interpretatie in de klassieke wereld bezat, en er kan nauwelijks twijfel over bestaan dat na de zogenaamde ondergang van de bronstijd rond 1200 vóór het begin van onze jaartelling nieuwe culturen dominant werden en in hun op kleitabletten en stenen stèles vereeuwigde stichtingsverhalen en wetten ook steeds de erfenis van hun voorafgaande culturen onder controle probeerden te houden.

Maar vanaf dat moment wordt alles gecompliceerd. Uit de schriftelijke bronnen valt op te maken dat oudere culturen verdrongen werden, riten veroordeeld, heiligdommen ontwijd, verhalen in een nieuwe versie verteld. Maar van de schriftelijke vastlegging (die in de diverse culturen in heel verschillende perioden plaatsvond) bestaan alleen nu en dan artefacten, die toevallig uit duurzaam materiaal waren vervaardigd – afzonderlijke mozaïekstenen, waartussen oneindig veel ruimte voor vermoedens en projecties is.

Het paleis van Knossos dat door Arthur Evans aan een verbijsterde wereld werd gepresenteerd heeft waarschijnlijk nooit als paleis dienstgedaan, eerder als een rituele en tijdelijke verzamelplek van de clans uit een bepaald gebied. Als woonplek zou de labyrintische architectuur met zijn kleine vertrekken ook volkomen ongeschikt zijn geweest, maar als voorraadkamers voor jaarlijkse feesten lijken ze ideaal. Ook de beroemde fresco's en reliëfs, waaraan Evans zijn reconstructie van de minoïsche religie ontleende, bleken deels uit volkomen verschillende afbeeldingen samengesteld, terwijl de architectonische reconstructies *in situ* van beton waren gemaakt en meer dan een vleugje art-decotonen.

Het koningspaleis van Knossos is een goedbedoeld historisch samenraapsel en de historische samenleving van het prehistorische Kreta geeft nog steeds raadsels op. Maar één ding staat vast: ook al is Kreta niet een matriarchaal paradijs geweest, enkele van de prachtigste graven, die op een hoge sociale status duiden, behoorden toe aan priesteressen, en ook de topless jonge meisjes die over stieren sprongen, waren niet ontsproten aan de oververhitte fantasie van een victoriaanse geleerde. Vrouwen, of althans enkele vrouwen, hadden dus echt een veel hogere status dan in latere eeuwen, wat ook vastgesteld kan worden aan de hand van begrafenispraktijken en grafgiften, en met behulp van de analyse van skeletten.

Om de verandering van een op zijn minst deels nomadische levenswijze naar een sedentaire te kunnen begrijpen worden prehistorische samenlevingen vaak met tegenwoordig nog bestaande gemeenschappen vergeleken, die wat technische ontwikkeling en de omvang van de ge-

meenschap betreft voldoende erop lijken en waarvan de samenlevings-
structuren en klimatologische uitdagingen levenswijzen, rituelen, economische praktijken, houdingen en verhalen hebben bepaald.

Maar we moeten erg voorzichtig zijn met dat soort parallellen, want in
de eerste plaats is intussen door etnologen uitstekend gedocumenteerd
dat verschillende bevolkingsgroepen, die onder zeer gelijkende omstandigheden in hetzelfde gebied wonen, zoals de oorspronkelijke inwoners
van het Amazonegebied, volkomen andere werkelijkheden en verhalen
hebben geconstrueerd om hun ervaring met hun omgeving te verbinden
en er zin aan te ontlenen. Ook het idee van een in essentie geschiede-
nisloze, ahistorische samenleving, die al duizenden jaren praktisch onveranderd heeft overleefd en authentieke mythen en tradities behoudt,
is wonderlijk paternalistisch, en negeert hoe inheemse samenlevingen
die met nieuwe uitdagingen of trauma's geconfronteerd zijn, deze flexibel onder de knie kunnen krijgen en in hun 'tijdloze' verhalen kunnen
invoegen, als mythische waarborgen van een zich ontwikkelende identiteit.

Ook de Venusfiguren blijven uiteindelijk duister. De Franse paleo-antro-
poloog Alain Testart betwijfelt zelfs dat het daarbij om godinnen gaat.
Als je al parallellen met tegenwoordige samenlevingen met eenzelfde
technische en sociale structuur wilt trekken, merkt hij op, waren het
in dergelijke samenlevingen uitsluitend mannen die zulke beelden van
vrouwen maakten. 'Wat doet ons geloven dat de neolithische religies
gewijd waren aan de cultus van de moedergodin? Alleen de beelden van
naakte vrouwen, verder niets.'[16]

Van de vele neolithische graven zouden er maar relatief weinig van
vrouwen zijn, argumenteert Testart, cultushandelingen zijn onbekend,
tempels amper als zodanig te onderscheiden, plattegronden van dorpen
zonder bewijskracht over het leven van de vrouwen in die samenlevingen. De figuren worden in elk geval niet op opgravingsplekken gevonden die als cultusoord bekendstaan, en ze zijn ook op geen enkele manier
monumentaal, nooit van bijzonder kostbaar materiaal en nooit gemaakt
om te imponeren. De meeste ervan zijn amper zo groot als een hand.

Wat zeggen die beelden dus over de status van vrouwen en zelfs godinnen? Testart waagt nog een vergelijking over millennia heen. Culturen die tot aan hun kolonisering oraal zijn gebleven en die nog weinig met andere beschavingen in aanraking zijn geweest, bieden de mogelijkheid van een andere interpretatie: 'Niets komt zo vaak voor en niets is banaler dan beelden die meestal van hout zijn en vrouwen voorstellen met grote borsten, sterk geseksualiseerd [...] maar geen etnoloog en geen kunsthistoricus zou daar ooit uit geconcludeerd hebben [...] dat vrouwen in de betreffende samenleving dominant waren.'[17] Ze zouden voorouderfiguren uitbeelden, of mythische moeders, af en toe een 'primoridaal paar' samen met een mannelijke kameraad, maar 'de macht van de man wordt afgemeten aan het aantal mensen dat hij overheerst, in de eerste plaats het aantal kinderen, dat natuurlijk afhankelijk is van het aantal van zijn vrouwen en hun vruchtbaarheid. In dat soort samenlevingen bestaat er dus geen probleem over de vraag waarom vrouwen zo vaak geseksualiseerd uitgebeeld worden en dat dit niet aan de waarde van vrouwen bijdraagt.'[18]

Op zoek naar de vermoede religie

Of de delicate figuren met de weelderige rondingen uit het paleolithicum en het neolithicum inderdaad representaties van de moedergodin waren of toch pornografische objecten uit het stenen tijdperk is niet alleen moeilijk uit te maken, het is onmogelijk. Maar misschien is de vraag al verkeerd, zodat het antwoord meer over de vrager verraadt dan over het object, een product van op het verkeerde spoor gezette verwachtingen.

Misschien is het onjuist om over een religie in het paleolithicum te spreken, omdat we daarmee een ons zeer vertrouwd begrip gebruiken waarvoor in de toenmalige wereld geen equivalent bestond. In de loop van meerdere tienduizenden jaren waren vanuit Afrika kleine groepen vertrokken, hadden in de loop van meerdere generaties lange of korte afstanden afgelegd, en hadden zich verspreid of zich met andere groepen verenigd of andere groepen opgenomen. Zo was de ontwikkeling van het denken en vertellen over onzichtbare machten die al het zichtbare bepaalden en beïnvloedden, net als de celgroei steeds weer bepaald door isolatie en uitwisseling, en het is op zijn minst plausibel dat verschillende groepen in Europa, op Borneo en in het Amazonegebied hun eigen tradities en mythen vormden, zoals ze ook verschillende talen ontwikkelden.

Dat kan allemaal onmogelijk onder één noemer gebracht worden. Begrafenissen en schilderkunst tonen animistische samenlevingen en een zekere stabiliteit van motieven, technieken en praktijken, zoals inderdaad de vervaardiging van kleine vrouwelijke figuren, maar wat die figuren voor verschillende mensen op verschillende historische tijdstippen betekend hebben, wat ze erbij dachten en in hoeverre ze in dialoog met hun intellectuele en emotionele leven stonden, kan niet meer gereconstrueerd worden. Het is tegenwoordig makkelijk een mummie door te lichten, met behulp van een DNA-test verwantschapsrelaties op te sporen of het menu van een prehistorische mens uit een beetje tandglazuur af te leiden; maar kennis en herinneringen verdwijnen. Geen enkele mummie bewaart ingedroogde gedachten en gevoelens in zijn lege hersenpan.

Het menu van prehistorische mensen toont aan hoeveel informatie er verloren is gegaan. Uit isotopen in tandglazuur en uit weggegooide botten en soms ook pollen kan relatief goed beschreven worden welke voedingsmiddelen een gemeenschap vooral consumeerde, maar niet op welke manier het eten de identiteit van de gemeenschap vormde. Eten is nooit eenvoudig alleen maar eten. Het is een instinctieve handeling en maakt in één klap van ons culturele wezens. Vanuit het perspectief van elke eetcultuur, welke dan ook, lijkt elke andere niet alleen ongewoon, maar ook vreemd, onbegrijpelijk, en soms zelfs weerzinwekkend. Ook de honger wordt door vooroordelen gestuurd en zo kende waarschijnlijk ook de honger van holenmensen zijn taboes, zijn delicatessen, zijn geneesmiddelen en afrodisiaca, waaruit het ware portret van een samenleving blijkt: de diverse, op zichzelf streng gecodificeerde en toch als volkomen natuurlijk ervaren manifestaties van een universele elementaire behoefte.

Achter die eerste indruk is een nog complexer weefsel van culturele beelden te vinden, die direct in collectieve mythen overgaan: welk vlees mag er gegeten worden? Welke dieren zijn legitieme voedselbronnen en welke niet? Hoe belangrijk is de generositeit van de gastgever? Welke relatie bestaat er met hiërarchie en overvloed, met honger? Hoe belangrijk is de rituele reinheid, de gastvrijheid, de sociale status, het ritueel?

Uit elke eetcultuur kan een hele reeks consequenties worden afgeleid die in natuurlijke contexten ingrijpen: sociale aanspraak, smaak, vraag naar bepaalde producten, een bepaald soort landbouw of een nomadische levenswijze die haar voedselbronnen volgt, een handelsnetwerk met toegang tot exotische delicatessen, typische ziekten – en ten slotte een uitgeputte biosfeer, uitgeroeide diersoorten en de doelbewuste teelt van bepaalde planten en dieren, invasieve soorten en *biotransfer*. De culturele constructie van het eten dringt door in alles wat de mens beroert. Ook de mensen uit het paleolithicum waren daar geen uitzondering op. Ze verdrongen grote dieren als mammoeten, oerossen en roofdieren naar het tweede plan, verspreidden op hun tochten zaad en pollen en veranderden dus grondig de oorspronkelijke biodiversiteit.

Volgens het meest recente wetenschappelijk onderzoek kunnen we ons onze voorouders voorstellen als Afrikanen. Hun huid was waarschijnlijk donker, hun haren kroezig zoals die van de Venus van Willendorf (als dat haren zijn). De lichte pigmentatie, beter aangepast om in het zonnearme Europa te overleven, verspreidde zich waarschijnlijk onder de eerste mensen door relatief regelmatige liaisons met neanderthalers. Tegenwoordig bevat het erfgoed van Europeanen twee of meer procent neanderthalergenen, zoals Aziatische en inheemse Amerikaanse bevolkingen versterkt genen van de eveneens uitgestorven Denisowa-mens hebben. De neanderthalers zelf waren kennelijk niet alleen primitievere minnaars of partners van de vroege homo sapiens – volgens het meest recente wetenschappelijk onderzoek produceerden ook zij grotschilderingen, beenderfluiten, stenen werktuigen en naainaalden, begroeven hun doden en kenden rituelen. Ze waren geen voorstadium van de moderne mens – ze waren mensen van een andere soort.

Tot de populaire projecties van een burgerlijke cultuur behoort eveneens al sinds Rousseau het toedichten van een grotere wijsheid, bescheidenheid en matiging aan mensen die 'dichter bij de natuur' leven – in het stenen tijdperk of in mondelinge culturen, die pas door kolonisten met de zegeningen van het Westen in aanraking werden gebracht. De ecologisch historicus Daniel R. Headrick waarschuwt voor alle idealisering van inheemse manieren van leven. Mensen hebben hun omgeving altijd al veranderd en hebben daarbij alleen hun eigen directe belangen voor ogen gehad.

In het paleolithicum werden in Midden-Europa en in Zuid-Frankrijk en ver vóór de komst van de Europeanen ook in Colorado en Wyoming al hele kudden oerossen, mammoeten of bizons over de klippen gejaagd, waar de meeste dieren crepeerden, terwijl de jagers alleen de beste stukken uitzochten. In Nieuw-Zeeland roeiden de Maori op hun zoektocht naar delicaat vlees de reusachtige moa uit, een vogel die niet kon vliegen, om in de behoeften van een drukke plaatselijke markt te voorzien. Het is niet nodig deze opsomming langer te maken, maar het lijkt erop dat de schijnbare harmonie met de natuur, waarin vele orale culturen aangetroffen zijn, niet altijd uit een diep begrip zijn voortgekomen, maar ook uit gebrek aan technische mogelijkheden. Ook in de tijd van vóór de vloed waren mensen begerig, probeerden jagers meer te bejagen dan ze konden eten en ten nutte maken, en er werden door het doelbewust afbranden hele landschappen veranderd.

De mensen van 'vóór de vloed' hebben hun gedachten met zich meegenomen. Hun reflexen en misschien ook een aantal van hun ideeën over de wereld leven in mensen van nu net zo voort als hun DNA, maar in tegenstelling tot het erfmateriaal is sequencing en uitlezing niet mogelijk. Maar er zijn redenen genoeg om aan te nemen dat ze enerzijds fysiek niet strookten met de ideeën van Europese wetenschappers en museumpedagogen uit de negentiende eeuw, maar anderzijds verrassend dicht bij de huidige mensen stonden en niet minder intelligent en creatief begaafd waren dan zij.

De dansende god

Kunst is nooit kwalitatief slecht geweest. Ze begon niet pas na enkele tienduizenden jaren van hulpeloos gekras en gekriebel, voordat er überhaupt herkenbare vormen ontstonden. De eerste door mensen bewaarde creatieve uitingen zijn meesterwerken, waarop beweging en presentie van afzonderlijke dieren en hele kuddes, verschillende stemmingen en kleuren zo vakkundig zijn gebruikt dat de scheppers ervan in elke historische periode en in elk cultureel idioom als grote meesters zouden zijn gezien. Mensen met een dergelijke creatieve intelligentie, met zoveel kennis over hun omgeving, waarover ze complex konden nadenken en die ze als spirituele werkelijkheid zo indrukwekkend realistisch konden uitbeelden, zijn waarschijnlijk ook op andere gebieden niet dom geweest. Hun kennishorizon was beperkt, maar niet veel beperkter dan in de moderne tijd die van de meeste mensen in Europa. Ze dreven aantoonbaar handel met luxegoederen als barnsteen en mosselen, van het Balticum tot in de regio van de Middellandse Zee, en ruilden met hun artefacten ook creatieve ideeën en technieken uit, en op lange avonden ook verhalen en erfmateriaal.

Niet al onze voorouders uit het stenen tijdperk leefden geïsoleerd en aten rauw vlees. Enkelen leefden al lang vóór de invoering van de landbouw in nederzettingen, die misschien maar voor een deel van het jaar bewoond werden, ze kenden arbeidsverdeling en beoefenden ambachtelijk meesterschap, ze dreven handel, gingen samen op jacht, aten en dansten samen en brachten misschien ook als groep offers – maar hier wordt het ijs van de vaststaande feiten alweer dun.

Hoe dachten de mensen in Eurazië twintigduizend jaar geleden over de status van vrouwen en over de onderwerping van de natuur – en impliciet ook de onderwerping van de vrouwen door de mannen? Het is niet mogelijk de denkwereld in de tijd die aan de vloed voorafging te reconstrueren, we weten niet of de onderwerping toen al begonnen was, als droom in een grot, als verkrachting, terwijl het schijnsel van het vuur trillend de omtrekken van reusachtig geschilderde dieren op de rots belichtte, of als halfbewust idee onder de eindeloze sterrenhemel. Maar dat zou wel verbazingwekkend zijn. Andere tot nu toe wetenschappelijk onderzochte samenlevingen in Afrika en Oceanië kennen geen concept van de heerschappij van de mens over de natuur en vertellen daarover geen verhalen, ook al kenden ze wel degelijk seksueel geweld. Misschien ontstaat het idee van de heerschappij met de heerschappij over andere mensen. De meesterlijke objecten uit die samenlevingen wettigen de conclusie van een complex denken, dat enerzijds voor altijd verloren is gegaan en anderzijds nog altijd merkwaardig aanwezig blijft. Een figuur danst en glinstert uit de diepten der tijd tot in ons heden, als een irritatie, als een permanente vraag, als een ontkenning van de orde en een beaming van het gevaar, van het eeuwige ogenblik, van het dodelijke leven. Het is de gehoornde god, bij wie je een zekere biografische knik kunt zien, toen hij van vriend van de godin verlaagd werd tot niet meer dan een onruststoker. De goddelijke stieren uit de bronstijd worden afgelost door religies, waarin ossen de karren trokken en stieren werden geofferd aan de goden.

In de klassieke en klassiek patriarchale oudheid was de minnaar van de grote godin al werkloos geworden, want het Pantheon werd nu alleen maar door mannen gedomineerd. Maar de gehoornde god was zo sterk in de mondelinge traditie aanwezig dat hij niet kon worden geëlimineerd. Hij bewaarde zijn erotische energie als Pan of Priapus, zijn gevaarlijke kanten als satyr en Minotaurus, en de rest van zijn scheppende en verwoestende majesteit als Dionysus, de eeuwig thuisloze, gehoornde, dronken god, wiens extatische levenskracht evenveel vernietigt als schept en die getemd, gebonden, gedood en herboren moet worden als de wijnrank zelf.

Ook het vroege christendom wist zich niet van Dionysus te ontdoen. Beeldhouwers die in het oostelijke deel van de Middellandse Zee voor klanten van diverse religies werkten, hebben zich vergist en de god van de christenen met zijn discipelen en zijn wijnranken en zijn tragische lot uitgebeeld als een Griekse god, in al zijn heroïsche naaktheid. Maar de energie van die oeroude god kon ook omgeleid worden, zoals de verwarde sculpturen van de heiland in Caïro, Damascus, Jeruzalem en Rome demonstreren. Het leven van Joshua ben Josef uit Nazareth raakte verstrengeld met het verhaal van de rondtrekkende god en zijn discipelen, dat allang werd verteld. Maar om een overvloed aan energie te neutraliseren, werden andere aspecten afgesplitst tot andere figuren.

In de duivel, Lucifer, Beëlzebub, in Zwarte Piet, in de Grüne Mann, bij carnavalsgebruiken in de Alpen en bij stierengevechten zijn oude tradities misschien met een nieuwe, acceptabele interpretatie vermengd geraakt en zijn veranderd in nieuwe oude gebruiken en projecties die zich diep hebben ingevreten in het universum van de games, van de enthousiastelingen van een alternatieve spiritualiteit en van wicca, van de theologie van talloze sekten en in de iconografie van het kwaad. We raken de gehoornde god niet kwijt, hij wordt onder onze handen monotoner, omdat zijn attributen steeds meer op elkaar gaan lijken. Maar wat bij dergelijke onbeheersbare krachten interessant en zelfs belangrijk kan zijn, verlangt naar afzonderlijke vervaardiging.

Ze blijft duister, de wereld van 'vóór de vloed' – ook al zit ze homo sapiens nog diep in de botten. De waan van de onderwerping van de natuur uit die verre tijden is nergens door archeologische vondsten of etnografische vergelijkingen aangetoond. Ook al heeft die bestaan, er is geen grotschilderkunst en geen ander artefact dat erop duidt dat mensen zich toentertijd boven de natuur verheven voelden en zichzelf als heren van de schepping zagen, en er is ook tegenwoordig geen nomadische cultuur die niet begrijpt dat ze op haar omgeving is aangewezen en afhankelijk is van haar vitaliteit.

Gilgamesj was onbekend met de kennis uit de tijd van vóór de vloed en hij wist niet hoe hij moest leven. Hij probeerde daarom niet alleen de natuur maar ook de dood zelf onder de knie te krijgen. Maar de mensen die vijfduizend jaar geleden zijn verhaal rondvertelden, waren geen nomaden meer. Ze leefden in steden en dorpen, ze werkten op het land, in een werkplaats, in een winkel of als bediende. Hoewel er op het Arabisch Schiereiland, in de Kaukasus, in het huidige Afghanistan en in Anatolië nog volken leefden die hun nomadische manier van leven hadden behouden, leefden die mensen op een nieuwe, tot dan toe volkomen onbekende wijze, en met dat nieuwe leven kwam er een nieuwe visie op de wereld en een nieuwe richting van die visie: van boven naar beneden.

Koning van de wereld, koning van Assyrië

5. *De stervende leeuwin.* Fresco in het paleis van koning Assurbanipal (669-631 vóór onze jaartelling). Nineveh, Mesopotamië. Albast, hoogte 160 cm. British Museum, Londen. Collectie Joseph Martin

De leeuwin brult een laatste keer, maar ze weet dat ze deze strijd heeft verloren. Drie pijlen doorboren haar gespierde lichaam, een ervan heeft kennelijk – de beeldhouwer was een nauwkeurige waarnemer – haar onderste wervelkolom vernietigd en de achterpoten slepen onbeweeglijk achter haar aan, terwijl zij haar overwinnaar tandenblikkerend in de ogen kijkt. Dit is het moment van haar dood.

De stervende leeuwin is slechts een detail uit een veel groter tafereel, waarin getoond wordt hoe koning Assurbanipal van Assyrië (hij regeerde van 669 tot 631 vóór het begin van onze jaartelling) op leeuwenjacht gaat. Misschien begaven zijn voorouders zich nog in de bergen op pad, maar in het perfect georganiseerde rijk van de machtigste man ter wereld worden de leeuwen gevangen of gefokt om dan in de arena losgelaten te worden, zodat de heerser ze op veilige afstand met de boog kan dood-schieten, of van heel dichtbij, met een speer, altijd omringd door een woud van speren en een wal van schilden van zijn lijfwachten. Op een van de panelen in het koninklijk paleis verwurgt hij een leeuw zelfs met zijn handen.

Het bestaan van het paleis berust op de logica van het doden en ge-dood worden. Er is slechts plaats voor één heer, het ergste roofdier in dat rijk. De koning van de dieren moet niet alleen wijken voor de koning der mensen en wordt niet alleen door hem uitgeroeid: hij wordt steeds weer ten overstaan van een publiek bedwongen en spectaculair naar de andere wereld geholpen. Dat is het mechanisme van de macht.

Het paleis van Assurbanipal is aan de ene kant een hymne aan het geweld. De manshoge fresco's tonen de koning tijdens de jacht, bij veld-tochten, belegeringen en veldslagen, altijd zegerijk, altijd stralend, al-tijd genadeloos. De lijken van de gedode vijanden drijven in de rivier, worden onthoofd en verminkt, van een van de gevangenen wordt door beulsknechten de tong uitgerukt, twee andere worden aan de grond ge-pind en levend gevild. Deze heerser kende geen medelijden en wilde dat de wereld dat wist. Op een ander paneel is hij tijdens een feestmaal te zien, overschaduwd door wijnranken, geëscorteerd door slaven die hem koelte toewuiven, terwijl hij op zijn luisterrijke divan ligt en uit een schaal drinkt.

Ondanks zijn wreedheid als veldheer was Assurbanipal, of Aššur-bā-ni-apli, zoals zijn naam correct getranscribeerd wordt, allesbehalve een barbaar. Zijn bestuur was efficiënter dan alles wat de wereld tot dan toe gezien had. Deze heerser kon niet alleen lezen en schrijven, hij stuur-de zijn agenten naar alle uithoeken van het rijk om boeken voor hem aan te schaffen, of nauwkeuriger: kleitabletten die allemaal met spijker-schrift waren beschreven en die hij in een eigen bibliotheek bewaarde. Hij bracht meer dan dertigduizend kleitabletten naar Nineveh, de waarschijnlijk grootste verzameling teksten die er tot dan toe had bestaan, en een moeilijke onderneming, want het schrift zelf en enkele van de teksten waren al twee millennia oud. De koning was een geleerde, een bestuurder, een legeraanvoerder en heerser tegelijkertijd.

We hebben een enorme sprong in de tijd gemaakt, van Uruk rond het jaar 3000 vóór het begin van onze jaartelling naar Nineveh in de zevende eeuw vóór onze jaartelling, meer tijd dus dan onze tijd verwijderd is van de Qin-dynastie in China of de Romeinse republiek. Assurbanipal was een Assyriër en kwam uit het noorden van het Tweestromenland. De bloeitijd van het zuiden en van de machtige steden daar lag eeuwen terug. En toch waren er sterke banden. Dezelfde goden werden aanbeden, dezelfde verhalen verteld. Het Soemerisch werd nog steeds als de taal voor rituele teksten gebruikt en gedoceerd, en Assurbanipal was trots op zijn bibliotheek, waar ook een exemplaar van het Soemerische Gilgamesj-epos aanwezig was, in die tijd al enkele eeuwen oud.

Assurbanipals paleis was de perfecte manifestatie van een wereldvisie die allang verinnerlijkt had dat de wereld uiteenvalt in heersers en overheersten en dat alleen de steeds opnieuw gedemonstreerde zege met de sterke arm de totale nederlaag nog even kon tegenhouden. Zijn paleis was een *storyboard* van zijn ongehoorde carrière van jongeman van twijfelachtige afkomst tot de machtigste heerser en verschrikkelijkste veldheer van zijn tijdperk, een man wiens rijk zich van Noord-Afrika tot Afghanistan en van de Middellandse Zee tot de Perzische Golf uitstrekte.

Toen de koning van Babylon, zijn eigen broer, tegen Assurbanipal in opstand kwam en hem de oorlog verklaarde, kende hij geen genade. De verraden heerser vertrouwde hem toe aan de 'brandende vlammen van een vuurzee en vernietigde hem'. Met de helpers van zijn broer maakte hij ook korte metten, zoals hij opschepte:

> De wagens, koetsen, draagstoelen, zijn concubines, de spullen uit zijn paleis brachten ze naar mij toe. Maar bij de mannen die met hun schaamteloze mond laster spraken over Assur, mijn god, en tegen mij, de vorst die hem vreest, boze plannen smeedden, sneed ik de tong uit en bracht hen ten val. Het overige volk [...] heb ik [...] afgeslacht. De in stukken gehakte lichamen heb ik aan de honden, varkens, wolven

en adelaars, aan de vogelen des hemels en de vissen in de diepte gevoerd.[19]

In het schijnsel van olielampen of de schuin invallende stralen van de ondergaande zon leken de talloze figuren op de muren tot leven te komen. De kwaliteit van die reliëfs is tegenwoordig, na bijna drie millennia, nog steeds adembenemend. Op de plek waarvoor ze waren gemaakt en met levendige kleuren beschilderd waren, moeten ze voor bezoekers, die dagenlang door het witgrijze schrale landschap waren gereisd en eindelijk bij het glinsterende witte paleiscomplex waren aangekomen, een overweldigende ervaring zijn geweest. De boodschap was eenvoudig en duidelijk: verzet is zinloos.

Dit was een Mesopotamische heerser, die ook retorisch alle perken te buiten ging, juist omdat hij niet alleen op zijn bloedige zeges trots kon zijn. De grootste van alle zegevierenden is de geest:

Ik, Assurbanipal, koning van het universum, die door de goden met schranderheid is uitgerust, die een doordringende scherpzinnigheid voor de geheimste details van geleerde kennis heeft verworven (geen van mijn voorgangers had begrip voor zulke dingen), heb deze tabletten voor de toekomst in de bibliotheek van Nineveh, voor mijn leven en voor het welzijn van mijn ziel neergelegd om de fundamenten van mijn koninklijke naam te behouden.

... en onderwerpt haar

Ze hadden zich verrekend in een politiek spel met machtige, veel te machtige tegenstanders. Nu keken ze vanuit hun ballingschap op de gebeurtenissen van de voorafgaande jaren terug en beklaagden hun hoogmoed en hun verdorvenheid, waarvoor God hen gestraft had. Judea was nooit meer geweest dan een stoffige vazalstaat, een provinciaal koninkrijk zonder veel onderdanen, een land van schaapherders en boeren zonder werkelijke macht en betekenis. Reizigers kenden Jeruzalem als een tussenstation op de weg van Babylonië naar Egypte, de regionale grootmachten van die tijd.

De elites van het kleine koninkrijk stonden voor dezelfde problemen als elke kleine macht tegenover machtiger buren. Het land behoorde tot het rijk van koning Nebukadnezar (eigenlijk: Nabū-kudirrī-uṣur ii) en moest tribuut naar Babylon sturen. Maar toen Nebukadnezar in 601 vóór het begin van onze jaartelling probeerde Egypte in te nemen, werd zijn leger vernietigend verslagen. De Judeeërs en enkele andere tribuutplichtige provincies namen de gelegenheid te baat het Babylonische juk af te werpen of althans een wat comfortabeler juk te kiezen. Van nu af aan betaalden ze tribuut aan Egypte.

De Babylonische koning had een veldtocht verloren, maar zijn macht binnen het rijk was nog intact, en een heerser als hij was het gewend de rust in opstandige provincies te herstellen en de stroom tributen en belastingen op gang te houden. Hij trok Judea binnen, verwoestte op zijn weg de steden en belegerde in 589 vóór het begin van onze jaartelling Jeruzalem, de hoofdstad van de afvalligen. Na twee jaar belegering viel de stad. Koning Zedekia probeerde te vluchten, maar hij werd gevangengenomen en gedwongen de terechtstelling van zijn zoon mede aan te zien, daarna werden zijn ogen uitgestoken en ten slotte werd hij als gevangene naar Babylon gestuurd.

Het verging Jeruzalem niet beter dan zijn koning. De Babylonische troepen plunderden alles van waarde, verwoestten de tempel en maakten de stad met de grond gelijk. De Judese elite werd eveneens gedwongen in Babylonische ballingschap te gaan. Die daad van verwoesting en verbanning was een centraal trauma voor een volk dat in het bewustzijn leefde een bijzonder verdrag met God te hebben, die welvaart en macht in hun eigen land beloofde, als het zijn geboden maar gehoorzaamde. Nu had Hij hen verstrooid, had Zijn heiligdom laten vernietigen en Zijn kinderen de bitterheid van de verbanning laten voelen.

De traumatische ervaring van de Judeeërs was gewoon gangbare praktijk in het Nieuw-Babylonische rijk. De achilleshiel van een groot imperium waren altijd al regionale opstanden, die voor de heerser niet alleen een militaire bedreiging vormden en zijn autoriteit in twijfel trokken, maar voor de altijd hongerige staatskas ook een gevoelig verlies aan tributen en belastingen betekenden. Een van de effectiefste manieren om in een opstandige provincie de rust te herstellen was de plaatselijke elites of zelfs de hele bevolking gedwongen te laten verhuizen. Ver van hun land, hun stammen en hun macht was de van hen uitgaande bedreiging geneutraliseerd, terwijl de achtergebleven boeren of hun politieke leiding ook geen gevaar meer vormden.

Dat lot trof ook de Judese elites, waarschijnlijk zo'n tienduizend mensen, die vanuit hun land naar Babylonië moesten verhuizen. Vele ballingen waren de wanhoop nabij. De beroemde psalm 137 toont de verdrevenen in een wisselbad van gevoelens tussen treurnis en bloedige vergelding:

Indien ik u vergeet, o Jeruzalem! zo vergete mijn rechterhand *zichzelve*. Mijn tong kleve aan mijn gehemelte, zo ik aan u niet gedenke, zo ik Jeruzalem niet verheffe boven het hoogste mijner blijdschap! Heere! gedenk aan de kinderen van Edom, aan den dag van Jeruzalem; die daar zeiden: Ontbloot ze, ontbloot ze, tot haar fundament toe! O dochter van Babel! die verwoest zult worden, welgelukzalig zal hij zijn, die u uw misdaad vergelden zal, die gij aan ons misdaan hebt. Welgelukzalig zal hij zijn, die uw kinderkens grijpen, en aan de steenrots verpletteren zal.

Die Babylonische gevangenschap was waarschijnlijk niet zo erg als in de Bijbel min of meer propagandistisch wordt voorgesteld. Uit historische documenten weten we dat Judeeërs als ambtenaren in het Babylonische bestuur werkten en kennelijk in de samenleving geïntegreerd waren. Daarom maakte het religieuze trauma een des te diepere indruk. God, die met hen een verbond gesloten had en ze naar het land gevoerd had waar melk en honing vloeiden, had hen verstoten. Maar wat is een volk waard dat door zijn god in de steek gelaten was? Hadden ze allemaal gezondigd of was hun god helemaal niet de grote schepper?

De Babylonische ballingschap was voor de Judeeërs een theologische en existentiële noodtoestand. Ze konden voor hun heer in dat vreemde land dan wel geen lied zingen, maar ze konden hun relatie met hem opnieuw opbouwen en althans tot hun terugkeer een nieuw land inrichten, een nieuw vaderland – in een boek. Het zelfbeeld van de mens, dat Bruno Latour de 'metafysische erfenis van Galilea' noemt en Heinrich Heine de 'Nazareense geest', ontstond daar. Daar werd de onderwerping de schriftelijk vastgelegde grondgedachte en een goddelijke opdracht.

In de Babylonische ballingschap werden de Judeeërs joden – niet alleen omdat de ervaring van de ballingschap zo onafscheidelijk met de joodse geschiedenis verbonden was, maar ook omdat de verbannen elite zich opmaakte om de schriftelijk en mondeling overgeleverde tradities van haar volk te verzamelen, te selecteren en in een canonieke versie vast te leggen.

De Babylonische ballingschap is de periode waarin de vijf boeken van Mozes, de joodse Thora en het kernstuk van de Bijbel door geleerden in hun definitieve vorm zijn gegoten. Belangrijke delen van de Bijbel zoals we die nu kennen zijn daar ontstaan. De joodse gemeente van Babylonië klampte zich aan die Heilige Schrift vast en begon het woord Gods, waarvan ze de inhoud zojuist en als het ware in comité hadden vastgesteld, met grote eerbied voor zelfs de laatste punt op de laatste letter uit te leggen en te interpreteren. Het volk van het boek was geboren.

In zijn ballingschap en religieuze crisis was het vooral belangrijk dat de nieuwe Heilige Schrift de nodige legitimiteit kreeg om ook door iedereen geaccepteerd te worden, want de redactie voltrok zich niet in het luchtledige, maar als deel van het leven van een getraumatiseerde gemeenschap die doortrokken was van verschillende politieke en religieuze fracties.

Vermoedelijk hadden de geleerden hun eigen heilige geschriften uit Jeruzalem meegenomen en andere episoden, psalmen, lijsten of passages ook mondeling overgedragen, waarbij de verschillende gemeenten hun eigen afwijkende overlevering als heilig beschouwden. Bij de schriftelijke vastlegging moest met al die belangen rekening worden gehouden. Waarschijnlijk waren onder de ballingen diverse alternatieve versies van de heilige teksten in omloop, wat kan verklaren waarom er meteen maar twee scheppingsverhalen in de definitieve versie zijn terechtgekomen en er ook verder steeds weer afwijkingen voorkomen. De geleerden die deze teksten van kindsbeen af vanbuiten kenden, waren zich bewust van die tegenstrijdigheden, maar de Heilige Schrift zou niet door alle deelnemende gemeenten zijn geaccepteerd, als ze daarin niet hun eigen overlevering hadden herkend. Zo ontstond er weliswaar een document dat zichzelf herhaaldelijk tegenspreekt – maar het opende ook bijna eindeloze mogelijkheden voor interpretaties.

Maar behalve op de eigen tradities grepen de bewerkers in de Babylonische ballingschap ook terug op de mythen uit hun omgeving. Veel van die mythen deden in de gehele West-Aziatische en Levantijnse regio en in alle Semitische culturen de ronde, van Uruk tot Anatolië en van Jeruzalem tot Egypte, en zouden ook langs een andere weg in de Bijbel terechtgekomen kunnen zijn, maar veel elementen lijken specifiek ontleend aan de toen al millennia oude mythen van het Tweestromenland.

Niet alleen Oetnapisjtim en de geschiedenis van de vloed hebben een duidelijke Bijbelse pendant. De scheppingsverhalen (die in Mesopotamië in de loop van de millennia in verschillende versies overgeleverd zijn) lijken in veel details op elkaar, van de schepping vanuit de chaos tot de scheiding van hemel en aarde. Van daaruit gaan de parallellen verder: de godin Inana, die in een tuin tegen een boom leunt en een vrucht aanneemt van een slang die in de tuin leeft; de herkomst van de legendarische koning Sargon van Akkad, die door zijn moeder kort na zijn geboorte in een mandje op de rivier wordt uitgezet, net als later Mozes in Egypte; de bouw van de toren van Babel; de vele civielrechtelijke wetten en strafrechtelijke bepalingen, die tot in de details overeenkomen met de Codex Hammurabi en dezelfde straffen of compensaties voor dezelfde misdrijven vastleggen en daarvoor dezelfde taal gebruiken, stijlmiddelen als retorische herhalingen; de versvormen en de gebruikte beelden – dat alles verankert de Bijbel en haar oorsprong stevig in Babylonië, ook al tonen archeologische vondsten aan dat het Gilgamesj-epos al rond 1400 vóór het begin van onze jaartelling in Kanaän bekend was, zodat de Mesopotamische invloed al voor de komst van de Judeeërs in Babylon begonnen was.

De Babylonische verhalen zijn veel onderhoudender dan de Bijbelse, want hun hoofdpersonen zijn goden die qua begerigheid, domheid en wulpsheid in niets onderdoen voor hun schepsels, de mensen, en in de daaruit resulterende conflicten en constellaties is steeds stof te vinden voor goede, ja goddelijke soapopera's. Het Mesopotamische pantheon (het verandert met de tijd, maar enkele hoofdpersonen blijven zich verbazingwekkend genoeg handhaven) is verfrissend gericht op de al te goddelijke behoeften van zijn bewoners. Zoals al verteld ontstaat bijvoorbeeld de eerste kosmische strijd tussen de goden vanuit de behoefte aan rust van de oppergod. Als een jongere generatie van goden hem met hun voortdurende kabaal stoort, besluit hij resoluut ze allemaal van kant te maken. Een andere god kiest hun partij en dan is er meteen ook een oorlog ontbrand, aan het eind waarvan de aarde wordt gevormd uit het lijk van een gedode godin.

De mensen komen later pas en zijn een bijzonder innovatief idee van hun scheppers, want tot dat moment moesten de goden zelf op het veld zwoegen om zich te kunnen voeden. Ze scheppen de mensen zodat ze zelf geen zware arbeid meer hoeven te verrichten en kunnen doen wat Goethes Prometheus de Griekse goden zal verwijten: 'Jullie voeden kommerlijk/ van offerheffingen en gebeden/ jullie majesteit, en zouden lijden,/ als niet zouden zijn/ kinderen en bedelaars/ hoopgevende dwazen.'

In de Soemerische mythe is het volgende probleem dat ook de hoopgevende dwazen ondraaglijk veel onrust in het leven van de goden brengen, en de goden besluiten dan hun schepping opnieuw te verwoesten omdat die niet aan hun verwachtingen voldoet. Daarom sturen ze de vloed, maar berouwen dat weldra bitter, want met de mensen verdwijnt ook hun voedselbron, en ze blijven hongerig achter, totdat mensen weer offers kunnen brengen.

De bewerkers van de Bijbel gaven hun god scherpere trekken en elimineerden de frivolere elementen uit het Babylonische pantheon. De heer der Judeeërs was een wraakzuchtige en jaloerse god, maar hij was met de mensheid iets groots van plan. Toen hij Adam en Eva geschapen had, gaf hij hun een opdracht:

En God zegende hen, en God zeide tot hen: Weest vruchtbaar, en vermenigvuldigt, en vervult de aarde, en onderwerpt haar, en hebt heerschappij over de vissen der zee, en over het gevogelte des hemels, en over al het gedierte, dat op de aarde kruipt!
(Genesis 1:28)

Deze zin zou in de smaak zijn gevallen bij Gilgamesj, die eropuit getrokken was om zijn heerschappij en zijn macht te bewijzen, om de bosgeest dood te slaan, het heilige cederwoud te rooien, de hemelse stier te doden en de dood zelf te overwinnen. In het imperialistische Babylonië, waarvan de koning prat ging op zijn veroveringen en zijn gewonnen veldslagen, was het een voor de hand liggende gedachte de aarde zelf te willen onderwerpen.

De politieke situatie van de joodse ballingen in Babylon was er niet geschikt voor om hun realistische hoop op enige vorm van aardse macht te geven. Ze waren staatsgevangenen, ze waren onder dwang verhuisd, ze leefden in een vreemd land en werden met wantrouwen bekeken. De ambitie de aarde aan zich te onderwerpen was een fantasie, een retorisch standpunt, dat misschien bemoedigend moest zijn of uit koppigheid werd geformuleerd, maar dat niet overeenkwam met enige werkelijkheid. De Bijbel werd niet alleen het vaderland van een volk, maar ook een imaginair oord waar ze iemand anders konden zijn, geen slaven en bannelingen meer, maar heren in eigen huis.

Lost in translation?

De formulering in de Bijbel heeft theologen uit latere generaties het nodige onbehagen bezorgd. Had de Bijbel niet willen zeggen dat de mens een goede herder voor de schepping moest zijn, een meelevende helper? Het Hebreeuwse woord, dat de Heer in de mond wordt gelegd, is וְכִבְשֻׁהָ (*wa-khibsu-ha*), letterlijk 'en gij zult onderwerpen haar'. In het handwoordenboek van het Bijbelse Hebreeuws van Wilhelm Gesenius krijgt het werkwoord כָּבַשׁ (*kabasj*), dat aan het bevel ten grondslag ligt, de volgende betekenissen: 'Vertrappen, bedwingen [...] treden', met voorbeelden als 'Onder de voet vertrappen, aan zijn heerschappij onderwerpen, onderdrukken', en met de mededeling dat het in het boek Esther ook 'verkrachting' kan betekenen. Een *khebesj* is een voetenbankje. Ook in verwante talen, van het Aramees en Syrisch tot het Babylonisch, hebben de equivalente werkwoorden een zeer gelijksoortige, overduidelijk gewelddadige betekenis.

Het handwoordenboek van Gesenius stamt uit het begin van de twintigste eeuw, maar de vertaling van het werkwoord *wa-khibsu-ha* heeft ook een zeer ondubbelzinnige vertaaltraditie, die generaties lang heeft bepaald hoe die passage in Europa gelezen werd door mensen die het Hebreeuwse origineel niet konden lezen, de eigenlijk historisch invloedrijke versies dus. In de Vulgaat, de Latijnse vertaling uit de vierde eeuw, heet het *Crescite et multiplicamini, et replete terram, et subjicite eam*, waarbij *et subjicite* wordt vertaald met 'en gij zult onderwerpen' en normaal wordt gebruikt voor het bedwingen of onderdrukken van een tegenstander of een dier, dus van een antagonistische, maar zwakkere wil. Voor katholieken was het vanaf dat moment de overheersende manier van lezen van de tekst, zij het niet de enig geldende.

Maar andere christelijke geloofsovertuigingen en talen sloegen op hetzelfde aambeeld. In de in 1611 gepubliceerde *King James Bible* heet het voor alle Engelstalige gelovigen: *Be fruitful, and multiply, and replenish the earth, and subdue it*. In de bijna zeventig jaar oudere Duitse vertaling van Martin Luther (1543) staat: 'En God zegent hen/ en sprak tot hen/ Zijt vruchtbaar en vermenigvuldigt u/ en vult de aarde/ en onderwerpt ze aan u. En heers over de vis in de zee/ en over de vogel in de hemel/ en over al het gedierte dat op aarde kruipt.' Luther zelf voegt er in de tekst aan toe: '(Untertan) Was jr bawet un erbeitet auff dem Lande/ das sol ewer eigen sein/ und die erde sol euch hierfür dienen/ tragen und geben.'[20]

Ook andere Bijbelpassages spreken over de uitzonderingspositie van de mens tegenover de rest van de schepping. In psalm 8 vraagt de dichter bijvoorbeeld:

Als ik Uw hemel aanzie, het werk van Uwer vingeren, de maan en de sterren, die Gij bereid hebt; Wat is de mens, dat Gij zijner gedenkt, en de zoon des mensen, dat Gij hem bezoekt? En hebt hem een weinig minder gemaakt dan de engelen, en hebt hem met eer en heerlijkheid gekroond? Gij doet hem heersen over de werken Uwer handen. Gij hebt alles onder zijn voeten gezet.[21]

De betekenis van het goddelijke gebod had dus een stabiele overlevering, ook buiten het christendom. Ook de patriarchale interpretatie kan terugkijken op een lange traditie. De grote, in Frankrijk levende Bijbel-exegeet Rasji (eigenlijk Rabbi Shlomo Yitzchaki of in het Frans ook wel Salomon de Troyes, 1040-1105) staat bekend om zijn zachtaardige en rationele interpretaties van de Heilige Schrift. De rabbijnse voorliefde voor interpretatieve taalspelletjes volgend stelde hij een alternatieve manier van lezen voor van het werkwoord 'en gij zult haar onderwerpen' en las het vers in de betekenis 'en je moet haar voor jezelf onderwerpen': 'Het moet je leren dat de man de vrouw onderwerpt en dat ze geen losse zeden moet hebben.'[22] Dat is een verbazingwekkende verschuiving van de betekenis. Hij die de heerschappij aangeboden krijgt, is duidelijk een man. De vrouw was niet iemand die onderwierp, zij moest onderworpen zijn.

Ziet mijn werken!

Het Bijbelse gebod om de aarde te onderwerpen heeft een enorme carrière gemaakt. Maar voor we die ontwikkeling in ogenschouw nemen, is het interessant even bij de geboorte ervan stil te staan en te verkennen wat die zin in de context van zijn tijd betekende.

Gilgamesj moest mislukken omdat hij te eigenmachtig was, te eigengerechtig, omdat hij de gebruiken uit de tijd van 'vóór de vloed' niet kende en de goden tegen zich in het harnas joeg. Aan het eind van het verhaal, als mislukkeling, is hij wijzer. Maar tegen welke wetten had hij gezondigd? In een polytheïstische wereld, waarin goden, demonen, geesten, nimfen, voorouders en harpijen of hun respectievelijke equivalenten huishielden (en het doet er hier bijna niet toe of dat in het klassieke Griekenland, in Korea of Tahiti is), was het eenieder duidelijk dat alles waar iemand aan begint alleen kan slagen als hij het met de respectieve godheid op een akkoordje gooit. Die regeling kon er verschillend uitzien, maar ze hield meestal offers in, waarbij diep in de tijd misschien mensenoffers een centrale rol hadden gespeeld. In Homerus' *Odyssee* moet Agamemnon zelfs nog zijn eigen dochter offeren om de gelukkige afloop van de veldtocht veilig te stellen. Het christendom is opgedeeld in theologische stromingen die menen dat ze met het avondmaal slechts aan de offerdood van Christus herinneren, en stromingen die erin geloven dat het offermaal werkelijk lichaam en bloed van de Heer zijn.

Die offerpraktijk ontstond vanuit het inzicht dat elke verandering van de fysieke wereld de belangen van een ander raakt, van een wezen dat de natuurkrachten symboliseert of er identiek aan is, een andere wil, een andere macht. Die natuurkrachten kunnen de mensen helpen of schaden, dat hangt ervan af welke god of welke godin machtiger is, welk offer kostbaar genoeg en welk verzoek dringend genoeg is, met welke andere wezens een godin overhoopligt, wie een god in zijn hemelse bed wil krijgen, wat goden en mensen begeren en hoe die verschillende belangen tegen elkaar afgewogen kunnen worden.

Het leven in een polytheïstische wereld is een voortdurend geven en nemen. Alles wat ik doe raakt een onzichtbare maar zeer levendige reële macht, die zijn eigen belangen heeft en wiens hulp ik nodig zal hebben. Het zou dwaas zijn de bosgeesten te beledigen voordat ik aan een trektocht begin, want ik kan de weg kwijtraken of in een storm terechtkomen. Ik kan geen dier doden zonder een offer te brengen, geen boom vellen en geen zaaisel uitstrooien, want ik ben niet alleen, mijn leven voltrekt zich niet in een isolement, elke geslaagde handeling stamt af van een wederzijdse erkenning van iedereen die erbij betrokken is, ieders actieve medewerking en de compensatie ervoor. *What goes around, comes around.*

Die polytheïstische levensopvatting was zo wijdverspreid dat er maar weinig uitzonderingen bekend zijn van culturen waarvan de wereldvisie weliswaar ook een animistische oorsprong had en die achter natuurfenomenen spirituele actoren vermoedden, maar die zich als tegenstanders van die wereld zagen en hun succes afmaten aan de vraag hoe de onzichtbare machten te slim af te zijn. Maar voor zover we weten ging geen ons bekende cultuur ervan uit dat de materiële wereld dood was, dat de mensen als enige hogere levensvorm op de wereld waren en dat ze konden handelen zonder de onzichtbare machten om raad te vragen en tot bondgenoot te maken, zonder verwikkeld te zijn in het zichtbare en onzichtbare leven om zich heen.

Tegen die achtergrond was de Bijbelse gedachte van de natuuroverheersing zoiets als een mythologische atoombom. In plaats van de natuurlijke wereld als bezield en vol actoren voor te stellen met wie je moest zien te dealen, kende de Bijbel van de ene god slechts een dode aarde, een wereld van stof, die onbezield, zonder eigen wil en zonder macht niets anders doet dan erop wachten onderworpen, omgeploegd, bezeten, gepenetreerd en bevrucht, gekocht en verkocht te worden. In die perspectivische val schuilt een enorme greep naar de macht. De mens is niet langer de slaaf van de goden – hij is heer over de schepping.

Die explosieve gedachte, dat god de mens geschapen heeft om de rest van de schepping te onderwerpen en te overheersen en dat die schepping niet langer in een wederkerige verhouding staat met haar menselijke bewoners, maar volledig passief en slaafs, werd in de Hebreeuwse Bijbel opgenomen, ook al waren de auteurs ervan politiek volkomen machteloos – of juist daarom.

Na de terugkeer van de joden uit hun Babylonische ballingschap in het jaar 539 vóór het begin van onze jaartelling veranderde er aanvankelijk weinig aan die situatie. Het oostelijk deel van het Middellandse Zeegebied en de Levant werden overheerst door wisselende regionale grootmachten. Na de Babyloniërs en de Egyptenaren kwamen ten slotte de Romeinen, die van Judea een provincie maakten, een rusteloos oord dat niet erg lucratief was voor zijn gouverneurs, maar wel altijd gistte en borrelde van rebelse energie, geen geliefde post in het Imperium Romanum. Het lot van de joodse elites was afhankelijk van hun bondgenoten, het koloniale juk lag nooit makkelijk op hun schouders en ten slotte brak er opnieuw rebellie uit, met een gruwelijk maar voorspelbaar einde: in het jaar 72 belegerden de Romeinen als geïrriteerde grootmacht Jeruzalem en verwoestten ook de tweede tempel – het begin van de joodse diaspora.

Zes eeuwen lang overleefde de explosieve gedachte van de natuuroverheersing bijna ongemerkt in de heilige geschriften van de joden. Daar had zij kunnen blijven en een langzame dood kunnen sterven, een van de vele redundante theologische concepten, onverklaarde fragmenten en mythische overblijfselen die her en der in de Bijbel te vinden zijn.

Elders was die gedachte allang uitgestorven. Koning Cyrus (ca. 600-530 vóór onze jaartelling), die de joden had toegestaan naar hun land terug te keren, was geen neo-Babylonische monarch meer, maar een Perziër, die met een reusachtig leger Babylonië was binnengevallen en Babylon zelfs had ingenomen. Hij riep zich uit tot legitieme opvolger van de koningen aldaar, maar zijn heerschappij was het begin van het einde van het rijk, de directe erfgenaam van een traditie van vijf millennia. De kracht van de Mesopotamische samenlevingen was eindelijk geknakt, en met de nieuwe heren kwamen langzamerhand ook hun verhalen en mythen, wetten en zeden.

Die overgang van de ene wereld naar de andere was evenwel bitter bevochten. De Achaemenidische Cyrus en zijn opvolgers werden niet erkend door de Babylonische elites. Het kwam steeds weer tot opstanden, rivalen maakten aanspraak op de troon, er brak een burgeroorlog uit die decennialang met steeds nieuwe uitbraken aanzwol, tot koning Xerxes ten slotte Babylon zelf in een strafexpeditie verwoestte en de stadsmuren ervan met de grond gelijkmaakte. De Babylonische cultuur leefde voort tot in de hellenistische periode, maar het waren de laatste restanten van een stervende beschaving.

Nineveh, de prachtige hoofdstad van koning Assurbanipal, heer van Assyrië en van de wereld, eigenaar van de eerste systematisch geordende bibliotheek in de geschiedenis, overwinnaar van talloze vijanden en hymnisch gevierd triomfator over vijanden en leeuwen die hij met zijn blote handen worgde – het heerlijke Nineveh lag in puin en as. In de ruïnes ervan lag de immense bibliotheek begraven, die pas ruim twee millennia later weer aan het licht zou komen.

Toen in 1807 de fascinatie van de imperiale Britten voor vroegere wereldrijken en hun historische lot een hoogtepunt bereikte, schreef de Engelse romanticus Percy Bysshe Shelley een gedicht met de titel 'Ozymandias', een andere naam voor farao Ramses ii. Hij had een reiziger ontmoet, overpeinst de auteur, die hem had verteld over twee 'reusachtige en lichaamloze benen van steen', die verloren in de woestijn staan, daarnaast een gebarsten gezicht met de 'hoon van het kille bevel' op zijn lippen. Op het voetstuk van het verwoeste standbeeld stond een inscriptie die de dichter fascineert:

'Mijn naam is Ozymandias. Ik ben groots
en koning. Ziet mijn werk, o mens, en beeft!'
Maar niets is meer te zien. Vanaf de voet
van dit gevallen koningsstandbeeld streeft
breed, eenzaam zand de einder tegemoet.[23]

Het einde van het grote Mesopotamische rijk en zijn stadstaten was niet zo plotseling en dramatisch als Shelley het misschien ook als waarschuwing aan zijn tijdgenoten heeft geformuleerd (zijn vrouw, Mary Shelley,

schreef met haar roman over dr. Frankenstein eveneens een waarschuwing). Ook de grootste rijken komen aan hun eind, ook een nagenoeg
absolute macht kan weinig méér achterlaten dan de stoffige ruïnes van
haar ambities.

De gedachte van de overheersing van de natuur zou waarschijnlijk
met het neo-Babylonische rijk een langzame dood zijn gestorven als deel
van een overwonnen en machteloze cultuur, indien ze al niet was overge-
sprongen, een andere cultuur had besmet en zich verder had ontwikkeld
dan het uiteindelijk naïeve machtsbegrip van de Mesopotamiërs. Het
kon wellicht een hofhouding imponeren wanneer Assurbanipal vanaf
een strijdwagen in een arena van schilden en speren een voor dat doel gevangen of zelfs gefokte leeuw met pijl-en-boog doodschiet of hem, verzwakt en omringd door speerpunten die in de zon glinsteren, misschien
zelfs echt met zijn worggreep naar de andere wereld helpt, altijd bereid
de godgelijke autoriteit van de koning door een kordate doodsteek te
bevestigen. Maar heer over de gehele schepping? Over alle dieren? Over
alles wat groeit? Dat was een macht van een andere orde van grootte.

Die vergrote absolute macht bleef opgesloten in enkele letters en had
geen equivalent in de werkelijkheid. Ze dook niet eens in rituelen op. Ze
bleef een droom die niet echt het centrum van het toneel kon veroveren,
gedroomd door een opstandig volk in een ongeliefde provincie van het
Romeinse Rijk en weldra ook door een raadselachtige joodse sekte, die
steeds meer aanhangers kreeg. De stichter ervan was een charismatische
prediker die Joshua ben Josef heette, zijn woorden pasten perfect bij de
verwachte eindtijd, bij de opstanden en de rondtrekkende predikers, die
tot het stadsbeeld van de klassieke wereld behoorden en in de verhitte
sfeer van Judea bijzonder grote mensenmassa's trokken.

Het monotheïstische idee had een verborgen kracht in de wereld van
de klassieke oudheid, waarin een schijnbaar eindeloze carnavalsstoet van
verschillende rivaliserende en exotische olympiërs naast elkaar vereerd
werd, in een soort hyperkapitalisme van de religie. Midden in het gekra-
keel tussen Jupiter en Mithras, Isis en Astarte zou het voor de filosofische
gemoederen van het imperium een retorische donderslag zijn geweest
een god in te zetten die boven dat onwaardige gehakketak verheven was,
één enkele, universele, abstracte, almachtige, alwetende, een god naar

de smaak van de grote Plato. Maar de god van de joden kwam daarvoor kennelijk niet in aanmerking, want die had zich exclusief verbonden met het kleine woestijnvolk. Zijn geboden noch zijn inderdaad fragiele trouw als bondgenoot waren voor niet-joden bestemd, en wie zich bij hem wilde aansluiten, moest zich inlaten met rituelen als de besnijdenis en het afzien van varkensvlees, die althans Romeinen vreemd voorgekomen zullen zijn. Nee, de god der joden was het niet.

De Romeinse elites stuitte ook het eclatante falen van die impotente god tegen de borst, die zich als een ezel had laten terechtstellen – reden waarom hij in een beroemde graffiti in de Romeinse catacomben ook als gekruisigde man met een ezelskop was afgebeeld. Rabbi Joshua was van rebellie beschuldigd en hij was als oproerling gekruisigd, net als Spartacus, de aanvoerder van de opstandige slaven van Rome. Om redenen waar de machtsbeluste Romeinen geen snars van begrepen, had juist dat schandelijke einde en de mislukking van zijn vlammende redes een beweging in het leven geroepen die niet alleen na zijn dood bleef voortbestaan, maar op initiatief van een van zijn discipelen ook openstond voor niet-joodse rekruten, die weliswaar hun ziel wilden redden, maar de inachtneming van de joodse wetten – vooral de besnijdenis – als een te hoge prijs zagen. In haar nieuwe vorm groeide de gemeenschap in het hele Romeinse Rijk. De anarchistische boodschap van armoede en solidariteit en het transformatieve lijden kreeg een magische overtuigingskracht te midden van de cynische corruptie van de Romeinse heersers en hun zuiver zakelijke relatie met hun talloze goden.

En toen betrad de voormalige christenhater en eeuwige vrouwenhater Paulus het toneel, die op de spreekwoordelijke weg naar Damascus van zijn paard gevallen was en door een visioen was bekeerd. Hij opende de toegang tot de universele god door te verklaren dat er een nieuw verbond met hem was aangegaan en door de opstandige prediker Joshua ben Josef uit te roepen tot gezalfde, tot *Christos*, tot verlosser van de gehele mensheid.

Voor de intellectuelen in de klassieke oudheid, die de aristoteliaanse vingeroefeningen en de als religie vermomde corruptie moe waren, bood die opwindend anarchistische boodschap een enorm interessante mogelijkheid op een nieuwe manier over de wereld te gaan denken. Een bonte dooreengehusselde godenwereld met tegenstrijdige legenden en tradities en rivaliserende godheden paste niet bij de behoefte aan orde en transcendentie, waardoor Plato al was bewogen en die de neoplatoonse filosofen nogmaals ter discussie hadden gesteld. Had een imperium met een caesar niet ook één god? En moest die god niet gezuiverd zijn van alle toeval en onvolmaaktheid? En zou die god niet alle mensen in zijn rijk burgerrechten verlenen, zoals Rome het met zijn inwoners deed?

De overwinning van het licht over de duisternis

Niemand legde de opwinding over de nieuwe religie zo levendig vast als een Noord-Afrikaanse bisschop in het Afrikaanse kuststadje Hippo in het huidige Algerije, een zekere Augustinus (354-430): 'Iedereen is verbaasd te zien dat de hele mensheid naar de gekruisigde komt, van caesars tot, helemaal onder aan de ladder, de bedelaars in hun lompen.'[24]

Door de nieuwe religie kwam er een explosieve sociale en filosofische kracht vrij, die haar kennelijk onweerstaanbaar maakte. Augustinus zelf had die opwindende leer pas als volwassene ontdekt. Als zoon uit een welgestelde familie was hij in Noord-Afrika opgegroeid, had een uitstekende opvoeding genoten, er een minnares op nagehouden met wie hij een zoon had, en was naar Rome en Milaan gereisd om zijn studie voort te zetten en zelf retorica te doceren. Hij was een briljante geest en genoot met volle teugen van het leven, maar hij was ook een zoekende, die met verschillende filosofische scholen, cultussen en sekten experimenteerde en toch nergens een spiritueel vaderland vond.

Na zijn bekering tot het christendom nam hij steeds meer afstand van zijn luxueuze leven. De voormalige leraar in de welbespraaktheid werd een van de grootste predikers en theologen van de klassieke oudheid, een persoonlijkheid met verbazingwekkend moderne kanten. Zijn boek *Belijdenissen* was niet alleen een monument van de laatklassieke worsteling met de eigen overtuigingen en neigingen, maar introduceerde ook het genre van de autobiografie en de systematische zelfbeschouwing.

Als jongeman was Augustinus vooral in de ban van de manicheeërs en de neoplatonisten, en sporen van beide gedachtewerelden zijn ook in zijn theologische geschriften te vinden. De manicheïsche doctrine ging ervan uit dat goed en kwaad in evenwicht verkeren en dat naast een goede god ook een slechte god bestaat, die al zijn werken teniet wil doen. Het aardse bestaan was een strijd van de zonen van het licht tegen de zonen van de duisternis.

De neoplatonisten kenden een subtieler ideeëncomplex, zoals het een toentertijd moderne filosofische school van een stedelijke en gecultiveerde elite betaamde. Hun denken ging terug op Plato's idealisme, vooral op het idee dat de eigenlijke waarheid in de ideeën ligt, in de pure vormen en de zuivere concepten van de geest, en dat de materiële wereld niets anders is dan een spiegelbeeld van die ideale wereld, zoals hij in zijn beroemde allegorie van de grot uitlegde. Mensen die in een grot met de rug naar de ingang zitten en hun hoofd niet kunnen bewegen, moeten de schaduwen op de achterwand van de grot wel voor de werkelijkheid houden, ook al zijn het slechts de tweedimensionale kopieën van de eigenlijke werkelijke wezens, die bij de ingang van de grot staan.

Uit die gedachte volgde dat de waarheid over de wereld het best door contemplatie van de zuivere ideeën te begrijpen was, niet door empirisch onderzoek. De aardse wereld was per slot van rekening niet meer dan de lagere, onzuivere spiegeling van de ideale wereld en het doel van een filosofisch leven moest zijn de dwangmatigheden van dat aardse bestaan zo veel mogelijk achter zich te laten om het eigen denkende ideële zelf dat aan de wereld van de zuivere ideeën kon deelhebben uit de klauwen van de materie te bevrijden.

Toen het Romeinse Rijk zijn hoogtepunt beleefde, ontstond rond de in Rome docerende, Egyptische denker Plotinus een filosofische school, die het gedachtegoed van Plato weer tot leven wekte, een aristocratische filosofie die veeleisende geesten bood wat het polyglotte godencircus van de officiële religies niet kon bieden: orde, helderheid, principes, oriëntatie. Ook de jonge Augustinus probeerde in zijn geest een harmonisch geheel te maken van het concert van de verschillende tradities, religies en wereldverklaringen waarmee hij als zoon van een christelijke moeder uit het volk der Berbers en van een heidense vader in Noord-Afrika was opgegroeid.

Zijn ervaring als retoricus en student in verschillende filosofische richtingen kwam Augustinus goed van pas voor zijn Bijbelinterpretaties. In een passage over de bijzondere positie van de mens tegenover de natuur is de invloed van Plato duidelijk: 'Ook de mens is door hem [God] geschapen, en wel naar zijn evenbeeld, opdat zoals hijzelf door zijn almacht de hele schepping beheerst de mens alle aardse wezens beheerst door zijn verstand, waarmee hij tegelijkertijd zijn schepper erkent en vereert.'[25]

Dat argument bevordert de opkomende waan van de natuurbeheersing. In het scheppingsverhaal was het niet het verstand waardoor Adam en Eva zich onderscheidden van alle anderen. Er is daar geen sprake van het verstand of de geest van de schepselen Gods. God schiep ze naar zijn beeld, maar ook dat is een visuele metafoor. Genesis werd evenwel, net als andere delen van de Bijbel, door de zeef van de neoplatonische ratio en de systematiek gefilterd om de warrige fantasieën van een heel andere traditie in een homogene dogmatiek te veranderen.

Het is het van alle hartstochten gezuiverde verstand dat de mens bijna goddelijk maakt, waardoor hij aan het wezen van God kan deelhebben. De kerkvader bleef ook een bewijs niet schuldig:

... alle dieren werden onder zijn [= de mens] heerschappij gesteld, niet vanwege de waardigheid van het menselijk lichaam, maar vanwege de intelligentie die wij hebben en zij niet; bovendien werd ons lichaam zo gevormd dat het toont dat wij superieur aan de dieren en godgelijk zijn. Want de lichamen van alle dieren, die in het water of op het land leven of door de lucht vliegen, neigen van nature naar de aarde en gaan niet rechtop zoals de mens. Die houding betekent dat onze geest van zijn kant moet worden verheven naar de hogere dingen die zijn eigenlijke doel zijn, dat wil zeggen naar de geestelijke en eeuwige dingen. Zoals de vorm van het menselijk lichaam (rechtop) bewijst is de mens door zijn ziel naar het beeld en de gelijkenis van God geschapen.[26]

Dat was een klassieke analogieconclusie, die eigenlijk beneden het niveau van een verder zo imposant denker was. Wat naar de aarde toegekeerd is, is laag en moet gedomineerd worden, wat zich naar boven uitstrekt, is ook geschapen voor contemplatie van het goddelijke. Zou de Afrikaan Augustinus ooit een giraf hebben gezien?

As het om de menselijke heerlijkheid gaat, is er een zekere rechtvaardigingsdrang te bespeuren. In een andere passage vraagt Augustinus zich af hoe het kan dat de mens de heerschappij over de dieren gekregen heeft, maar de wilde dieren hem schaden en gevaarlijk voor hem kunnen zijn zonder zich te laten beheersen. Ook hier doet hij een greep in de retorische trukendoos. Als de mens na de zondeval, waarbij hij zijn paradijselijke bestaan kwijtraakte, nog steeds macht heeft over zijn huis- en nuttige dieren, dan kun je je voorstellen hoeveel groter die macht was voordat hij in de verkeerde vrucht beet.

Voor Augustinus was er een fundamenteel verschil tussen de mens en de rest van de natuur. God zelf had zijn favoriete schepsel onbegrensde macht over de natuur gegeven, maar niet over andere mensen, concludeerde hij in een politiek explosiever deel van zijn ideeën. Een met verstand begiftigd wezen mag daarom ook nooit tot slaaf gemaakt worden en slavernij is een moreel kwaad, argumenteerde hij, maar hij vervolgde zijn betoog dat de erfzonde van ons allemaal slaaf heeft gemaakt en dat daarom de slavernij moest worden geaccepteerd.

Augustinus polemiseerde tegen de tirannieke heerschappij van mensen over andere mensen en verkondigde de visie dat iedere mens gelijkwaardig is aan andere mensen, ook al kon dat er in de praktijk anders uitzien. Terwijl hij de slavernij op zijn minst ambivalent beoordeelde, rechtvaardigde hij als een van de belangrijkste theoretici van de rechtvaardige oorlog andere vormen van geweld. Het idee van een manicheïsch conflict tussen goed en kwaad was in het denken van Augustinus misschien verbleekt, maar het vormde nog steeds het geraamte van zijn morele ideeën. Hij beschouwde binnenkerkelijke en politieke onenigheid als affront tegen de waarheid en erkende dat heftige conflicten onvermijdelijk waren en dat hij aan de zijde van Christus een rechtvaardige oorlog kon voeren, die hem een robuust mandaat gaf om zelf geweld te gebruiken. Er is niets mis met oorlog, schrijft hij laconiek, 'mensen sterven, en dat zouden ze toch al weldra doen'. Alleen een lafaard kan daarover jammeren, want:

Niemand mag ooit de rechtvaardigheid van een oorlog in twijfel trekken die in naam van God bevolen wordt, want zelfs dat wat uit menselijke begeerte ontstaat kan noch de onomkoopbare God noch zijn heiligen deren. God beveelt de oorlog om de trots van de sterfelijken uit te drijven, te verpletteren en te onderwerpen. Oorlog dulden is een toets voor het geduld van de gelovigen om hen te verlagen en zijn vaderlijke terechtwijzingen te accepteren. Want niemand bezit macht over anderen, als hij die niet van de hemel gekregen heeft. Elk geweld wordt alleen op bevel van God of met zijn toestemming uitgeoefend. En zo kan een man rechtvaardig voor de orde vechten, zelfs als hij onder een ongelovige heerser dient.[27]

Met zijn *bellum iustum* leverde de kerkvader de rechtvaardiging van eeuwen kruistochten, koloniale expedities en godsdienstoorlogen – ook al hadden die waarschijnlijk ook zonder hem plaatsgevonden. Maar zijn grootste manicheïsche woede koesterde hij niet jegens een uiterlijke vijand, maar tegen de zonde zelf en daarmee de menselijke natuur, die zijn onsterfelijke ziel en zijn godgelijke ratio ketende aan een smerig, wellustig en verdorven lichaam. Op dat toneel werd de kosmische vernietigingsoorlog tussen goed en kwaad uitgevochten, want de zonde, de dankbaarste van alle hoofdpersonen, werd niet alleen door individuen begaan op momenten van lichtzinnigheid – ze werd lichamelijk vererfd. De mens is met de erfzonde geboren, hij is vanaf de geboorte schuldig, verdoemd en op weg naar de diepste hel, waar de eeuwige straf hem wachtte. De ongehoorzaamheid van Adam en de verzoeking van Eva volgden de mensheid als een schaduw, die door het hellevuur werd geworpen. Alleen de onverdiende genade Gods kon zielen redden van de eeuwige verdoemenis.

'*Caro tua, coniunx tua – je lichaam is je vrouw,*' predikte Augustinus, en hij wenste daarbij enerzijds het lichaam te respecteren; anderzijds dacht hij kennelijk ook aan de verleidelijke Eva, want de voormalige bon vivant had zich ontwikkeld tot een ascetische theoloog, die zich maar al te goed de manicheïsche leer herinnerde dat het kwaad door seks in de wereld komt en de zielen van de mensen met wellust vergiftigt. Het huwelijk is daarom een *remedium concupiscentiae*, een geneesmiddel tegen de lust, want beter nog dan geslachtsverkeer in het huwelijk is de volledige abstinentie, ook al slagen maar weinigen erin zich daaraan te houden. Augustinus vermeldt ook dat de liefde van de belangrijkste vrouw in zijn leven, zijn moeder, in zeker opzicht 'te vleselijk' is geweest, wat wetenschappers er steeds weer toe gebracht heeft te vermoeden dat zijn verhouding tot vrouwen in het algemeen misschien niet eenvoudig en niet vrij van conflicten was.

Op dit punt keert de geschiedenis van de onderwerping zich naar binnen. Oetnapisjtim had Gilgamesj al te verstaan gegeven dat hij in de eerste plaats zijn eigen natuur moest leren beheersen, voor hij de onsterfelijkheid kon verkrijgen. Maar de oproep de aarde te onderwerpen was vóór Augustinus volkomen letterlijk opgevat, in de zin van joodse inbezitneming van land en militaire onderwerping, of in de zin van de schepping met het magisch benoemen van alle dieren. Maar de greep op de natuur bleef klein, het retorische standpunt in de Bijbel had geen reële gevolgen, de joden en later de christenen waren aan stormen, aardbevingen en onweer al evenzeer blootgesteld als aan het meedogenloze Romeinse leger.

Augustinus keerde die dynamiek bij de mensen naarbinnen. Van nu af aan zou het in de christelijke leer van de deugd altijd gaan om de beheersing, onderdrukking en sublimering van begeerte en lichamelijke impulsen, die gezien werden als zondig en verdorven. De tweedeling van de mens in een zuivere geest en een, ook metafysisch, smerig lichaam was volkomen.

Zelfs en misschien *vooral* de wellust, die hem (hij had zichzelf beschreven als een zinnelijke persoon) had bewogen, werd door de bisschop van Hippo argwanend bekeken, omdat die zich niet bewust liet beheersen. 'Iedere vriend van de wijsheid,' schreef hij, 'zou, als hij het voor het zeggen had, liever zonder zulke wellust kinderen verwekken, zodat ook bij de bezigheid van het voortbrengen van nakomelingschap het hiervoor geschapen lid op dezelfde wijze dienstbaar zou zijn aan de geest als de andere ledematen die hun bijzondere taak vervullen, dus niet bij prikkeling door hitsige wellust, maar in beweging gezet door de wenk van de wil.'

De 'bezigheid van het voortbrengen van nakomelingschap' en de herinnering eraan grepen de heilige man kennelijk aan. Daar begint een tweeduizend jaar oude literaire en artistieke traditie van de preutsheid, ook al kende ze voorlopers, die in waarderende zin door Augustinus werden aangehaald, bijvoorbeeld de Romeinse dichter Vergilius (70-19 vóór onze jaartelling).

Niet alle Romeinen waren even levenslustig als hun kunst en de geschiedenis van hun heersers doen vermoeden. Een klasse van gedesillusioneerde aristocraten had zich afgekeerd van de orgieën en intriges, fraaie slavinnen en lustknapen, brood en spelen. Ze zochten de waarheid in de filosofie van de eerbiedwaardige Plato en de strijd tegen de zinnelijkheid. Vergilius beschreef het menselijk lichaam als een vreselijke last: 'Diep in hen schuilt de kracht van vuur, de oorsprong van hun zaad is hemels, voor zover het niet geschaad wordt door het lichaam en afgezwakt door het aardse, sterfelijke vlees.'[28] De vurige kracht van de hemel die in de mens woont, moet heroïsch tegen het lichaam en zijn invloed strijden, want '... daardoor voelen zij begeerten, angst, verdriet en vreugde, en zien zij, in hun blind bestaan gekooid, geen ether meer.'

De grote redenaar en sofist Augustinus kon aan dat vreugdeloze mensbeeld nog iets van vertwijfeling toevoegen, want terwijl Vergilius enkel zijn lichaam als vijand van de ziel opvatte, lag de erfzonde dieper verborgen. De zonde zat in Adams ongehoorzaamheid, in een zielsopwelling: 'niet het vergankelijke vlees heeft de ziel zondig gemaakt, maar de zondigende ziel heeft het vlees vergankelijk gemaakt.' De dans van lichaam en ziel, zonde en verlossing wordt een hopeloze woeling om een lege kern. Maar de oplossing is duidelijk: leven volgens de geest, de strijd tegen het vleselijk begeren, de zelfverloochening en de meedogenloze oorlog tegen de zonde. Er is niets zo onmenselijk en deprimerend om te lezen als het betoog van Augustinus over de 'bijslaap als onderwerp van beschaamde verhulling', maar net als enkele andere celibataire denkers schreef hij erover met een bijna obsessief oog voor details.

Niet alleen Augustinus predikte een extreem wereldbeeld, verwrongen door contemporaine invloeden en waarschijnlijk ook biografische motieven. Het christendom was ook zeker niet de enige religie in de mediterrane klassieke oudheid die met radicale gedachten experimenteerde en steeds nieuwe schisma's en sekten voortbracht. Maar het is van bijzonder belang omdat het in tegenstelling tot andere klassieke culten de strijd om de toekomst heeft gewonnen. Zo stelde het christendom het overleven van de West-Aziatische waan van de onderwerping van de natuur veilig in een grotere context. Met de kerstening van het hele Romeinse Rijk en later ook Europa openden er zich geheel nieuwe territoria voor de obsessie die door de Griekse systematiek, platonische preutsheid en manicheïsche paranoia was aangewakkerd.

De vooraanstaande geesten van de nieuwe religie zagen in de verovering van die territoria van meet af aan een heilige missie, waarbij die strijd niet alleen geografisch woedde, maar ook binnen elke gemeenschap, want de wereld is verdeeld in 'mensen die naar het vlees' en 'mensen die naar de geest' willen leven. De geschiedenis ontstaat uit de strijd zoals Augustinus meteen in de eerste woorden van zijn *De stad van God* duidelijk maakt: 'Uit de wereldse staat [...] komen de vijanden tegen wie de staat van God verdedigd moet worden.'[29]

Het leven 'naar het vlees' en in zonde was het gevolg van Eva's lichtzinnigheid en Adams zwakte. Augustinus stelde niet de vraag waarom het slecht was om van de Boom van de Kennis te eten, en waarom God uitgerekend de vruchten van die boom verbood; hij ging ook niet in op de vele mythen over slangen in zijn tijd, maar leidde van de eerste twee mensen de ellende en de schuld van alle anderen af:

> Ze begingen zo'n ongehoorde zonde dat de menselijke natuur daardoor verslechterd werd: de verstrikking in de zonde en de onvermijdelijkheid van de dood ging ook op de nakomelingen over. De heerschappij van de dood over de mensen strekte zich in haar macht zo ver uit dat de verdiende straf iedereen reddeloos ook in de tweede dood, die geen einde kent, zou storten, als niet Gods onverdiende genade bepaalde mensen daarvoor zou sparen.[30]

In naam daarvan werd de blijde boodschap eerst aan een continent en ten slotte aan iedereen gebracht.

Niet alleen in de werken van Augustinus vielen christendom en Grieks denken elkaar gelukzalig in de armen. Over de Alexandriër Origenes (185-253 of 254) werd verteld dat zijn afkeer van zijn eigen lichaam en zijn wanhoop over zijn eigen, onbeheersbare wellust hem ertoe dreven zich te laten castreren om van alle verleiding bevrijd te zijn en zich te kunnen wijden aan zijn theologische werken.

Volgens zijn biografen had hij als jongeman de zondigheid van zijn lichaam al diep verinnerlijkt. Net als veel mensen die de zin van hun eigen wereld ernstig in twijfel trekken, had ook Origenes een geschiedenis die gekenmerkt was door persoonlijke tragedies en conflicten. Zijn vader, een vrome christen, die weigerde aan de Romeinse goden te offeren, is kennelijk terechtgesteld toen zijn zoon nog geen zeventien jaar oud was. Origenes zelf had geprobeerd zich aan de autoriteiten over te geven om zelf ook de marteldood te sterven, maar zijn moeder – aldus de legende – verstopte al zijn kleren en voor de zoon was de schaamte om zijn naaktheid verschrikkelijker dan de gemiste kans een martelaar te worden.

In meer dan tweeduizend traktaten heeft Origenes daarom geprobeerd het christendom met behulp van de platonische ideeënleer als zedelijk strenge natuurlijke religie opnieuw uit te vinden. De doctrines en ideeën van die sekte in het Midden-Oosten moesten door de filosofen van de klassieke oudheid eerst eens onderworpen worden aan een rigoureuze nieuwe definitie. De woorden van Jezus leken hun vaak banaal en gespeend van alle beschaving of retorisch raffinement, de woorden van een timmerman, niet van een gecultiveerde persoon – en wat de rest van de Bijbel betrof: warrige verhalen, eindeloze lijsten, tegenstrijdige passages, troebele legendes of duidelijke ontleningen aan andere culturen. Het basismateriaal schreeuwde als het ware om veredeling door de platonische ideeënleer en de meedogenloze systematiek van een Aristoteles. Joshua ben Josef, die op het tijdstip van zijn schandelijke kruisiging wellicht een eenvoudige wollen tunica gedragen heeft, verscheen op het toneel gehuld in de golvende toga van een klassieke filosoof.

Heeft keizer Constantijn gehandeld uit diepe overtuiging of uit politieke berekening toen hij zich vóór een beslissende veldslag in het jaar 312 onder de bescherming van Christus stelde en in het teken van het kruis erop los begon te slaan en won? De strijd daarover zal nog lang duren, maar eigenlijk is die onbelangrijk. Het feit dat Constantijn na een zegerijke veldslag het afgesneden hoofd van zijn vijand op een lans gespietst in triomf met zich meevoerde, toont misschien aan dat hij op het vlak van christelijke deugden nog het een en ander te leren had; maar per slot van rekening had die Christus hem zojuist in een bloedige slachtpartij laten triomferen.

Met het christendom triomfeerde ook het idee van de onderwerping van de natuur. De Romeinen hadden altijd bij het zwaard geleefd. Maar hun wereldheerschappij was beperkt tot wat hun legers en hun communicatiewegen aankonden. Nu echter ontstond er een ander soort macht, zoals de historicus Tom Holland opmerkt. 'Ontstaan uit een groot samengaan van tradities – Perzisch en joods, Grieks en Romeins – overleefde ze glorieus de instorting van het rijk, waaruit ze voortkwam, en ze werd [...] het belangrijkste hegemoniale culturele systeem in de wereldgeschiedenis.'[31]

Met de kerstening van het Romeinse imperium veranderde een ecclesia, voortgekomen uit een staatsgevaarlijke, Levantijnse sekte, definitief in een wereldmacht, die van meet af aan meer leek op de Romeinse staat dan op de dromen van een mislukte messias. Het christendom leerde heersen, oorlogen voeren en straffen, en dat allemaal in naam van de heer; Christus werd nog eeuwenlang niet als gekruisigde, maar als schitterende koning afgebeeld, voor een gouden achtergrond gezeten op een troon en omgeven door zijn hofhouding. Op een mozaïek in de San Vitale-kerk in Ravenna, ingewijd in 547, troont Christus als een baardloze keizer met een goudgezoomde toga op een blauwe bol, die het universum symboliseert.

De vier figuren om hem heen zijn ook Romeins gekleed. De twee engelen wekken in hun toga de indruk gevleugelde bestuursambtenaren van hun hemelse keizer te zijn. Ze staan met hun voeten op de aarde, een dunne streep groen, met enkele bloemen bedekt. Maar hun lichamen tekenen zich af tegen een gouden achtergrond, gouden als de heiligenschrijn van Christus, alleen al deelhebbend aan zijn heerlijkheid door hun fysieke verhevenheid boven de natuur, precies zoals Augustinus het had beargumenteerd. De *pancrator*, de allesbeheerser van de vroege kerk, geeft aan de heilige de martelaarskroon en aan de bisschop een kerk, hij verdeelt de macht onder de zijnen, opdat ze heen gaan en zijn woord verkondigen. De erfenis van het klassieke Griekenland had de jonge religie intellectuele eerbiedwaardigheid en veel allang gestructureerde ideeën geschonken, en Rome hielp haar aan spieren.

De rest van de geschiedenis van de Europese kerstening is bekend, en hoewel de theologische discussies, twistgesprekken en campagnes eeuwenlang niet tot rust kwamen, waren de piketpalen van het kerkelijke mensbeeld en de verhouding tot de natuur geslagen. Op het gebied van de theologie kwamen meerdere schriftelijke tradities bij elkaar, die telkens in een wolk van discussies, mythen, standpunten, strategieën, herinneringen en argumenten optraden, en die opgeschreven, gekopieerd en onveranderd naar de verste hoeken van het imperium konden worden gestuurd. Een Ierse monnik kon de woorden van de Noord-Afrikaan Augustinus lezen, en beiden waren deel van een traditie die tot in Mesopotamië en vervolgens tot in de mist van de eerste beschavingen reikte.

Die gemeenschappelijke traditie dankte haar intellectuele en culturele rijkdom aan het feit dat ze diverse andere geabsorbeerd heeft en die met elkaar in nieuwe, vaak bizarre constellaties heeft gebracht. De boodschap van het evangelie en de gewelddadige machtspolitiek van het Romeinse Rijk hadden lang diametraal tegenover elkaar gestaan. Christenen waren in het oude Rome vervolgd, omdat ze niet wilden deelnemen aan de openbare offerrites. De Romeinen waren verbaasd over het naïeve idee dat je om deel te nemen aan een rite ook de betreffende mythe letterlijk voor waar moest houden. Dat leek hun intellectueel primitief, maar vooral maatschappelijk onsolidair. Wie niet aan de rituelen deelnam, betoonde zich geen Romeins patriot, welke huisgoden of filosofen hij privé ook vereerde. Wie dan ook nog tot een sekte behoorde die uit een subversief volk voortkwam, en een god vereerde die niet macht, maar machteloosheid verkondigde – wie zoveel perversiteit in zich verenigde, kon er alleen maar rekening mee houden als vijand van de staat voor de leeuwen geworpen te worden, tot vermaak van het betalende publiek onder de zonnetenten van het Circus Maximus.

Of het nu een spirituele gebeurtenis of een politiek trucje was geweest, de bekering van Constantijn veranderde de loop van de geschiedenis. Aan de explosieve ideeën van die intussen complexe en in zichzelf tegenstrijdig geworden denktraditie uit Athene en Jeruzalem, Mesopotamië en Noord-Afrika voegde ze nog een tegenstrijdigheid toe, die haar meteen ook voorzag van een machtig netwerk.

Voor Constantijn was één god een duidelijk unique sellingpoint, dat hem ook in staat stelde tegen de wirwar van cultussen tot in alle uithoeken van het rijk op te treden, en toevallig waren die niet zelden gelieerd

6. *Christus als 'Kosmokrator' (wereldheerser)*, voor de gouden achtergrond en gezeten op een troon, omringd door zijn hofhouding. Christus reikt San Vitale de
martelaarskroon aan; een engel geeft bisschop Ecclesius een model van de kerk.
Mozaïek in de San Vitale-kerk in Ravenna, ingewijd in het jaar 547

aan de politieke belangen van zijn rivalen. Het imperium had een nieuw
image, een hemelse keizer wiens glans ook van zijn aardse stadhouders
afstraalde. Met die praktische boodschap werd het hele administratieve
netwerk van het rijk meegeleverd, de slagkracht van zijn legioenen, de
straten en havens en bibliotheken en retoricascholen, de elites in de provincies en hun liefde voor Romeinse mode, én de dynamische machts-
spelletjes, waarin bekeringen een strategische rol speelden en nieuwe
bondgenoten konden worden gewonnen. De hefboom van de macht
werkte voortreffelijk.

De diepe tegenstrijdigheden en vertaalproblemen tussen de Bijbel en
het denken van de klassieke oudheid (om maar te zwijgen van de andere invloeden) hadden generaties lang de beste talenten van theologen,
filosofen en andere knappe koppen aangetrokken. Was Plato's idee echt
de god van Abraham en Isaac? Hoe groot moeten de overeenkomsten
en de specifieke verschillen tussen twee talen, twee filosofische tradities

en hun concepten zijn om nog eenvoudig te kunnen worden vertaald? Wat wordt in het proces van het vertalen vertekend en anders geïnterpreteerd?

Kennelijk nodigt dat proces ertoe uit om groteske misverstanden te ontwikkelen en halfbegrepen door de generaties te gaan. *Chrystos pancrator*, de stralende Romeinse held tegen de achtergrond van het gouden firmament, was zo'n cultureel misverstand, een beeld dat pas na de Zwarte Dood in de veertiende eeuw definitief verdrongen werd door de lijdende verlosser aan het kruis.

In een wereld waarin maar heel weinig mensen konden lezen, toegang tot manuscripten hadden en de Bijbel alleen maar letterlijk van horen zeggen kenden, was de beeldspraak van de nieuwe religie essentieel. Hier waren de evangeliën duidelijk in het voordeel. De mensen in Europa konden zich in de agrarische wereld van de Bijbel herkennen. Het ging om akkers en wijngaarden, om zaaigoed en oogsten, maar ook om landeigendom en belastinginners, om een door God gewilde hiërarchie.

In een Europa waarin functionele macht over een groot gebied vaak een fictie was en de facto bij de eerste de beste bosrand ophield, omdat daarachter de ongetemde, gevaarlijke wildernis begon, namen vooral monniken de taak op zich om het land te veroveren en te onderwerpen. Orden als de cisterciënzers en de benedictijnen zagen het als hun taak een heel vlechtwerk van dochterkloosters en agrarische bezittingen steeds verder via beboste landerijen uit te breiden en het 'nutteloze' land te rooien, van stenen te ontdoen en met de ploeg te breken. Via handige aankopen, eeuwen van schenkingen en erfenissen werd de kerk langzamerhand de grootste grondbezitter van Europa.

Maar ondanks die campagne drong de beschaving slechts langzaam door in de gewesten van Europa. De Bijbelse opdracht van de onderwerping van de aarde inspireerde ambitieuze abten en theologen, maar werd in de traditie van Augustinus meestal als opdracht tot zelfbeheersing en vooral tot kuisheid en controle over vrouwen geïnterpreteerd. Als daadwerkelijke machtsontplooiing op de planeet bleef die opdracht niet meer dan een wensdroom van theologische heethoofden. Zijn tijd was nog niet gekomen.

Maar daar, in de kloosterbibliotheken, werd een andere, beslissende slag geleverd. De boodschap van het christendom was radicaal, zo radicaal dat ze volledig onverenigbaar was met het mensbeeld van de late klassieke oudheid en haar sociale praktijken. Het Romeinse Rijk was gebouwd op geweld en zag zich plotseling geconfronteerd met een staatsgodsdienst waarvan de stichter weliswaar over zichzelf had gezegd dat hij gekomen was 'om het zwaard te brengen', maar wiens boodschap duidelijk de kant had gekozen van de geweldloosheid, de barmhartigheid, de deemoed en de vergeving.

Er was behoefte aan uitleg. Behoefte aan interpretatie.

De landkaart van misverstanden

Hoe kan een barmhartige, liefhebbende en vergevende verlosser, die zich over de geringste aller mensen ontfermt, uit liefde zijn zoon offert en vraagt om de andere wang toe te keren, een samenleving zegenen waarin slaven, dwingelandij en onmenselijke bestraffingen voorkomen, voortdurende oorlogen en openlijke schouwspelen, waarbij mensen tot vermaak van de massa door wilde dieren worden verscheurd?

Augustinus zou geantwoord hebben dat de mens nu eenmaal zondig is en juist daarom Gods vergeving behoeft en dat ook Rome niet in één dag gebouwd is. Maar de onmenselijkheid van die samenlevingen is niet door individuele misstappen ontstaan – er zat systeem in. De uitspraken van een charismatische man uit Galilea staken als een doorn in het vlees van samenlevingen die niet minder opvallend gewelddadig waren als hun niet-christelijke buren. Openbare gerechtsdagen – meestal gepaard gaand met plechtige missen – waren een gelegenheid om de legitimiteit van de door god gegeven macht te demonstreren en door spectaculair uitgevoerde bestraffingen onvergetelijk te maken. De wil van de heerser werd met het zwaard doorgedreven en het gezicht van de macht werd gekenmerkt door extreme onmenselijkheid. Maar als de macht uit Gods hand kwam en van Gods genade was – waarom heeft de god van de barmhartigheid die macht dan aan hen gegeven?

Wat voor het moderne oor mag klinken als een abstract gedachtespel, had directe politieke implicaties, want terwijl de adel zijn aanspraak op de macht uit het verleden kon afleiden, had de kerk, die zelf als Europese macht optrad, folterde, legers zegende en ze zelfs naar het slagveld stuurde, als fundament van haar imperium slechts haar missie op aarde.

De kennelijke tegenstrijdigheid tussen Bijbelse eis en politieke praktijk zou in de volgende eeuwen de systematische onderwerping in beslissende mate mede bepalen: de problematische passages konden niet
zomaar uit de Heilige Schrift geschrapt worden, en dus hadden ze een
diepgaande interpretatie van node. De exegese van de Bijbel werd, om
met de literatuurcriticus Harold Bloom te spreken, een *map of mis-
readings*, een landkaart waarvan de wegen langs creatieve, systematisch
gekoesterde misverstanden liepen.

De uitdaging werd nog groter toen de door de eindtijd gekleurde
wijsheden van Joshua ben Josef uit Nazareth, die midden in een apocalyptische tijd had geleefd die bepaald werd door politieke opstanden
en eindtijdpredikers op elke straathoek, met de realiteit van de macht
werden geconfronteerd. Jezus predikte dat je niet meer als een vogel-
tje in het veld aan morgen moest denken en je alleen om je eigen ziel
moest bekommeren. Die instelling was typerend voor zijn tijd, waarin
veel joden inderdaad geloofden dat de opstand tegen de Romeinen een
voorbode van het Laatste Oordeel was. Het heeft weinig zin voorraden
aan te leggen en bezit op te stapelen als het eind der tijden gekomen is en
de opstanding van de doden voor de deur staat.

Het was een van de eerste grote theologische uitdagingen van het
vroege christendom dat die Apocalyps ook met de dood van Jezus niet
gekomen was en dat de wereld net zo verder leek te gaan als ervoor.
Langzaam moesten de exegeten zich ermee vertrouwd maken dat zich
uit het apocalyptische geloof van een rondtrekkende prediker een instelling voor de eeuwigheid zou ontwikkelen, die niet alleen over een blijde
boodschap beschikte, maar ook over paleizen, vestingen en legers. De
logica van de macht is ver verwijderd van de vurige eschatologie van een
charismatische man. Pas de apostel Paulus had die boodschap universele
betekenis gegeven. Nu moest ze in overeenstemming gebracht worden
met de macht van de staat.

Christus, de glorierijke heerser in Byzantijnse pracht, was (om met
Michel Foucault te spreken) een masker van de macht, dat direct kon
aansluiten op imperiale beeld- en denktradities, vandaar ook de bureau-
cratisch lijkende engelen op de fresco's in Ravenna of Constantinopel.
Die Christus kon aan het hoofd staan van een groot rijk en zijn caesars

inspireren. Toch werd geweld in naam van de barmhartige god een moreel probleem – en dat was nieuw.

In de Griekse oudheid (en in veel andere samenlevingen) werd dodelijk geweld als een normaal aspect van de macht gezien. Excessieve wreedheid werd door Griekse, Chinese en Indiase geleerden als moreel verkeerd veroordeeld, maar voor de rest behoorde geweld gewoon tot de dagelijkse gang van zaken en tot de noodzakelijke rituelen van de macht. Wie haar uitoefende en wie haar moest ondergaan beslisten de goden en de schikgodinnen, door wier knokige handen de draden van het noodlot gingen.

De normaliteit van de wreedheid bepaalde ook de fundamentele morele visies. In de negende zang van de *Odyssee* vertelt Odysseus over zijn ongeluk en klaagt erover dat de goden hem ten onrechte vervolgen, want hij is een rechtvaardig man. Om dat te benadrukken bericht hij over zijn reis: 'Goed dan, laat ik u eerst van de heilloze rampspoed vertellen/ die op mijn thuisreis van Troje Zeus mij heeft overgezonden./ Ons dreef de wind, toen wij Troje verlieten, naar 't land der Kikonen,/ Ismaros, waar ik de stadsburcht verwoestte en 't manvolk liet doden./ Vrouwen en rijke bezittingen roofden wij mee uit de vesting/ en we verdeelden ze zo, dat eenieder kreeg wat hem toekwam.'[32]

Odysseus wil zijn gesprekspartner ervan overtuigen dat hij een fatsoenlijk en rechtvaardig man is, die met zijn mannen alles eerlijk deelt en de toorn van de goden niet verdiend heeft. Als voorbeeld van zijn deugdzaamheid kiest hij een opportunistische rooftocht tegen een stad die de pech had op zijn weg te liggen; hij en zijn bende verwoestten de stad, vermoordden de mannen en deelden de vrouwen, dus verkrachtten hen en maakten slavinnen van hen.

Het is belangrijk te begrijpen dat dit voor Odysseus en zijn wereld geen morele tegenstrijdigheid betekende. Moord en verkrachting waren geen op zichzelf morele handelingen, als ze in de juiste context plaatsvonden. *Vae victis!* – Wee de overwonnenen! – liet de Romeinse historicus Livius de Kelt Brennus zeggen, vlak nadat die Rome had geplunderd en bezet. Het lot of de goden konden ook de allergrootste mensen overwinning en nederlaag bezorgen, al naargelang welke god het sterkst was, met offergaven het gunstigst was gestemd, of beter gehumeurd. De overwinnaar kwam alles toe, maar hij wist ook wat hem als overwonnene te wachten stond. Niemand kon aan het raadsbesluit van het lot ontkomen.

Christelijke commentatoren konden geen beroep meer doen op het lot, want dat lag immers in Gods hand. Niets van wat er op aarde gebeurde, gebeurde tegen zijn wil. Hoe was dan het lijden mogelijk, en hoe was het dagelijkse geweld van de christenen te rechtvaardigen?

We zullen ons hier niet te zeer in de theologische discussies verdiepen waarin, in het millennium tussen Augustinus van Hippo en Thomas van Aquino in de dertiende eeuw, de argumenten van de theologische rechtvaardiging en van de herinterpretaties van geweld en wreedheid werden ontwikkeld. Met zijn idee van de erfschuld, die sinds de zondeval van Adam en Eva op elke nieuwe generatie overging, had Augustinus het fundament gelegd om geweld te rechtvaardigen in naam van het zielenheil van de slachtoffers. Alleen door lichamelijk leed, zelfverloochening, kastijding, pijn en kwelling kon de onsterfelijke ziel voor de vlammen van de hel gespaard blijven, en in vergelijking met het hellevuur was elk leed op aarde je reinste zaligheid.

Die vreselijke visie op het menselijk leven had in de klassieke oudheid ook binnen de kerk felle tegenstanders. Een Italiaanse bisschop, Julianus van Eclanum, sprak zich in een brief aan Augustinus tegen de erfzonde uit. 'Zuigelingen, zeg jij, dragen de last van de zonde van een ander,' schreef hij. 'Leg mij dus uit wie die persoon is en wie de onschuldigen ten prooi doet vallen aan de straf? Jij antwoordt: God [...] God, zeg jij, degene die ons zijn liefde geeft, die ons heeft liefgehad, zijn eigen zoon niet spaarde maar hem aan ons gegeven heeft, veroordeelt ons, hij vervolgt pasgeboren kinderen; hij staat zuigelingen af aan de eeuwige vlammen vanwege hun kwaadaardige wil, terwijl hij toch weet dat ze nog geen wil gevormd hebben, goed of kwaad.'[33]

Zo'n daad is zo ver verwijderd van elke vroomheid, elke beschaving en elke ratio dat zelfs barbaarse stammen niet op het idee zouden komen, besloot de bisschop. Zijn stem en die van andere afwijkende theologen vonden in de steeds meer naar doctrinaire eenheid strevende kerkelijke discussies amper gehoor en werden vaak actief onderdrukt. De openlijke discussies over schijnbaar onzinnige of tegenstrijdige dogma's werden tot ketterij verklaard. 'Laat ons christenen aan de eenvoud van ons geloof de voorkeur geven boven de demonstraties van de menselijke ratio,'[34] eiste de kerkleraar Basilius de Grote, terwijl de uit Carthago stammende theoloog Tertullianus het dilemma van de zelfverloochening van de ratio elegant in het Latijn uitdrukte: *Credo quia absurdum est* – ik geloof omdat het absurd is.

Geweld en wreedheid konden gerechtvaardigd worden, omdat ze tegen de zonde streden en de onsterfelijke ziel van de slachtoffers konden redden, want vooral in de vroege kerk, die zich nog moest handhaven tegenover andere religies, was de ziel steeds in gevaar en de vlammen van het hellevuur likten aan elk menselijk gevoel. Zo werd het geweld ook naar binnen gekeerd, naar de individuele gevoelens. Het individu werd alleen al door zijn bestaan een moreel slagveld, elk leven een existentieel risico en een monstrueuze schuld.

Origenes had geprobeerd aan de grillen van zijn wellust te ontkomen door zich, volgens de legende, te laten castreren. Anderen zochten hun zielenheil in de ascese en trokken zich in de woestijn van Egypte en Syrië terug om als kluizenaar te leven en hun vlees te kastijden, een proces dat zijn eigen, zorgvuldig gekoesterde en gedocumenteerde dramatiek kende. De heilige Hieronymus, een van de bekendste kluizenaars, bekende dat hij in de woestijn geleden had onder wellustige visioenen, die zich niet lieten verjagen: 'Vaak wist ik me omgeven door groepen dansende jonge vrouwen. Mijn gezicht zag bleek van het vasten, maar hoewel mijn ledematen koud als ijs waren, brandde mijn geest van begeerte en de vlammen van de wellust verteerden me.'[35]

Heiligen en asceten waren fantastische voorbeelden, maar je kon met hen niet een rijk regeren, en de meesten van hen, al dan niet opzettelijk gedoopt, veranderden hun leven slechts lichtjes, zoals de heilige Cassianus van Tanger teleurgesteld opmerkte: 'Als hun enthousiasme minder werd, lieten velen de getuigenis voor Christus gepaard gaan met welvaart, maar degenen die het enthousiasme van de apostelen levend hielden en zich deze vroegere volmaaktheid herinnerden, trokken zich terug uit de steden en de samenleving, die zich zulke slapheid van een leven voor zichzelf en voor de kerk permitteerden.'[36] Tot in de middeleeuwen waren er steeds weer tegenbewegingen, die probeerden aansluiting te vinden bij de vurige directheid van de boodschap van Jezus en naar de letter van het Evangelie in deemoed en armoede te leven, maar die extremisten werden als waanzinnigen uitgelachen, op de brandstapel of in duistere kerkers onschadelijk gemaakt, of zoals de onbuigzame charismatische Franciscus van Assisi snel gecanoniseerd, als heilige vereerd en daarmee geneutraliseerd.

De christelijke leer bracht ontzettend veel behoefte aan uitleg met zich mee, want innerlijke tegenstrijdigheden en de zeer wereldse macht van de kerk en de christelijke heersers stelden de duiders voor steeds nieuwe uitdagingen. Er vormde zich een hele kaste van exegeten rond kloosters en in toenemende mate ook aan adellijke hoven en in handelssteden om aan de wereld uit te leggen waarom dat wat in naam van de kerk gebeurde ook Gods wil was.

De Duits-joodse dichter en schrijver Heinrich Heine, een van de intelligentste waarnemers van het Europese denken en de verwerpelijkheden ervan, meende in het midden van de negentiende eeuw dat de erfenis van de klassieke oudheid en de Bijbel een fundamentele culturele tegenstelling vormden, een oude vijandschap tussen Nazareeërs en Hellenen, die niet werd bepaald door genen, maar door de structuur van hun gedachten en gevoelens: 'Alle mensen zijn of joden of Hellenen, mensen met ascetische, beeldvijandige, aan spiritualiteit verslaafde aandriften, of mensen met een levenslustige en realistische natuur die trots zijn op hun ontwikkeling. Zo waren er Hellenen in Duitse domineesfamilies, en joden die in Athene geboren waren en misschien van Theseus afstamden. De baard maakt niet de jood, of de vlecht niet de christen, kun je hier met recht zeggen'.[37]

Voor Heine waren deze twee culturen en de oorlog tussen beide verantwoordelijk voor de loop van de Europese ideeëngeschiedenis, waarbij vooral uit de dood van de verlosser een heel eigen cultuur van onderwerping voortkwam: 'Het lichaam werd bespot en gekruisigd, de geest werd verheerlijkt, en het martelaarschap van de triomfator, die voor de geest de wereldheerschappij verwierf, werd het zinnebeeld van die overwinning, en de hele mensheid streefde sindsdien, *in imitationem Christi*, naar lichamelijke vernietiging en een bovenzinnelijk opgaan in de absolute geest.'[38]

Zo simpel als Heine vreesde, had de geschiedenis zich niet ontplooid, maar hij heeft in de kern van de zaak gelijk gekregen. De Nazareeërs hadden de vrolijke Hellenen tot zedeloze ketters verklaard en de religieuze en ethische veldslag om Europa's ideeën gewonnen; hun hartstocht voor de onderwerping naar buiten en naar binnen vormde vanaf dat moment het mens- en wereldbeeld van het Westen. Vanaf dat moment was het begerende lichaam een probleem.

Joshua ben Josef had volgens de Evangeliën zijn eigen lichaam niet bijzonder gehaat. De verwachting van de Apocalyps is niet het ideale moment voor vrolijke, hedonistische ontplooiing, maar seksualiteit op zichzelf leek hem moreel niet erg te interesseren, terwijl sociaal onrecht hem steeds weer in beroering bracht. Paulus, die van de timmerman en prediker Joshua ben Josef de universele verlosser Jezus Christus maakte, bracht ook zijn zelfhaat mee, die zich als haat richtte op vrouwen als verzoeksters en verleidsters en op de eigen wellust als wortel van alle kwaad en alle zonde. Een minder obsessieve man had waarschijnlijk niet zo hard hoeven werken en had niet de koortsige hoogten van zijn emotionele retorische intensiteit kunnen bereiken – dan zou de geschiedenis van de sekte ten einde gekomen zijn.

Paulus leidde de vroege gemeenten van de Levant en het oostelijk deel van het Middellandse Zeegebied virtuoos en predikte vuur en puimsteen. In een tijd van morele decadentie was zijn gloeiende overtuiging fascinerend. Zijn morele obsessies kwamen aan veel Romeins opgevoede intellectuelen tegemoet: zij interesseerden zich meer voor ascese en stoïcijnse afzondering, omdat de leugenachtigheid of de onverschilligheid van hun omgeving hen tegen de borst stuitte. Zijn verzekering dat je door de daad van de doop de verlossing kon verwerven, was uit het Romeinse burgerrecht al bekend: ook een barbaar uit de provincie en een slaaf had er na zijn vrijlating recht op. De Romeinse wereld was er rijp voor om aangestoken te worden door nieuwe ideeën, en religies en filosofische scholen van allerlei aard streden bij eenvoudige mensen en bij de elite om de voorrang.

Het christendom bleek de aanstekelijkste van alle religies van de late klassieke oudheid te zijn, of misschien infecteerde het alleen maar de juiste mensen op het juiste ogenblik. Met de verspreiding en consolidering ervan vestigde zich ook het idee van de onderwerping, niet als recht van de sterkste, maar als morele opdracht, door de Heer zelf bevolen aan de mensen en gemotiveerd door de erfzonde. Die onderwerping keerde zich in de eerste plaats naar binnen: tegen het eigen lichaam dat vanaf dat moment als probleem werd gezien, tegen de begeerte, die zondig was en onderdrukt moest worden. Maar daarna keerde ze zich tegen vrouwen, die als verleidsters en als dochters van Eva en daarmee van de erfzonde onder controle gehouden moesten worden, tegen ketters, heidenen en joden, die Gods ondeelbare waarheid afwezen.

De onderwerping van de natuurlijke omgeving lag nog buiten de technische mogelijkheden van de klassieke oudheid, al kwam het ook al onder de Romeinse keizers tot permanente veranderingen van het landschap door rooien en ontginnen, waterbeheer en mijnen. Maar de eigenlijke beheersbaarheid van de natuur lag zo ver buiten het bereik van alles wat mogelijk en voorstelbaar was dat ze alleen in het denken van mystici en profeten een rol speelde.

II

LOGOS

'Maar de wetenschappen hebben grotere schade geleden door de kleinmoedigheid van de mensen en de onbeduidendheid en de poverheid van de opgaven die het menselijk verstand zichzelf oplegde. En wat het ergste is, die kleinmoedigheid heeft zich vermengd met aanmatiging en trots.'

Francis Bacon, *Novum Organum*

Landschap met de val van Icarus

7. Bruegel, Pieter de Oude. *De val van Icarus*, rond 1555-1568. Olie op linnen, op hout gezet. 74 x 112 cm. Koninklijke Musea voor Schone Kunsten, Brussel

Arme Icarus! Niemand is in zijn val geïnteresseerd. Er resteren niet meer dan een paar blote, onwaardig trappelende benen in het kielwater van een schip. Zelfs de visser ziet hem niet. De tragedie blijft volledig onopgemerkt. W.H. Auden schrijft over dat moment:

Op Brueghels *Icarus* bijvoorbeeld keert alles zich op zijn dode gemak/ af van de ramp, de ploeger zou/ de plons kunnen hebben gehoord, de verzaakte schreeuw, maar voor hem/ is het een mislukking van geen belang, de zon schijnt/ zoals hij dat moest doen, op de witte

benen die bijna/ in het groene water verdwenen zijn,/ het kostbare,
kwetsbare schip, dat toch wel iets/ merkwaardigs zal hebben gezien:
een jongen die viel uit de hemel,/ moest ergens op tijd zijn en zeilt
rustig voort.[39]

Toeschouwers houden van hoge vluchten, maar deze was kort. De onvermijdelijke val is vaak genoeg aanleiding tot leedvermaak, maar deze
komt van te ver omhoog, voorbij de menselijke zorgen. Daarom is de
aandacht minimaal.

Het moet geweldig aangevoeld hebben. Een onverwachte, onmogelijk
lijkende overwinning op de zwaartekracht, hoger, steeds hoger, gedragen
door de jeugdige kracht van de eigen ledematen en de honingwarme
lucht. Dan de plotselinge paniekerig fladderende machteloosheid, de te-
genwerking smelt om zijn armen weg en daarmee de was die de veren
bijeenhoudt, één ontzet ogenblik lang zweeft hij in een warreling van
witte, dansende veren en met enkele spartelende bewegingen, als een vis
aan een hengel, ziet hij die sneeuwstorm en dan haalt de zwaartekracht
hem terug in een lange tollende tuimeling, razendsnel.

Bruegel stelt zich die onzachte landing eerder komisch voor. Het ge-
spartel, het blote achterste, dat nog net door de golven aan het oog wordt
onttrokken, holderdebolder het onvoorziene in. De Brusselse meester verplaatst het verhaal uit het oude Griekenland naar de wereld van
Vlaamse boeren. Zonder het zelf te weten en met een bijna vooruitziende blik heeft Bruegel op dit schilderij niet enkel de mythische werkelijkheid en het eigen heden treffend weergegeven, maar ook de toekomst.

Maar rustig aan. Laten we het schilderij eerst eens goed bekijken. Icarus, en daardoor lijkt zijn val nog onwaardiger, is wel in de titel genoemd,
maar in de compositie is hij op zijn hoogst bijzaak. De hoofdfiguur is
een boer in een rode boezeroen en een lange jas, die op de voorgrond zijn
akkertje ploegt. Hij is helemaal op zijn werk gericht, ook hij heeft de val
niet gezien. Hij loopt in steeds kleinere concentrische kringen; het paard
zal aan het eind van de voren alleen door een perspectivisch wonder of de
fantasie kunnen keren.

Maar de vreugdeloos ploeterende landman is in zijn verbetenheid niet
alleen. Direct achter hem op een vooruitspringende rots staat een herder

op een veld en kijkt dromerig in de lucht, zij het in de verkeerde richting. Misschien kijkt hij de vader van Icarus na, de geniale ingenieur Daedalus, die de vleugels in elkaar had geknutseld en wijs genoeg was om niet te dicht bij de zon te komen. Rechts onder de herder zit een derde figuur, kennelijk ook geheel verzonken in zijn bezigheid, een visser die waarschijnlijk net op dat moment zijn lijn uitwerpt. De kleine figuren op het schip hebben zich onverschillig afgekeerd van de tragedie van de verdrinkende Icarus.

Bruegel blijkt hier een aandachtig lezer van de Latijnse dichter Ovidius, die in zijn *Metamorfosen* dat beroemde verhaal vertelt. Daedalus heeft als architect voor koning Minos op Kreta het labyrint gebouwd, waarin de koninklijke bastaard Minotaurus gevangengehouden wordt, een beest, half stier half man. De koning laat hem ook niet gaan en dus wendt de begenadigde bouwmeester zijn blik naar de hemel, het laatste oord van de vrijheid: 'De lucht is vrij. Daar gaan wij langs. Minos mag heel veel bezitten, maar de lucht bezit hij niet.'

De Icarus van Ovidius is nog een jongen, die met zijn kinderlijke streken zijn vader bij de constructie van de vleugels stoort, en zo waarschuwt Daedalus hem ook om niet te dicht in de richting van de zon te vliegen. Dan begint hun vlucht, gezien door drie getuigen, die ook Bruegel beschrijft: 'Een man die zat te vissen met een dunne rieten hengel,/ een herder leunend op zijn staf, een boer tegen zijn ploeg/ zagen hen gaan, verbijsterd, denkend dat het goden waren/ die door het luchtruim kunnen vliegen.'

Maar onsterfelijk zijn ze niet. De zoon verliest zijn leven, uit kinderlijke overmoed of jeugdige roekeloosheid. De vader hoort zijn dodelijke schreeuw en kan niet meer doen dan zijn hybris vervloeken en zijn zoon begraven.

Maar de Vlaamse schilder vertelt niet alleen het verhaal over overmoed en treurnis. Wat hij te zeggen heeft, gaat zijn eigen tijd aan, waaruit het schip afkomstig is, en ook de stijl van de kleren. Bij nader toezien vallen motieven op die aan het schilderij nieuwe aspecten toevoegen. Dat is in de eerste plaats het lijk in het bos, aan de rand van het veld. Dat is nog juist te zien. De boer zal hem bij zijn volgende rondje met de ploegschaar het hoofd afsnijden. Stof tot stof. Een Vlaams spreekwoord uit Bruegels tijd luidt: 'Voor een stervende stopt geen ploeg.' Welkom in het vroege kapitalisme.

Nog een detail: de geldbuidel met het zwaard, die aan de voorste rand van het veld ligt – en, nog een spreekwoord: 'Zwaard en geldbuidel behoeven goede handen.' Maar het zwaard doorboort de geldbuidel zoals in een zondige coïtus tussen alle geldzakken en alle huurlingen op de wereld. De boer draait almaar rondjes op zijn kleine akker, een onderworpene, die trots op zijn fleurige kleding is. Hij heeft in elk geval meer dan de herder, die met zijn schapen rondtrekt. Hier reikt Bruegel nogmaals naar het verre verleden, maar ditmaal niet naar het Latijnse dichtwerk, maar naar de Bijbel.

Hier staan Kaïn en Abel. Op enig moment zal de boer met zijn stevige schouders de ploeg laten vallen, de paarden aan een boomstomp vastbinden en de herder doodslaan, omdat diens rusteloze levenswijze voor hem een permanente en ondraaglijke provocatie is. Hij zal daarom door God verstoten worden, maar hij zal nooit begrijpen waarom. Er bestaat maar één fatsoenlijke levenswijze, weet de boer, met huis en akker en ploeg en gezin en belastingen en hongersnoden en krijgsdienst en de zegening van de wapens in de dorpskerk. De herder die als een vagebond door het land trekt en nergens thuis is, die man is niet meer zijn broeder. Hij is allang een barbaar geworden, een vijand, een bedreiging van de moraal. Maar de schuld van Kaïn blijft aan hem kleven, exclusief de erfzonde van zijn Bijbelse ouders. De vrome arbeider leeft onder de vloek van zijn eeuwige schuld.

Ook de patrijs, die op de voorgrond op een tak zit, vlak onder de benen van de ongelukkige Icarus, heeft zijn eigen verhaal, ook al brengt die ons op een dwaalspoor. In de versie van Ovidius wordt Daedalus door de goden gestraft met het verlies van zijn zoon, omdat hij zelf ooit zijn neef Talos, de zoon van zijn zus Perdix, uit jaloezie van de rots van de Akropolis de dood in heeft geduwd. De goden hadden medelijden met de knaap en veranderden hem in een vogel die uit angst voor grote hoogten altijd dicht bij de grond vliegt. Het hele landschap, het hele tafereel met haar diverse figuren – een moraalpreek in olie? Misschien niet helemaal. Bruegels patrijs zit afgewend van het spektakel, alsof hij er niets mee te maken heeft. Een triomf ziet er anders uit.

De slimme oude schilder, die er beroemd om was dat hij verborgen boodschappen in zijn schilderijen stopte, was niet geïnteresseerd in stichtende platitudes. De hele gebeurtenis is voor hem sowieso geen drama, maar een farce. De was aan de vleugels is niet gesmolten omdat de goden toornig waren, maar omdat de jongen te dicht bij de brandend hete zon gekomen was. Hij was jong en overmoedig, daar hadden de goden niets mee van doen. Ze hadden hem met een bliksem kunnen treffen of plotseling blind maken of hem door adelaars kunnen laten aanvallen, maar voor zijn dood had hij hun medewerking en hun wraak helemaal niet nodig. Hij was gewoon dom geweest, zijn vader had hem te veel toevertrouwd en moest het hem wel toevertrouwen, anders was hun vlucht onmogelijk geweest. Het morele verhaal wordt stom toeval, de toorn van de goden menselijk falen. De knaap Icarus werd het slachtoffer van natuurwetten, zowel psychologisch als fysisch.

En het schip? Het schilderij van Bruegel ontstond tussen 1555 en 1568 in Brussel, een epicentrum van de zich toen snel uitbreidende wereld. De schilder zelf had voor zijn tijd flink gereisd en had enkele jaren in Italië doorgebracht, ook in zijn vaderland werd hij er steeds weer aan herinnerd dat de wereld niet zo eenvoudig was als de mensen dachten. Twee generaties eerder was het scheepsverkeer naar Amerika en Azië begonnen en intussen arriveerden er tientallen galjoenen, waarvan de buikige rompen waren gevuld met kostbare en zeldzame dingen uit de zogenoemde Nieuwe Wereld.

De horizon van de Europeanen was radicaal verruimd en ook hun machtsbereik zou weldra groter worden. De haven van Antwerpen, ook de handelaren en boekdrukkers waarom Vlaanderen bekendstond, stonden symbool voor die nieuwe wereld, en Bruegel kon die verbazingwekkende ontwikkeling vanuit de loge volgen. Zijn schip (dat door Ovidius slechts en passant wordt genoemd) is op weg naar andere horizonten, naar onontdekte werelden en rijkdommen. Geen wonder dat hij geen tijd had zich te bekommeren over een in zeenood geraakte vogelmens. Veel bijzonderder en winstgevender wezens wachtten aan het eind van de reis op het schip.

Dadelijk zal het schip langs het eiland links op het schilderij zeilen. Het eiland schijnt uit één rots te bestaan, met daarin de ingang van een grot. Is dat het labyrint van de Minotaurus, een tot de essentie terugge-bracht Kreta, ook al is Icarus op een heel andere plek in zee gestort?

Het scenario van die reis is een wereldlandschap, een heel oude Vlaamse schilderstraditie. Een landschap is niet iets wat je buiten ziet, bijvoorbeeld op een berg, of op een eenzame vlakte (waarom zou je daar ook naartoe gaan?), een landschap is een allegorie van de wereld buiten, met alles wat er deel van uitmaakt: een rivier of een zee, met bergen, een schitterende stad, een weidse horizon – en de zon. Gaat die op of onder? Zou een schip vóór zonsopgang aan zijn reis beginnen? Of komt het van open zee, de haven in, de stad tegemoet? En waarom staat de zon vlak boven de horizon, als ze toch juist met haar gloeiendhete macht en vermoedelijk hoog aan de hemel staand de vleugels van Icarus heeft verwoest?

Niets op dit schilderij is eenduidig. Is het een commentaar op alle dromers en zieners die onopgemerkt door een onverschillige wereld on-waardig moeten ondergaan? Is het een commentaar op Adams val en de erfzonde? Is het, zoals anderen hebben beweerd, een alchemistisch programma, of toch eerder een heimelijke hymne op de vrijheid in een door Spanje bezet en door oorlogen geteisterd land? Pieter Bruegel, de schilder van de bouw van de toren van Babel, had wel iets te vertellen over de hoogmoed die voor de val komt. Maar spreekt de schilder over de hoogmoed van een halfvolwassene, of over de wijze matiging van zijn vader, wiens vlucht uit het panorama van het schilderij al stilletjes gelukt is?

Onder kunsthistorici is dit schilderij omstreden. Is het van de hand van de meester zelf of niet meer dan een kopie uit zijn atelier, waarvan het origineel verloren is gegaan? En geeft ze het verloren werk getrouw weer? Een tweede versie van het schilderij, waarschijnlijk een tweede ko-pie, toont hetzelfde tafereel met de boer op de voorgrond en het schip dat naar verre horizonten vaart; maar daarop is ook Daedalus te zien, een gevleugelde oude man met baard, heroïsch naakt in de hemel zwe-vend als God op de afbeeldingen die Breugel in zijn Italiaanse tijd be-studeerde, en tegelijk een variatie op Vadertje Tijd, die ook toentertijd in Vlaanderen al bekend was van de weerhanen. Het werk maakt een onbeholpener indruk dan op het schilderij waarop Daedalus al ontkomen is. Waarschijnlijk zijn beide schilderijen kopieën van een verloren gegaan origineel. Maar welke kopiist heeft het aangedurfd de ideeën van de meester te corrigeren?

Zelfs de monumentale en schijnbaar toch zo bescheiden boer is als sleutel voor een radicaal nieuwe interpretatie gebruikt. Waarom is hij zo luxueus gekleed, waarom treedt hij met één voet in de vers geploegde vore, wat geen boer ooit zou doen, zoals Breugel wist, want hij was een bijkans fanatieke verzamelaar en tekenaar van dat soort details. En waarom loopt er vóór de ploeg maar één paard, en niet een normaal span? Is de boer, die de kleine akker omploegt, misschien een toespeling op de vorst van het Habsburgse rijk, Filips II, die met steeds hardere hand regeerde? Hoorden dolk en geldbuidel hem toe, omdat hij de oogst houdt en belastingen int? Dan zou het anders zijn gesteld met de subtiele boodschap dat hoogmoed letterlijk voor de val komt. De boer mag zich dan op de voorgrond met zijn gele broek en zijn rode blouse (toegegeven, de kleuren van Filips) nog zo opblazen, zijn mythologische tegenvoeter belandt toch onvermijdelijk in het water.

Welnee, zegt een andere kunsthistoricus, dit is een allegorie op de vergankelijkheid. De dode in het bosje, half begraven, dolk en geldbuidel, de boer, de herder, de visser – dat zijn allemaal attributen en figuren van de *danse macabre*, de dodendans, waarbij de dood in de gestalte van een skelet de vertegenwoordigers van de verschillende standen met zich meesleurt in het kille graf. Als dit dus een moreel beeld is, dan is de moraal juist niet de lof van de matiging, of kritiek op de slechte regering, of een karikatuur van het beginnende kapitalisme, maar een meditatie over de sterfelijkheid zelf, de ijdelheid van al het streven en werken in het aanschijn van het einde: zelfs de beste hoogvlieger zal terug op aarde storten.

Dit werk heeft zoveel boodschappen dat het geen boodschap heeft. Het is onmogelijk er één enkele betekenis aan toe te schrijven, omdat het zoveel betekenissen heeft, die ook in tegenspraak naast elkaar bestaan. Het wemelt van de mogelijkheden, en enkele ervan dringen zich op. Dit is een schilderij over de beheersing van de natuur, aangevat door Daedalus, die de natuur wilde veranderen en herscheppen, over Icarus, die zijn plaats in de grote orde der dingen niet meer kent, tot en met de boer op wie alle heerschappij is gebouwd en die toch zelf met zijn zweep het dier beheerst dat voor hem uit sjokt, een eindeloze herhaling van meesters en slaven. Het schip dat met de wind in de zeilen de zon tegemoet vaart, spreekt van beheersing, van een 'Nieuwe Wereld' met ongekende mogelijkheden, maar ook van het feit dat de eigen wereld duidelijk kleiner wordt en de vlucht een noodzaak. Wie niet steeds kleinere rondjes wil draaien zoals de boer, die monstert aan op een schip voor een reis naar het onbekende, die maakt vleugels om aan het leven in gevangenschap te ontkomen.

Een laatste hommage aan Bruegel. 'All things begin and end in eternity,' zegt David Bowie in Nicolas Roegs film *The Man Who Fell to Earth* (1976), die indirect door *De val van Icarus* geïnspireerd is. Het is een buitenaards wezen dat op aarde gekomen is en door de samenleving waarin hij gevallen is wordt gecorrumpeerd. Zijn beschaving heeft al langer televisie- en radioprogramma's vanaf de aarde ontvangen en heeft zich een beeld van de samenlevingen daar gevormd. Hij weet dat ze uiterst destructief zijn en hun planeet te gronde richten.

Bowies personage is er op een geheime missie. Zijn eigen planeet is door oorlogen bijna verwoest, er zijn nog maar weinig overlevenden. Zijn doel is het de mensheid te vernietigen en de planeet ten behoeve van de gevluchte buitenaardse personen te redden. Maar tegelijkertijd leert hij het leven om zich heen beter kennen. De buitenstaander ziet hun tegenstrijdigheden, hun begerigheid, hun eenzaamheid, hun overweldigende emoties, en loopt ten slotte stuk op zijn opdracht en op de verhoren door de geheime diensten die hem vervolgen. De hyperintelligente buitenaardse persoon wordt een blinde alcoholicus, die weet dat hij de wereld voor niemand kan redden.

De psychedelisch flikkerende en roodharige alien kan zich evenmin aan de zwaartekracht van de omstandigheden onttrekken als de boer en de zeelieden, die op hun plek volharden. Er bestaat geen verlossing voor de velen die onder het juk leven, en ook niet voor de roekelozen die naar de goden willen vliegen en daarboven niets anders vinden dan de wreed gloeiende zon.

Uiteindelijk is het Daedalus die ontkomt, buiten het schilderij, in een onvoorstelbare toekomst, de eerste cyborg. Hij heeft de val van zijn zoon en de onontkoombaarheid van het lot mede gezien. Hij ontsnapt als een gebroken man.

De wereld van Bruegel markeert een historisch keerpunt. Net zoals het schilderij, dat elementen uit de Griekse oudheid, de Bijbel, de middeleeuwse beeldspraak en Vlaamse kerkschilderkunst met eigen indrukken, nieuwe horizonten, verborgen kritiek, stoïcijnse observaties, literaire toespelingen, spreekwoorden en laconieke ironie omsmeedt tot een nieuw idioom, zo bevond het continent waarop hij leefde zich ook op een dramatisch keerpunt, die van de waan van de heerschappij een mondiale kracht maakte.

Op dit punt komt een vraag op die als een irritant gonzende vlieg gewoon niet meer verdreven kan worden: de geschiedenis van dat waanidee is in West-Azië begonnen en klotst met de Bijbel naar Europa. Van daaruit, vanuit havens als Antwerpen en steden als Brussel, zal ze in de bagage van missionarissen, veroveraars, handelaren, leraren, rebellen en moordenaars haar zegetocht over de wereld beginnen. Maar waarom juist van daaruit?

Vanuit mondiaal perspectief gezien was dat een volkomen onverwachte ontwikkeling. Niets, maar dan ook helemaal niets had een waarnemer die rond het jaar 1500 een reis om de wereld zou hebben ondernomen om de beste kandidaat voor de wereldheerschappij te vinden, ertoe gebracht zijn reis in Europa zelfs maar te onderbreken. Macht en rijkdom, bloeiende markten en grote legers, cultureel raffinement en kosmopolitische steden waren op andere continenten te vinden.

Het Heilige Roomse Rijk – Duitsland dus, de Nederlanden, Oostenrijk en delen van Noord-Italië – kende zo'n 23 miljoen inwoners, iets meer dan het sultanaat Delhi of het koninkrijk Mali, maar slechts een vijfde van het dichtstbevolkte land ter wereld, dat ook mondiaal de grootste markt en het grootste machtsblok was: China, met zijn 103 miljoen mensen, direct gevolgd door India, de op een na grootste economische regio, die door diverse machtige heersers werd geregeerd.

De minder grote mogendheden uit die tijd – Frankrijk, Spanje, het Songhai-rijk in West-Afrika, het Inca-rijk, het Ottomaanse Rijk, het sultanaat Bengalen en het Vijayanagar-rijk in Noord-India – telden minder dan 20 miljoen inwoners. Spanje, het groothertogdom Moskou, het rijk der Azteken en Engeland hadden nauwelijks meer dan 5 miljoen mensen. Niets doet vermoeden dat de ongeveer 65 miljoen politiek en religieus verdeelde, door oorlogen uitgezogen en armoedig levende Europeanen zich opmaakten de wereldheerschappij over te nemen.

De vraag blijft dus: waarom Europa?

Waarom Europa?

Het is nu zo'n tachtig jaar geleden dat in Calcutta bepaalde schepen van blanke christenen arriveerden die hun haren lang droegen net als Duitsers en die geen baarden hadden behalve om hun mond heen, zoals in Constantinopel gedragen door cavaliers en hovelingen. Ze kwamen aan land met een borstpantser en helmen met vizier, en een bijzonder wapen met een zwaard aan een speer. Hun schepen waren met bombarden gewapend, korter dan die wij gebruiken. Ze kwamen om de twee jaar met twintig of vijfentwintig schepen. Er kon ons niet worden gezegd wie die mensen zijn of wat voor handelswaar ze naar de stad brengen, behalve zeer fijn linnen en koperwaren. Ze laden hun schepen vol kruiden. Die hebben vier masten net als die uit Spanje. Als het Duitsers zouden zijn dan hadden we er volgens mij bericht van moeten krijgen; misschien zijn het Russen, als ze hier een haven hebben. Als de kapitein aankomt, zullen we misschien horen wie die mensen zijn, want onze leider, die ons door de Moorse koning is toegewezen en die tegen zijn zin meegenomen is, spreekt Italiaans en zou in staat kunnen zijn het uit te zoeken.[40]

De Italiaanse handelaar Girolamo Sernigi, die dit bericht in 1499 naar zijn familie in zijn geboorteland Italië stuurde, stond perplex. Wie waren die vreemden die Indië al tientallen jaren vóór kapitein Vasco da Gama hadden bereikt, in wiens schepen Sernigi zoveel geld had geïnvesteerd? Hadden de Duitsers met hun logge Hanzekoggen eigenlijk wel zeewaardige schepen? Had iemand ooit van een Russische vloot gehoord? Maar wie konden die blanke christenen, die zijn rivalen geworden waren, anders zijn?

Sernigi, die vanuit Portugal schreef, waar hij de handelsnederzetting van zijn Florentijnse familie runde, kreeg zijn informatie niet alleen uit de tweede hand en via diverse vertaalstappen, maar ook twee generaties nadat de vreemden, die kennelijk over een flinke vloot en organisatie beschikten, voor het laatst waren opgedoken. Praktisch van de ene dag op de andere was er niets meer van hen vernomen. Andere handelaren hadden hun factorijen en magazijnen betrokken, in de dokken repareerden zeelieden uit andere landen hun zeilen, terwijl de dragers hun lading losten.

De bezorgdheid van de Italiaan was ongegrond, want de raadselachtige zeemacht was allang weer verdwenen. Wat hij over het netwerk van zijn informanten had opgepikt, was een laatste herinnering aan een wereldrijk dat maar enkele tientallen jaren had bestaan en toen plotseling en zonder duidelijke reden gewoon was opgegeven.

Zoals veel ontvangers van informatie die tussen culturen en talen uitgewisseld werd, was ook Sernigi deel van een keten van subtiele misverstanden en desinformatie, een soort 'stille post' per post. Maar de datum komt behoorlijk overeen met de historische feiten, want de eerste vloot die ook op de Indische kust zou landen, hees in 1405 het zeil. Ook al was er in Calcutta dan misschien maar een twintigtal schepen aangekomen, de gehele vloot was ongetwijfeld enorm veel groter. De hele horizon vulde zich met masten, zeilen en wimpels en de zee schuimde over de boeg van meer dan driehonderd scheepsrompen.

Enkele van die vaartuigen – misschien vijftig of zestig – waren groter dan alles wat de wereld daarvoor of sindsdien gezien heeft. Volgens de opgave van de bouwers waren de grootste ervan meer dan honderdtwintig meter lang en vijftig meter breed, groter dan elk ander houten schip in de geschiedenis, langer dan een voetbalveld, met negen masten, vier dekken en tientallen kanonnen, gebouwd voor een lading van 2500 ton, een drijvende, tot de tanden toe bewapende stad.

De vloot zelf was groter dan de Spaanse armada en imposanter dan alles wat er ooit op zee was gezien. Achtentwintigduizend man deelden de onderkomens onder dek. Naast manschappen en officieren, handelaren en vertalers, handwerkers en klerken leefden er maandenlang duizenden soldaten met hun paarden, hele orkesten, diplomaten, geleerden, dokters en astronomen. Op hun eerste expeditie in 1405 bereikte die overweldigende strijdmacht Vietnam en Thailand, bezocht Java en de Straat van Malakka en ging ten slotte in Cochin en Calcutta voor anker. Op verdere reizen bevoer de vloot niet alleen de Perzische Golf en de Rode Zee, waarvandaan ze een gezantschap naar Mekka stuurde, maar ze kwam ook in Mogadishu aan de kust van Oost-Afrika. Overal landde er een delegatie, samengaand met indrukwekkende plechtigheden, overal werden geschenken gegeven, tributen geëist en zakengedaan, op veel plaatsen werden steunpunten gebouwd om de belangen van de grootmacht te behartigen.

Als Sernigi eerder van die onaantastbare aanwezigheid in de Indische Oceaan had gehoord, dan had hij zijn geld waarschijnlijk elders belegd. Maar de bleke rivalen, die hun haar lang droegen zoals de Duitsers en kleine baarden hadden zoals de heren in Constantinopel, waren christen noch moslim, en ook de ongelukkige, Italiaanssprekende vertaler die kennelijk door Vasco da Gama zonder omwegen was ontvoerd (geen zeldzaamheid in die tijd), had er niet veel aan kunnen bijdragen om het raadsel op te lossen.

De bevelhebber van de reusachtige vloot was een moslim uit het binnenland, die als kind al gevangen was genomen door vijandelijke troepen, gecastreerd en tot slaaf gemaakt. Zijn geboortenaam was Ma He, maar hij werd beroemd onder de naam die zijn keizer hem uit eerbetoon verleende: Zheng He, de admiraal van de vloot van zijne majesteit Yongle (1360-1424), derde keizer van de nog jonge Ming-dynastie.

De carrière van Zheng He (1371-1433 of 1435), van slaaf tot hofeunuch en ten slotte tot een van de machtigste mannen van het Chinese rijk, was verbazingwekkend. Hij was in het Zuid-Chinese Yunnan opgegroeid in een moslimfamilie, die welgesteld was en werkzaam in het keizerlijke bestuur; zijn voorouders van vaderskant kwamen oorspronkelijk uit Buchara. Zowel zijn vader als zijn grootvader had de hadj ondernomen, de traditionele pelgrimstocht naar Mekka, en we mogen aannemen dat hij met verhalen over vreemde landen is opgegroeid. Tegelijkertijd was de familie politiek kwetsbaar. Een van de voorvaderen van Zheng He, Sayyid Ajall Shams al-Din Omar al-Bukhari, was voor de toenmalige Mongoolse Yuam-dynastie gouverneur geweest, maar de nieuwe

Ming-dynastie was Mantsjoe en wantrouwde alle vreemdelingen. Toen het keizerlijke leger in 1388 Yunnan binnenmarcheerde en definitief een eind maakte aan de heerschappij van de Mongolen, werden ook prominente moslimfamilies vervolgd. Zheng He's vader overleed in de strijd tegen de Chinese indringers, het kind werd gevangengenomen, gecastreerd en in dienst van het hof van de keizer gegeven.

Onder de paleiseunuchen klom de jongeman snel op en werd ten slotte een vertrouweling van de nieuwe keizer Yongle, die via een staatsgreep op de troon was gekomen en die daarom heel behoedzaam of meedogenloos te werk ging (hij deed beide). De keizer had behoefte aan kundige en vastberaden bondgenoten, want hij had grootse plannen. De Yuan-dynastie was pas enkele decennia eerder van de troon gestoten, maar de wind van het lot was onzeker; alleen militaire macht bracht veiligheid.

De enige werkelijke bedreiging van zijn politieke stabiliteit was altijd uit het westen gekomen, uit de steppen, waar legers bereden boogschutters enige tijd een rijk controleerden dat zich van de Krim tot in China uitstrekte. De grote Muur was gebouwd om een invasie van die 'barbaarse horden' onmogelijk te maken of op zijn minst te bemoeilijken.

Yongle was ervan overtuigd dat alleen een grote demonstratie van Chinese macht de vijanden van het land in het noordwesten en aan de kusten ervan zou weerhouden zijn rijk militair in het nauw te drijven. Hijzelf gaf het bevel tot veldtochten tegen de Mongolen in het noorden en stuurde een uit Vietnam afkomstige generaal met een leger naar het zuiden. Maar ook op zee wilde de keizer tonen dat China de allergrootste macht was, en daarom beval hij de constructie van schepen waarvan de enorme dimensies alleen al voldoende zouden zijn om elke vijand schrik aan te jagen. Als commandant van die vloot koos hij Zheng He, de geboortige moslim, die contact met de steden en mensen in het westen had.

De zeven Ming-expedities waren geen ontdekkingsreizen – daarvoor zou zo'n immense vloot met zulke zware schepen ook niet geschikt zijn geweest. De routes die de keizerlijke schepen volgden, werden al eeuwenlang gebruikt door Arabische en Zuidoost-Aziatische handelaren, zij het in etappes en niet in één keer de hele weg van China naar Afrika. Die reizen waren demonstraties van macht, die de barbaren het licht van de beschaving moesten brengen op voorwaarde dat ze de suprematie van China accepteerden en jaarlijks tribuut betaalden.

Het was strategisch voor de vloot kennelijk niet van belang om grote gebieden in te nemen en een koloniaal rijk te stichten. De schepen voerden een volledig uitgerust invasieleger inclusief cavalerie met zich mee en het zou makkelijk zijn geweest zich in enkele verdedigbare gebieden te vestigen, maar China had geen gebrek aan omvang en aan land. Het was er Zheng He om te doen de zeewegen te beheersen en tegelijk daarmee niet alleen de handel in de regio te controleren, maar ook de macht van regionale rivalen binnen de perken te houden. Om die belangen veilig te stellen liet hij op strategische plekken langs de route een netwerk aanleggen van bewapende forten met barakken voor soldaten en magazijnen voor tributen, handelswaren en voedsel.

In Zheng He's eigen woorden was het hoofddoel van de reis 'tribuut te verwerven van de barbaren aan de andere kant van de zee'. De coöperatieve landvorsten werden zo deel van een regeling die ze weliswaar niet zelf gekozen hadden, maar die hun wel bescherming bood. Minder bereidwillige machthebbers kregen de keizerlijke toorn te voelen.

Koning Vira Alakesvara, die over het kleine rijk Kotte in het oostelijk deel van Ceylon (nu Sri Lanka) heerste, schijnt volgens de schaarse bronnen geprobeerd te hebben zich aan twee kanten te verrijken: niet alleen handeldrijven met de Chinezen, maar ook hun handelsschepen aanvallen of op zijn minst van piraterij profiteren. Toen Zheng He met een leger van tweeduizend soldaten landde, lokte de koning de strijdmacht het binnenland in om ze te isoleren van de vloot en de schepen leeg te roven. Maar de Chinese troepen overmeesterden de tegenstander, verwoestten de hoofdstad, brachten de broers van de koning om het leven en deporteerden hem naar China, waar hem niets anders restte dan op de genade van de keizer te hopen. Inderdaad verleende de Yongle-keizer de opstandige vorst gratie en stuurde hem naar zijn land terug – niet zonder een eigen marionettenkoning te hebben aangesteld en in Kotte een garnizoen gebouwd te hebben.

Als tegenprestatie voor de samenwerking waren de nieuwe koloniale heren voluit bereid het op een akkoordje te gooien met plaatselijke tradities en elites. Op een van zijn reizen bracht de islamitische admiraal Zheng een speciaal in China gebeitelde stèle mee naar Ceylon, voorzien van een inscriptie aan de Boeddha in het Perzisch, het Tamilisch en het Chinees, waarin hij Boeddha om bescherming en genade voor zijn vloot vroeg. In het algemeen schijnt Zhengs houding tegenover religie pragmatisch te zijn geweest, want op een andere stèle in Zuid-China dankt hij Mazu, de plaatselijke godin van de zeelieden, voor zijn redding uit een storm. Zheng He was bepaald niet van plan een rigide politiek te voeren, hij bleek een wijze politicus en een veelbelovend bestuurder van een opkomend koloniaal rijk in wording, dat zich zou uitstrekken tot aan de kusten van Afrika.

Met zijn gigantische vloten domineerde het China van de Mingdynastie in de eerste helft van de vijftiende eeuw de zeeroutes in de Aziatische regio. Er was geen andere zeemacht in Azië of elders die het gewaagd zou hebben het Rijk van het Midden op zee uit te dagen, en in slechts twee decennia hadden Zheng He en zijn ondergeschikten een efficiënt netwerk van vazalstaten en handelssteunpunten opgebouwd. Op dat moment lag het in de macht van keizer Yongle het grootste wereldrijk ter zee en te land op te bouwen. De eerste steen was al gelegd en net als later de Europeanen waren zijn troepen amper op verzet gestuit.

Maar het zou anders lopen. Na de zevende reis in het jaar 1433 zou de grote vloot nooit meer het ruime sop kiezen. Het hele project van de vlootreizen geraakte politiek in diskrediet en tegen het einde van de eeuw stond er de doodstraf op het varen met een schip met meer dan twee masten. In 1525 gaf de keizerlijke regering het bevel alle zeewaardige schepen te vernietigen en ze nam alle documenten over Zheng He's legendarische reizen in beslag. Het Rijk van het Midden had zich naar binnen gekeerd. De handelssteunpunten werden opgegeven en de aanwezigheid in verre havens als Calcutta was, afgezien van particuliere handelsschepen, tot een plaatselijke legende verschrompeld – een half herinnerd gerucht over vreemde bleke mensen met grote schepen, die fijn linnen (zijde) en kostbare koper (waarschijnlijk brons of porselein) brachten. Alleen de lange haren en de baarden zonder bakkebaarden en de vele kanonnen op de schepen waren in de herinnering van de Indiërs blijven hangen.

Wat was er gebeurd?

Tot op de dag van vandaag weten we niet echt waarom China zijn vlootreizen zo abrupt afgebroken heeft, vooral niet omdat daar diverse factoren een rol bij speelden. Ondanks een overvloedige stroom handelswaren en tributen (waaronder zelfs drie dieren die 'zulafa's' werden genoemd, met lange halzen, die vanuit Afrika via India gekomen waren en in China een geliefd motief voor kunstenaars werden) en ondanks de benoeming van heersers in verre rijken en het machtsvertoon op exotische oevers, lagen de eigenlijke uitdagingen voor de keizerlijke macht veel dichter bij huis. De Mongoolse dreiging was weer toegenomen en de Yongle-keizer verplaatste zijn hoofdstad van Nanjing aan de Yangtze-rivier, de thuishaven van de vloot en met wellicht vijfhonderdduizend inwoners vermoedelijk de grootste stad van de toenmalige wereld, naar Beijing, waar hij dichter bij de ontwikkelingen aan de noordwestelijke grens zat en waar ook zijn familie haar historische machtsbasis had.

Het enthousiasme van de keizer ontvlamde nu voor de bouw van zijn nieuwe hoofdstad, waarvoor hij het oude Beijing met de grond gelijkmaakte om een residentie te stichten die een keizer waardig was. De Verboden Stad in het centrum van het concentrische stadscomplex stond symbool voor het toenemende isolement van de keizer. Op dat bouwterrein zwoegden een miljoen arbeiders om de keizerlijke dromen te verwezenlijken, hele bossen werden gerooid om vaart te zetten achter de bouwprojecten, en er moest een reusachtig kanaal verbreed worden om de materialen te kunnen vervoeren.

Maar ook andere factoren werden de vloot noodlottig. Zheng He en andere invloedrijke bevelvoerders waren eunuchen, die binnen het paleis een eigen machtsblok vormden en deels enorm invloedrijk waren, wat steeds weer tot intriges en soms gewelddadige conflicten leidde. De vlootreizen werden in hoge mate geïdentificeerd met de klasse van de eunuchen en kwamen vooral door de extravagante en ontzettend kostbare keizerlijke bouwprojecten steeds meer als nutteloze prestigeprojecten onder vuur te liggen. Ook de Chinese handelaren wilden een eind maken aan de vlootreizen, omdat die de facto een monopolie van de staat op de lucratieve buitenlandse handel betekenden.

Het eind van de reizen kwam met de dood van de Yongle-keizer. Zijn kleinzoon zorgde voor een politieke omwenteling. Na het ruïneus dure expansionisme van zijn grootvader richtte hij zich op de binnenlandse politiek. Hij reduceerde de willekeur van de staat die door Yongle was ingevoerd, hij verlaagde de belastingen die door de bouwprojecten steeds meer gestegen waren, prefereerde geleerden boven generaals en leidde een nieuw tijdperk in. De vlootreizen, eens het lievelingsproject van zijn grootvader, waren verleden tijd. In zijn regeringsperiode vond er nog één vlootreis plaats. Voor de laatste maal keerde Zheng He in 1433 met de gezanten van elf tribuutplichtige landen terug om zich aan de voeten van de nieuwe keizer te werpen; onder hen waren de gezanten van Maleisië, Calcutta, Cochin, Ceylon, Dhofar, Aden, Hormoes en Mekka. De admiraal stierf twee jaar later (enkele bronnen melden dat hij al op de terugvaart gestorven was, en alleen zijn schoenen waren aan boord van zijn vlaggenschip naar Nanjing teruggekeerd) en met hem ook het tijdperk van de vlootreizen – en een immens, nooit geschreven hoofdstuk van historische mogelijkheden.

Waarom Europa? Zoals de Ming-vlootreizen aantonen, komt hier in de eerste plaats het historische toeval in het spel. Het kolonialisme van het zogenaamde Avondland kon zich alleen maar uitbreiden omdat China zijn controle over grote delen van de zeewegen en de handelsknooppunten van Azië en Afrika vrijwillig had opgegeven, juist toen de Europeanen eindelijk op gelijke hoogte gekomen waren met de technische ontwikkelingen van de Chinese scheepvaart, zoals kompasnaalden, driemasters, buitenroer en zeewaardige rompen. Binnen enkele decennia vulden Portugese caravela's (notendopjes in vergelijking met de gigantische Chinese vlootschepen) het ontstane vacuüm in de Indische Oceaan op en namen delen van de Chinese infrastructuur en de Chinese zeekaarten over, waarop de routes tot aan Mogadishu met exacte windstreken, reistijden en astronomische oriëntatiemogelijkheden waren opgetekend.

Maar ook dat vacuüm verklaart niet waarom het kleine, oorspronkelijk tweederangs Europa binnen drie eeuwen sterk genoeg kon worden om zijn theologisch gemotiveerde onderwerpingswaan over de hele wereld te verspreiden – gezien het feit dat de Chinese samenleving in bijna elk opzicht huizenhoog superieur was aan de barbaren uit het verre noorden.

De Chinese boeren hadden vaker beter te eten en leefden langer dan hun Europese verwanten dankzij grote bewateringsnetwerken die in de loop van honderden jaren waren aangelegd en de productie van rijst voor een voor die tijd enorm grote bevolking mogelijk maakten. Chinese vindingrijkheid had het buskruit en het kanon ontwikkeld, het drukken met losse letters, papier, banken en het kredietwezen, het kompas, lang voordat die dingen in Europa bekend waren of gebruikt werden. Een Chinese keizer kon een miljoen mannen voor de bouw van zijn paleis inschakelen, een onoverwinnelijke vloot bouwen en rivieren omleiden, en hij beschikte over het grootste leger ter wereld. Geen enkele andere heerser op aarde had zoveel macht.

Bovendien had China niet alleen een hoogontwikkelde praktische cultuur, het kon ook terugblikken op een lange filosofische traditie, die ongeveer tegelijk begon met die van de Griekse oudheid, in de vijfde eeuw vóór het begin van onze jaartelling, in een tijd die in beide regio's gekenmerkt werd door oorlogen en onzekerheid.

Misschien ook als reactie op die schokkende ervaringen interesseerde het confucianisme zich diepgaand voor sociale harmonie, machtige tradities en rituelen. Die denkrichting stond voortdurend in een gespannen verhouding met die van de tao, van de 'weg'. De tao is de rivier van het universum en alle levende dingen, de aan alle begrippen onttrokken en steeds zich veranderende natuur, waarvan de continuïteit zich alleen in het stromen toont. Wie wijs is vraagt naar het wezen van tao en probeert ernaar te leven; wie dwaas is verzet zich ertegen en leeft in onwetendheid, begeerte en jaloezie tegen de wet van het levende.

Op deze plek moet ik erop wijzen dat de complexiteit, de interne discussies, de interpretatievrijheid en de vele mogelijkheden van de Chinese filosofische traditie een van de grote rijkdommen van de menselijke geschiedenis zijn, maar dat ik me moet verlaten op bronnen uit de tweede hand, omdat ik geen directe toegang tot de betekenis van het Chinese denken heb. Maar het taoïsme en het verband met het confucianistische denken spelen voor het idee van de natuurbeheersing zo'n centrale rol dat het hier op zijn minst geschetst moet worden.

De leer van de tao spiegelt zich uitdagend soepel in het leven en de geschriften van Zhuang Zi (ca. 365-290 vóór het begin van onze jaartelling), die door zijn tijdgenoten Zhunagzi of 'meester Zhuang' genoemd werd. Zijn indringende scepticisme blijkt uit zijn allegorische vertellingen waarin hij zijn leer hult, steeds met het geresigneerde lachje van een man die door niets meer verrast kan worden en die toch niet verleerd heeft om lief te hebben. Zijn beroemdste verhaal gaat over hemzelf en zijn vermoeidheid:

> Ooit droomde Zhuang Zi dat hij een vlinder was, een fladderende vlinder, die zich goed en gelukkig voelde en niets wist van Zhuang Zi. Plotseling werd hij wakker: toen was hij weer echt en waarlijk Zhuang Zi. Nu weet ik niet of Zhuang Zi gedroomd heeft dat hij een vlinder was, of dat de vlinder gedroomd heeft dat hij Zhuang Zi was, terwijl tussen Zhuang Zi en de vlinder zeker een verschil bestaat. Zo gaat het met de verandering der dingen.[41]

Het spel tussen identiteit en verandering fascineerde de denker, die zich geen illusies maakte over de menselijke natuur: 'De mensen zijn verstrikt, arglistig, geniepig. [...] Lust en toorn, verdriet en vreugde, zorgen en zuchten, onstandvastigheid en aarzeling, genotzucht en onmatigheid, overgave aan de wereld en hoogmoed ontstaan als klanken in holle buizen, zoals vochtige warmte paddenstoelen voortbrengt. Dag en nacht lossen ze elkaar af en duiken op, zonder dat (de mensen) inzien waar ze vandaan komen.'[42]

De ongeremde emoties spelen op mensen als op orgelpijpen en hun gevoelsopwellingen zijn niet belangrijker dan de wind, die over holle buizen waait en daarbij geluiden voortbrengt. Pas de filosoof die leert zich van die onvrijwillige opwinding te distantiëren en achter de coulissen van het leven te kijken, zal inzien dat het ware geluk eruit bestaat zich naar het ritme van de natuur en de onherroepelijkheid van het ogenblik te voegen en de schijnbare controle over de buitenwereld op te geven. Uiteindelijk is het niet van belang of meester Zhuang een man is of een vlinder, of dat hij weet welke van beiden hij is; belangrijk is alleen of hij zijn toestand als dromer begrijpt en zich zo van het lijden door onwetendheid kan bevrijden, want ignorantie reduceert ook de machtigen en de rijken tot objecten van hun eigen begeerte: 'Wie het aardrijk bezit, bezit een groot ding. Wie een groot ding bezit, mag zich niet door de dingen zelf tot ding laten maken.'

Zowel voor Confucius als voor Zhuang Zi en zijn taoïstische leerlingen was het leven in harmonie met objectieve principes belangrijk, ook al beschreven ze die principes verschillend. Het westerse cliché dat het in confucianistische samenlevingen vooral om sociale harmonie en niet om individueel geluk gaat, is daarom vermoedelijk niet geheel onjuist, ook al gaat het voorbij aan twee millennia discussies en historische ontwikkelingen, zoals de confrontatie met het boeddhisme

De denktradities van het 'onderwerpt de aarde' en van het leven in harmonie met het stromen van de chi en de onzegbare weg van de tao zouden oppervlakkig gezien waarschijnlijk niet sterker van elkaar kunnen verschillen – maar in werkelijkheid verbindt hen een belangrijk aspect dat buiten die ideologieën ligt. Beide beschavingen dachten heel anders over de wereld om hen heen, maar beide gingen op een verbazingwekkend eendere wijze met haar om.

De ecologisch historicus Daniel R. Hearick beschrijft dat samenlevingen op een gelijksoortig technisch ontwikkelingsniveau zeer gelijksoortig met hun natuurlijke hulpbronnen omgaan. Eerst komt de uitroeiing van grote landdieren (bijvoorbeeld oerossen in Europa, mastodonten in Noord-Amerika, leeuwen in Mesopotamië, en tijgers en olifanten in China), daarna komt met het ontstaan van steden en de beginnende metaalverwerking de onstilbare behoefte aan hout en het rooien van hele bossen, om maar te zwijgen van de verandering van de natuur door dierenfokkerij en de transformatie van hele landschappen. Al tijdens de Song-dynastie werkte de regering er systematisch aan: 'Ze publiceerde leerboeken, verdeelde zaaigoed en bood de boeren leningen met lage rentes en belastingverlagingen aan. Ze richtte militaire koloniën en nederzettingen op staatsgrond op voor vluchtelingen en landloze boeren. Onder leiding van grondeigenaren en zakenmensen ontgonnen geïmmigreerde boeren de streek Jiangnan en veranderden de schorren in die reusachtige regio in het dichtstbevolkte en productiefste akkerland van China.'[43]

China's intensieve landgebruik en uitbuiting van de natuurlijke hulpbronnen al vóór 1500 toont aan dat de geschiedenis van een samenleving niet per se beslissend is als het gaat over de vraag hoe beschavingen met hun natuurlijke omgeving omgaan. De Chinese filosofie bouwde voort op een oude en belangrijke traditie van een leven in harmonie met de natuur, maar in werkelijkheid werd de natuurlijke bedding van rivieren amper met rust gelaten.

Maar de hooggeorganiseerde en productieve landbouw was ook een van de zwakke plekken van de grootmacht China. De snelgroeiende bevolking van de Ming-dynastie kon alleen door intensieve teelt van rijst en andere landbouwproducten gevoed worden en daarvoor moesten over grote afstanden kanalen worden aangelegd om de velden te bewateren en de oogsten te verdubbelen. De eerste irrigatiekanalen werden in China bijna even vroeg gegraven als in Uruk. De Liangzhu-cultuur aan de zuidkust bouwde al rond ca. 3000 vóór het begin van onze jaartelling een stad met kanalen en paleizen, omringd door bewaterde velden, en veel kanaalstelsels uit de Ming-periode gingen terug op vroegere dynastieën. Maar tegelijkertijd moesten de kanalen voortdurend uitgebaggerd en gereinigd worden, en sluizen en stuwmeren, oevers en dammen gerepareerd en onderhouden.

In tijden van vrede functioneerde het bestuursapparaat uitstekend en plande het de noodzakelijke werkzaamheden. Maar juist in Noord-China was dat systeem erg gevoelig voor aanvallen van buitenaf of opstanden in het binnenland. Een doorgebroken dam kon hele regio's onder water zetten en onbruikbaar maken, een omgeleide rivier of gewoon alleen jarenlange onzekerheid kon reparaties vertragen: miljoenen mensen werden door de honger bedreigd als het complete netwerk instortte. Tijdens de conflicten met de Mongolen, die steeds weer vanuit de West-Aziatische steppen binnenvielen, kwam het telkens weer tot dat soort uitstel en hongersnoden.

De knelpunten in de voedselvoorziening van een reusachtige bevolking en de voortdurende dreiging aan de periferie en door regionale opstanden illustreerden nog een ander probleem dat grote rijken vaak

hadden (en hebben): een aanzienlijk deel van hun militaire en strategische energie en hun financiële middelen worden in het binnenland
ingezet om de macht in handen te houden. Een groot rijk mag dan wel
de middelen hebben om een vloot van ongekende omvang te bouwen
en de wereld over te sturen, de zwaartekracht van de gebeurtenissen en
de beslissingsmacht van afzonderlijke individuen konden de prioriteiten
ook volledig omkeren.

Die zwakke plekken weerhielden China er misschien van om zich permanent in gevaar te brengen door zijn toch al grote invloedssfeer nog
verder uit te breiden. Communicatie- en transportwegen waren lang,
over grotere afstanden te lang voor een centrale regering om effectief
aan te pakken. Maar geen zwakte van het rijk was zelfs bij benadering zo
zwaarwegend als de problemen die uit zijn onaantastbare kracht voortkwamen.

Met of zonder oorlogsvloot was China de grootste macht van Azië.
Behalve de Mongolen, die steeds weer hun geluk beproefden, was er in
de regio geen serieuze tegenstander die China dreigde binnen te vallen of
economisch te overvleugelen. Tijdens de vroege Ming-dynastie bloeide
de economie, en de bevolking verdubbelde in de zestiende eeuw van
honderd naar tweehonderd miljoen mensen. Maar daarmee ontbrak ook
de prikkel om technieken die al vele generaties uitstekend gefunctioneerd hadden verder te ontwikkelen en nieuwe in te voeren.

Een voorbeeld van de noodlottige keten van toevalligheden, die soms
geschiedenis schrijven, is de ontwikkeling van het vuurwapen dat China
al sinds de negende eeuw gebruikte. De enige serieus te nemen vijand
van buitenaf waren de ruiterhorden uit de steppen. Een geoefend ruiter
kon per minuut diverse pijlen vanaf een galopperend paard afschieten
tijdens een aanval die misschien enkele seconden duurde, dus de hele
bereden troep kon een regen aan pijlen loslaten en zich dan snel terugtrekken. Met een Chinese vuurlans of een ander draagbaar geschut of
musket waren zulke beweeglijke doelen heel moeilijk te treffen; bovendien waren de schutters tijdens het herladen praktisch weerloos. Het was
dus niet in het belang van het Chinese landleger die spectaculaire maar
onpraktische wapens verder te ontwikkelen, terwijl er zich in Europa een
heel ander soort oorlog ontwikkelde, waarbij snellere, nauwkeurigere en

in massa geproduceerde vuurwapens werden ingezet. Bij een botsing van beide machten tweehonderd jaar later zou die ontwikkelingsachterstand fataal blijken te zijn.

De last van het imperium en de techniek

China was niet het enige rijk waarvan alleen al de omvang verhinderde of in elk geval bemoeilijkte dat het een mondiaal podium voor zijn ambities vond of dat het zijn eigen technieken en praktijken fundamenteel veranderde.

Ook het Ottomaanse Rijk beschikte over de organisatie, de techniek, de geografische kennis en de expansionistische drang om zich verder in de wereld te wagen. Maar het had geen haven met een toegang tot open zee, als we even afzien van Aden aan het zuidelijkste puntje van het Arabisch Schiereiland, ver verwijderd van Constantinopel en in geval van nood moeilijk te verdedigen. De zeemacht van de Ottomanen lag in de Middellandse Zee en steunde op zijn vloten van galeien, die daar vernietigend konden worden ingezet, maar die voor reizen op open zee volkomen ongeschikt waren. Bovendien zat de Ottomaanse vloot vanwege de Straat van Gibraltar in feite opgesloten. Maar zonder een geschikte doorgang naar open zee kon het Ottomaanse Rijk er niet op hopen een groot netwerk van handelsposten en garnizoenen op te bouwen en daarmee zijn mondiale invloed te vergroten.

Behalve de nadelen van zijn geografische ligging waren de Ottomaanse sultans – net als hun collega's op de drakentroon – er steeds weer druk mee regionale opstanden neer te slaan en invasies af te weren uit dezelfde Aziatische steppe die daar haar meest westelijke uitloper had. De vijanden van China waren ook die van de Ottomanen, en vreemd genoeg lijkt de strijd tegen hen ook de troepen van de sultan in hun technische ontwikkeling te hebben geremd, omdat vuurwapens tegen ruiterlegers nog niet effectief genoeg waren.

Niettemin bleef het Ottomaanse Rijk zijn stempel drukken op Eurazië. Suleiman de Grote (rond 1495-1566) was bezeten van het idee van de wereldheerschappij, ook al legden de islam zelf, de Koran, de Hadith en de schriftgeleerden niet langer meer de nadruk op de beheersing van de natuur, zoals hun christelijke buren dat in hun theologische discussies nog wel deden. Boven de ingang van de Süleymaniye-moskee liet Suleiman een inschrift in de witte steen beitelen: 'Veroveraar van de landen van het Oosten en het Westen met behulp van de Almachtige en zijn zegerijke leger, heerser over de landen van de wereld.' Onder Suleiman breidde de macht van de Gouden Poort zich dramatisch uit: in 1521 veroverde hij Belgrado en daarmee Servië, daarna Rhodos en Hongarije, in 1529 stond het Ottomaanse leger voor Wenen, maar moest zich terugtrekken, niet verslagen door christelijke soldaten, maar door de invallende winter.

In feite echter ging de geschiedenis zelf tegen het Ottomaanse Rijk in. Juist toen de Ottomanen de controle over de enorm winstgevende handel in het oostelijk deel van de Middellandse Zee steeds sterker naar zich toe trokken, verloor die plotseling aan betekenis. De Atlantische Oceaan en de route om Kaap de Goede Hoop naar Azië schiepen voor Europese staten een enorm nieuw achterland en een ongehoord winstgevende handel in kruiden, grondstoffen, consumptiegoederen en slaven op andere continenten. Niet voor niets beschikten alle landen die grote koloniale rijken zouden opbouwen – Portugal, Spanje, Groot-Brittannië, België, de Nederlanden – over havens aan de Atlantische Oceaan. De Ottomaanse vloot kon die oceaan alleen maar bereiken door de Straat van Gibraltar. De admiralen van de sultan beheersten weliswaar de wateren van de Levant en de landroutes naar Azië, maar de Atlantische handel maakte een einde aan de strategische positie van de oostelijke Middellandse Zee, iets wat ook Venetië aan den lijve moest ervaren.

De Ottomaanse strijdmacht op zee was machtig en gevreesd, maar beperkte zich bijna uitsluitend tot de Middellandse Zee. Het landleger vertrouwde sterk op cavalerie-eenheden, omdat de meeste van hun tegenstanders, van Arabië tot in de Centraal-Aziatische steppe, bereden nomaden waren die hun tegenstanders met een regen aan pijlen uit snelle en tijdens het rijden afgeschoten bogen aanvielen.

Ook dat zou als een nadeel voor de macht van de sultans uitpakken, want hoewel vuurwapens en reusachtig geschut allang in gebruik waren bij de Ottomaanse troepen, waren ze net als in China bijna machteloos tegen snelle ruitereenheden. Het gebruik van musketten was voor ruiters schier onmogelijk, want ze konden in het zadel niet herladen. Dus zette ook de Ottomaanse strategie in op cavalerie met lans en pijl-en-boog, lang nadat vuurwapens in Europa wijdverspreid waren en snel dooront- wikkeld werden.

De oorlogen in Europa verliepen anders. De macht werd er door ste- den gecontroleerd en dus waren belegeringen een bijzonder belangrijk instrument, waarvan het succes afhankelijk was van de artillerie, die con- tinu geperfectioneerd werd. Maar ook de veldslagen tussen de Europese machten verliepen anders dan de conflicten tussen Ottomanen of Chi- nezen en hun nomadische aanvallers.

Infanteristen waren goedkoper op te leiden en talrijker dan bereden soldaten. In de onoverzichtelijke geografie van het Europese landschap met zijn bossen, dalen en rivieren vochten de legers hoofdzakelijk te voet in gesloten formaties, waartegen de ongerichte salvo's uit een muur van vuurwapens heel effectief waren. De musketiers die tijdens het herladen bijna weerloos waren, moesten door mannen met lange lansen in geslo- ten formaties beschermd worden tegen cavalerieaanvallen, waardoor ze ook ideale doelen voor kanonnen werden.

In de Slag bij Azincourt (1415) werd met de vroege haakbus geschoten, maar de slag werd door boogschutters gewonnen. Bij het uitbreken van de Dertigjarige Oorlog tweehonderd jaar later waren snelle, nauwkeu- rige en robuuste musketten al beslissend voor de oorlog geworden, en geen enkele veldheer kon het zich veroorloven in de wedloop om de techniek, de tactiek en de kennis in het nadeel te raken.

In dezelfde tijd namen de dichtstbijzijnde rivalen van Europa in Istan- bul enkele fatale besluiten die hen definitief zouden terugwerpen. De religieuze autoriteiten hadden altijd al sceptisch gestaan tegenover het verwerven van kennis en nieuwe technieken – niet alleen uit het Westen maar ook uit hun eigen cultuur. Tweemaal, in 1485 en 1515, wisten ze een officieel verbod te bewerkstelligen om boeken of andere documenten in het Arabisch of het Turks te drukken, zodat de enige boeken in die talen in Rome, Venetië en in Noord-Europa gemaakt werden, terwijl in het

Ottomaanse Rijk elk document met de hand moest worden gekopieerd. De eerste officiële Arabische en Turkse drukkerij opende haar deuren in 1726.

Ook de belangrijke geleerden en wetenschappers verging het niet veel beter. Al in de elfde eeuw was de universele geleerde Abū Rayhān al-Bīrūnī naar India gereisd en had over de samenlevingen en religie daar geschreven, de omtrek van de aarde tot op veertig kilometer nauwkeurig berekend, Euclides in het Sanskriet vertaald, zonsverduisteringen voorspeld en nagedacht over de zwaartekracht en de dichtheid van fysische stoffen. Zijn opvolgers hadden het aanzienlijk moeilijker.

Taqi ad-Din Muhammad ibn Ma'ruf (1526-1585) maakte verbazingwekkend nauwkeurige horloges, tweehonderd jaar vóór de Brit John Harris. Hij ontwikkelde ook een vroege vorm van de stoommachine. Sultan Murad III steunde zijn onderzoek ruimhartig, omdat hij via zijn astronomische werken een methode hoopte te vinden om de toekomst uit de sterren te lezen, zoals Europese heersers in dezelfde periode begunstigers van alchemisten en kabbalisten werden om goud en inzicht in het alfabet van de schepping te verkrijgen. Ad-Din was ook de directeur van het door hem opgerichte observatorium in Istanbul, waar hij in 1577 een komeet observeerde, wat hij interpreteerde als een goed omen voor de militaire campagnes van de sultan. Toen de troepen van de sultan vervolgens verslagen werden, beëindigde Murad III zijn steun aan het extravagante project, en de sterrenwacht werd in 1580 afgebroken.

De grote admiraal en cartograaf Piri Reis, die in 1513 een verbazingwekkend nauwkeurige kaart van de Middellandse Zee en de Atlantische Oceaan inclusief de kusten van Amerika tekende, kreeg zijn informatie uitsluitend uit de tweede hand, van Europese cartografen en gepubliceerde kaarten, inclusief een verloren gegane kaart van de Amerikaanse kusten, die van Columbus afkomstig was, zoals hij beweerde. Hijzelf voer om het Arabisch Schiereiland heen, maar kwam nooit verder in de wereld, die hem kennelijk zo enorm interesseerde.

Als het om de vraag gaat waarom de ideeën uit Europa zich over de aardbol verspreidden en een succes werden, dan luidt het misschien wel belangrijkste deel van het antwoord dat het toeval het continent gunstig gezind was. Juist in de periode dat Europese schepen in staat waren

Kaap de Goede Hoop te ronden en tot in Azië door te dringen, had de gevestigde macht zich daar teruggetrokken en alle imperiale ambities opgegeven. Andere potentiële concurrenten, zoals het Ottomaanse Rijk, hadden geen geschikte havens en andere strategische voordelen. En de bewoners van de beide Amerika's hadden geen zeescheepvaart ontwikkeld.

Ook geografisch had Europa enkele voordelen. De kust van het continent, van Schotland tot aan Spanje, heeft een vrije toegang tot de Atlantische Oceaan en dat gaf de heersers en kooplieden van diverse landen de mogelijkheid landen en rijkdommen op andere continenten te zoeken. Maar een belangrijk deel van het antwoord ontbreekt nog, want terwijl goed geargumenteerd kan worden dat vooral de regionale kracht van China en van het Ottomaanse Rijk uiteindelijk hun neergang inluidde, kan ook geconstateerd worden dat juist de zwakte van Europa aan het begin van zijn mondiale macht stond.

Na de instorting van het Romeinse Rijk was Europa zijn eenheid kwijtgeraakt. De postimperiale, Latijns beïnvloede delen van het continent, dreven uit elkaar, het christendom had zich pas in een paar delen van het continent gevestigd, en geen van de rivaliserende machten was sterk genoeg om tegen de andere stand te houden. Geen enkele Europese keizer kon zijn wil alleen opleggen of de politieke koers van het rijk in een volledig nieuwe richting verleggen, de macht van de aartshertogen, de adel, de koninkrijken en de clerus was veel te sterk. Europa kende geen overheersende vorst. Het was en bleef op alle politieke niveaus een opeenhoping van rivaliserende kleine landen, een permanente strijd van allen tegen allen – en juist daar lag het begin van de opkomst van Europa.

Omringd door wankelmoedige bondgenoten en gezworen vijanden was oorlog voor elke Europese staat een voortdurende realiteit. Geen enkele heerser kon zich in verband met de territoriale wensen van de buren pacifisme veroorloven. Elk graafschap, elke vrije stad en elk vorstendom moest zich beschermen tegen invasies of troepen en geld opbrengen voor de conflicten van zijn bondgenoten. Een leven zonder oorlog in het verschiet was ondenkbaar.

Militaire kracht berustte enerzijds op de omvang van de bevolking en daarmee op belastinginkomsten (oorlog is altijd duur geweest en huurlingenlegers konden snel van partij wisselen, als ze niet betaald werden) en anderzijds op andere voordelen die in de eeuwige bewapeningswedloop telden: wie de grootste handelssteden had, profiteerde niet alleen financieel van de ruil van goederen, nieuwigheden, technieken en ideeen; wie bodemschatten had kon een waardevolle bondgenoot of een handelspartner worden; wie behendig huwde kon zijn macht uitbreiden; wie de beste schepen, de meest professionele artillerie, het efficiëntste bankwezen, de beste ingenieurs en kunstenaars voor zich kon laten werken, lag wellicht een beslissende neuslengte voor op zijn rivalen.

Alleen al tussen 1400 en 1500 woedden er in Europa elkaar overlappend en aflossend: de Honderdjarige Oorlog tussen Engeland en Frankrijk, de Ottomaans-Hongaarse Oorlog, de Hussietenoorlogen in Midden-Europa, de strijd om de hegemonie over Noord-Italië tussen Milaan en Venetië, een steeds weer opvlammend conflict tussen Teutoonse ridders en Pruisische adel aan de ene en Pools-Litouwse heersers aan de andere kant, een vier jaar durende opstand in Gent, de Rozenoorlogen in Noord-Engeland, een burgeroorlog in Catalonië, een confrontatie tussen Vlamingen, Habsburgers en Fransen bij de Slag bij Guinegate in 1479, schermutselingen tussen Noord-Duitse Hanzesteden, en Britse oorlogsschepen en piraterij op bijna alle kusten, om maar even de belangrijkste conflicten te noemen. Er ging geen jaar voorbij of er werd op minstens één plek gevochten.

Ook in dit geval is de oorlog de vader van alle dingen en bevordert de bewapeningswedloop de technische ontwikkeling van de Europese machten. Legers met een groot aandeel cavalerie (zoals gebruikelijk in China en het Ottomaanse Rijk en onder de Mogols) waren niet geschikt voor de onoverzichtelijke geografie van Europese marsroutes en slagvelden. Bovendien waren bereden troepen wat betreft opleiding, uitrusting en levensonderhoud van de infanteristen aanzienlijk duurder.

Infanterie-eenheden met hun lange lansen konden ook zonder langdurige training effectief de oprukkende soldaten van de tegenstander met een woud aan kaarsrechte lansen met blinkende ijzeren pieken op afstand houden. Om dat te bereiken marcheerden ze in gesloten formatie en vormden een egel met soms wel zes meter lange stekels. In die context hadden vuurwapens een beslissend voordeel. Ze waren niet accuraat en het herladen duurde lang, maar de compacte massa aan lijven was voor kanonnen en haakbussen een ideaal doel, en het morele effect van de explosies en de dood vanop afstand was kolossaal.

Op het slagveld en vooral ook tijdens belegeringen werd artilleriegeschut een sleuteltechniek waarmee de aanvallers de stad of de vesting of het leger vanuit de lucht konden vernietigen zonder het leven van de eigen soldaten op het spel te zetten, terwijl gespecialiseerde *sappeurs* graven en tunnels aanlegden en probeerden springladingen onder de muren van de vesting aan te brengen. Ingenieurs, metallurgen, wiskundigen en andere specialisten werden gewilde en hoogbetaalde experts, die kogelbanen berekenden, vestingen ontwierpen, wapens verbeterden, troepen opleidden en voor de logistiek zorgden. Die wetenschappelijk denkende experts waren vaak sleutelfiguren in de culturele ontwikkeling; Leonardo da Vinci was een van die militaire technici en René Descartes werd als artillerieofficier opgeleid in de berekening van lanceerhoeken en kogelbanen, voordat hij filosofische werken ging schrijven.

De industrie van de rechtvaardiging

De oorlog bevorderde niet alleen technische ontwikkelingen. Juist na de reformatie wakkerde hij de theologische industrie van de rechtvaardiging aan, die al sinds de late klassieke oudheid de Europese cultuur bepaalde. Tijdens de debatten en de concilies in de late klassieke oudheid was de officiële theologie van de kerk voor lange tijd bestendigd en met succes eengemaakt. In de daaropvolgende eeuwen waren er steeds weer bewegingen als de Katharen en Albigenzen die zich tegen de officiële leer teweerstelden; maar de meeste van hen werden door de legers van de paus en zijn bondgenoten vernietigd of door de inquisitie geneutraliseerd. Maar in de vijftiende eeuw werd de middelpuntvliedende kracht van de discussies en de politieke belangen ten slotte te sterk, de eenheid van de kerk werd verbroken.

Nadat de binnenkerkelijke rebellie van Maarten Luther de gelovigen had verdeeld, was ook Gods ene en ondeelbare waarheid verbroken en kende nu meer kerken, interpretaties en legers. Maar omdat theologische dogma's altijd met macht verbonden waren werd de strijd om religieuze waarheden weldra een *casus belli*. Beide zijden moesten bewijzen dat ze niet alleen de sterkste waren, maar ook dat zij en alleen zij Gods wil belichaamden; professionele propaganda werd in alle sectoren absoluut noodzakelijk.

In de godsdienstoorlogen die sinds de zestiende eeuw het continent in bloed drenkten, raakten politieke belangen en religieuze overtuigingen vermengd. Maar anders dan Odysseus moesten de theologen de bloedbaden die door de landsknechten en huurlingenlegers waren aangericht en hele landstreken ontvolkten, zo rechtvaardigen dat ze zelf niet als zondaars tegen God werden gezien, maar als leger van de Heer, dat zijn wil en zijn barmhartigheid met het zwaard oplegde. Gods waarheid was strijdkreet geworden. Tijdens de kruistochten had de toorn van de Heer zich tegen de 'ongelovigen' gericht, die zijn graf ontwijdden en zijn heilige stad bezet hielden. Dat was niet moeilijk te beargumenteren geweest. Maar na de reformatie waren de ongelovigen die bekeerd of uitgeroeid moesten worden de eigen broeders, die tot dezelfde god baden en dezelfde verlosser voor zijn genade dankten. Augustinus had al heel wat retorische energie moeten aanwenden om geweld in naam van God en zijn Evangelie theoretisch te onderbouwen. Maar nu christenen in naam van Christus christenen vermoordden, nam de druk om dat te rechtvaardigen nog eens enorm toe.

De rechtvaardigingsindustrie ontstond niet door een gecoördineerde samenzwering of een complot, maar gewoon door een psychische noodzaak bepaalde onderhuidse of zelfs evidente tegenstrijdigheden op te heffen die door de godsdiensttoorlogen genadeloos aan het licht kwamen – en dat in een klimaat waarin vrije meningsuiting onmogelijk was en politiek opportunisme overheerste. Hoe kon dat allemaal Gods wil zijn? En hoe konden moordenaars en profiteurs en krijgsvorsten, die elk jaar weer oogsten vernielden en dorpen uitroeiden, goede christenen zijn?

De intellectuele veldslag om Gods zegen woedde in Europa tot aan de verlichting en zelfs nog daarna. Theologen en historici, juristen en filosofen (later ook archeologen, antropologen, zoölogen enzovoort) namen deel aan de discussies en kwamen daarbij (met uitzonderingen als Machiavelli, die het geheel als een spel beschreef) opmerkelijk vaak tot de conclusie dat hun broodheer om onweerlegbare redenen zich aan de juiste kant van de geschiedenis bevond.

Natuurlijk bestaat er in alle culturen de noodzaak geweld te rechtvaardigen, maar tussen de meedogenloze praktijk en de religieuze dogma's van de christelijke landen gaapte er een veel grotere kloof dan in contexten waarin het geweld van de machtigen en de overwinnaars niet *a priori* een moreel probleem is, maar het recht van de sterksten, zij het in elk geval ingeperkt door regels van evenredigheid en gepastheid. Maar christelijke samenlevingen moesten elkaar en zichzelf bewijzen dat systemisch geweld en georganiseerde haat op alle niveaus inderdaad de wil van de ene, barmhartige, alwetende en goede God waren.

Die wedloop om Gods zegen of om de beste argumenten ervoor was niet minder belangrijk dan de wedloop om snellere en accuratere wapens. Geen andere samenleving ter wereld, met de mogelijke uitzondering van China, ontwikkelde zo'n hecht netwerk van professionele onderzoekers, exegeten en interpreten, propagandisten en poëten, die met alle analytische, retorische en esthetische middelen het loflied van de eigen partij zongen, want er waren veel allianties in verschillende conflicten, dus moesten er veel lofliederen gezongen worden, fresco's geschilderd, boeken geschreven en vlugschriften gedrukt.

Hoewel er vaak gesproken wordt van 'boekdruk', was de productie van boeken niet de enige activiteit van drukkers en misschien wel niet de belangrijkste. Boeken bij de productie waarvan elke pagina met de hand gezet, gedrukt, gedroogd en gebonden moest worden, waren nog tot in de zeventiende eeuw extreem duur. Maar vlugschriften en pamfletten, voorzien van illustraties en van teksten vaak op rijm, en op één pagina afgedrukt, konden tegen een lage prijs verkocht worden en eenvoudig verstopt en gesmokkeld. Satiren en gruwelverhalen, maar ook hatelijke prenten maakten een grote politieke explosieve kracht vrij. In de propagandaoorlog tussen de geloofsovertuigingen dienden vlugschriften als wapens die snel en flexibel ingezet konden worden om desinformatie te verspreiden, de tegenstander te demoraliseren – of om de eigen mensen bij de les te houden.

Tijdens de godsdienstoorlogen, die in naam van de Heer hele landschappen verwoestten en uitgestorven en met lijken bezaaide landstreken achterlieten, bestond er bij elke partij een voortdurende druk om met alle middelen te bewijzen dat de Heer aan háár kant vocht, welke gruweldaden er dan ook onder zijn zegenende hand werden gepleegd.

Koning Gustav Adolf van Zweden was de belangrijkste protestantse krijgsheer in de Dertigjarige Oorlog. Op een anoniem vlugschrift uit het jaar 1632 wordt hij als 'De man die helpen kan' voorgesteld, nadat hij zojuist Augsburg verlost heeft van een belegering door katholieke troepen. De veldheer staat rechts in beeld, naast hem de allegorie van de stad als klagende weduwe en links een door katholieken geplunderde en onteerde kerk. Boven de stad zelf verschijnt de naam van God in een wolk en verlicht de Zweedse koning, het instrument van de Heer, die te vuur en

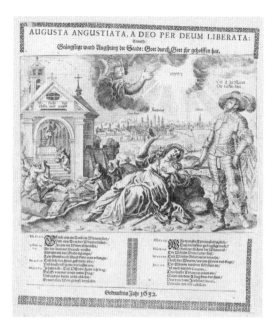

8. Anoniem, *Augusta Augusti-
ata, a Deo per Deum liberata*,
Stiftung Preußischer Kulturbe-
sitz: Cat. nr. 14 136 034. © Foto:
Kunstbibliothek, Staatliche
Museen zu Berlin

te zwaard moet regeren om zijn wil op aarde door te drijven, tegen de
perverse wil in van de andere kant, die niet alleen vijand maar ook verra-
der geworden is.

Het ijzeren tijdperk

De militaire en economische wedijver, de toegang tot de open zee en de theologische rechtvaardigingsindustrie veranderden de samenlevingen in Europa en brachten een onontkoombare concurrentiestrijd om politieke en religieuze overheersing op gang. Die eigenaardigheden, waardoor Europa zich onderscheidde van alle andere werelddelen, deden zich in het bijzonder gelden toen een mondiale klimaatcrisis, de zogenaamde kleine ijstijd, de samenlevingen onder druk zette.

De 'kleine ijstijd' is een weersomstandigheid die wetenschappelijk nog niet geheel verklaard is, maar wel uitstekend gedocumenteerd. Het begrip beschrijft een koude periode die haar dieptepunt bereikte tussen 1560 en 1685, met een gemiddelde afkoeling van om en nabij de twee graden.[44] Dat betekent tot wel acht graden lagere temperaturen in schijnbaar eindeloze winters en korte verregende zomers met mislukte oogsten en dreigende hongersnoden. De periode van plantengroei werd drie weken korter, de tijd van de rijpheid kwam te laat, steeds weer moesten boeren toezien hoe het graan op de velden wegrotte.

Uit de analyse van ijsboormonsters, boomringen, plantsedimenten en andere natuurlijke indicatoren en uit documenten als oogstdagboeken, weernotities, brieven en dagboeken wordt duidelijk dat die crisis verschillende continenten even hard geraakt heeft, maar een zinvolle vergelijking is onmogelijk doordat de bronnen niet gelijkwaardig zijn en daarom moeilijk in te schatten. Uit Europa is er een overweldigende overvloed aan documenten die een fijnkorrelige reconstructie van de crisis en haar economische, politieke en filosofische effecten mogelijk maakt. Voor andere gebieden is dat moeilijker; er zijn bijvoorbeeld maar weinig en alleen maar indirecte historische bewijzen voor de effecten van de crisis in de samenlevingen op het Amerikaanse continent, in Australië of grote delen van Azië, opnieuw met uitzondering van China, waar de politieke en demografische veranderingen in de tijd uitstekend zijn gedocumenteerd.

Het China van de Ming-dynastie in de vroege zeventiende eeuw werd genadeloos door de klimaatramp getroffen. In de provincie Jiangxi werden sinaasappelbomen, die eeuwenlang vruchten hadden gedragen, geveld, omdat het er niet meer warm genoeg was. Maar de situatie in het noordwesten, waar een belangrijk deel van de oogst aan gierst en tarwe vandaan kwam, was veel erger. Behalve de lange strenge winters en korte zomers kwamen er nog eens aanvallen van Mongoolse ruitertroepen bij, die kanalen en dammen verwoestten of dringende reparaties verhinderden. Het effectieve maar kwetsbare bewateringssysteem werd steeds weer verstoord en de oogsten stortten in. Honger, opstanden, ontbrekende belastinggelden en daarom ook ontbrekende investeringen in de infrastructuur verergerden de situatie.

Het ontbreken van een krachtige politiek had nog een andere, individuele reden. Keizer Wanli (1563-1620) was pas tien toen hij de troon besteeg, terwijl de eigenlijke regeringszaken door zijn groot-secretaris Zhang Juzheng gedaan werden, een energieke hervormer op uiteenlopende terreinen, zoals de landbouw en het centrale bestuur, die in de loop van zijn carrière weinig vrienden heeft gemaakt, maar wel belangrijke vernieuwingen heeft doorgevoerd.

Na de dood van Zhang Juzheng nam de jonge keizer zelf de teugels in handen en rebelleerde tegen de man die zijn politieke pleegvader geworden was door veel van zijn hervormingen terug te draaien en daarna in conflict met het bestuur van het paleis raakte, omdat hij zijn derde en niet zijn eerste zoon tot troonopvolger wilde benoemen, en op hun verzet stukliep. Die strijd liep erop uit dat keizer Wanli zich vanaf 1600 volledig uit de regeringsaffaires terugtrok, geen belangrijke beslissingen meer nam, geen functies meer vervulde en geen richting meer aangaf. De keizer van China staakte. Dat bleef hij twintig jaar doen.

Ook in Mantsjoerije in het noordoosten van het rijk was de situatie gespannen, omdat zware sneeuwval tot in de lente het zaaien vertraagde en mensen en vee verhongerden door mislukte oogsten. Toen het bestuur van de stakende koning er onverminderd aan vasthield dat er tributen zouden worden betaald, rebelleerden de machtige clans in Mantsjoerije en voerden een oorlog tegen de keizer, waarin zijn troepen gevoelige verliezen leden. Het extreme weer hield aan: tyfoons aan de kust, overstromingen van de Gele Rivier en droogte in andere gebieden. Steeds weer schokten strenge winters de samenleving op het platteland en verzwakten de bevolking, zodat er in het hele land voortdurend sprake was van epidemieën. Sommige schattingen gaan ervan uit dat de helft van de Chinese bevolking in de zeventiende eeuw is verhongerd, aan een besmettelijke ziekte is overleden of door oorlogen aan zijn eind is gekomen.

In 1644 was de regering van de laatste Ming-keizer dramatisch verzwakt en ze werd ten slotte door een boerenopstand ten val gebracht. Die opstand begon uit wanhoop over de verpletterende belastingdruk van de centrale regering, die ondanks de heersende ellende vaak met wapengeweld of hoge straffen haar belastingen inde. Onder de talloze verhongerende boeren was een man, Li Zicheng, die op het marktplein met een juk om zijn hals en zijn handen aan de schandpaal was gezet, omdat hij zijn belasting niet had kunnen betalen. Dat was op die dag de druppel die de emmer deed overlopen. De boze menigte bevrijdde Li Zicheng en bracht hem naar de bergen, van waaruit hij eerst een met knuppels bewapende bende en spoedig een rebellenleger van tienduizenden soldaten aanvoerde. Het keizerlijke leger had niets in te brengen tegen de woede van het boerenleger. Toen het nieuws de Verboden Stad bereikte dat Li Zicheng en zijn mannen Beijing hadden ingenomen, hing de laatste keizer zich aan een boom in de keizerlijke tuin op.

De kleine ijstijd was een beslissende factor bij de ineenstorting van de Ming-dynastie, hoewel ook andere belangrijke factoren een rol speelden. De beslissing van keizer Wanli belangrijke hervormingen terug te draaien en zich daarna uit de politiek terug te trekken, liet een vacuüm achter in de regering, die in gevechten tussen de paleisbureaucratie en eunuchen verviel en feitelijk ophield te functioneren. Een star bestuur verloor de controle over het land; de crisis in de landbouw, de invasies uit het noordwesten en de uitbrekende burgeroorlogen overweldigden het bestuur volledig.

Het is fascinerend om te zien dat en waarom Europa in de loop van de tijd een ander antwoord op een bijna identieke uitgangssituatie vond. Ook hier was de bevolking zwaar getroffen door te lange winters en misoogsten, ook hier waren er opstanden, ook hier heersten er honger en oorlog, vooral in het verwoeste Midden-Europa, waar net als in China zo ongeveer de helft van de bevolking om het leven kwam. De winters waren zo koud dat hele legers tijdens de Dertigjarige Oorlog over de toegevroren Donau en de ijskoude Rijn konden rijden en op de Thames in Londen tijdens de koude maanden hele nieuwe stadswijken ontstonden. Vogels, zo werd er verteld, waren midden in hun vlucht doodgevroren en uit de lucht gevallen, ruiters als blokken ijs van het paard gestort. Er is gedocumenteerd dat de wijnrantsoenen voor de soldaten af en toe werden afgezaagd van grote blokken wijn.

De eerste antwoorden van de Europeanen op die overduidelijke bedreiging waren, zoals verwacht kon worden, middeleeuws. Er werden processies, smeekbeden en preken gehouden, relikwieën werden rondom kerken en naar gletsjers gedragen, mannen in lange gewaden kastijdden zich op straat en na elke slechte oogst ging er een golf van heksenprocessen door Midden-Europa, waarbij vrouwen (en soms ook mannen) werd verweten de oogst behekst en het vee ziek gemaakt te hebben – en ontucht met de duivel te hebben bedreven, dat hoorde erbij, al was het alleen maar om de belangstelling van het publiek te trekken.

Zoals te verwachten viel konden die maatregelen het weer niet veranderen. De oogsten bleven mislukken, meel en brandhout verdubbelden elk jaar in prijs. Maar tegelijkertijd was het continent zuiver door toeval veel beter in staat oplossingen op de lange termijn te vinden: decentraal en soms chaotisch, door mislukken en beter mislukken, door empirische observatie en een zekere ontvankelijkheid voor vernieuwingen die een concurrentievoordeel konden opleveren.

De eerste echte constructieve maatregelen in Europa waren een verandering van agrarische methoden en producten, op aanwijzingen van botanische experts, die de resultaten van hun gepubliceerde proeven ter discussie stelden. Een versterkte internationale handel in graan en andere voedingsmiddelen hielp om na mislukte oogsten knelpunten weg te werken en vergrootte tegelijkertijd de uitwisseling van goederen, mensen en ideeën en de behoefte aan betrouwbaar nieuws en rechtszekerheid.

De druk om te hervormen was door de crisis van de landbouw overal toegenomen, maar in een rijk met een alleenheerser kon die druk decennialang genegeerd worden, als die heerser niet geschikt bleek te zijn. Ook in Europa waren er in diezelfde tijd diverse onkundige heersers, maar slechts enkele dagreizen verderop bleven rivaliserende machten dingen ontwikkelen en wierven eventueel de knapste koppen van een stagnerend hof, bijvoorbeeld dat van de Spaanse Habsburgers.

Tegelijkertijd had Europa ook gewoon geluk. Ook Europese boeren leden onder het weer en de voortdurende oorlogen, maar hun landbouw berustte op graan als belangrijkste voedsel in plaats van op rijst, en was dus kleinschaliger en niet afhankelijk van een centraal gecontroleerd bewateringssysteem, reden waarom schade meer plaatselijk beperkt bleef. Ook een akker waarop het graan in een slecht jaar gewoon was weggerot of door een langstrekkend leger tot wanhoop van de plattelandsbevolking was afgefakkeld, kon in het daaropvolgende jaar weer vrucht dragen. Een akker beplant met de toentertijd nieuwe aardappel kon zelfs nog beter tegen de kou en kon niet het slachtoffer van de vlammen worden.

De kleine ijstijd maakte radicale veranderingen noodzakelijk, en in de felle wedijver van de Europese machten onder elkaar werden de effecten van de nieuwe praktijken snel merkbaar. In de eerste helft van de zeventiende eeuw waren er amper nog processies en hoogmissen tegen de kou, maar er was wel een vergroot handelsnetwerk, een levendige kring van lezers en een versterkte stedelijke middenklasse bestaande uit handelaren en advocaten, belastinginners en artsen, renteniers en ondernemers, die zelf de behartiging van hun belangen ter hand namen.

Er zijn nu verschillende elementen van een antwoord op de vraag naar de specifiek Europese weg duidelijk geworden, maar een definitief, allesverklarend antwoord laat nog op zich wachten. De geografische situatie van het continent met zijn lange oceaankusten was even belangrijk als de aanwezigheid van grote bossen, bodemschatten als ijzer en kolen en de felle wedijver van de afzonderlijke landen en rijken onder elkaar.

Een centrale rol in het probleem van de Europese dominantie speelt van meet af aan de scheppende destructie van de oorlog, waaraan Europese staten in tegenstelling tot China of Japan en India vaak meer dan twee derde van hun staatshuishouding uitgaven. Dat was een stimulans voor technische en wetenschappelijke, economische, administratieve en zelfs (propagandistische) artistieke verdere ontwikkeling en maakte creatieve geesten op het hele continent gewild en goedbetaald.

Centraal geregeerde grote rijken als China en het Ottomaanse Rijk, die door de kleine ijstijd ook onder druk kwamen te staan en om politieke redenen een isolationistische agenda volgden, verdedigden de autoriteit van hun vorstenhuizen door de nadruk te leggen op religieuze en culturele zuiverheid en tijdloosheid. Dat resulteerde ook in een isolationistische houding, in boekverbranding, drukverbod, vernietiging van machines en beperking van de geestelijke ontwikkeling, die in die turbulente eeuw steeds weer werden voorgeschreven.

Maar in de Europese context was culturele zuiverheid van meet af aan een culturele fictie. Religieuze zuiverheid is altijd al omstreden geweest en vormde het middelpunt van intensieve discussies, die een oneindige stroom boeken losmaakten, maar elke discussie en elk handelshuis heeft in elke sector voor elk onderwerp betrouwbare klerken en boekhouders en slimme geesten nodig. De argumenten omtrent het ware geloof konden nooit tot het geloof beperkt worden, gleden telkens weer af naar sociale en politieke vraagstukken, naar discussies over gerechtigheid en menselijke waardigheid en gelijkheid en andere gevaarlijke ideeën. Maar een gesprek, dat eenmaal begonnen is, is gewoon niet meer tot zwijgen te brengen, ook al zijn de oorspronkelijke redenaars allang door de inquisitie of een ongeduldige landheer beroofd van hun pen, hun tong of hun onsterfelijke ziel.

Met nieuwe technieken kwamen onvermijdelijk nieuwe ideeën en ketterse redevoeringen op, die in gedrukte vorm blijvender en subversiever waren dan opmerkingen onder vrienden. De discussie op het hele continent, die begonnen was als confrontatie van theologische standpunten en de morele rechtvaardiging van systemisch geweld, ontwikkelde een dynamiek die haar losweekte van de theologie en die algemene vragen stelde. Daarmee trok zij de macht van de machtigen in twijfel en werd zo de verklaarde vijand. Nieuwe theologen, filosofen, historici en kunstenaars werden opgeleid om die gevaarlijke vragen in de enig juiste zin te beantwoorden, en ook zij en hun leerlingen waren niet immuun voor de absurditeit van hun opdracht en voor hun eigen kritische instinct, en zo begon het spel van voren af aan. De legitimiteit van de kerk brokkelde ook door de ijver van haar vurigste verdedigers af.

Veel van die intellectuele creativiteit en talloze rijkdommen werden geïnvesteerd in de absurde aristocratische obsessie voor militaire poses en roemvolle overwinningen; maar ook de inzichten die het fundament van de moderne wetenschap werden en veel van de kunstwerken die nu nog bewonderd worden, zouden zonder die bezetenheid voor dodelijke oorlogstechnieken ondenkbaar zijn geweest. Dat hielp de boeren niet die door langskomende troepen verkracht, overal van beroofd en aan de hongerdood overgeleverd werden, maar het versnelde de technische veranderingen.

Tegenover de oorlog en het voortdurende geweld staat de noodzaak van een christelijke samenleving om zichzelf en haar belangen als deugdzaam en godgevallig te begrijpen. De rechtvaardigers, de mooipraters, de grondleggers en culturele etalagedecorateurs van de Europese samenlevingen vervulden een essentiële rol in maatschappijen waarin geweld principieel een moreel vraagstuk geworden was en tegelijkertijd deel van de dagelijkse ervaring. Zo werden geweld en onderdrukking in dienst van de morele rechtvaardiging verheven tot het enig correcte en godgevallige handelen en denken, een adembenemende institutionalisering van de huichelarij, die zijn weerga niet kent.

Monsieur Grat en zijn heer

Heeft hij van hem gehouden? Als we tijdgenoten mogen geloven, dan waren monsieur Descartes en monsieur Grat onafscheidelijk en brachten ze samen lange uren door – en hele nachten in de veel te warme kamer van de filosoof.

'Meneer Kratz', de naam verraadt het al, was geen menselijke kameraad. Hij begeleidde zijn vriend op vier poten, want het was een hond, wiens baasje een bijzondere relatie met dieren had. Descartes interesseerde zich levendig voor dieren, zij het niet altijd op zijn allervriendelijkst. De naam van zijn hond is al een aanwijzing dat hij vooral geïnteresseerd was in reflexen en onwillekeurige handelingen en die ook zelf onderzocht. In een van zijn werken beschrijft hij de vivisectie van een hondenhart, dat hij tussen zijn vingers voelt kloppen, en in een ander werk legt hij uit hoe je honden door slaag kunt conditioneren vioolspel te haten (alsof dat niet ook op de speler aankomt).

In zijn hoofdwerk motiveerde René Descartes (1596-1650) zijn onverschillige wreedheid. Dieren, zo schrijft hij, zijn niet alleen dom, ze hebben ook geen geest, geen ziel, niets wat gezien kan worden als een zelf met gevoelens. Het was veeleer duidelijk 'dat ze geen geest hebben en alleen de natuur in hen handelt naar de dispositie van hun organen. Je ziet immers ook dat een uurwerk, dat alleen uit radertjes en veren bestaat, beter dan wij met al onze wijsheid de uren kan tellen en de tijd meten.'[45]

Het maakte geen verschil, aldus Descartes, of je uit anatomische belangstelling het hart van een levend dier in handen houdt of dat je op een grashalm trapt. Ze voelen beide niets, ze volgen alleen het dictaat van hun constructie. Dieren waren dingen, geen wezens met gevoel, ook al toverden de opwellingen van hun organen zoiets als een individu voor. Het waren goede automaten, meer niet.

Descartes markeert een interessant punt in de ontwikkeling van de onderwerping van de natuur als verlicht dogma, het punt namelijk waarop de propagandist alle evidentie achter zich laat om te verhinderen dat de waarneembare werkelijkheid de verhevenheid van het dogma aantast. Het is niet erg plausibel aan te nemen dat Descartes als man die veel tijd met zijn hond doorbracht in monsieur Grat geen persoonlijkheid zag, geen empathie, geen eigen wil, geen herinnering en geen emotie. Maar als filosoof verdedigde hij zijn positie dat een dier enkel *res extensa* was, uitgebreide substantie, in tegenstelling tot de *res cogitans*, denkende substantie, waaruit God en de engelen waren gemaakt en waaraan alleen de mens door zijn ziel, die ook niet uit uitgestrekte substantie bestond, kon deelnemen.

Die leer van de twee substanties draagt niet alleen een echo van Gilgamesj met zich mee, die voor twee derde god en voor een derde mens was, maar vooral ook van Plato's wereld der ideeën, van de eigenlijke waarheid, die door de wereld van de waarnemingen slechts onvolmaakt wordt afgebeeld.

In de zeventiende eeuw kon die theorie in het verloop van een filosofisch debat, dat steeds meer onder de indruk van wetenschappelijke successen gevoerd werd en waarin zelfs in steeds sterkere mate analytisch en empirisch werd geargumenteerd, helpen een van de grootste filosofische problemen van die tijd op te lossen: hoe kan de onsterfelijke ziel in overeenstemming gebracht worden met de natuurwetenschap? Achter die vraag gaat een tweede schuil, te verschrikkelijk om direct in de ogen te kijken: hoe passen de wetenschap en de geopenbaarde waarheid van God bij elkaar?

Terwijl de wereldlijke macht van de kerk in het zenith stond, was ze theologisch allang in de verdediging gedrongen. De reformatie had een diepe bres in haar geloofsleer en autoriteit geslagen; de renaissance had de mogelijkheid van een moreel denkende cultuur zonder christendom gevierd; de ontdekking van nieuwe continenten toonde een wereld waarover in de Bijbel niets te lezen stond, en toonde andere culturen en religies waarover diezelfde Bijbel niets wist; de boekhandel schreeuwde dagelijks nieuwe ketterijen en onaangename waarheden de wereld in, en steeds meer geleerden traden naar voren met theorieën over de natuur waarin God niet voorkwam en waarop de catechismus geen antwoord had.

Al die ontwikkelingen konden met veel moeite onder controle gehouden worden. Theologen en kunstenaars werkten in het kader van de contrareformatie binnen de katholieke kerk koortsachtig aan een nieuwe, meer individualistische en imposantere representatie van het geloof, de esthetiek van de renaissance werd in de architectuur van de kerken overgenomen, de zogenaamde Nieuwe Wereld werd een missiegebied, boeken werden in beslag genomen en verbrand, de vingers van drukkers werden gebroken en ook geleerden konden geïntimideerd en geëlimineerd worden, of met een genereus aanbod voor de goede zaak worden gewonnen. Overal kon de ketterij teruggedrongen worden en konden landen en zielen worden teruggewonnen, maar dat kostte allemaal kracht en het kon de zachte stem van de twijfel, die zoveel tijdgenoten steeds nieuwe vragen influisterde, niet tot zwijgen brengen.

Laten we terugkeren naar monsieur Grat, die door zijn baas tegen alle evidentie in beschreven werd als enkel een automaat. Zijn argumenten over de twee substanties, de *res extensa* en de *res cogitans*, moesten met filosofische middelen een theologische twijfel uit de weg ruimen, namelijk enerzijds hoe het bestaan van God met een materiële wereld in overeenstemming te brengen is en hoe die beide verbonden zijn, en anderzijds hoe het gerechtvaardigd kan worden dat mensen met andere schepsels omgaan op de manier waarop ze dat doen.

Dat wellicht verrassende morele bezwaar blijkt overduidelijk uit een brief van Descartes aan de in Cambridge docerende filosoof Henry More, waarin hij zijn leer van de twee substanties verdedigt. More had zich met een diepgaand gewetensconflict tot hem gewend, want hij zag een tegenstelling tussen het imposante systeem van Descartes en zijn eigen waarneming: 'In dit opzicht bewonder ik niet zozeer de indringende kracht van uw genie als wel dat ik voor het lot van de dieren sidder. Wat ik in u herken, is niet de subtiliteit van uw gedachte, maar een harde en onbarmhartige logica, waarmee u zich wapent, als met een stalen zwaard, om met één klap leven en gevoel uit bijna het hele dierenrijk te verwijderen.'[46]

Descartes liet zich niet ontroeren door zoveel sentimentaliteit. Alleen het intelligente gebruik van taal zag hij als bewijs voor een ziel, en dat konden dieren niet leveren. Strikt genomen kon alleen maar niet bewezen worden dat dieren een ziel hebben, wat geen bewijs is dat ze er geen hebben. Descartes wist dat die toegeving zijn positie verzwakte; *absence of proof is not proof of absence* heeft More misschien gedacht. Descartes voegde daarom aan zijn argument een ander toe: 'Mijn visie is niet zozeer wreed jegens dieren als wel beleefd jegens mensen: ze spreekt hen vrij van de verdenking van een misdrijf, zodra ze dieren doden of eten.'

Was dat standpunt het resultaat van een rationele analyse? Misschien niet alleen, gaf de Fransman toe, maar het was goed voor de samenleving:

Ik verspil ook niet mijn kunde aan de scherpzinnigheid van honden en vossen, noch aan andere argumenten die omwille van voedsel, uit lust of uit angst voor wilde beesten naar voren worden gebracht. Want ik geef toe dat ik al die dingen makkelijk kan verklaren, omdat ze alleen op de gelijkvormigheid van het algemene denken berusten.[47]

De Franse meester-denker gaf toe dat het menselijk verstand in de harten van de dieren doordringt en dat alle waarneming 'van jongs af aan' aanleiding geeft te denken dat dieren, die gebouwd zijn als mensen, ook eender voelen, maar hij ziet nog sterkere tegenargumenten, want anders zouden 'wormen en muggen' ook een ziel moeten hebben.

Descartes argumenteert in die brief als het ware in afkortingen, onder collega's. Waarom verspilde hij zijn kunde niet aan de scherpzinnigheid van dieren? Omdat er alle mogelijke argumenten over het innerlijk leven van dieren bestaan die meestal gemotiveerd zijn door doorzichtige belangen: omwille van het voedsel en het eigen genot is het niet aangenaam dieren een ziel toe te schrijven. Door de honger en de angst voor de wilde natuur zijn mensen wreed tegen dieren. Mensen dichten dieren eigenschappen toe die menselijke belangen en gedragswijzen weerspiegelen. De gelijkvormigheid van het algemene denken geeft die vooroordelen legitimiteit. Het zou te verwarrend worden als de scherpzinnigheid van wilde vossen en tamme honden en de moederlijke gevoelens van koeien en varkens of de angst van paarden voor de slachtbank in het vizier van de filosofie zouden komen. Het is beter over bepaalde vragen niet te diep na te denken.

Misschien speelde er in die verdediging ook een bepaalde ijdelheid mee, want Descartes wilde de aantrekkelijke zuiverheid van zijn theorie niet laten bederven. Hij was er trots op dat hij een waarlijk historische prestatie verricht had, een geniale zet, die een Plato of Aristoteles waardig zou zijn geweest. Zijn systeem, zo beweerde hij zelfbewust, had de wereld der dingen en het bestaan van God een rationele basis gegeven, zonder obscure mythen of walmende wierook. Hij had alleen via het verstand bewezen dat God bestaat, dat hij goed is, dat hij de wereld geschapen heeft, dat de mens de wereld waarneemt zoals ze is, en de waarheid ervan met het verstand kan ontsleutelen, en dat alleen de mens met een ziel is uitgerust, die hem met God verbindt. Hij had de wereld door het verstand – zijn verstand – een nieuw fundament gegeven, hoelang monsieur Grat en Henry More zich ook zouden krabben.

Niet alle filosofen deelden de zienswijze van Descartes over zichzelf of zijn godsbewijs. Dat was niet alleen circulair, maar al sinds de middeleeuwen weerlegd, merkten zijn collega's op, en ook in zijn kennisleer zaten aanzienlijke hiaten. Maar ondanks die intellectuele tegenargumenten bleek de theorie van Descartes in de geschiedenis enorm invloedrijk – waarschijnlijk ook omdat ze vrede bracht tussen de theologie en de nieuw oprukkende wetenschappen. Van nu af aan kon de theologie zich om de immateriële zielen bekommeren en de wetenschap genoegen nemen met de uitgebreide materie, een duidelijke machtsdeling die in het langzame achterhoedegevecht van de theologie uit de verklaring van de wereld althans nog een heuveltje kon behouden.

Uit de goed geformuleerde Latijnse zinnen van Descartes spreekt een zekere agressie, een greep naar de macht. De natuur als dood en mechanisch object leek eindelijk bereid om door het verstand veroverd en in bezit genomen te worden. Twee generaties eerder had een andere Fransman, Michel de Montaigne (1533-1592), nog heel anders over zijn huisdier gedacht. Wat van Montaigne een filosofische avonturier maakt, is zijn bereidheid zijn observaties en de logica ervan consequent door te denken, juist als de resultaten hem verontrusten en verrassen. In het geval van zijn kat bracht hem dat tot een beroemde vraag: 'Als ik met mijn kat speel, vermaakt ze zich misschien wel meer met mij dan ik met haar.'

Steeds weer proberen mensen duidelijke parallellen tussen mensen en dieren te trekken, schrijft Montaigne, maar: 'Verwatenheid is een erfelijke, ons aangeboren kwaal. De mens is het armzaligste, meest kwetsbare van alle schepselen. [...] maar in zijn verbeelding verheft hij zich boven de maan en ligt de hemel aan zijn voeten.'[48]

Het zijn de mensen die zich eigenschappen toedichten, schrijft Montaigne, goddelijke eigenschappen die hen van anderen onderscheiden en hen over die anderen laten beschikken, omdat zij ze voor dom en willoos houden:

Hoe kan hij, met zíjn verstandelijke vermogens, de innerlijke, verborgen beweegredenen der dieren kennen? Uit welke vergelijking tussen hen en hemzelf leidt hij af dat ze dom zijn? [...] En waarom zou het niet net zozeer aan ons liggen als aan de dieren dat wij niet met hen kunnen communiceren? De vraag wiens fout het is dat wij elkaar niet verstaan valt niet op te lossen, want wij begrijpen hen al evenmin als zij ons. Zij kunnen ons daarom net zo goed voor dom houden als wij hen.

Alleen al goed kijken op een boerderij kan een mens leren dat dieren intelligent zijn, complexe emoties vertonen, elkaar kunnen misleiden en troosten en begrijpen. Hun vaardigheden en hun organisatie komen voor een belangrijk deel overeen met die van mensen: 'Is er ook maar één samenleving die beter en duurzamer is georganiseerd, met meer uiteenlopende taken en functies, dan die van de bijen?' Maar in plaats van hun verwantschap te bewonderen en van hen te leren, achten de mensen zich superieur, en hij voegt er droog aan toe: 'Zo brengt hun animale domheid het er dus in alle opzichten beter af dan onze goddelijke intelligentie!'

Het zijn menselijke domheden en begeerte om van de dieren letterlijk slaven te maken, zoals ze ook andere mensen als slaven misbruiken en zichzelf superieur wanen. Maar het probleem met dit soort superioriteit is dat het alle denken in een logica van de onderwerping dwingt. Hoe zou je anders kunnen verklaren dat mensen zich omwille van een idee vrijwillig in slavernij begeven en zelfs vrijwillig de dood in gaan? Mensen gedragen zich uiteindelijk niet rationeler dan dieren, want: 'Wij staan boven noch onder de overige schepselen. Allen onder de zon, zegt de Prediker, zijn onderworpen aan een en dezelfde wet, aan een en hetzelfde lot.'

'Als ik maar eens zijn geest zou kunnen schilderen'

Het goede observatievermogen van Montaigne en de moed zijn gedachten de vrije loop te laten, ook als die ingaan tegen de conventies van de tijd en de dogma's van het geloof, heeft van hem een persoonlijke vriend van veel generaties lezende en denkende mensen gemaakt, die juist die vrijheid bewonderden en bewonderen. Maar voor het steeds duidelijker project van de onderwerping van de aarde was dat denken onbruikbaar. Het was ook niet nodig, want zijn tijdgenoot Francis Bacon (1561-1626), zelf een vurig, zij het kennelijk niet volledig overtuigde lezer van de beroemde *Essais*, ontwikkelde er de theoretische grondslagen van.

Bacon was een van de kleurrijkste figuren uit de Britse geschiedenis, een carrièrepoliticus en intrigant, een bijzitter bij heksenprocessen en Lord Chancellor van de kroon, maar ook een wetenschapper en filosoof en een fantastische stilist, wiens geschriften nog lang na zijn dood een enorme invloed zouden hebben. In latere discussies werd hij vaak bestempeld tot schoolvoorbeeld van de mentaliteit van de westerse uitbuiting en de gedienstige ratio, maar de waarheid is, zoals zo vaak, gecompliceerder en interessanter dan de emoji.

Bacon wordt steeds weer aangehaald met zijn pakkende motto 'knowledge is power', vaak met de toevoeging dat je de natuur 'op de pijnbank' moest leggen om haar haar geheimen te ontfutselen. Het eerste citaat is correct, ook al klinkt het in de context anders. Het tweede is verzonnen. Maar Bacon schreef wel in zijn *Novum Organum*: 'De mens, als dienaar en interpreet van de natuur, doet en begrijpt precies zo veel als hij aan de hand van zaken of door zijn geest van de orde der natuur heeft waargenomen. Meer weet hij niet en kan hij niet.'49

Als kind werd Bacon, zoon uit een ontwikkeld gezin met een flink net-werk, al beschouwd als buitengewoon briljant. Van jongs af aan ziekelijk kreeg hij thuis onderwijs, voordat hij op twaalfjarige leeftijd in Cam-bridge ging studeren – wat in die tijd, toen de universiteit in de eerste plaats een bewaarschool voor pubers uit gegoede families was, overigens niet per se betekende dat iemand intellectuele kwaliteiten had. Maar Ba-con was voor een leven van wetenschapper in de wieg gelegd – decennia vóór de wetenschap (mede door toedoen van hem) als methode en als academische discipline werd uitgevonden. Toen hij achttien was, maakte de beroemde miniatuurschilder Nicholas Hilliard een portret van hem. De jongeman kijkt met een onverstoorbaar zelfvertrouwen recht in het oog van de schilder. Zijn mond is gesloten, de ogen zijn alert en een beetje arrogant, zijn haar is wat verwilderd, zoals het een jongeling be-taamt, temeer daar het iemand is om wiens hals een witte plooikraag zit. Dit is een doortastende geest, iemand die het ver zal brengen. In gouden letters staat er een inscriptie om zijn hoofd heen: *Si tabula daretur digna animum mallem* – Als ik maar eens zijn geest zou kunnen schilderen. Het is niet bekend of de zin van de schilder of van de geschilderde afkomstig is.

Bacons carrière als advocaat, parlementsafgevaardigde, hoveling en professioneel politicus is stof voor historische drama's. Ze omvatte moord-complotten, spectaculaire rechtszaken en hoge politieke functies, en cul-mineerde in zijn veroordeling wegens corruptie en zijn vertrek uit het politieke leven, dat hem eindelijk de tijd gaf zich weer aan zijn weten-schappelijke en literaire activiteiten te wijden.

Bacons geschriften tonen hem als een man die tussen twee intellec-tuele culturen en twee tijden in stond. Als jongen in Cambridge was hij volgens het middeleeuwse curriculum opgevoed, en als volwassene nam hij deel aan heksenprocessen. Maar hij was ook een van de meest vooruitziende critici van zijn tijd en formuleerde principes omtrent het wetenschappelijk denken en handelen die eeuwenlang zijn bekritiseerd maar nooit zijn vervangen.

De jurist en politicus Bacon dacht productief in gesprekken of in de correspondentie met anderen, onder wie de Italiaanse filosoof Bernar-dino Telesio (1509-1588), die in zijn werk *De rerum natura iuxta propria principia* (Over het wezen van de natuur volgens haar eigen principes, 1565) een revolutionaire theorie over de natuur voorgesteld had, waarvan de titel niet zomaar refereerde aan *De rerum natura*, het meesterwerk van de Romeinse dichter Lucretius. Telesio beweerde dat de natuurlijke wereld niet kon worden begrepen met behulp van de Bijbel of de theorieën van Aristoteles, maar dat alles wat er in de natuur gebeurde alleen vanuit zichzelf te begrijpen was, uit een onbevooroordeelde observatie. De wereld had genoeg geleden onder ongegronde filosofische speculaties.

Die observatie, schreef de Italiaan, had hem ervan overtuigd dat er in de natuur slechts twee principes werkzaam waren: warmte en materie. De actieve, levendige warmte kwam van de zon, de materie van de koude en levenloze aarde, en alle verandering ontstond uit uitbreiding en samentrekking, verwarming en afkoeling, opwinding en kalmering. Niet alleen de levende wezens, maar alle dingen in de natuur voelen of ze warmte of kou behoeven om zich te kunnen ontplooien, alle elementen van de natuur zijn tot waarnemingen in staat en handelen volgens hun specifieke wetten. De wetten begrijpen betekent de natuur zelf ontsleutelen. Maar die natuur openbaart zich als een soort levend wezen, dat in het spel tussen hitte en kou, aarde en zon ademt, groeit en sterft, en zich naar zijn eigen wetten steeds weer aanpast en verandert.

Telesio's nogal eenvoudig opgezette theorie van de natuur tussen materie en warmte bevat duidelijke ontleningen aan de klassieke leer van de twee substanties en het theologische idee van een passieve koude aarde. In dat opzicht is ze niet bijster origineel. Maar zijn methode was even riskant als revolutionair: ze verklaarde de natuur uitsluitend vanuit zichzelf en had geen band met God van node. De natuur zelf was meer dan een leeg oord dat erop wachtte met zin en activiteit gevuld te worden door mensen. Het was een organisme, doordrongen van een soort bewustzijn, vol creatieve verandering, en ze gehoorzaamde alleen aan zichzelf. De Italiaan haalde ook de mens van zijn sokkel – opnieuw op grond van zijn (zeer mannelijke) zienswijze:

We zien dat mensen uit dezelfde dingen gevormd zijn als andere dieren, en dat ze dezelfde vaardigheden en organen voor voeding en

voortplanting hebben en dat ze zeer op elkaar lijkend sperma produceren en dat ze op dezelfde wijze en met hetzelfde genot ejaculeren
[...] en daarna moe worden en dat dezelfde dingen in beide gevallen
uit het zaad gevormd worden, namelijk hetzelfde systeem van zenu-
wen en membranen. En het is dezelfde geest waardoor alle levende
wezens waarnemen en zich op dezelfde manier kunnen bewegen, volgens dezelfde aanleg.[50]

Tegenwoordig kunnen we ons nog maar moeilijk voorstellen wat voor
dreun het voor de lezers geweest moet zijn zulke regels te lezen. Ze betekenden niets minder dan het eind van de wereld, of in elk geval van *een*
wereld. De nieuwe orde waar Telesio van droomde, kende geen God –
ook al voegde de filosoof hem tegen het eind van het boek nog halfhartig
toe, als betrof het een onsympathiek familielid dat bij een feestje uitge-
nodigd is. Zo'n geste werd opgevat als wat ze was, namelijk als wens van
de auteur niet in de gevangenis te komen. Lezers die van wanten wisten
lazen in die tijd principieel tussen de regels door. In die materiële wereld
was er eigenlijk geen plaats voor God, voor mythen, voor wonderen en
occulte krachten, ook al was de wereld zelf een wonder waarvan de mens
als klein deel en als dier onder dieren nog niet eens het begin van had
begrepen en doorgrond.

Ook Francis Bacon was gefascineerd door de intellectuele waaghalzerij van de Italiaanse geleerde, die de aarde als een soort organisme beschreef dat zich op eigen kracht scheppend ontwikkelde. De huidige natuurkundigen, 'de mechanicus, de wiskundige, de arts, de alchimist en
de magiër' werkten slechts met 'zwakke middelen en gering succes', want
zo schreef de Brit geheel in de geest van Telesio: 'De verfijning van de
natuur overtreft in hoge mate de verfijning van onze zinnen en ons verstand. De fraaie overwegingen, speculaties en verklaringen van de mens
zijn niets dan ongezonde onzin, maar er is niemand die het merkt.'
De situatie van de eigenlijke, betrouwbare kennis van de wereld was
dramatisch, schreef de Lord Chancellor, want ook in de grote bibliotheken zal een nieuwsgierige bezoeker ontdekken 'dat de herhalingen geen
einde nemen, en de mensen steeds hetzelfde zeggen en doen, dus zijn
bewondering voor die afwisseling zal veranderen in verbazing over de

poverheid en futiliteit van wat het verstand tot nu toe heeft geboeid en beziggehouden'.

Het probleem van het wetenschappelijk onderzoek was gemakkelijk te begrijpen: te veel speculatieve filosofie, te veel overschrijven van oude autoriteiten en te weinig experimenteel bewezen kennis. Daarbij stond de taal met de onnauwkeurigheden van haar waarneming ook nog eens in de weg en maakte het onmogelijk de dingen onbevooroordeeld te zien:

> Het syllogisme bestaat uit zinnen; zinnen uit woorden, en woorden zijn de tekens van begrippen. Wanneer derhalve de begrippen zelf (die de grondslag van de zaak zijn) troebel zijn en lukraak afgeleid van de dingen, ontbeert alles wat erop gebouwd wordt stevigheid. De enige hoop is gevestigd op ware inductie.

Bacon ontwikkelde een vroege cultuursociologie, toen hij over de afgodsbeelden van de stam, de grot, de markt en het theater die het menselijk denken vervormen schreef:

> De afgodsbeelden en valse begrippen die al bezit genomen hebben van de menselijke geest en stevig in hem verworteld zijn, houden de geest niet alleen zo bezet dat de waarheid maar moeilijk toegang vindt, maar dat zelfs wanneer deze toegang verleend en toegestaan is, ze bij de vernieuwing van de wetenschappen steeds terugkeren en hinderen, zolang je daar geen rekening mee houdt en ze zo mogelijk veilig opbergt.

Die afgodsbeelden van de geest komen erg in de buurt van wat hier beschreven wordt als collectief verhaal of collectieve waan: een gedeelde en in de praktijk omgezette voorstelling van de wereld en onze plek daarin, die zo sterk wordt dat de neiging toeneemt de werkelijkheid op het verhaal toe te snijden. Dat komt ook doordat de waarneming van de mens zelf niet objectief is: 'Veeleer vinden alle opvattingen van de zintuigen en het verstand volgens de natuur van de mensen plaats, niet volgens de natuur van het heelal. Het menselijk verstand lijkt op een spiegel met een oneffen oppervlak voor de stralen van de dingen, een spiegel die zijn natuur met laatstgenoemde vermengt, hen misvormt en vervuilt.'

Wat tegenwoordig in de psychologie onder de benaming cognitieve vooroordelen een wetenschapsgebied geworden is dat Nobelprijswaardig is, werd door Bacon al scherpzinnig beschreven:

> Het menselijk verstand betrekt bij wat hij eenmaal als waar aangenomen heeft omdat het van oudsher geldt en geloofd wordt of omdat het bevalt, ook al het andere erbij om het te steunen en het ermee in overeenstemming te brengen. En ook al is de betekenis en het aantal van de ertegen ingebrachte gevallen groter, de geest bemerkt ze niet of let er verder niet op of hij ruimt ze uit de weg en verwerpt ze tot zijn grote schade en schande door nuanceringen, alleen maar met de bedoeling het aanzien van die oude foute verbindingen overeind te kunnen blijven houden.

Bacons seismografische intelligentie registreerde dat er een nieuwe tijd aanbrak waarin veel principieel anders zou worden, maar dat zijn tijdgenoten de grootste moeite hadden zich echt iets nieuws voor te stellen, dat 'niet in de bekende beken stroomt'.

Als een vindingrijke geest alleen het effect van een kanon vóór de uitvinding van het zware buskruit had beschreven, namelijk als een wapen dat over grote afstanden muren kan verwoesten, hadden de experts vanuit hun ervaring gedacht aan langere stormrammen en sterkere steenslingers en ze zouden het mis hebben, 'maar niemand zou zelfs in zijn fantasie gedacht hebben aan een vurige rook, die zich plotseling en met geweld uitbreidt en opblaast; veeleer zou hij zoiets geheel van de hand wijzen, omdat hij er nooit een voorbeeld van heeft gezien, en omdat aardbevingen en bliksems door de omvang van die natuurverschijnselen niet door mensen nagedaan kunnen worden'.

De subtiliteit van Bacons denken over de natuur kan niet gereduceerd worden tot de formulering 'scientia potestas est', ook al heeft hij die gemunt. Hij begreep dat hij in een periode van radicale veranderingen leefde en dat de intellectuele bagage in de hoofden van zijn tijdgenoten daarvoor niet toereikend was. Mensen zijn traag van geest, denken hun waarheden liever van tevoren uit, klampen zich aan absurde overleveringen vast en werken met verkeerde en veel te grove begrippen. Bacons eigen ambitie ging verder, want hij wilde niet alleen een dienaar van de natuur zijn, hij wilde haar ook leren beheersen door haar, net als Telesio, van binnenuit te leren begrijpen.

Om de natuur haar geheimen te ontfutselen heeft Bacon weliswaar nooit geëist haar op de pijnbank te leggen, maar hij kwam er wel in de buurt toen hij postuleerde dat de interpretatie van de natuur moest uitgaan van een *inquisitio legitima*, een behoorlijk onderzoek.[51] Als bijzitter en rechter in processen tegen mensen die waren aangeklaagd wegens hekserij, heimelijk katholicisme en hoogverraad, wist de jurist heel goed waar hij het over had. Dat proces was kennelijk antagonistisch, bepaald door dwang en dreiging met kwellingen. De geest moet 'in de natuur binnendringen', schreef Bacon, om haar functioneren als automaat te begrijpen.

In tegenstelling tot Telesio zag Bacon in de natuur geen organisme dat met een soort bewustzijn uitgerust is en waarvan de afzonderlijke elementen (inclusief mensen) voortdurend in contact met elkaar handelen. Ook Bacons natuur was dynamisch en vol raadselachtige mechanismen, inclusief de 'verschillende manieren van strijd en [...] [van de] verandering van de ene in de andere' – hij dacht dus al aan een vorm van evolutie – maar in zijn geschriften bestaat er toch een behoorlijke afstand tussen de mens en zijn object, waarvan hij de geheimen vastberaden en desnoods met geweld zal binnendringen.

Toch is het opmerkelijk hoe verschillend Europese schrijvers nog rond 1600 over de natuur dachten. Telesio en Montaigne beschreven met adembenemende vanzelfsprekendheid de natuur als een netwerk van verandering, wederzijdse afhankelijkheid, verschillende gelijkwaardige perspectieven en zelfs diverse soorten bewustzijn, waarin de mens zich ten onrechte een bijzondere plek aanmatigt. Francis Bacon noemde zich een dienaar van de natuur, zoals hij zich misschien ook als een dienaar van de wet zag, namelijk als een actieve rechercheur in onopgehelderde vraagstukken, wiens bewondering hem er niet van weerhield rabiate methoden aan te wenden. Descartes gaf in persoonlijke brieven ten slotte weliswaar toe dat zijn beeld van de natuur ook de mening en de belangen van de grote massa steunde, maar hij verdedigde het in zijn boeken tot aan de laatste druppel inkt: alleen de mens heeft een ziel, de rest van de natuur bestaat uit gevoelloze automaten, uit materie, die de mensen ertoe moet dienen dankzij zijn verstand zijn goddelijke opdracht te vervullen door haar te beheersen. *Koest, monsieur Grat!*

De canon en de antichrist

Binnen die bandbreedte van perspectieven (er waren er nog meer) werden alle vier auteurs in de loop van de zeventiende eeuw veel gelezen, vaak herdrukt en in diverse talen vertaald. Maar twee van hen – Montaigne en Telesio – werden op zeker moment als literatoren of als wetenschappelijk eenzelvige excentriekelingen meer door liefhebbers en historici geraadpleegd. De twee anderen werden weldra het centrum van discussies, beïnvloedden generaties wetenschappers en filosofen en werden dienovereenkomstig ook als intellectuele *founding fathers* van een nieuw tijdperk gehuldigd, in de canon van belangrijke werken opgenomen, door historici voor het voetlicht gehaald en op scholen en universiteiten gedoceerd.

Tot in de negentiende eeuw had die canon een lege plek, een gapende kloof in de geschiedenis van het denken, een naam uit de volgende generatie die niet of slechts vergezeld van banvloeken genoemd mocht worden: Baruch de Spinoza (1632-1677). Het werk van de joods-Nederlandse auteur en lenzenslijper werd lange tijd als scandaleus beschouwd, te subversief om vaak geciteerd en bediscussieerd te worden, en terwijl zijn bewonderaars hem als een soort filosofische messias eerden, verweten zijn vele vijanden hem dat hij onschuldige geesten in de vlammende muil van het atheïsme stortte. Sommige commentatoren beweerden zelfs dat hij de antichrist in eigen persoon was.

De beschuldiging ontbeert niet een zekere ironie, want Spinoza beweerde over zichzelf dat hij niets anders deed dan het bestaan van God, zijn almacht en goedheid en volmaaktheid met wiskundige precisie bewijzen en zo volgens strikt logische criteria geldige principes voor een leven volgens de goddelijke ratio formuleren. Het venijn zat weer eens in de details.

Spinoza was in een Portugees-joodse handelaarsfamilie in Amsterdam opgegroeid en had er een jesjiva bezocht, waar de leerlingen in de Talmoed en de Bijbelexegese werden onderwezen. Maar zijn alerte geest streefde naar verdere horizonten. Hij leerde Latijn, raakte in kringen van vrijdenkers en dissidenten verzeild en werd ten slotte vanwege zijn ketterse ideeën uit de joodse gemeente gestoten en in de ban gedaan: geen enkel lid van de gemeente en van zijn familie mocht voortaan met hem contact hebben of met hem praten.

Spinoza verliet zijn geboortestad en voorzag in zijn levensonderhoud met de bouw van optische instrumenten en het slijpen van lenzen. Volgens zijn weinige, maar hem toegenegen vrienden leefde hij eenvoudig en bijna als een monnik en hij werkte aan filosofische teksten. Als een van de zeldzame deelnemers aan de discussie waarvan de geografische en intellectuele perspectieven zich radicaal verruimden, was Baruch de Spinoza in de discursieve methode van zowel de joodse als de Latijns-christelijke traditie onderlegd. Dat gaf hem de mogelijkheid elk van die twee tradities vanuit het perspectief van de andere te bekijken en ze met argumenten vanuit een onverwacht standpunt op losse schroeven te zetten.

Om over God te spreken moest Spinoza eerst over de natuur spreken, want God was alomtegenwoordig, volmaakt en almachtig, de wereld was zonder hem niet denkbaar, hij was de ongegronde grond en de substantie van al het bestaande. God is dus in alles en er is niets buiten hem. Wat tot zover de meest orthodoxe theoloog of censor nog kon overtuigen, leidde vervolgens tot een gevaarlijke omgekeerde conclusie. Als God in alles is, als zijn perfecte wil de wereld zo gemaakt heeft als ze is en zelf niet veranderen kan, dan is hijzelf niet alleen immanent in alle dingen, hij is ook als idee niet meer noodzakelijk. God is de materie en de natuurwetten, de wereld bestaat in Spinoza's eigen legendarische formulering uit *deus sive natura*, God of de natuur, twee uitwisselbare woorden.

Het kraakte allang in het theologische gebinte, maar met de volgende stappen stortte alles in, omwolkt door het stof van eeuwen. God is volmaakt en goed en de wereld is goddelijke substantie, dat wil zeggen dat de wereld volmaakt is en goed en volgens haar onveranderbare wetten beweegt zonder een ander doel te volgen dan aan zijn eigen orde te gehoorzamen. Maar dat betekent ook dat de geschiedenis noch het menselijk leven noch de natuur zelf naar iets anders dan zichzelf verwijst. Dat, schrijft Spinoza met de berusting van de ervaring, is voor veel geesten te veel. Zij geven er de voorkeur aan zich te verschansen in gemakkelijke vooroordelen die hun leven draaglijk maken, ook al bestaan ze uit misleiding, bijvoorbeeld:

> [...] dat de mensen gewoonlijk veronderstellen dat alle natuurlijke dingen net als zijzelf met een doel handelen, ja zelfs met zekerheid beweren dat God zelf alles naar een doel leidt (ze zeggen immers dat God alles omwille van de mens heeft gemaakt, en de mensen om hem te vereren [...][52]

Mensen projecteren hardnekkig hun eigen ambities en hun eigen sociale orde in de hemel, zoals Spinoza in enkele zinnen uitlegt. Uit die zinnen spreekt misschien eigen leed, maar zeker een treurig inzicht in de menselijke zwakte dat steeds weer de gemakkelijke illusie wordt verkozen boven de ongemakkelijke waarheid. Zelden is kritiek op de religie in zo weinig woorden zo helder geweest.

Mensen leven zonder kennis van de ware oorzaken van de dingen en menen vrij te zijn, 'omdat ze zich bewust zijn van hun eigen wilsbesluiten en streven; en dat ze zelfs in hun dromen niet nadenken over de oorzaken waardoor ze worden bestemd om te streven en te willen, omdat ze die niet kennen'. Mensen handelen doelgericht om hun instincten te bevredigen, en ze zien daarom uitsluitend doel en nut in de natuur. Maar omdat ze zelf in de natuur geboren zijn en haar als iets buiten zichzelf ervaren, gaan ze ervan uit dat een ander, een god, de natuur tot hun nut moet hebben geschapen, als spirituele onderhandelingsmassa, want de mens is zijn goden als tegenprestatie verering verschuldigd:

> En zo is dit vooroordeel in een bijgeloof veranderd en heeft het diep wortel geschoten in de geesten. Dat had tot gevolg dat iedereen zijn uiterste best deed de doeloorzaken van alle dingen te begrijpen en uit te leggen. Maar terwijl ze probeerden aan te tonen dat de natuur niets tevergeefs deed (dat wil zeggen, niets wat het nut van de mens niet

diende), lijkt het erop dat ze alleen maar hebben aangetoond dat de natuur en de goden even gek zijn als de mensen.

De zachtmoedige geleerde bekritiseerde met geen woord de schepper (of de natuur), maar wel duidelijk de menselijke domheid, die in haar narcisme niets anders dan spiegels om zich heen kon zien. Natuurlijk was het een illusie te denken dat de wereld voor het nut van de mensen was geschapen en dat een god zich zou laten omkopen om hun wil uit te voeren, maar de mensen zelf gaven de voorkeur aan die illusie boven de waarheid, omdat ze zich daarin herkenden en zich er gerieflijk bij voelden en omdat ook hun buren zo dachten. Het kostte hun eenvoudig te veel inspanning 'dat hele bouwsel te vernietigen en een nieuw te bedenken'.

Die kritiek raakte de discussies over de ene en ondeelbare waarheid Gods en zijn zegen over de wapens van verschillende legers, de god van de slavenhouders en de koloniale heren, van de wetenschap en de armen midscheeps. Theologen en filosofen beseften dat ze met deze argumentatie op het verkeerde pad geraakten, die onvermijdelijk naar de ondergang moest leiden, en ze verklaarden dat het denken van Spinoza 'het door de duivel zelf geschreven gebroed van de hel' was.

Maar in verband met ons verhaal is het natuurbeeld van Spinoza belangrijker – en minstens even revolutionair als zijn Godsbegrip. Als aandachtig lezer van Montaigne en Bacon, Telesio en Descartes kende hij de natuurmodellen van zijn voorgangers en construeerde een argument dat qua elegantie niet te overtreffen was, alsof Montaigne de hand geleid had waarmee Descartes schreef. De natuur is een eindeloos complex systeem, waarvan de wetten uit onwetendheid en begeerte worden genegeerd en verdraaid. Dat leidt niet alleen tot een waardevermindering van de natuur, die alleen als middel tot het doel wordt gezien, maar ook tot verwarring bij de mensen zelf, die zich aan dezelfde logica onderwerpen en doelen achternalopen die niet verwezenlijkt kunnen worden, in plaats van oorzaken en gevolgen te analyseren en van het verworven begrip van de onontkoombare causaliteit het fundament te maken van hun eigen geluk en hun eigen deugd.

Spinoza sloopte te veel van het bouwwerk van de theologie om het weer op te bouwen. Zijn critici vreesden dat er na het lezen van zijn werken alleen maar ruïnes zouden overblijven, en ze zaten op machtige posities, met als gevolg dat zijn werken enerzijds door de kerk op de index van verboden boeken werden gezet en in diverse landen verboden werden, maar ze anderzijds op een intellectuele zwarte markt als manuscripten, roofdrukken en vertalingen zeer in trek waren of van hand tot hand gingen.[53]

Die heimelijke verspreiding schiep en voedde een kleine, maar zeer levendige stroming van denkers, die naar perspectieven zocht los van de logica van meesters en slaven. Enkelen van hen zullen we nog tegenkomen. Maar hun inspanningen gingen ten onder in de algemene beweging in de richting van het nieuwe evangelie van de wetenschappelijke en rationele natuurbeheersing, dat de motivatie van profeten werd die allemaal geloofden dat ze streefden naar een hemels of niet zo hemels Jeruzalem, ook al hoorden ze onder hun voeten de botten knarsen.

*

De vaststelling van Descartes dat mensen 'heersers en bezitters van de natuur' (*maîtres et possesseurs de la nature*) waren, werd door theologische en verlichte auteurs in ontelbare varianten herhaald.[54] Maar de indrukwekkendste getuigenissen van die mentaliteit vind je niet tussen boekomslagen, maar tussen hoge hekken. De tuin van Versailles (hier in een kopergravure uit 1661) was een perfecte vertaling van de natuurfilosofie van Descartes. Alles wat hier zichtbaar is, is er om de macht van de koning tot uitdrukking te brengen, te symboliseren, te vieren en in scène te zetten. In het centrum staat de god Apollo, die Lodewijk XIV, een uitstekend danser, tijdens balletavonden graag op het toneel van het slot uitbeeldde.

De zichtas is streng verticaal en toont achter de fontein van Apollo de grote vijver, waar naast Venetiaanse gondels (die bestuurd werden door gondeliers die vanuit Venetië waren geïmporteerd) een aantal oorlogsschepen te zien is, dat tot vermaak van de hofhouding ook zeeslagen kon leveren. De bomen eromheen staan in het gelid als een leger van bladeren en stammen, steeds bereid om de vorst te huldigen. Er is geen

9. Adam Perelle, *Fontein van Apollo*, in de tuin van Versailles, kopergravure uit
1661

enkele natuurlijke manifestatie van de natuur geoorloofd. Alles is be-
knot, afgemeten, via leidingen en grachten gepompt en door een leger
hoveniers geharkt, geplant, geplukt, uitgerukt. De bomen, die de tuin
sierden, werden elders in het land uitgegraven en naar Versailles gebracht
(tienduizenden stierven onderweg), de planten werden in kassen gekweekt, en de bloemen werden precies op tijd in geometrische patronen
geplant om te gaan bloeien, want de rationele orde van de menselijke
geest moest over elk detail heersen. De koninklijke macht reikt tot aan
de horizon – maar niet verder. Ook de grens van de absolute heerlijkheid
blijft in zicht.

Paradoxaal genoeg toonde die propagandistische intensiteit dat het
idee van een koning die zijn macht direct van God ontvangen heeft, in
de zeventiende eeuw allang een verklaring behoefde en net zo pompeus
in scène moest worden gezet als de leeuwenjacht van de neo-Assyrische
koningen, die eveneens enorme middelen in de uitbeelding van hun
heerschappij investeerden en misschien ook wel moesten investeren.

De parallel tussen de architectuur van Europese parken en de heersers
van Mesopotamië is niet uit de lucht gegrepen. Ook in het Tweestro-

menland werden tuinen en parken hogelijk op prijs gesteld om de macht van de heersers te tonen, te beginnen bij de hangende tuinen van Babylon (misschien de beroemde tuin van Assurbanipal in Nineveh) tot en met de tuin waarin Inana onder een boom op minnaars wachtte, en het idee van de Pardes, de beschaafde ruimte, die de wildernis door middel van een muur op afstand houdt, die in de Mesopotamische cultuur een belangrijke rol speelde en waarvan ook het Bijbelse paradijs is afgeleid.

Parken en tuinen definieerden het binnen en het buiten, dramatiseerden de kloof, maar ook de verbindingen tussen natuur en cultuur. De *hortus conclusus* van de middeleeuwse kloosters en van de adel was een plek waar de allegorische orde van de schepping verwezenlijkt was, de wil van de schepper zelf, terwijl buiten de wildernis met haar gevaren dreigde.

En altijd was er op de plek waar macht en onderwerping in scène gezet werden nog iets: een stem, die zachtjes maar onmiskenbaar fluisterde tegen het gesnater van de hovelingen en de schetterende fanfaren in, een serie waarschuwingen die niet verstomde: híér ben je nog steeds koning, maar dáár is de grens van je macht, de zoom van boomtoppen aan de horizon, dat is het bos, de wildernis, het einde van de enscenering. Het bos negeert de eeuwigheid, en als je het rooit, en daarna nog een, zal de eeuwigheid toch altijd ergens eindigen, bij een bos, waar de wildernis begint. *Memento mori.*

An Experiment on a Bird in an Air Pump

10. Joseph Wright of Derby: *Het experiment met de vogel in de vacuümpomp*, 1768. Olie op linnen, 183 x 244 cm. National Gallery, Londen

De experimentator kijkt me recht aan. Lange haren vallen om zijn magere gezicht en hij lijkt me uit te nodigen om te reageren. Alles hangt van mij af, de toeschouwer. Ik moet snel beslissen. De vogel in het glas heeft nog maar een paar seconden te leven als niemand het bevrijdende woord spreekt en de weggepompte lucht weer in het glas laat stromen.

Maar wie zal dat woord spreken? De aanwezigen zien er wonderlijk ongeïnteresseerd uit. De beide jongemannen linksonder kijken belangstellend toe hoe het dier voor zijn leven vecht. De jonge minnaars achter hen – hij met een vest met opvallend patroon, zij met een hermelijnen kraag – hebben alleen oog voor elkaar. De man rechts troost een jonge vrouw, misschien zijn dochter, die haar hand voor haar ogen houdt om niets te hoeven zien; tegen het geschuur van de veren en het gekras van de klauwen tegen het glas is geen kruid gewassen. De man naast haar staart zwijgend voor zich uit, alsof hij mediteert, een andere man kijkt op de klok, alsof hij wil vaststellen hoelang de doodsstrijd nog zal duren. Op de achtergrond heeft een jongen een volière aan een lange haak, het is niet duidelijk of hij die naar beneden haalt om de vogel er na het experiment weer gezond in te zetten, of dat hij de kooi terughangt, omdat die niet meer gebruikt zal worden. Alleen het kleine meisje in het midden kijkt vol angst omhoog naar het dier in zijn doodsstrijd. Maar wie spreekt het bevrijdende woord? Wie zegt er: *genoeg nu!*?

Op het eerste gezicht is het het drama van het moment zelf dat zich onweerstaanbaar aan de toeschouwer opdringt, daarna zijn het de kruisende blikken en verhalen; pas in derde instantie komen de verborgen boodschappen door. Maar even rustig. Laten we eens bij het begin beginnen.

Joseph Wright (1734-1797), die zich welluidender naar zijn geboorteplaats 'Joseph Wright of Derby' noemde, was een gerespecteerd portretschilder, die de vruchtbaarste jaren van zijn carrière in het noorden van Engeland doorbracht, waar hij onder anderen contact onderhield met de keramiekpionier Josiah Wedgwood, de textielondernemer en uitvinder van de pneumatische weefstoel Richard Arkwright, de chemicus en theoloog Joseph Priestley en de arts Erasmus Darwin, de grootvader van Charles Darwin. De schilder had onder zijn vrienden en opdrachtgevers enkele vooraanstaande mannen uit de beginnende industriële revolutie en ook uit de sociale bewegingen van zijn tijd. Wedgwood produceerde niet alleen classicistische theepotten voor de middenklasse, maar was ook een belangrijk lid van de antislavernijbeweging. Ook Priestley, die het voor elkaar kreeg tegelijk materialistisch filosoof en dominee van de protestantse Dissenters te zijn, was nooit een controverse uit de weg gegaan. In 1791 stak het gepeupel zijn huis en laboratorium in brand, omdat hij een feestelijk etentje had aangekondigd vanwege de Franse Revolutie.

Wright stond midden in een nieuwe wereld waarin over ontzagwekkende ideeën werd nagedacht, de horizon leek onbegrensd: de machinekamer van een nieuwe economie, een nieuwe samenleving, een nieuwe wetenschap en een nieuwe wereldorde. In het Noord-Engeland van de jaren 1760 werd de toekomst ontworpen. Josiah Wedgwood dankte zijn vermogen aan een systematische, jarenlange zoektocht naar nieuwe productieprocessen voor keramiek, en de textielbaron Richard Arkwright belichaamde als geen ander de toekomst van de geïndustrialiseerde wereld. Hij was een energieke en opvliegende selfmade man, die uit een bekrompen milieu afkomstig was en zich van kapper en pruikenmaker had opgewerkt tot machinebouwer en uitvinder, tot hij ten slotte diverse fabrieken bezat, waar de arbeiders voor twee derde uit kinderen bestonden die dertien uur per dag werkten, omdat hun kleine handjes beter met de weefstoelen overweg konden.

In die revolutie kreeg niemand iets cadeau. De katoen die hier verwerkt werd kwam uit India; daar was het streng verboden de eigen katoen zelf te spinnen en te weven. Het land was gedwongen de grondstof aan de Engelse koloniale heren te verkopen om de eindproducten tegen veel te hoge prijzen weer te moeten importeren. Door deze en dergelijke maatregelen ontwikkelde India, rond 1700 nog de op een na grootste economie ter wereld, zich tot het armenhuis van Azië, terwijl in het noorden van Engeland nieuwe fabrieken als paddenstoelen uit de grond schoten. Het industriële wonder van Engeland was niet alleen te danken aan de ijver van de Engelsen.

De schilder was meer dan alleen een illustrator van dat milieu. Alert registreerde hij de ambities en de dromen waardoor de protagonisten van die nieuwe werkelijkheid gedragen werden. In zijn groot opgezette schilderij toont Wright een experimentator op het dramatische hoogtepunt van zijn experiment. Het vacuüm was al een eeuw bekend, maar vacuümpompen waren lange tijd onbetaalbaar geweest en mensen die geïnteresseerd waren in de wetenschap kenden ze alleen uit boeken. Maar nu, eindelijk, waren ze ook voor huiselijke kring toegankelijk, vermaak voor de hele familie. Omdat het onmogelijk is een vacuüm waar te nemen, werd het effect ervan met behulp van levende wezens aangetoond. De witte papegaai in het glazen vat is al aan het eind van zijn krachten. Bij het begin van het experiment, toen de lucht uit zijn gevangenis gezogen werd, zal hij paniekerig gefladderd hebben, maar nu heeft hij daar de kracht niet meer voor. Het vacuüm heeft effect, de wetenschappelijke demonstratie is gelukt. Vertoningen als deze waren zo populair dat er tegen entree openbare voorstellingen van werden gegeven. Soms, als de dood het proefdier al bijna in zijn klauwen had, werd het nog net op tijd gered.

Het sterke contrast tussen de verlichte gezichten en de duisternis eromheen leidt de aandacht af van de wetenschap en werpt licht op hun emoties. De aanwezigen lijken hoofdzakelijk met zichzelf bezig te zijn, tussen zelfvergetelheid en verliefdheid, het eigen leed en complete onverschilligheid. Hun veelsoortige emoties getuigen van een tot dan toe niet-bestaande nadruk op hun individualiteit en hun psychische toestand, maar ze lijken niets te maken te hebben met de feitelijke situatie, met het lijden van een levend wezen dat doodsangsten uitstaat.

De experimentator zoekt als enige contact en richt zijn blik naar buiten. Ook hij kijkt niet naar de vogel. Hij lijkt gespannen, hij wacht, misschien op het verlossende woord. Maar zal die verlossing komen? De experimentator met zijn witte haar, de man naast hem met de hand die als van een barokke Christus naar boven wijst, en de vogel zelf vormen een driehoek, een ironische Drievuldigheid van Vader, Zoon en Heilige Papegaai.

Wilde Joseph Wright een eerbetoon brengen aan de nieuwsgierigheid en de ondernemingszin van zijn tijdgenoten, of spreekt er uit zijn schilderij kritiek op de liefde voor de vooruitgang, die mens en natuur veracht?

Het idee van de natuurbeheersing maakte vooral opgang in samenlevingen als Frankrijk, de Nederlanden en Groot-Brittannië, die inderdaad in de loop van de zeventiende en achttiende eeuw voor een zekere *empowerment* voor zichzelf zorgden. Niet alleen groeiende koloniale rijken en florerende massaproductie van consumptiegoederen als textiel en keramiek, maar ook de spectaculaire successen van wetenschappelijke experimenten en demonstraties en het toenemende zelfbewuste optreden van een burgerlijke cultuur wekten de indruk dat er een echte verandering was ingezet, dat het verstand eindelijk zijn zegetocht was begonnen en op een mooie dag honger, ziekte, oorlog en alle euvelen van deze wereld overwonnen waren. Wat eeuwenlang hoogstens als allegorie voor menselijke zelfbeheersing en de onderdrukking van het verlangen was geïnterpreteerd, leek plotseling binnen handbereik.

Nieuwe technieken versterkten de menselijke greep op de natuur en maakten het voor het eerst mogelijk haar geheime wetten in het belang van de mensheid openbaar te maken en naar eigen inzicht te gebruiken. De vacuümpomp kon de onzichtbare lucht laten verdwijnen en een dier van het leven beroven, terwijl het experiment van signore Galvani, die kikvorsdijen onder stroom zette en naar believen liet stuiptrekken, het geheim van het leven zelf raakte. Vanaf dat punt was het niet ver meer naar Mary Shelleys Frankenstein.

De nieuwsgierigheid van de mensen naar wetenschappelijke ontdekkingen en de avonturen van het nieuwe leven was enorm. Kranten en pamfletten, boeken en openbare lezingen vertelden over elektrische fenomenen en waaghalzerij in heteluchtballonnen, en verspreidden theorieën en instructies om te experimenteren, vermengd met andere populaire verhalen over heksen en raadselachtige moorden. Geleerde genootschappen schoten uit de grond, gentlemen investeerden het geld dat ze uit hun investeringen in koloniale ondernemingen verdienden in wetenschappelijke apparaten en eigen onderzoek, want er viel nog zoveel te ontdekken.

Joseph Wrights vriend Joseph Priestley (die nooit bijzonder veel geld had en altijd ook zijn functie als dominee moest vervullen en honderden preken en essays en boeken over theologische onderwerpen schreef) was tegelijkertijd min of meer terloops niet alleen de auteur van een invloedrijk werk over elektriciteit, maar was ook de ontdekker van zuurstof en van de functie ervan voor de bloedsomloop. Je had nog geen grote laboratoria of een bijzondere uitrusting nodig om je een plek in de geschiedenis van de wetenschap te verwerven, plotseling leek het denkbaar de natuur uitsluitend met het verstand te begrijpen, te veranderen en te temmen.

Nooit eerder leek de onderwerping van de natuur zo binnen handbereik. Tot de fantastische ontdekkingen die een volledig nieuw licht op de natuur wierpen en haar geheime mechanismen leken te onthullen ging voor de Europese middenklasse ook de beschikbaarheid van consumptieartikelen behoren, zoals suiker van de West-Indische eilanden (door slaven verbouwd), goedkope en met nieuwe pigment gekleurde katoen uit de Noord-Engelse molens, porselein en opium uit China, tabak, thee, koffie en specerijen uit ongelooflijke eilandrijken, meubels van mahoniehout, wandelstokken van ivoor en ebbenhout en andere luxeartikelen, waarmee de rijkdommen van de wereld direct in handen van de bourgeoisie kwamen, dagelijkse symbolen van de macht van het Westen over de rest van de wereld.

Gedragen door een golf van optimisme, economische opbloei en het geloof in een betere toekomst, hadden visionairs zoals de experimentator op het schilderij al andere doelen in het vizier, terwijl vlak naast hem een levend wezen voor zijn leven vocht. Zijn hand ligt op het ventiel, maar beweegt zich niet. Het leed van het dier keurt hij geen blik waardig.

Er is verder ook niemand om die stervende parodie op de Heilige Geest te helpen. Joseph Wright of Derby mag voor zijn dramatisch tafereel de papegaai hebben uitgekozen, omdat zulke vogels in de jaren 1760 in Engeland nog behoorlijk duur waren, een mogelijk troostende hint dat zo'n kostbaar bezit niet zal worden omgebracht – maar ook die overweging redt de aanwezigen niet van hun morele falen, want slechts een kind toont medelijden, terwijl de toeschouwsters de agonie objectief voor kennisgeving aannemen of te zeer met zichzelf bezig zijn om het dier te helpen. Maar ze weten ook dat ze aan hun emotionele vrouwelijke opwellingen niet moeten toegeven.

Dat is het misschien wat de man aan het wat oudere meisje met een mededeling over het nut van de vogel zegt. Het is geen toeval dat juist twee meisjes emotioneel reageren, terwijl de jongens gefascineerd naar het glas met de stikkende gevangene erin staren. Gevoel is vrouwelijk, verstand mannelijk, wreedheid ook, of de hoge kunst van de emotionele dissociatie, de tweede stap naar de huichelarij van de door God gewilde macht. De vooruitgang eist slachtoffers, het lijden dient een hoger doel, dan is emotie misplaatst, de ogen zijn altijd al op de horizon gericht.

Dit verlichtingsschilderij – rationalistisch, zonder medelijden, abstract en wreed – komt overeen met de karikatuur die de tegenstanders van de verlichting tegen het nieuwe denken in stelling brachten. Maar ze hadden ook nog heel andere adjectieven in hun arsenaal: godslasterlijk, hoogmoedig, gevaarlijk, onethisch, diabolisch.

In werkelijkheid komt de verlichting noch met haar karikatuur noch met haar seculiere icoon overeen, want hoewel ze in de context van haar tijd een enorme vrijheidsdrang losmaakte, waren haar eigen denkstructuren niet altijd zo revolutionair als haar aanhangers proclameerden en haar tegenstanders vreesden.

'De verlichting' is nooit een denkschool met verplichte dogma's geweest, afgezien van een benadrukking van het menselijke verstand, een fundamenteel optimisme en een zekere egalitaire tendens, die overigens al zeer verschillende vormen had. Nationale discussies konden vaak heel verschillende onderwerpen benadrukken en ook door uiterlijke omstandigheden als censuur en repressie zeer verschillende vormen aannemen. Men zag elkaar wel over taal- en territoriale grenzen heen, maar men discussieerde in Zuid-Italië over heel andere dingen dan in Schotland, in Londen of Parijs, om maar te zwijgen van de Duitse provincie of het Russische hof van de tsaar. Enkele geleerden onderhielden een lange briefwisseling met elkaar, andere reisden en bezochten belangrijke salons zoals die van baron d'Holbach in Parijs, maar ondanks die veelgelaagde contacten waren de accenten in verschillende landen en talen toch heel anders.

Daar kwam nog bij dat niet alleen de *Enlightenment* andere interesses had dan de *Aufklärung*, de denkers van de *Lumières* andere dan die van de *Illuminismo*, maar dat hun discussies ook een enorme bandbreedte ontwikkelden, van een liberaal en rationeel conservatisme met wetenschappelijke belangstelling tot en met het wildste proto-communisme, van de theologische apologie tot en met het radicaalste materialisme, van hoge morele idealen tot en met puur nihilisme. In al die discussies werden de intellectuele waaghalzerige en gevaarlijke standpunten gehinderd doordat de auteurs hun werk vaak niet of alleen met grote risico's en moeilijkheden konden verspreiden. Toch ontstond er door meer generaties heen een veelzijdige en gecompliceerde geografie van ideeën en gesprekken, die niet onder één noemer te brengen zijn.

De rationalistische, gematigde verlichting van een Immanuel Kant of een Voltaire, een Thomas Hobbes of Gottfried Wilhelm Leibniz werd

door haar talrijke tegenstanders als een aanval op de traditionele wereldorde opgevat. Maar in werkelijkheid vervulde ze ook de tegenovergestelde functie, want ze gaf veel kernideeën van de christelijk-theologische
traditie een nieuw leven in een seculiere wereld.

Dat is een belangrijk, vaak miskend aspect van de geschiedenis en
van het historisch effect van de verlichting. Ze vaagde niet alleen oude
structuren weg; ze maakte voor hen ook een nieuw leven mogelijk in een
tot dan toe onbekende en daarom ook nauwelijks herkenbare vorm. Een
machtige traditie binnen het denken wordt door de verlichting weliswaar officieel aangevallen, maar tegelijkertijd in belangrijke structuren
ook voortgezet en met nieuwe energie geladen. De onderwerping en de
drang de aarde te onderwerpen vonden hier een seculiere aankleding.

De altaren van het verstand en de cultus van het Hoogste Wezen die
in de late jaren van de Franse Revolutie nostalgische katholieke vrouwen
en dweperige verlichters zouden samenbrengen, waren slechts de karikatuur van een theologische ader in het verlichtingsdenken, waarvan zich
maar weinig auteurs konden losmaken.

Maar veel belangrijker waren de subtielere ideeën, de fundamentele
aannames waarop hun ethische, epistemologische en historische standpunten waren gebaseerd. Slechts een enkele auteur trok de positie van
de mens buiten en boven de natuur en zijn rol als de bedwinger ervan in
twijfel; de meesten zagen de geschiedenis als een vooruitgangsbeweging
met onderbrekingen en terugslagen, een streven naar volmaaktheid en
vrijheid, die door de privilegering van het verstand konden worden bereikt.

Het is frappant hoe christelijk-theologisch deze concepten geladen
zijn, hoe krachtig ze theologische kernideeën in zich opnemen, van de
vooruitgang (de heilsgeschiedenis) via de positie van de mens buiten en
boven de natuur en de onderwerping van die natuur (zie Genesis) tot
en met de verlossing door het verstand, dat in de religieuze context de
ziel was geweest. Die motieven bleven stabiel in het Europese denken
en konden het blijven, omdat ze door verlichtingsfilosofen van nieuwe
etiketten werden voorzien die hun theologische oorsprong deden vergeten. In de bewoordingen van de verlichting klonken ze als rationele, zelfs
wetenschappelijke ideeën, die door geleerden bewezen konden worden

en met eindeloze historische parallellen en literaire citaten aangetoond.

Het lag voor de hand om de structuren van het denken van de ver-lichting langs christelijke lijn op te poetsen – de meeste verlichters waren christelijk opgevoed, de ideeën waren hun en hun samenleving zo ver-trouwd dat die hun de enig mogelijke denkstructuur leken. Hoewel ver-lichte auteurs dus christelijke dogma's aanvielen, gebruikten ze daarbij ook argumenten en denkbeelden die ze juist aan de christelijke traditie hadden ontleend.

Maar omdat de gematigde verlichting theologische concepten als de uitzonderlijke plaats van de mens, de historische vooruitgang en het verlossende verstand voor zichzelf had geherinterpreteerd en daarmee had voortgezet, leek ze in te haken op de theologische en filosofische inspanningen om de gewelddadige onderwerping in naam van de Heer te rechtvaardigen.

De rechtvaardigingsindustrie, oorspronkelijk ontstaan vanuit de noodzaak de wreedheid van een samenleving in overeenstemming te brengen met de compromisloze boodschap van Jezus, bediende zich ook van de verlichting als een contemporaine sociale en filosofische bewe-ging, waarvan de argumenten enorm bruikbaar bleken te zijn. Vanaf dat moment waren de ijverigste rechtvaardigers in het kamp van het ver-stand en de wetenschap werkzaam. In de loop van de eeuwen werd hun expertise gebruikt om zeer verschillende en vaak tegenstrijdige visies met theorieën en gegevens te steunen, waarbij de drijvende krachten ach-ter die stellingen vaak uit de historische context en niet uit een weten-schappelijke noodzaak voortkwamen. De argumenten wisselden, maar de principiële aannames bleven dezelfde, en daarmee ook de wegen van de macht. Of vrouwen door de erfenis van Eva vervloekt waren of, in het vocabulaire van de wetenschap, als een emotionele, hysterische, minder-waardige versie van de man moesten worden gezien, leidt tot dezelfde slotconclusie: dat macht en beslissingsbevoegdheden beter bij de man-nen kunnen liggen.

Om het even of religies geen ziel hebben en mensen een andere huids-kleur dan wel veroordeeld zijn tot eeuwige hellepijn, of dat mensen op grond van andere criteria werden gezien als 'dichter bij de natuur' staand of 'dichter bij de apen dan bij de beschaafde mens' – de consequentie

kon alleen maar hun onderwerping zijn, omwille van hun eigen zielenheil, want de rechtvaardigingsindustrie van de laatklassieke theologen
had er al voor gezorgd dat elke vorm van geweld als Gods wil en als menselijke opgave kon worden geherinterpreteerd.

De verlichting introduceerde die machtsstructuren en hun rechtvaardiging in het nieuwe vocabulaire van de wetenschap en de empirische
kennis. In dat opzicht was ze ook een diep conservatief project, dat religieuze concepten, die juist toen als oriëntatiemiddel in diskrediet raakten en niet langer in de filosofische discussie opgeld deden, een nieuw
leven gaf, dat hun tot in onze tijd een plaats in de maatschappelijke discussie verzekerde.

Hoewel het idee van de vooruitgang steeds meer twijfel wekt, veron-
derstellen nog steeds veel mensen in het Westen dat de geschiedenis een
richting en een doel heeft, een *telos*, en dat ze op die weg hoogstens voor
even de juiste koers kan verliezen. Zulke onvervalste theologische ideeën
werden door de meeste verlichters in hun nieuwe kostuum als wetenschappelijke, rationele ideeën verder ontwikkeld.

De mens buiten en boven de natuur, ertoe uitverkoren om over haar
te heersen: met die diep Bijbelse theologische gedachteconstructie, die
spotte met alle kennis en ervaring, konden veel verlichters die door de
historicus Jonathan Israel tot de *moderate mainstream* worden gerekend,
zich identificeren. Sterker nog, die blik op de wereld inspireerde en be-
vleugelde hen tot een hele stroom geleerde werken, maar ook tot politiek
activisme en tot wetenschappelijke en sociale experimenten.

De moderate mainstream van de verlichting onderscheidt zich door
zijn compromissen. Ze polemiseerde tegen bijgeloof, maar vond, zoals
Voltaire, religie nuttig om de massa onder controle te houden. Hij maakte zich vrolijk over heiligenverering en het geloof in wonderen, maar
hield eraan vast dat achter het grote uurwerk van het universum een
geniale klokkenmaker moest staan. Hij verheerlijkte het verstand, maar
demoniseerde Spinoza, de verstandigste van alle denkers. Hij zocht het
meest onverzoenlijke gebruik van het verstand overal waar dat bruikbaar
was, en remde elke al te grote filosofische consequentie af, desnoods met
harde sancties.

De aan de universiteit van Halle docerende jurist, wiskundige en filosoof Christian Wolff (1679-1754) moest die sancties aan den lijve ervaren, toen hij in 1721 de vreselijke fout beging in een openbaar college zijn mening te verkondigen dat de Chinese filosofie en beschaving zouden bewijzen dat het ook zonder christendom mogelijk is een moreel leven te leiden. Binnen twee jaar hadden zijn piëtistische tegenstanders het voor elkaar gekregen dat hij door de koning als godslasteraar verbannen werd en onder bedreiging met de doodstraf gedwongen de stad binnen achtenveertig uur te verlaten.

Wolffs fascinatie voor de Chinese filosofie, die hij, voor zover vertalingen het hem toestonden, intensief bestudeerde en die zijn carrière beschadigde, was een kruispunt van twee belangrijke filosofische tradities, die ook door andere filosofen gezocht werd. Sinds de missie van de jezuïeten aan het Chinese keizerlijk hof stond het Rijk van het Midden bekend als een beschaving die hoogstens in enkele wetenschappelijke ontdekkingen onderdeed voor de westerse beschaving, maar die qua bestuur, welvaart, grote traditie, machtige industrie, handel en culturele rijkdom volstrekt gelijkwaardig was aan de Europese, wat natuurlijk de vraag opriep hoe mensen die nog niet aan Gods genade deelachtig geworden waren tot zulke culturele en morele prestaties in staat waren. Weinig denkers deden moeite om Chinese teksten intensief te bestuderen; voor de meesten van hen was het precedent verbazingwekkend en belangrijk genoeg: precies zoals Wolff beweerd had, hoefde een beschaafd en zelfs prijzenswaardig leven niet per se christelijk te zijn.

De theologie van de vissen

Het risico van het verlichte denken hield in dat het steeds weer tot dat soort conclusies leidde. De argumenten ervan ontwikkelden hun eigen kielzog en een geest die onvoorzichtig de eerste stappen gezet had kon snel in de afgrond van het materialisme, het atheïsme en het republicanisme storten. Als het mogelijk was zonder christendom moreel te leven en de natuur te verklaren zonder zich op God of de Bijbel te beroepen – waar was God dan nog goed voor?

Zulke gedachten leidden direct naar de afgrond, en zo had de moderate-mainstream-verlichting enorm veel inkt nodig om zich tegen haar eigen consequenties te beschermen, want uiteindelijk had de filosofie in de visie van veel tijdgenoten de taak de wereld niet alleen te verklaren, maar ook haar toenmalige structuur te rechtvaardigen, wat vaak ook gepaard ging met economische afhankelijkheden, zie Christian Wolff. Hij verloor zijn levensonderhoud. Vele anderen verloren de hele basis van hun bestaan of zelfs hun leven; we kennen hen alleen door verhoren en rechtbankdossiers, omdat ze een proces werd aangedaan nog voor ze hun standpunt konden verdedigen.[55]

De rechtvaardigingsindustrie van de verlichting had het meeste succes in de 'fysico-theologie', die in de achttiende eeuw een intellectueel modeverschijnsel werd. Het ging om niets minder dan om de Bijbel in het licht van de nieuwste wetenschappelijke resultaten te rechtvaardigen en te bewijzen dat alles wat ontdekt was al in de Bijbel stond of daar al beoogd was. De auteurs in dat genre met het meeste succes leidden een behoorlijk welvarend leven.

Al in 1713 had William Derham, een vriend van Isaac Newton en Edmond Halley, zijn boek *Physico-Theology* gepubliceerd, waarin hij Gods

wijze hand in alle fenomenen van de natuur meende te herkennen. Maar
hoe kon leed in de natuur met het bestaan van een goede god in overeenstemming worden gebracht? De vooral in Engeland en Frankrijk uiterst
invloedrijke Earl of Shaftesbury (die zijn succes niet nodig had) argumenteerde net als Spinoza dat de natuur altijd goed is, ook al kan het
goddelijk plan individueel leed veroorzaken: 'Als het ongeluk van een
privaat systeem goed voor anderen is, als het tot het goede van het algemene systeem bijdraagt [...] dan is het ongeluk van dat private systeem
geen ongeluk op zichzelf, of niet meer dan de pijn bij het doorbreken
van de melktanden in een wezen dat zo gebouwd is.'[56]

De Engelse parlementariër en schrijver Soame Jenyns vond een nog
eenvoudiger antwoord op het probleem van het lijden en de ongerech-
tigheid. Het universum bestaat uit een systeem van subordinatie, schreef
hij, en in zo'n systeem is het natuurlijk dat degenen die onder in de
hiërarchie staan minder gelukkig zijn dan zij die bovenin hun plek gevonden hebben. Net zoals dieren de grillen en wreedheden van mensen moeten verdragen omdat ze lager dan de mensen staan, moeten ook
mensen het hun toegedachte ongeluk verdragen:

Als we naar onderen kijken, zien we talloos vele soorten minderwaardige schepsels, waarvan het geluk en het leven afhankelijk zijn van de
wil van de mens. We zien hem gekleed in dat wat hij van hen geroofd
heeft en gevoed door hun ellende en hun verwoesting, de een tot slaaf
gemaakt, de andere gefolterd, en miljoenen voor zijn luxe en vermaak
vermoord; is het daarom niet analoog en zeer waarschijnlijk dat het
geluk en het leven van een mens afhankelijk moet zijn van de wil van
zijn superieuren?[57]

De wereld was door een hogere intelligentie ingericht zoals het moest
zijn, schreef ook de Duitse universele geleerde Georg Wilhelm Leibniz,
die niet alleen zijn beruchte theorie van de beste aller werelden bijdroeg
(want een goede en wijze god had geen andere wereld kunnen scheppen),
maar ook nog een andere beschouwing. De bestraffing van zondaren in
de hel moest eeuwig duren, argumenteerde hij, want de verdoemden in
de hel vloeken vanwege hun pijn op God en zondigen zo verder.

De Franse geleerde Noël Antoine Pluche (1688-1761), zoon van een bakker, werd onverhoopt een van de succesvolste schrijvers van Europa, toen hij zijn wanhopige persoonlijke situatie in zijn voordeel aanwendde. Door politieke intriges verdreven uit zijn baan als schoolleider in Reims, rekte hij zijn leven als huisleraar en begon zijn fantasierijke onderwijs over alles wat de natuur betrof in een serie boeken op te schrijven en te publiceren. Het negendelige *Spectacle de la nature* (1732-1750) werd een uitgeefsensatie, want hij raakte precies de zenuw van een tijd die even gefascineerd als wantrouwend reageerde op nieuwe wetenschappelijke inzichten en ontdekkingen, want mét de nieuwe mogelijkheden kwam er steeds ook nieuwe twijfel.

Leraar Pluche schreef voor een middenklasse, die inbedding en bescherming van de nieuwe wetenschappen wilde, vooral voor hun kinderen. Alle natuurlijke fenomenen, schreef hij, hebben een doel, een rol om te spelen, geven aanleiding tot morele reflectie en diep inzicht: 'Ze hebben allemaal een taal die aan ons is gericht, en niet alleen aan ons. Hun bijzondere structuur zegt ons iets. Hun eigenschappen hebben een doel en tonen ons de wil van de schepper.'[58] De natuur is 'het geleerdste en volmaaktste van alle boeken om ons verstand te verfijnen'.

Er volgen negen delen met levendige gesprekken tussen fictieve karakters, die met elkaar over de natuur spreken in al haar fascinerende details en levensvormen, alles volgens de laatste stand van het wetenschappelijk onderzoek en voorzien van grote, opmerkelijk natuurgetrouwe illustraties. Maar voor héél nieuwgierige kinderen en waaghalzige volwassen lezers heeft de auteur nog een waarschuwing: 'Maar het is niet voldoende de geest nieuwsgierig te maken door hem mooie dingen te laten zien. Hij moet ook gewaarschuwd worden en in zijn nieuwsgierigheid beperkt, en dus beëindigen we het eerste deel met een korte overpeinzing over de redelijkheid en de noodzakelijke grenzen van het menselijk verstand.'[59]

Pluche was encyclopedisch in zijn eerzucht om alle natuurverschijnselen op te nemen, te verklaren en theologisch te ordenen. Andere geleerden gaven er toen al de voorkeur aan zich op één gebied te concentreren. De historicus Ritchie Robertson beschrijft een paar uitwassen van die discipline: 'In Duitsland leidde de fysico-theologie tot het ontstaan van een groot aantal specialisaties, zoals ichtyotheologie (vissen), peti-

notheologie (gras), brontotheologie (donder) en sismotheologie (aardbeving), en op elk van die gebieden verscheen minstens één boek. In de
Nederlanden bestonden ook theologieën van sneeuw, bliksem en sprinkhanen.'[60]

De theologische doordringing van de natuur was een groot succes
bij het publiek, maar auteurs die zich oefenden in redelijkheid, werden
steeds weer geconfronteerd juist met de problemen waarvoor Pluche gewaarschuwd had. Leraar Hermann Samuel Reimarus werkte en schreef
in Hamburg, waar hij geheel naar de geest van de tijd een apologie of
verweerschrift voor de verstandige bewonderaars van God schreef. Het
christendom was een praktische, morele, verstandige religie, die goed
handelen wilde motiveren, argumenteerde hij, geen bouwwerk op grond
van absurde en corrupte fantasieën, valse verhalen en een onwerkelijke
theologie.[61] Die houding gaf Reimarus ook aanleiding om enkele Bijbelse mythen kritisch te beschouwen. Hij was kennelijk iemand die eraan
gewend was nauwkeurig te denken. In de Bijbel staat beschreven hoe de
Israëlieten door een wonder de Rode Zee konden oversteken, zeshon-
derdduizend mannen met hun gezinnen, binnen één nacht. De Hamburgse gymnasiumleraar berekende dat bijgevolg minstens vier miljoen
mensen eraan deelgenomen moeten hebben, opgehouden door moeders
met kleine kinderen, zwakke en oude mensen, weerbarstige dieren en
trage wagens vol met spullen, en dat dan allemaal op de stenige, glibberi-
ge bodem van de zee. – Onmogelijk dat allemaal in één nacht voor elkaar
te krijgen.

Lissabon

Op 1 november 1755, op Allerheiligen, verdrongen zich duizenden gelovigen in de kerken van Lissabon om de Heilige Mis bij te wonen. Tegen 09.40 uur werd de stad door een hevige aardbeving getroffen. Kerkdaken en hele gebouwen stortten in, talloze slachtoffers werden onder het puin bedolven, vijf meter grote scheuren gaapten er in de grond, kaarsen die ter ere van de heiligen waren aangestoken vielen om en zetten huizen in brand, al snel waren hele stadsdelen één grote vlammenzee. Binnen zo'n dertig minuten waren de straten veranderd in een inferno.

De overlevenden vluchtten uit de instortende huizen naar de haven. Tot hun verbazing zagen ze daar dat de zee zich teruggetrokken had en diverse wrakken in het havenbekken had blootgelegd. Toen kwam de tsunami op de stad af geraasd en verslond nog eens duizenden slachtoffers. Naar schatting zijn er tussen de dertig- en zestigduizend mensen bij die ramp om het leven gekomen.

Een maand later deden de eerste internationale kranten verslag van de ramp. De *Hamburgische unpartheyische Correspondenten* en de *Berlinische Nachrichten von Staats- und Gelehrten Sachen* behoorden tot de eerste kranten die erover schreven, in de loop van een jaar verschenen er meer dan drieduizend artikelen. Maar meer nog dan met de gebeurtenis zelf hielden de auteurs zich bezig met één vraag: hoe kon een goede, alwetende, almachtige en verstandige God uitgerekend op Allerheiligen zijn eigen gelovigen blindelings en wreed de dood in jagen?

Met bewonderenswaardige vindingrijkheid zetten de denkers van Europa zich aan de taak het verwoestende natuurverschijnsel binnen Gods plan te verklaren. Jean-Jacques Rousseau toonde zich ontzet dat mensen in hun domheid God beschuldigen in plaats van zichzelf, omdat ze zich maar in steden blijven concentreren. Vrome commentatoren meenden erop te moeten wijzen dat de rosse buurt van Lissabon direct aan de haven lag en God de zondaars kennelijk wilde straffen, anderen zagen de aardbeving in een nog grotere historische context als een straf voor de verdorvenheid van het christendom, nog weer anderen citeerden de Engelsman Thomas Burnet, die al in 1684 beschreven had dat rampen noodzakelijk zijn om de mensen te herinneren aan de *Emblems and Passages of Hell* en om tegelijkertijd het gistende en borrelende innerlijk van de aarde te ontlasten en zo grotere rampen te voorkomen.

Maar veel van hun tijdgenoten konden en wilden hen niet volgen. Als kleine kinderen en vrome christenen letterlijk door de aarde worden opgeslokt en door het dak van de kerk dodelijk werden getroffen, was het tijd om eens fundamenteel anders te gaan denken. Daarbij scheidden de geesten zich vooral als het ging om de rol van God in het nieuwe rationele universum van het verlichte denken – een discussie die nooit alleen maar theologisch gevoerd werd, maar altijd ook politieke implicaties had, omdat de macht zich op Gods genade beriep.

Immanuel Kant, in die tijd nog een jongeman die naar een baan op de universiteit hengelde, verkondigde in zijn eerste grote werk, *Allgemeine Naturgeschichte und Theorie des Himmels* (1755), het standpunt dat incidentele rampen de prijs zijn van een scheppend universum, amper meer dan kosmische bedrijfsongevallen, zoals de talloze insecten en bloemen die door één enkele nachtvorst vernietigd worden zonder de natuur armer te maken:

> De schadelijke gevolgen van de besmette lucht, de aardbeving, de overstromingen vagen hele volken van de aardbodem weg, alleen lijkt de natuur daardoor geen enkele schade te lijden. Op gelijke wijze verlaten hele werelden en systemen het toneel als hun rol is uitgespeeld [...] In de tijd dat de natuur met wisselende optredens de eeuwigheid tooit, blijft God in een nooit eindigende schepping bezig nog grotere werelden te vormen.[62]

Kant had zich voorgenomen gedurfd te argumenteren. Het is makkelijk uit de harmonie en de schoonheid van de natuur de conclusie te trekken dat er een schepper is, maar hoe zit het met rampen als een aardbeving? Weerleggen zij het idee van een goede god, of kunnen ook zij in het grote plan worden opgenomen? Ja, luidde zijn antwoord, waarvoor hij alle mogelijke moderne en klassieke autoriteiten citeerde. De schepping is oneindig en het doel ervan ondoorgrondelijk vanuit het perspectief van kleine menselijke zorgen en behoeften. Er vormen zich werelden en melkwegstelsels, schepping en vernietiging groeien naar een steeds grotere volmaaktheid toe. Daaruit trok de jonge geleerde, die uit een streng piëtistisch milieu afkomstig was, de conclusie:

> Laten we ons oog dus laten wennen aan die verschrikkelijke ontwrichtingen als aan de gebruikelijke wegen van de voorzienigheid, en laten we ze zelfs met een soort welgevallen aanzien.[63]

De enige dissonant in het koor van acrobatische rechtvaardigingen kwam van Voltaire, die in zijn grote 'Poème sur le désastre de Lisbonne' (Gedicht over de ramp van Lissabon) niet alleen met de apologeten afrekende, maar ook met de door Leibniz verkondigde theorie dat de wereld noodzakelijkerwijs de beste van alle werelden is en daarom alle menselijke leed ontstond doordat mensen de werkelijke, innerlijke samenhang van de schepping niet kunnen begrijpen – een onderwerp dat de cynische moralist Voltaire in zijn roman *Candide* weer zou oppakken.

In de woedende reactie van Voltaire op de discussie over Lissabon kon je evenwel noch cynisme noch zijn normale, geamuseerde afstandelijkheid terugvinden. In zijn verzen valt hij alle soorten huichelaars aan die het wagen te roepen: *Tout est bien*:

> Zeggen jullie tot de halfverstikte kreten van hun stervende stemmen,
> Tot de verschrikkelijke aanblik van hun rokende as:
> 'Dit is de consequentie van een eeuwige wet,
> Geschapen door een vrije en goede god?'
> Zeggen jullie tegen die massa slachtoffers:
> 'God heeft zich gewroken, jullie dood is de prijs van jullie zonde'?[64]

Het is opmerkelijk hoe sterk die controverse de dichter persoonlijk aan-
grijpt. Ze inspireerde hem tot zijn somberste momenten die je leest alsof
hij een directe voorganger van Sartre of Camus is:

De mens is een vreemde voor zichzelf en blijft de mensen onbekend.
Wie ben ik, waar ben ik, waar ga ik heen, waar kom ik vandaan?
Gekwelde atomen in het slijk der aarde,
Die door de dood worden opgeslokt, waarvan het lot zijn beslag
krijgt...

In zijn *Ideen zur Philosophie der Geschichte der Menschheit* (1781) vatte
Johann Gottfried Herder de discussie enigszins afstandelijk samen. Als
christelijk dichter en predikant was hij zelf een man Gods, maar hij zag
hem als een zuiver ethische grootheid, die niet in de blinde loop van de
natuur ingrijpt:

Het was onfilosofisch geschreeuw dat Voltaire bij de val van Lissabon
aanhief, omdat hij bijna lasterlijk de godheid aanklaagde. Zijn we niet
schuldig tegenover onszelf en al het onze, zelfs onze woonplaats, de
aarde, de elementen? Als ze, volgens altijd werkende natuurwetten,
periodiek ontwaken en het hunne terugeisen; als vuur en water, lucht
en wind, die onze aarde bewoonbaar en vruchtbaar hebben gemaakt,
in hun loop voortgaan en ze verwoesten [...] wat gebeurt er dan anders
dan wat volgens eeuwige wetten van wijsheid en orde gebeuren moet?
Zodra in een natuur vol onbestendige dingen er gang moet zijn, moet
er ook weldra ondergang zijn, schijnbare ondergang namelijk, een
verandering van gestalten en vormen. Maar nooit treft dat het innerlijk van de natuur, die, boven alle puinhopen uit, altijd als een feniks
uit haar as verrijst en met jeugdige kracht bloeit. Alleen al de bouw
van ons woonhuis en van alle materialen die eraan te pas komen, moet
ons dus op de vergankelijkheid en de verandering van alle menselijke
geschiedenis voorbereiden; met elke verdere aanblik zien we dat meer
en meer.[65]

Lissabon werd het synoniem voor de analytische zwakte van de natuurlijke religie. In elk geval voor de ontwikkelde elite werd de aardbeving van 1755 een geestbeving. De gevolgen van die mentale beving reikten van de politieke hervormingen die verlichter markies De Pombal in Lissabon doorvoerde tot en met een intellectuele onzekerheid die overal denkende en lezende mensen ertoe uitdaagde de relatie tussen natuur en religie opnieuw te overdenken. De aardbeving van Lissabon polariseerde het publieke debat over de relatie tussen mens en natuur, die als gevolg van nieuwe en spectaculaire wetenschappelijke successen aan het wankelen was geraakt.

De meeste auteurs die over die relatie hebben geschreven, deden dat meer of minder expliciet om religie en wetenschap met elkaar te verzoenen, ook al was daarvoor een steeds grotere theologische spagaat nodig. Hier is het theologische denken binnen de verlichting duidelijk. Maar veel belangrijker was de diepe invloed van de theologie op het verlichtingsproject zelf.

Praktisch alle verlichters (met uitzondering van enkele joden) hadden onderwijs gekregen op christelijke instellingen en van priesters of monniken en hadden deels een intensieve theologische opleiding genoten, omdat scholen zoals die van de jezuïeten voor begaafde jongens de enige weg naar een hogere ontwikkeling waren. Voor meisjes bestonden er amper van dat soort mogelijkheden, de weinige vrouwen die in de verlichting naam hebben gemaakt, van madame d'Épinay tot en met Mary Wollstonecraft, kwamen uit welgestelde families en kregen privéles. Het is dan ook niet verrassend dat ook argumenten en denkpatronen van de verlichters doortrokken zijn van theologische structuren.

Toch waren eisen en conclusies ook van de gematigde verlichters gewaagd voor hun tijd, omdat ze met hun filosofische, historische en wetenschappelijke argumenten altijd ook de politieke macht in twijfel trokken. Per slot van rekening leidde zowel de aristocratie als de kerk haar legitimiteit af van een goddelijk mandaat en de goddelijke genade (ook de calvinistische rijken hadden geleerd hun rijkdom als bewijs van de genade Gods te zien, wat hun tegelijkertijd ook in staat stelde zich niet voor de armen verantwoordelijk te voelen). Elk argument dus dat Gods orde in twijfel trok en een wig dreef tussen de autoriteit van de kennis en de moraal en die van troon en kerk, was op zichzelf al een revolutionaire daad.

Terwijl de gevestigde machten met groot wantrouwen keken naar de geestkracht van het verlichte denken, spraken de argumenten van de verlichters de burgerij, de actors van de industriële revolutie, van de intellectuele discussie, de wetenschap, de handel, de politieke en sociale kringen des te sterker aan. De burgerij kon haar aanspraak op meepraten en politieke macht niet baseren op afkomst of de Bijbel, maar wel op oude filosofische argumenten, die in de loop van die sociale revolutie weer aan explosieve kracht gewonnen hadden, namelijk het recht op vrijheid en menselijke gelijkheid.

Die principes zijn zo sterk in het denken van moderne mensen verankerd dat ze als vanzelfsprekend gezien worden. In de zeventiende eeuw waren ze een moreel schandaal. Ieder fatsoenlijk mens wist dat er een natuurlijke hiërarchie bestond tussen christenen en heidenen, aristocraten en boeren, mannen en vrouwen, 'beschaafde' en 'primitieve' volken. De bewering dat mensen gelijk waren was een aanslag op de natuurlijke orde van de samenleving. De goddelijke orde werd als strikt hiërarchisch gezien.

Zelfs de jonge Immanuel Kant was zo zeker van zijn theologische zaak dat hij in het voorwoord van zijn eerste lange essay, *Allgemeine Naturgeschichte*, toegaf dat niets zijn mening kon veranderen, zelfs niet als iemand hem zou bewijzen dat het universum niets anders kent dan 'materie die enkel haar algemene bewegingen volgt' en 'blinde mechaniek van de natuurkrachten', en zo aan zijn vorm kon komen. 'Als ik dat verwijt gegrond zou vinden,' schreef hij, 'dan is de overtuiging die ik van de onfeilbaarheid van goddelijke waarheden heb zo sterk dat ik alles wat daartegen ingaat daardoor als genoegzaam weerlegd zou beschouwen en verwerpen.'[66]

Geen bewijs zou voldoende zijn om Kant van mening te doen veranderen, als het om de goddelijke voorzienigheid ging. Kant zelf wijzigde zijn standpunt in de loop van zijn filosofisch leven aanzienlijk, maar de schaduw van de theologie zou ook uit zijn gewaagdste ideeën nooit helemaal verdwijnen. Zijn kennistheorie luidde dat we van de fysieke wereld alleen maar kunnen kennen wat ze is bereid is ons mee te delen en waarvoor we zintuigen hebben, namelijk de fenomenen. Daarachter, orakelde de geleerde uit Königsberg, gingen de dingen 'an sich' schuil.

Dat is de ambivalentie van de verlichting. Enerzijds bracht Kant zijn tijdgenoten tot wanhoop, omdat zijn filosofie verklaarde dat het onmogelijk was om ooit door middel van de zintuiglijke ervaring iets van de 'essentie' van de wereld waar te nemen en dus ook niet van een verhoopte spirituele waarheid, van God. Maar anderzijds schiep Kant, net als Descartes vóór hem met zijn *res cogitans*, een ruimte waarin het mysterie en de schepper een plaats hadden en die nooit met de wetenschap in aanraking zou komen.

Hoewel Kant zelf toegaf dat zijn model van de wereld atomistisch was, net als die van Lucretius, en daarom in zijn materie eigenlijk geen plaats voor God over was, had hij hem in de 'Dinge an sich' een laatste toevlucht gegeven en had hij tegelijkertijd op een technisch en analytisch virtuoos niveau een spiegelbeeld van het platonische idee gecreeerd, dat achter de wereld van de fenomenen nog een tweede en eigenlijk ware wereld te vinden is. De compromisloze Schot David Hume, in dit soort vraagstukken voor Kant het grote voorbeeld, had het 'ware' bereik achter de fenomenen gewoon weggelaten en daaruit geconcludeerd dat we nooit met iets anders kunnen omgaan dan met verschijnselen en dat we geen gerechtvaardigde, logische of empirische reden hebben tot de veronderstelling dat erachter iets anders bestaat – maar bij die gedachte trokken de rillengen al over de rug van de Königsberger.

In zekere zin konden Kant en andere denkers van de verlichting niet ontkomen aan de val die hijzelf in zijn populaire essay 'Wat is verlichting?' als volgt beschreven had:

Het is dus voor ieder afzonderlijk mens moeilijk zich boven de bijna tot natuur geworden onmondigheid uit te werken. Hij is er zelfs van gaan houden en is voorshands werkelijk niet in staat zich van zijn eigen verstand te bedienen, omdat hij er nooit toe aangezet is. Regels en vaste uitdrukkingen, die mechanische werktuigen van een verstandig gebruik of veeleer misbruik van zijn natuurlijke gaven, zijn de voetboeien van een eeuwigdurende onmondigheid. Wie ze zou afwerpen, zou niettemin onzeker zelfs over de smalste sloot springen, omdat hij zo'n vrije beweging niet gewoon is.[67]

De 'bijna tot natuur geworden onmondigheid', de boeien waaraan de geest zo gewend is dat hij minder verre sprongen kan maken zónder dan mét – Kant schreef waarschijnlijk ook uit eigen ervaring. Hijzelf had zich bevrijd van het strenge geloof van zijn ouders, een persoonlijk en intellectueel revolutionaire, maar vooral morele daad van persoonlijke zelfbeschikking. En toch was zijn band met de religie zelfs nog terug te vinden in zijn beroemdste definitie, waarmee die mooie tekst begint: *Verlichting is het afscheid door de mens van zijn onmondigheid, waaraan hijzelf schuld is.*
Kant zelf stelt meteen de vraag waarom de onmondigheid eigen schuld is, maar zijn antwoord dat mensen nu eenmaal niet hun verstand gebruiken en de voorkeur geven aan hun conventionele denkwereld kan niet echt overtuigen. Veeleer speelt hier zijn religieuze opvoeding een rol, want hij kwam uit een piëtistisch gezin, dus een protestantse beweging. De piëtisten praktiseerden de volwassenendoop, omdat zij pas als volwassenen de goddelijke opdracht konden vervullen uit hun onwetendheid te treden en God te erkennen. Wie dat verzuimde, laadde schuld op zich en kon niet verlost worden.
Met een waakzaam oog op de theologie (die tussen de confessies bepaald niet uniform was en die hun kinderen uiteenlopend vormde) treedt ook het verlichte verstand in een nieuw licht – of liever een oud licht. Het verstand werd weliswaar tegenover het geloof en in het bijzonder het bijgeloof geplaatst, maar leek zelf op een in essentie theologisch concept, zoals het ene ei op het andere. Het verstand was voor verlichters als Kant het edele, immateriële deel van de mens dat geëmancipeerd en gevolgd moest worden om irrationele lichamelijke lusten en behoeften van het individu en hele samenlevingen te beheersen en te overwinnen.
Dat mechanisme lijkt heel duidelijk op de christelijke ziel, die ook alleen bevrijd kan worden als lust en instinct in een klassiek neoplatonistische geste onderdrukt of gesublimeerd worden en in hun bevrijding ondergeschikt gemaakt – de heerschappij over de eigen, onacceptabele

en daarom schuldige innerlijke natuur. Maar als de goede oude ziel haar neus weer achter de luxueus beschilderde coulissen van het verlichte, zuiver rationele denken vandaan steekt, dan is de vraag gerechtvaardigd hoeveel er van het lichaam van het theologisch denken en van allang vergeten gewaande discussies nog achter het decor schuilgaat.

Gedragen door het optimisme van de nieuwe wetenschappen bewogen de verlichters zich op de golven van de vooruitgang en de eindeloze verbeterbaarheid van de wereld. Voor een lezend publiek – zelfs voor professor Kant – was het visioen van een geschiedenis die haar volmaaktheid tegemoet ging niet alleen aangenaam en vleiend, ze kwam ook overeen met de religieuze en filosofische ideeën en verhalen waarmee ze opgegroeid waren. Vooruitgang als heilsgeschiedenis: het was eenvoudiger een oud idee een ongebruikelijke naam te geven dan een ongebruikelijk idee consequent te doordenken. *All men of the Enlightenment were cuckoos in the Christian nest*, zei Peter Gay.[68] Maar misschien waren het helemaal geen koekoekseieren die de kerk in de maag gesplitst waren, misschien zagen ze zichzelf als veel vreemder en anders dan ze achteraf lijken.

Steeds meer theologen duikelen uit de coulissen van de gematigde verlichting. Een van de felst bediscussieerde concepten in de christelijke theologie is de vrije wil, want enerzijds kan er geen zonde en dus geen vergeving zijn, als de mens niet vrij is te zondigen, maar anderzijds is het moeilijk die vrijheid in overeenstemming te brengen met de almacht van God. Ook in de verlichting was er zo'n discussie, waarbij aan de ene kant de materialisten stonden, die het hele universum als een uurwerk zagen en de vrije wil in een mechanistische wereld als zinloos beschouwden, en aan de andere kant de voorstanders van de ethische vrijheid die eraan vasthielden, omdat er anders geen afscheid van de onmondigheid kon zijn waaraan de mens zelf schuld was.

De dualiteit van lichaam en ziel, de dingen 'an sich', het verstand, de vooruitgang, de vrije wil – steeds weer vinden we in de verlichting motieven die naar een lange christelijke traditie verwijzen en die, zoals bij Kant, vaak schijnbaar zonder reflectie worden overgenomen als fundamentele aannames voor het eigen denken. Het laatste belangrijke motief in dit rijtje is de positie van de mens buiten de natuur, als de heerser erover. Bacon en Descartes hadden daarvoor met argumenten de bodem voorbewerkt. In de achttiende eeuw werd de wetenschappelijke beheersing van de natuur niet alleen de weg die naar een nieuw Jeruzalem zou voeren, maar ook de blijde boodschap van hele samenlevingen.

Een werk van de natuur

Het idee van de mens als onderwerper van de natuur in opdracht van God, van de deugdzame mens die zich desnoods met geweld ruimte en middelen verschaft om de wil van God of de voorzienigheid uit te voeren, was ook bij de stichting van de Verenigde Staten van Amerika en de daarmee gepaard gaande landinname van beslissende betekenis. John Winthrop (1587/1588-1649), de eerste gouverneur van Massachusetts Bay Colony, had daarvoor al het theologische kader geschapen. Het land 'kent geen eigenaar en is nooit bemest of onderworpen geweest, en het behoort ieder toe die het wil bezitten en verbeteren'.[69] Ook dominee John Cotton argumenteerde dat pas het in cultuur brengen van het land het werkelijk tot bezit maakt. Zonder landbouw waren de prairies en de bergen van het continent niets dan 'lege aarde'.

Meer dan een eeuw later dacht Thomas Jefferson na over het lot van de inheemse volken. De 'melancholieke voortzetting' van hun geschiedenis, noteerde hij, was de inkrimping van hun bevolking tot een derde, vergeleken met de tijd dat de Europeanen waren aangekomen. 'Sterkedrank, de pokken, oorlog en een verkleining van het territorium hebben onder een volk dat voornamelijk leefde van de spontane producten van de natuur, verschrikkelijke verwoestingen aangericht.'[70]

Jefferson voegde eraan toe dat de landaankoop niet door verovering, maar zuiver wettelijk tot stand was gekomen. Toch bestond een stam nu alleen nog maar uit 'drie of vier mannen, en ze hebben meer Afrikaans dan Indiaas bloed in zich'. Hun landerijen waren niet groter dan twintig hectare. Jefferson wist ook wie er voor die treurige situatie verantwoordelijk was: de oorspronkelijke inheemse bewoners hadden zichzelf vrijwillig slaaf gemaakt.

Zulke officiële standpunten maakten van de verdringing en uitroeiing van andere culturen een morele opdracht en verbonden op gunstige wijze het ethisch goede met het economisch en politiek nuttige. Natuurlijk waren er ook tijdgenoten die het westerse, kerkelijk gezegende project van de landinname en de onderwerping van andere, 'weinig beschaafde' en 'in de natuurtoestand volhardende' gemeenschappen van meet af aan afwezen en bekritiseerden en die hun eigen aanwezigheid met een opmerkelijk moreel heldere kijk beschreven.

De satirische romanschrijver Jonathan Swift schetste een beeld van koloniale veroveringen dat hijzelf wellicht overtrokken vond, maar dat in werkelijkheid een waarheid beschrijft die ook uit vele historische getuigenissen blijkt. Een piratenschip raakt uit koers en ontdekt toevallig een eiland:

[...] ze gaan aan land om te roven en te plunderen; treffen een argeloos volk aan, worden vriendelijk ontvangen; ze geven het land een nieuwe naam, nemen het formeel in bezit voor de Koning, plaatsen een rotte plank of een steen als gedenkteken; vermoorden twee of drie dozijn van de inboorlingen en dwingen er nog een paar meer om mee te gaan bij wijze van monster, gaan terug naar huis en krijgen hun pardon. En daarmee is een nieuwe kolonie gesticht, die verkregen is krachtens *goddelijk recht.* Bij eerste gelegenheid worden er schepen uitgestuurd; de inboorlingen worden verdreven of vernietigd, hun Vorsten gemarteld om hun goud te ontdekken; er wordt een vrijbrief verstrekt voor alle daden van onmenselijkheid en wellust, zodat de aarde rookt van het bloed van haar bewoners, en de verwerpelijke bende slachters, die deze godvruchtige expeditie heeft ondernomen, heet dan een *moderne volksplanting,* die is uitgestuurd om een heidens en barbaars volk te bekeren en te beschaven.[71]

De bijtende ironie van Swift is een van de vele voorbeelden dat machtsdenken en de rechtvaardiging van brute onderdrukking al in de achttiende eeuw (en daarvoor) ook een aantal tijdgenoten boos gemaakt hebben. In Frankrijk argumenteerde en polemiseerde Denis Diderot hartstochtelijk tegen het kolonialisme, maar moest dat anoniem in het boek van een andere en minder bekende collega doen om de censuur te ontlopen, want kritische stemmen tegen het staatsbelang in de omstreden koloniën werden niet geduld.

Andere standpunten waren wel effectief in de publiciteit, maar waren uiterst leugenachtig. Voltaire, die in ballingschap in Zwitserland leefde, schreef bewogen dat aan elke zak suiker slavenbloed kleefde, wat hem er als investeerder niet van weerhield juist in dat soort suikerplantages te investeren. Maar de publieke opinie, die in steeds meer goedkope publicaties en kranten haar neerslag vond, kon amper nog efficiënt onder controle gehouden worden. De cafés en tavernen in Parijs, Londen en Napels zaten vol min of meer ongure types, huisleraren, journalisten, polemici, materialisten en hongerige abbés, wier heldere cynisme in verband met de macht vaak was voortgekomen uit eigen pijnlijke ervaringen met politie en censuur. Die figuren vormden bij discussies en de oppositie de kolkende massa, die deel van de Europese samenlevingen werd; uit de troosteloze hoeken en gaten ervan waren enkelen van de belangrijkste *lumières* afkomstig. Die chaotische achtergrond kwam ook tot uiting in een wirwar van opinies, die pas in de publieke discussies door de vorming van gelijkgezinde kampen en het ontstaan van carrières weer in bepaalde banen werden geleid.

Bij een uiteenzetting over die filosofische discussies moeten we steeds bedenken dat in samenlevingen die door de censuur en de inquisitie in de gaten worden gehouden, openlijk uitgesproken meningen een persoonlijk risico vormden en dat ze in het ergste geval een leven konden vernietigen. De grote verscheidenheid aan standpunten werd noodzakelijkerwijs drastisch teruggeschroefd, als de verkondigers ervan met hun naam, een bepoederd gezicht en een koninklijk drukrecht in de publiciteit wilden treden.

Toch bestond er een verbazingwekkende bandbreedte aan mogelijkheden om over de verhouding tussen mensen en hun natuurlijke omgeving, tussen 'cultuur' en 'natuur', op een nieuwe manier te denken. De standpunten erover deden er vaak niet toe in discussies, die sterk gericht waren op de rechtvaardiging van bestaande structuren en religieuze dogma's, maar ze vormden een eigen clandestien landschap, waarvan de belangrijkste toppen geen officieel uitgegeven filosofische werken waren, maar romans, verhalen en toneelstukken, persoonlijke brieven en besloten salons.

De verlichting is nooit een filosofische school met een eigen catechismus geweest, ook al is ze in de negentiende en twintigste eeuw vaak zo beschreven. Ze was überhaupt nooit uniform in haar denken of in de onderwerpen van haar meest gepassioneerde discussies, die vaak van land tot land en van taal tot taal verschilden. Het was altijd een programma over de inhoud waarover niemand het werkelijk eens kon worden, een ambitie met een onbestemd doel. Maar ze was vooral doortrokken van talloze tegenstrijdigheden, vaak zelfs in het werk van een en dezelfde denker. Het was een levendige discussie die bezig was zich uit te breiden en haar energie niet altijd onder controle had.

De gematigde verlichting, die aan een vorm van een schepper of een hoogste wezen vasthield, gaf de autoriteiten weinig aanleiding om in te grijpen. Die verlichting kwam uit de burgerij voort (uitgezonderd aristocraten als Montesquieu of de Comte de Buffon) en dacht in figuren en beelden die voor liberale burgers niet alleen acceptabel waren, maar ook argumenten voor eigen ambitie en instelling opleverden. Drukkerijen in heel Europa en Amerika voorzagen een bloeiende markt van fysico-theologische traktaten, kleine boekjes voor dames, stichtelijke gedichten en meerdelige wetenschappelijke verhandelingen, waarvoor kosten noch moeite waren gespaard om steeds opnieuw te bewijzen dat er geen tegenstelling tussen wetenschap en religie bestond, dat de religie alle wetenschap al bevatte en voorspeld had, dat de religie een product van het verstand zelf is enzovoort. Die verlichting zocht verzoening met het religieuze dogma en construeerde de avontuurlijkste bruggen om zo'n co-existentie mogelijk te maken, zoals Descartes die eerder al bedacht had: de wetenschap houdt zich bezig met de *res extensa*, en de religie (en de filosofie, als die braaf is) houdt de *res cogitans* voor zichzelf, elk conflict is uitgesloten.

Natuurlijk verliepen de discussies over de relatie tussen mens en natuur en het wezen van de natuur zelf nooit zo zuiver, zo rimpelloos. Natuurlijk was het niet mogelijk wetenschap en religie te scheiden. Alleen al de stroom archeologische vondsten en wetenschappelijke werken was daarbij een sta-in-de-weg. Tegen 1770 waren er zoveel fossielen ontdekt, zoveel goed bewaarde fossiele zeebodems die nu ver in het binnenland lagen en erop wezen dat landmassa's ooit door oceanen bedekt waren geweest en door onbekende, uitgestorven dieren en planten bewoond, dat alleen de gesteentelagen op die fossiele zeebodems het onmogelijk maakten uit te gaan van een leeftijd van de aarde van zesduizend jaar en het tegelijk aannemelijk maakten dat de schepping niet, zoals in de Bijbel beschreven staat, na zes dagen afgesloten was, maar dat ze een zich nog steeds voltrekkend, open proces was.

Ondanks alle pogingen het tegendeel te bewijzen waren die wetenschappelijke resultaten een directe bedreiging van de religieuze waarheid; en andere resultaten uit wetenschappelijke richtingen als de vergelijkende anatomie, de zoölogie, de beschrijving van tot dan toe onbekende volken, dieren, planten en hele continenten zetten de officiële waarheid van faculteiten en kansels op losse schroeven.

Terwijl de auteurs, die Jonathan Israel ietwat minachtend maar niet onjuist tot de *moderate mainstream* rekent, zich min of meer in allerlei extreme bochten moesten wringen om hun trouw aan de Bijbel in overeenstemming te brengen met de nieuwste wetenschappelijke inzichten (of andersom), waren er altijd ook anderen die veel radicalere conclusies trokken. De herontdekking van de Romeinse materialistische filosoof Lucretius in de renaissance droeg daar al evenzeer toe bij als de onideologische heldere blik van een Michel de Montaigne, de ethiek van een Baruch de Spinoza en de *Dictionnaire* van de Franse vrijgeest Pierre Bayle, die aan het eind van de zeventiende eeuw voor het eerst (en zogenaamd om ze te vervloeken) diverse 'ketterse' denkers en hun argumenten voor een kleine kring toegankelijk maakte.

Er waren aanknopingspunten om op andere manieren over de verhouding van mens en natuur na te denken, en in de achttiende eeuw riskeerde een nieuwe generatie de intellectuele reis naar een terra incognita, die met geen schip te bereiken was en door geen leger gekoloniseerd kon worden: het onbekende landschap van een wereld bestaande uit materie en beweging, zonder schepper, zonder hiërarchie en zonder doel. Die ideeën hadden genoeg explosief vermogen om hele werelden te doen instorten – en dat vermogen hebben ze nog steeds.

De ongeveer negentienjarige David Hume kreeg een zenuwinzinking toen hij zich bewust werd van de draagwijdte van zijn eigen ideeën, en hij meende vanaf dat moment te moeten leven 'als een melaatse'. De beruchte auteur van het materialistische traktaat *L'homme machine*, Julien Offray de la Mettrie, had jarenlang theologie gestudeerd om priester te worden, een voornemen dat ook Denis Diderot als jongen vanuit de provincie naar Parijs had gedreven. Jean-Jacques Rousseau bekeerde zich van het calvinisme tot het katholicisme en weer terug, diverse auteurs van subversieve werken als Guillaume Raynal of Ferdinando Galiani hadden de lagere wijdingen van de kerk ontvangen en noemden zich abbé, en de bitterste atheïstische vermorzeling van kerk en religie überhaupt kwam uit de pen van priester Jean Meslier. Zijn *Testament de Jean Meslier* kon niet gedrukt worden, maar circuleerde in manuscriptvorm onder intellectuelen, zoals de samizdat-literatuur in de Sovjet-Unie.

Slechts weinigen brachten enerzijds de moed op om trouw te blijven aan overtuigingen die door de samenleving werden veroordeeld en om met de soms drastische consequenties te leven; anderzijds konden ze hun argumenten niet publiek maken, want we kennen door de eeuwen heen afwijkende meningen in de samenleving hoofdzakelijk uit de rechtbankdossiers van processen tegen ketters. Hun verklaringen, niet zelden afgelegd onder invloed van martelingen, behoren tot de weinige bronnen van andere denkwijzen in de geschiedenis van het christelijke Europa. Het zijn vaak geïsoleerde en niet-filosofisch uitgewerkte wereldvisies die door de aangeklaagden werden verwoord; velen van hen waren eenvoudige mensen of ze hadden toegang tot clandestiene boeken; ook het denken van Europese vrouwen was veel breder en veelzijdiger dan de bibliotheken vol theologische en door de censuur voor de druk vrijgegeven boeken willen doen geloven.

Het radicale denken dat in de tweede helft van de achttiende eeuw vooral in Parijs opkwam, schiep een wereldbeeld dat werd beschouwd als zo gevaarlijk en subversief dat alleen al het bezit van een boek een doodvonnis kon betekenen; we hoeven maar aan de arme Chevalier de la Barre te denken, die in 1766 in de leeftijd van eenentwintig jaar gruwelijk werd terechtgesteld, omdat de politie in zijn kamer Voltaires *Filosofisch woordenboek* had gevonden. Ongetwijfeld de belangrijkste van deze auteurs, de uit Duitsland afkomstige Fransman Paul Henri Thiry d'Holbach (1723-1789), kon zijn filosofische dikke pil, die hij met een zekere koppigheid had geschreven, alleen maar publiceren omdat hij zijn manuscripten, geanonimiseerd door een kopiist, van Parijs naar Amsterdam liet smokkelen, waar ze in een veel liberaler klimaat onder valse naam gedrukt werden en waarvandaan ze daarna, verstopt in hooibalen en haringvaten, naar Frankrijk teruggingen.

Het is niet moeilijk te zien waarom het denken van d'Holbach zo'n bedreiging vormde. In zijn belangrijkste werk, *Système de la nature*, laat hij geen ruimte over waarin God zich kan verstoppen, hoezeer metaforisch ook verbleekt. In de Duitse vertaling van 1791 heet het helemaal in het begin: 'De mens is alleen ongelukkig omdat hij de natuur miskent. Zijn geest is zozeer aangetast door vooroordelen dat je wel moet geloven dat hij voor altijd gedoemd is fouten te maken.'[72] Vanaf de kinderjaren is mensen een blinddoek voorgebonden. D'Holbach maakt er zijn taak van om die blinddoek af te rukken.

De mens is het werk van de natuur; hij existeert in de natuur; hij is onderworpen aan haar wetten, hij kan zich daar niet van bevrijden; zelfs in zijn gedachten kan hij zich er niet boven verheffen; tevergeefs probeert zijn geest boven de grenzen van de zichtbare wereld uit te stijgen, maar hij is steeds gedwongen ernaar terug te keren. Voor een door de natuur gevormd en door haar ingekapseld wezen bestaat er buiten het grote geheel, waarvan het deel uitmaakt en waarvan het de invloed ondergaat, niets. De wezens van wie men meent dat ze boven de natuur verheven zijn en dat ze ervan verschillen, zullen altijd hersenschimmen zijn; ons er een juist begrip van maken zal ons altijd even moeilijk vallen als van de plek die ze innemen en van de manier waarop ze werkzaam zijn. Buiten de kring die alle wezens insluit bestaat er niets, en kan er niets bestaan.[73]

D'Holbachs staccato-achtige manier van uitdrukken wordt op ruim zevenhonderd pagina's wel een uitdaging, maar de enorm hoge oplagen die zijn werk ondanks of dankzij de strenge censuur al in de achttiende eeuw bereikten, maken van hem een van de invloedrijkste denkers van zijn tijd. Hij had een vermogen geërfd van een oom en hij heeft daarom nooit het beroep uitgeoefend waarvoor hij was opgeleid: advocaat. In plaats daarvan schreef hij verboden boeken, hielp discreet kunstenaars en auteurs in nood, liet boeken die hij interessant vond op eigen kosten vertalen en had een van de belangrijkste salons van zijn tijd.

De briljantste geesten uit dat tijdperk liepen er in en uit, van de literaire vaste ster Denis Diderot via de Schot David Hume tot en met de Napolitaan Ferdinando Galiani. Jean-Jacques Rousseau was een regelmatige gast (tot hij het met zijn oude vrienden aan de stok kreeg), en de zoöloog Georges-Louis Leclerc de Buffon, de intellectuele *salonière* madame de Geoffrin en een sterke deputatie van de overkant van Het Kanaal, onder wie Adam Smith, de acteur, herontdekker van Shakespeare en wijnhandelaar David Garrick, en de schrijver Lawrence Sterne.

De gastgever verzamelde een verbazingwekkend galactisch stelsel intellectuele persoonlijkheden in zijn elegante maar simpele huis in de stad, niet ver van het Louvre, en hij bood een plek voor discussies zonder dat er politiespionnen aanwezig waren (die lagen buiten op de loer), een gezelschap waarin over alles mocht worden gediscussieerd, en dat ook deed. Onder de aanwezigen waren geleerden en wetenschappers, van wie enkelen ook auteur waren voor de door Diderot uitgegeven *Encyclopédie*, dat eerzuchtig alle nuttige kennis uit die tijd wilde samenbrengen. Die onderneming was gedoemd te mislukken, zoals Diderot heel goed wist, maar het had niet alleen een enorm symbolisch effect – het zorgde er ook voor dat hij zijn huur kon betalen.

D'Holbachs welvaart stelde hem in staat zijn intellectuele hartstocht volledig bot te vieren en boeken te schrijven en ideeën in omloop te brengen die minder bevoorrechte tijdgenoten nauwelijks zouden hebben kunnen realiseren. Zijn filosofische afkeer van het compromis was legendarisch. Zijn persoonlijke geheim, zoals Max Weber later zou opmerken, was dat hij religieus onmuzikaal was. Hij zag een fysische wereld die uit niets anders dan materie en beweging bestond. Daaruit konden alle fenomenen verklaard worden, ook al was dat bij de toenmalige stand van de wetenschap nog niet mogelijk. In tegenstelling tot Diderot, die zijn hele leven lang tot op hoge leeftijd over het verloren gegane geloof van zijn kinderjaren heeft gerouwd en daarom ook empathisch over de conflicten van een weifelende mens kon schrijven, schijnt d'Holbach niet door een dergelijke twijfel bekropen te zijn.

Het materialistische denken werd door zijn vele tegenstanders gezien als een wereld zonder moraal en als menselijke grootheidswaan, maar in werkelijkheid beoogde het precies het tegenovergestelde. In een filosofie die niets buiten of boven de natuur erkende, kon ook het idee van de natuuroverheersing niet bestaan. Als 'werk van de natuur' resteerde de mensen niets anders dan haar wetten te volgen en die door de wetenschap beter te begrijpen om daarmee hun voordeel te doen.

De morele dimensie van dat denken ontwikkelde zich automatisch: begeerte (*désir*) en empathie zijn deel van de menselijke natuur, en zoals Eros mensen de nabijheid van andere mensen laat zoeken en gebruiken, zo laat empathie het leed van anderen meevoelen. Om zelf gelukkig te worden heb je gelukkige mensen om je heen nodig, en daarvoor moet het leed verminderd worden. Zo wordt het christelijk begrip van de deugd in nieuwe zin opgevat: 'Deugd is dus dat wat werkelijk en op den duur het in de maatschappij levende wezen van de menselijke soort ten nutte komt, laster is dat wat het levend wezen schade berokkent [...] een mens die anderen schaadt is kwaadaardig; een mens die zichzelf schaadt is onwijs en kent verstand noch zijn eigen belangen.'[74]

Maar die natuurlijke maatschappelijke orde wordt door een perverse leer onmogelijk gemaakt: die dwingt mensen ertoe om tegen hun natuur te leven en misvormt hen daardoor moreel en intellectueel. Baron d'Holbach bleek met zijn argumenten op de hoogte te zijn van zijn tijd en van reisverslagen: 'Er wordt gezegd dat de wilden het hoofd van hun kinderen, om die vlakker te maken, tussen twee planken klemmen; op die manier verhinderen ze het hoofd de vorm aan te nemen die het van nature gegeven is. Bijna net zo gaat het met al onze gewoonten: ze werken gewoonlijk tegen de natuur in en remmen, veranderen en doden de aandriften die zij ons geeft; in hun plaats komen andere aandriften, die de oorzaak van ons ongeluk zijn.'[75] Die leugens infantiliseren mensen en houden hen met drogbeelden onder controle. De planken voor de kop mogen metaforisch zijn, maar daardoor zijn ze nog moeilijker te zien en uit de weg te ruimen.

Maar een denken binnen de natuur en via haar kon ook subtieler zijn dan d'Holbachs enigszins grove zekerheden. Ook voor zijn vriend en gesprekspartner Diderot waren mensen natuurlijke wezens in een natuurlijke wereld, maar ze waren ook zonder maatschappelijke vervormingen doortrokken van tegenstrijdigheden en conflicten. Hersens, hart en ballen willen soms verschillende kanten op en het is een permanente uitdaging ze in evenwicht met elkaar te brengen.

Diderot verwoordde zijn beste filosofische ideeën vaak in brieven of literaire werken. Zijn novelle *Le rêve d'Alembert* (De droom van D'Alembert) is een (daarom ook pas in 1830, dus drieënveertig jaar na zijn dood gepubliceerd) materialistisch manifest waarin een van de hoofdpersonen een fascinerende theorie ontwikkelt. De mens, zegt hij, is slechts 'een machine die via een eindeloze reeks opeenvolgende ontwikkelingen zijn perfecte vorm bereikt, een machine die voor zijn perfecte of gebrekkige totstandkoming volkomen afhankelijk is van een bundeltje fijne, ragdunne, soepele draden, van een soort streng waarin het kleinste draadje niet kan knappen, afbreken, verplaatst worden of ontbreken of het heeft de verschrikkelijkste gevolgen voor het geheel'.[76] Een dun draadje (*brin*) wordt bij de coïtus van de man aan de vrouw doorgegeven en verbindt zich met een dun draadje van de vrouw. In dat proces ontstaan fouten, als ze 'geknakt [...], gescheurd [...] of verschoven' worden, zegt hij op de vraag waarom kinderen op hun ouders lijken, maar niet identiek aan hen zijn.

Bij die speculatieve genetica, die Diderot in 1769 op papier heeft gezet, voegt zich een andere, niet minder gewaagde gedachte. De mens is niets anders dan denkende en voelende materie, die uit kleinere eenheden bestaat die zelf kunnen denken en voelen, zoals een zwerm wilde bijen aan een tak een soort lichaam vormt dat beweegt en verandert, maar uit miljoenen individuen bestaat die op elkaar afgestemd zijn. Alle materie hangt samen als in een enorm spinnenweb, niets existeert alleen. Leven en dood zijn niets anders dan aggregaatstoestanden van een zich permanent veranderende materie. Marmer kan vlees worden, wanneer marmermeel planten voedt, die dan gegeten worden. Niets heeft bestand, alles is deel van een eindeloze keten van het zijn. Maar Diderot zou Diderot niet zijn geweest als hij met dat onverbiddelijke idee in vrede zou hebben geleefd. Aan zijn jarenlange geliefde Sophie Volland schrijft hij:

> O mijn Sophie, er bestaat nog hoop je aan te raken, je te voelen, te beminnen, te zoeken en me met je te verenigen, als we er niet meer zijn! Bestond er maar een wet van de verwantschap tussen onze constituerende principes, konden we samen maar één wezen worden [...] als de moleculen van je uiteenvallende minnaar aangezet zouden kunnen worden om jouw moleculen te zoeken, die door de hele natuur heen verspreid zijn! Laat me die hersenschim, het is zo'n zoete gedachte, het verzekert me van een eeuwigheid in jou en met jou.[77]

De radicale denkers die zich in de salon van d'Holbach verzamelden beriepen zich op een filosofische traditie die tot in de klassieke oudheid reikte en die een andere benadering van de relatie tussen mens en natuur mogelijk maakte. Die traditie had steeds in de marge van het Europese denken gestaan, want ze had een ernstig nadeel. Het denken vanuit de natuur, dat zich niet baseerde op een transcendentaal vast punt, niet op een Heilige Schrift en niet op een openbaring en het leger van exegeten, was er volkomen ongeschikt voor om de macht van de machtigen te legitimeren.

Dat kwam ook tot uitdrukking in de politieke ideeën van die denkers. Diderot begon zijn leven als constitutioneel monarchist en neigde tegen het eind van zijn leven naar een anarchisme dat elke vorm van macht als problematisch beschouwde. D'Holbach en medestrijders als Claude Adrien Helvétius en Nicolas de Condorcet zochten naar vormen van een republiek van de deugd, die nauwelijks als realistische politieke visie gezien kon worden, maar toch een consequent nadenken over sociale en politieke doelen betekent. Hun gesprekspartners in eerdere generaties – Socrates en Lucretius, Seneca, Niccolò Machiavelli, de Thomas Hobbes van de *Leviathan*, Hugo de Groot – hadden uiteenlopende ideeën over gerechtigheid, de legitimiteit van de macht, de deugd en de menselijke natuur, maar ze hadden gemeen dat ze de antwoorden op die vragen binnen de natuur en de samenleving zochten. Juist een Machiavelli wijdde geen gedachte aan een legitimatie uit het hiernamaals, en kennelijk deden dat ook veel van zijn tijdgenoten niet. Daarom was het nuttiger gevreesd dan bemind te worden. De macht is een machine en machines hebben controle nodig, anders moeten ze uit elkaar gehaald en weer in elkaar gezet worden.

Eén naam ontbreekt in deze kleine hommage aan de salon van Holbach, hoewel hij er een regelmatige en belangrijke gast was: Jean-Jacques Rousseau, die na veel contact in het begin en een diepe persoonlijke vriendschap met Diderot in de loop van maar een paar jaar met al zijn oude vrienden ruzie kreeg, niet alleen persoonlijk maar ook filosofisch. Opgegroeid in het streng calvinistische Genève als zoon van een tirannieke vader was Rousseau als tiener al gevlucht uit zijn geboortestad, een enorme persoonlijke bevrijding en het voorspel van een rusteloos en al met al eenzaam leven.

Misschien had die biografische dimensie Rousseau tot een bijzonder scherpzinnig criticus van de politieke macht gemaakt. Toen hij zijn *Vertoog over de ongelijkheid* schreef, was hij nog een jongeman, de paranoïde toestanden die hem later overkwamen, waren nog niet opgetreden, en zijn geest slingerde nog niet heen en weer tussen zijn persoonlijke en zijn intellectuele rebellie, de nieuwe wetenschappelijke ontdekkingen van zijn tijd en een diep verlangen naar spirituele veiligheid en het religieuze gevoel van zijn kinderjaren. Het was zijn ambitie de grondslagen van de ongelijkheid te begrijpen die hij overal zag.

Rousseau begon zijn zoektocht verbazingwekkend empirisch. Als je de cultuur en de 'kunstmatige vermogens', die de mens zich heeft kunnen 'verwerven', even wegdenkt, zie je: '[...] als ik het me kortom voor ogen stel zoals het uit de handen van de natuur heeft moeten komen, dan zie ik een dier dat minder sterk is dan de ene diersoort, minder rap dan een andere diersoort, maar alles bijeengenomen toch het best toegerust van alle.'[78]

De mens een 'dier' dat anatomisch geluk heeft gehad? Rousseau stelt zich 'hem' voor hoe hij uit een bron drinkt en dan onder een eik inslaapt, een landelijke idylle, een soort Enkidoe van de verlichte fantasie, achter wie een materialistische natuur schuilgaat: 'Elk dier heeft, omdat het zintuigen heeft, ook ideeën; het brengt zelfs in zekere mate deze ideeen met elkaar in verband; en de mens verschilt in dit opzicht dan ook slechts gradueel van het dier.'[79]

Die 'natuurtoestand' van de mens kenmerkte zich door eenvoudige behoeften; ze leefden in losse polyamoreuze groepen en waren goed noch slecht; ze volgden gewoon de wetten van de natuur. Maar die natuurtoestand werd beëindigd toen de mens eindelijk op het idee kwam Gods opdracht aan Adam en Eva serieus te nemen – en daarmee meteen alle ondeugd van de bourgeoisie uitvond: 'De ware grondlegger van de burgerlijke maatschappij: dat was hij die als eerste een stuk grond omheinde, zich verstoutte te zeggen "Dit is van mij", en onnozelaars trof die hem geloofden.'[80]

Ook Karl Marx zou die visie van een oorspronkelijk primitief communisme overnemen, die Rousseau (en overigens ook Adam Smith) aan het begin van de menselijke geschiedenis postuleerde, het idyllische tegenbeeld van de rampzalige dynamiek van de industriële revolutie. Overigens zijn er in de werkelijkheid geen antropologische bewijzen voor dat tribale samenlevingen van jagers-verzamelaars ooit zo geleefd hebben. Ook in tribale samenlevingen (net als onder primaten en zoogdieren) hebben bijvoorbeeld jagers voorrang bij de verdeling van het door hen gedode wild, en voorrang in bepaalde territoria en op bepaalde plekken. Ook essentiële werktuigen zoals wapens zijn vaak persoonlijk eigendom. Zulke structuren zijn onafhankelijk van elkaar bij stammen in Zuid-Afrika, Alaska, zuidelijk Afrika en op de Filipijnen gedocumenteerd.

Auteurs uit de achttiende eeuw werden in hun historisch beeld nog niet door zulke ongemakkelijke gegevens gestoord en konden zich daarom geheel wijden aan een speculatieve geschiedenis, die hun ideeën over het heden bevestigde. Zo beschrijft Rousseau ook de gevolgen van die vooruitziende beslissing zich land eigen te maken – en van het gebrek aan verzet: 'Hoeveel laster, hoeveel oorlog, hoeveel moord, ellende en gruwel had de man niet kunnen voorkomen die de palen had uitgerukt en de sloot dichtgegooid en die zijn medemensen had toegeroepen: "Geloof die bedrieger niet; jullie zijn verloren als jullie vergeten dat de vruchten jullie allemaal toebehoren, en de grond niemand."'

Het was te laat; het eigendom was uitgevonden en daarmee de hebzucht en de onderdrukking en het verval. De enige oplossing voor die vreselijke spiraal van degeneratie en verruwing is een terugkeer naar de wetten van de natuur. Op dit punt was Rousseau een te goede denker om geloof te kunnen schenken aan zijn eigen argumenten. Is een terugkeer naar een natuurtoestand ooit mogelijk? En wie definieert wat de natuurtoestand is geweest? En wie moet de macht hebben die diepe inzichten politiek te realiseren?

Rousseaus vroege geschriften maken duidelijk dat de goddelijke opdracht aan Adam en Eva onder de denkers van de achttiende eeuw al als een ongeloofwaardige verdoezeling van politieke ambities is opgevat. Onderwerpers hebben altijd simpele mensen nodig die zich laten onderwerpen – iets wat ook de vroeg overleden Étienne de la Boétie (de diepbetreurde minnaar van Montaigne) in zijn polemiek *La servitude volontaire* had geconstateerd.

Te midden van alle lofzangen op het verstand, de cultuur, de wetenschap en de vooruitgang valt Rousseaus tartende stem op. Wat andere cultuur noemden, was voor hem niets anders dan de pervertering van natuurlijke instincten; en de grote stad als incarnatie van de nieuwe samenleving was een bolwerk van ondeugd, verval en de verwoesting van echte gevoelens. Die polemiek vormde het begin van een intensieve en vaak politiek ambivalente traditie van romantisch, anti-verlicht denken. Het door de cultuur geperverteerde natuurwezen mens, dat alleen in de stilte van het bos, de dampende geboortegrond of in uitgestrekte en onaangetaste landschappen innerlijke vrede en zijn ware bestemming kan vinden, hield dichters van Novalis tot Rainer Maria Rilke, van de Amerikaanse schrijver Ralph Waldo Emerson tot en met Samuel Taylor Coleridge in Engeland bezig.

Bijna eindeloos flexibel in zijn afstemming werd het beeld van de geperverteerde natuurmens gebruikt om de verlichte burgerij te bekritiseren, en later als motivatie voor de Eerste Wereldoorlog – de wedergeboorte van de door het stadsleven verwekelijkte man – en als grondslag van fascistische ideologieën van de nazi's tot Vladimir Poetins fantasie over een oorspronkelijke, pure, onvervalste middeleeuwse Rus. Maar ook bewegingen als die ter verandering van de leefgewoonten rond 1900 en de hippies die tegenover de triomferende consumptiemaatschappijen van na de oorlog en kleinere oorlogen een andere levensvisie plaatsten, of de milieubeweging tegen het eind van de twintigste eeuw zouden zonder

Rousseau amper denkbaar zijn geweest.

In het denken van de romantici was en bleef de mens deel van de natuur, de mens die alleen door zijn eigen waanideeën vervreemd was van zijn oorsprong en er zelfs ziek van was. De genezing van die ziekte lag in het heroverdenken van de zuiverheid van het begin en in de (ook bij Rousseau bepaald gewelddadige) onderdrukking van alle valse en vreemde en leugenachtige tendensen en hun vertegenwoordigers. Achter de droom van de zuivere gemeenschap loerde maar al te vaak de werkelijkheid van de dictatuur.

De terreur van de deugd

Misschien is het gevaar van een dictatuur deel van de eigen dynamiek van de verlichting; de heerschappij van het verstand en de onderwerping van de natuur en van het natuurlijke lijken een rechte weg naar het schrikbewind van een Maximilien Robespierre te vormen, die in naam van verstand en deugd zijn tegenstanders naar de guillotine stuurde.

Zoveel directe bruutheid was er zelden te vinden bij de verlichters, die zichzelf vooral zagen als de geestelijke, intellectuele voorhoede van een nieuwe wereld. Maar ook in verlichte maatschappelijke utopieën zijn de tendensen tot onderwerping van het natuurlijke onmiskenbaar, en het duidelijkste voorbeeld ervan is het panopticum van Jeremy Bentham (1748-1832).

Bij de welgestelde privégeleerde Bentham zou vandaag de dag waarschijnlijk autisme zijn gediagnosticeerd. Tijdens zijn lange leven viel het hem zwaar de emoties van anderen te begrijpen, hij leefde volgens een strikt gereglementeerde dagindeling en werd als een intellectuele extremist beschouwd, maar wel specifiek begaafd. Op driejarige leeftijd begon hij al met de studie Latijn en hij werd op zijn twaalfde door zijn vader naar Oxford gestuurd. Bentham is zich zijn hele leven erover blijven verbazen hoe irrationeel de mensen handelen. Zijn eigen moraalfilosofie was eenvoudig, logisch en coherent: *It is the greatest happiness of the greatest number that is the measure of right and wrong.*[81]

Wat de meeste mensen in een gezelschap het gelukkigst maakt is per definitie juist. Critici verweten hem dat er volgens dat criterium niets verwerpelijks aan geweest was dat in het Oude Rome christenen voor de leeuwen werden gegooid, omdat het grootste deel van de mensen er plezier aan beleefden, maar Bentham liet zich niet van de wijs brengen. Er waren maar twee principes in de natuur:

> De natuur heeft de mensheid onder het bewind van twee hoge gebieders geplaatst: leed en vreugde. Alleen zij zetten ons aan tot wat we moeten doen, en alleen zij bepalen wat we dan werkelijk doen. Aan hun troon zijn de normen voor recht en onrecht even vast verankerd als de keten van oorzaak en gevolg. Zij beheersen ons handelen, ons spreken en ons denken volledig.[82]

Om een goede samenleving te ontwikkelen moeten we het principe van plezier en leed op nuttige sociale principes toepassen en op die manier rationeel, deugdzaam en nuttig gedrag bevorderen. Dat had belangrijke consequenties. Het idee van het 'natuurrecht', dat in filosofische discussies zo belangrijk was geweest en dat ervan uitging dat bepaalde rechten al vanuit de natuur – of de schepping – bestaan, noemde hij 'onzin op stelten'. Rechten bestaan niet, ze worden gecreëerd als mensen ze elkaar verlenen. Daarom hebben deze ook geen recht van spreken over andere schepsels, temeer daar de mensen meer op elkaar lijken dan hun lief is:

> Misschien komt op een dag de dag waarop de rest van de dierenwereld de rechten krijgt die zijn leden zonder een tiranniek regime nooit had[den] kunnen worden onthouden [...] Nu is evenwel een volwassen paard of ook een hond veel meer met rede begaafd en ook communicatiever dan een pasgeboren kind dat een dag oud is, of een week, of zelfs een maand. Maar zelfs als dat niet zo was, zou dat aan de stand van zaken niets veranderen. De vraag is immers niet of ze kunnen denken, en ook niet of ze kunnen praten. De vraag is: kunnen ze lijden?[83]

Benthams oprechte empathie met andere dieren sloot op zeer Engelse wijze tweebenigen uit, want terwijl hij het lijden van de dieren als moreel probleem erkende, waren zijn projecten voor menselijke samenlevingen uitsluitend en alleen bedoeld om ten goede te komen aan het grootste aantal, en werden ze niet bepaald door empathie met individuen.

Het beroemdste project dat met Benthams naam verbonden is, is bij zijn leven nooit gerealiseerd en spookt hoofdzakelijk als metafoor door de wereld. Een reis door Rusland bracht Bentham op het idee voor zijn meest eerzuchtige project, dat hij jarenlang met grote verbetenheid zou najagen. Dat idee kwam bij hem op in Kritsjev, waar hij in 1787 zijn broer Samuel bezocht, die daar uitgerekend voor vorst Potemkin werkte, de beroemde gunsteling van tsarin Catharina de Grote en uitvinder van de Potemkin-dorpen, die alleen uit coulissen bestonden, waar de vorst zijn tsarin in een slee doorheen kon rijden om voor te wenden dat zijn streek vooruitging. Ze zijn waarschijnlijk nooit gebouwd. Maar *si non è vero è ben trovato.*

Misschien waren het de hervormingsideeën die in Rusland juist in de mode waren en waarvoor Potemkin zich zo energiek inzette, plus de invloed van de Franse verlichters aan het hof van de tsarin, misschien is het ook de verveling geweest ver weg van zijn moederland die Bentham op zijn nieuwe idee bracht – in elk geval geloofde hij al snel op een geniale ingeving gekomen te zijn, een eenvoudige en zekere methode alle mogelijke wantoestanden in de samenleving niet alleen aan te pakken, maar ze volledig uit te roeien. 'De zeden hervormd – de gezondheid een dienst bewezen – de nijverheid gesterkt – de onderwijsmethoden verbeterd – de publieke uitgaven teruggebracht – de economie als het ware op een stevig fundament gezet – de gordiaanse knoop van de armenwetten niet doormidden gehakt maar ontward – en dat allemaal door een eenvoudig architectonisch idee!' Hij noemde dat idee het panopticum.

Het panopticum leek zich aan alle doelen aan te passen:

Of het er nu om gaat onverbeterlijken te bestraffen, krankzinnigen in de gaten te houden, mensen die een gevaar vormen voor de samenleving te verbeteren, verdachten onder toezicht te plaatsen, mensen die niets doen aan het werk te krijgen, hulpelozen te verzorgen, zieken te behandelen, bereidwilligen aan te sporen tot welke arbeid ook, of de toekomstige generatie op het pad van de algemene ontwikkeling te krijgen: kortom, of het nu permanente gevangenissen voor het leven zijn of huizen van bewaring voor mensen die op hun rechtszaak wach-

ten, straf- of verbeteringsinrichtingen, werkinrichtingen, manufacturen of krankzinnigengestichten of ziekenhuizen of scholen.[84]

Het geniale idee was ontroerend eenvoudig: een groot cirkelvormig gebouw met cellen tegen de buitenmuur en een wachttoren in het midden,
van de cellen gescheiden door een ringvormige lege ruimte. Belangrijk
was dat alle cellen aan de binnenkant van het complex alleen tralies hadden en dat er vanuit de wachttoren altijd direct in de cellen gekeken kon
worden, maar dat de bewakers in de toren niet konden worden gezien
door de celbewoners. Geen van de celbewoners kon dus nagaan of hij
werd geobserveerd of niet.

Bentham had alles nauwkeurig doorgerekend, van de doorsnee van
het gebouw (ongeveer dertig meter), de dikte van de muren, tot en met
de grootte van de cellen en van de ramen, van de verlichting en de communicatie tot en met voeding, dagschema, bestraffing, activiteiten en
natuurlijk de rentabiliteit van het hele project, want het panopticum
moest kostendekkend zijn en zelfs winstgevend, om niet op de zak van
eerzame burgers te hoeven teren. Om zijn plannen aanschouwelijk te
maken gaf hij een architect opdracht het door hem zo zorgvuldig uitge-
dachte gebouw te tekenen.

Het panopticum was een machine van de sociale verandering. De gevangenen vegeteerden in de achttiende eeuw vaak in erbarmelijke omstandigheden, in donkere en vochtige cellen, zonder toereikende voeding; ze
waren blootgesteld aan hitte en kou, ziekten en meedogenloze bewakers.
Voor hen zou het panopticum een enorme vooruitgang zijn geweest –
een rationeel regime zonder willekeur, waarin ze voor hun levensonderhoud hadden kunnen werken.

Wie niet wilde werken zou hard worden aangepakt. Hier had Benthams morele enthousiasme een belangrijke voorloper, ook al was de
filosoof zich daarvan waarschijnlijk niet bewust: nog een architectonische legende, die misschien nooit zo heeft bestaan, maar die evenzeer
een manifestatie is van de cultuur waaruit ze voorkomt, net als Po-
temkins nooit gebouwde huizen. Het rasphuis in Amsterdam was in de
zeventiende eeuw een gevangenis speciaal voor mensen die niet wilden

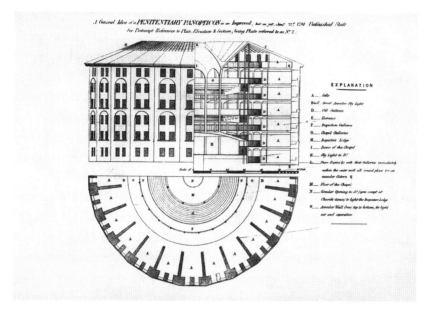

11. Jeremy Bentham, *Panopticum*, 2017 (Adrian Mann, digitale illustratie)

werken en 'asociale elementen'; het wilde gevangenen door middel van arbeid weer in de samenleving laten integreren. Wie weigerde werd met stokslagen op andere gedachten gebracht. Voor verstokte gevangenen was er volgens plaatselijke verhalen een speciale plek, de verdrinkings-cel. De gevangene bevond zich alleen in een raamloze cel, die langzaam volliep met water. Hij had zelf niets anders dan een pomp, om zich voor de dood te redden. Hij moest blijven pompen om niet te verdrin-ken.

Bentham geloofde ook in de helende waarde van arbeid, maar hij had nog andere ideeën voor de gevangenen. Je zou niet alleen arbeidsme-thoden kunnen uitproberen, maar ook medicijnen en nieuwe vormen van straf. Kinderen zouden in uiteenlopende panoptica verschillend op-gevoed kunnen worden om pedagogische theorieën of psychologische hypothesen te testen – allemaal voor het algemeen welzijn.

Tegelijkertijd bracht de geluksberekening die ten grondslag lag aan zijn filosofie de vader van het panopticum ook tot standpunten die haaks stonden op die tijd en in onze ogen verrassend liberaal zijn: hij zette zich niet alleen voor dierenrechten in, maar eiste ook de legalisering van homoseksualiteit, de gelijkheid van mannen en vrouwen en de afschaffing van de doodstraf, die naar hij meende onevenredig vaak de armen trof en waarvan het gebruik overigens duurder was dan de economisch productieve, levenslange dwangarbeid.

Terug in Londen stortte Bentham zich met groot enthousiasme op de verwezenlijking van zijn project. Er werd bouwgrond gevonden, de regering was niet onwelwillend, maar de planning raakte in het slop. De buren protesteerden, politieke intriges bemoeilijkten de realisatie van de plannen, en de koning, die zich door de sociaal altijd onhandige Bentham beledigd voelde, vertraagde de voortgang van het project, tot alles tot stilstand kwam en het idee ten slotte in de prullenmand verdween. Bentham, die heel veel eigen geld in het concept had gestoken, was buiten zichzelf van woede, die omsloeg in een diepe, levenslange verbittering.

Tijdens Benthams leven is er dus geen panopticum gebouwd, en hij ging zich met andere plannen bezighouden. Als tegenwicht voor de elitaire en zijns inziens nutteloze universiteiten van Oxford en Cambridge (aan de eerste bewaarde hij nog altijd slechte herinneringen) richtte hij het University College in Londen op, een plek waarmee hij zich diep verbonden voelde. Hij stierf in 1832, op de leeftijd van vierentachtig jaar.

In zijn testament bepaalde Jeremy Bentham niet alleen dat in aanwezigheid van zijn vrienden sectie op zijn lichaam verricht moest worden – zo konden de heren ook nog iets van zijn dood leren – maar ook dat hij, gemummificeerd en gekleed in zijn dagelijkse kleren, voor altijd in de universiteit aanwezig moest zijn. Daar is hij nog steeds te zien, al is zijn hoofd (dat er steeds weer afviel en meermalen door studenten van andere universiteiten is gestolen) intussen vervangen door een model uit was. In 2013, bij de verjaardag van de universiteit, werd zijn 'auto-icoon', zoals hij het preparaat van zijn lichaam in zijn testament had genoemd, naar de plechtige raadszitting gebracht. In de notulen werd opgemerkt dat de filosoof *present, but not voting* was.

Het panopticum is allang een metafoor geworden van een allesdoordringende en alles verkennende moderne tijd. Michel Foucault schreef daarover in zijn baanbrekende boek *Surveiller et punir: naissance de la prison* (Discipline, toezicht en straf), en intussen zou je een kleine boekenkast kunnen vullen met boeken over Benthams uitvinding. De ontzetting die zijn idee teweegbracht, zou hem zeer hebben bevreemd. Zo had hij in een wetsontwerp uit 1794, de Panopticon Bill, voorgesteld om bij alle gevangenen naam, geboorteplaats en geboortedatum op de linkerarm te tatoeëren. Op de kritiek en verontwaardiging reageerde hij met de verbaasde opmerking dat hijzelf bereid was zo'n tatoeage te laten zetten om het goede voorbeeld te geven. De dieptepunten en tegenstrijdigheden van menselijke emoties bleven de eeuwige vrijgezel, wiens onafscheidelijke begeleider een poes was, een geheim voor hem, een raadsel.

Pas in de twintigste eeuw werd Benthams idee op diverse plaatsen werkelijkheid, meestal in meer of minder gewijzigde vorm. Het Presidio Modelo op het Cubaanse Isla de la Juventud is een van de getrouwste realisaties van Benthams plan, een andere het F-House No. 2 in het Stateville Correctional Center, Crest Hill in Illinois – een kolossale, antiseptische hal met een bodem van gepolierd beton, stalen tralies, schijnwerpers en de esthetiek van een dodencel.[85]

*

Wat tegenwoordig algemeen 'de verlichting' wordt genoemd, is een complex, geografisch sterk uiteenlopend en in zichzelf vaak tegenstrijdig fenomeen van de nieuwe intellectuele toe-eigening van de wereld, die alleen met religieuze ideeën niet meer voldoende verklaard kon worden.

Die nieuwe toe-eigening is niet zozeer vrijwillig gebeurd als wel uit een duidelijke noodzaak, want de wereld van de zeventiende eeuw was ongelooflijk veel groter en complexer dan tweehonderd jaar eerder, en schreeuwde om interpretatie. Die wereld bood veel meer handelingsmogelijkheden, vooral voor de stedelijke burgerij, de eigenlijke vertegenwoordigers van de sociale en politieke verandering, die met hun extra aandacht voor gelijkheid en algemene (zij het niet te algemene) mensenrechten niet in de laatste plaats ook hun eigen belangen filosofisch wilden benadrukken.

Omdat dit proces van meet af aan bepaald werd door sterke sociale belangen, ging het ook altijd gepaard met een machtsstrijd, tot in de schijnbaar abstractste delen van de argumentatie. De sociale belangen en de achtergrond van de deelnemers verschilden echter flink van elkaar. Sommige auteurs waren vanaf het begin revolutionair, anderen streefden naar hervormingen, weer anderen probeerden de theologische en politieke status quo te redden door filosofische concessies te doen aan een abstracte rationele schepper om compromissen in de praktijk des te vastberadener van de hand te kunnen wijzen. Velen poogden God een plaats in het rationele systeem te geven en faalden, anderen lieten tegenstrijdige ideeën zonder enig commentaar naast elkaar bestaan. Iedereen veranderde in de loop van de discussies van mening, al naargelang de onafhankelijkheid die ze zich konden permitteren, maar bijna niemand kon schrijven wat hij echt dacht.

Was de verlichting dus een triomf van de ratio of een cynisch machtsspel, een roep om revolutie en universele rechten of een diep conservatief project om alle machtsstructuren en theologische ideeën in een nieuw vocabulaire te consolideren? Heeft ze nieuwe horizonten geopend of nieuwe uitbuiting mogelijk gemaakt?

Dat allemaal, en nog veel meer. De erfenis ervan blijft ambivalent, niet alleen om redenen die critici als Michel Foucault of Max Horkheimer en Theodor W. Adorno in de twintigste eeuw naar voren zouden brengen, maar omdat de gematigde verlichting van Descartes via Voltaire tot en met Kant zich niet helemaal vrij kon maken van de God van hun kinderjaren noch van de daarmee verbonden theologische ideeën, of omdat ze politieke overwegingen achter zich wilden laten.

Veel methoden van het theologische denken, die vooral gedoceerd werden op scholen die door jezuïeten werden geleid, kunnen we in verlichtingspolemieken terugvinden: het citeren van klassieke bronnen bijvoorbeeld, zij het dat er niet langer een beroep werd gedaan op het Evangelie maar op Romeinse auteurs, of het argumenteren met een natuurlijke orde, die bedrieglijk veel kon lijken op een goddelijke orde. Maar ook centrale motieven van een wereldvisie werden zonder veel plichtplegingen in de discussies ingebracht en in veel verkochte en gelezen teksten uit die tijd overgenomen. Veel pijlers van het verlichte denken hebben directe parallellen in de theologie waarmee de vertegenwoordigers van dat denken waren opgegroeid; ze dachten nog steeds in dezelfde retoriek.

Alleen radicale materialisten durfden in twijfel te trekken of de mens werkelijk principieel van dieren verschilt, of hij inderdaad een speciale plaats in de natuur inneemt en waar precies in zijn lichaam zijn ziel zetelt. Bijna niemand twijfelde eraan dat de geschiedenis een doel nastreeft.

De argumenten en auteurs waaruit burgerlijke historici in de negentiende eeuw dan 'de verlichting' uitkozen, ze publiceerden, in leerboeken verpakten en in de scholen lieten onderwijzen, vertegenwoordigden een bepaalde arm van de enorme intellectuele rivierdelta van discussies gedurende twee eeuwen. Die arm van de brede rivier stond het verstand toe de wereld te verkennen en te onderwerpen en volgens een rationalistisch model te verklaren, zonder daarbij het mysterie van het geloof en van het bestaan van een laatste borg voor waarheid, moraal en zelfbesef in twijfel te trekken.

Die gematigde en keurig opgepoetste verlichting, die gezuiverd was van haar tegendraadsheid en dramatische veranderingen, had nog altijd genoeg explosieve stof in zich om de heerschappij van kerk en adel en daarmee de structuren van de samenleving diep te schokken. De nieuwe burgerlijke en min of meer republikeinse heren gingen er prat op dat de macht nu anders, want volgens democratische en rationele criteria verdeeld was en geen goddelijke genade meer van node had om zich voor het tribunaal van de mensheid te rechtvaardigen. Maar in werkelijkheid zorgden juist de gematigde verlichters ook voor een sterke continuïteit van de macht, die nu weliswaar niet meer theologisch, maar wetenschappelijk gemotiveerd werd, en die de plaats van de mens (en specifiek van de mannelijke, Europese mens) helemaal boven aan de schepping en boven aan elke natuurlijke hiërarchie bevestigde en hem een bijzondere missie toewees: zijn eigen bevrijding ten uitvoer brengen door de natuur uit te vorsen, te slim af te zijn, te overweldigen en uit te buiten.

De beslissende schakelaar die onderscheid maakte tussen legitieme en illegitieme onderwerping was de aanwezigheid van een ziel, zoals Descartes al had getoond – of in het vocabulaire van de verlichting: van een volmaakte ratio. Zij besliste tussen cultuur en natuur, tussen subject en object, tussen recht en rechteloosheid. Wat of wie als deel van de natuur beschreven kon worden, werd een van de effectiefste en meest perfide machtsinstrumenten in de geschiedenis.

De vrijbrief

'Zo is de inbezitneming van land voor ons extern (tegenover andere volken) en intern (voor het staatsbestel en de eigendomsverhoudingen binnen een land) het oertype van een constituerende rechtsprocedure.'
Carl Schmitt

'La nature a fait une race d'ouvrier, c'est la rare chinoise [...] une race de travailleur de la terre, c'est le nègre [...] une race de maîtres et de soldats, c'est la race européenne.'
Ernest Renan (1823-1892), *Le Discours sur la nation*

Door de beroemde poort van dierenpark Hagenbeck zijn generaties Hamburgse kinderen gestroomd (onder wie ook de auteur). In 1907 werd het complex ingewijd, de poort straalt de charme uit van met stucwerk opgesierde herenhuizen en villa's in Altona, embleem van een zelfbewust tijdperk. Tegelijkertijd is de poort een belofte, de toegang tot een andere, exotische wereld, gesymboliseerd door wilde dieren, ijsbeer, leeuw, olifanten – en de andere 'wilden': de oriëntaalse krijger met schild en speer en de Indiaan met tomahawk en geweer, die een oorlogskreet lijkt uit te stoten die door merg en been gaat.

Dierenpark Hagenbeck was in zijn tijd vernieuwend. De verblijven waren niet omgeven door zware ijzeren traliehekken, maar behendig vormgegeven zodat de hier opgesloten wezens in een nagebootste natuurlijke omgeving te zien waren. De ijsberen en pinguïns hadden een ijsberg van gips en draadwerk, de gemzen klauterden op kunstmatige bergen, de Indische olifanten struinden door een hindoetempel met altaren. Op negentien hectare werden de meest verschillende diersoorten

12. Dierenpark Hagenbeck in Hamburg, hoofdingang; ansichtkaart 1919

in een natuurgetrouwe omgeving getoond, een reis door de continenten, die net als de Arabier en de Indiaan op de poort veel gemeen hadden met de romans van Karl May, een bijna magische ervaring in een tijd van vóór de televisie en de verre reizen.

En het was allemaal zo eenvoudig begonnen, met een kleine vishandelaar die in 1848 op het luisterrijke idee was gekomen enkele robben te kopen van de vissers van St. Pauli en ze voor een paar cent entree in houten tobben op de markt te vertonen. Later kwamen er een ijsbeer en een hyena bij. Daaruit ontwikkelde zich een showbusiness, die door de zoon van de vishandelaar, Carl, tot een dierenpark werd uitgebreid, dat hele expedities financierde om bijzondere dieren uit de hele wereld naar Europa te brengen. Hagenbeck had zelf als kind in de vishandel gewerkt en was nauwelijks naar school geweest. Toch vereerde hij zijn vader:

Hij was een man met onwrikbare principes en grote vergezichten. Vol dankbaarheid moet ik zeggen dat voor alles wat we hebben bereikt hij de eerste steen heeft gelegd. In zijn karakter paarde hij grote levensernst aan vriendelijke omgangsvormen. Achter uiterlijke strengheid, die mijn vader in de opvoeding van zijn kinderen in acht hield, ging grote goedheid des harten schuil. De stok speelde in de opvoeding geen rol; alleen al door het voorbeeld van mijn vader, die geheel bestond uit activiteit, stiptheid en zuinigheid, leerden wij kinderen in zijn geest te leven.[86]

De herinneringen van Carl Hagenbeck zitten vol joviale humor en tonen opmerkelijk eerlijk hoe een bescheiden kermisbedrijf zich ontwikkelde tot de grootste dierenhandel van Europa en tot dierentuin – die hem rijk en beroemd hebben gemaakt. Voor dat beroep moet je liefde voor dieren hebben, verzekert hij, ook al werd zijn relatie met zijn dieren vooral gekenmerkt door een gezonde handelsgeest. Toen een van zijn olifanten een bewaker aanviel, besloot hij het dier te laten 'terechtstellen', en verkocht dat voorrecht aan een jager uit Engeland, die met zijn hele wapenarsenaal naar Hamburg afreisde, maar op het beslissende moment – de olifant was buiten voor een houten wand vastgebonden – te nerveus was om de trekker over te halen. Maar omdat hij betaald had wilde hij ook niet dat iemand anders de mannetjesolifant neerschoot. Toen kwam Hagenbeck op een idee:

Ik stelde hem uiteindelijk voor het dier te laten verwurgen. Daar had hij geen bezwaar tegen. De veroordeelde werd nu geboeid naar de stal gebracht, kreeg een strik om zijn nek, waarvan het touw over een lier liep; aan het uiteinde ervan stonden zes van mijn mensen om de executie uit te voeren. Een, twee, drie! commandeerde ik, en bij de derde haal zweefde de olifant met zijn voorpoten boven de grond. Bijna direct erna viel zijn kop opzij, de reus verloor de grond onder zijn voeten en zakte ineen. Het duurde amper één minuut voor het dier gecrepeerd was. Zo eindigde die Goliath zijn leven, om opgezet in het Hamburger Museum zijn wederopstanding te vieren.[87]

In feite moest Hagenbeck steeds weer naar nieuwe inkomstenbronnen zoeken, want de handel in exotische dieren was minder winstgevend dan gehoopt: de expedities kostten handen vol geld en de meeste dieren waren aan hun eind gekomen nog voor ze Europa überhaupt bereikt hadden. Maar Hagenbeck had nog een troef achter de hand, een veel lucratievere uitvinding, die hij voor zichzelf opeiste: een volkenshow, tot lering ende vermaak van een groot publiek. Op dat punt zwolg de dierentuindirecteur in trotse herinneringen. Zijn schouwspel was in Londen, Berlijn en in 1886 in Frankrijk te zien geweest: 'Die volkenshow was de sensatie van Parijs geweest. Ze had het park niet alleen flink inkomsten opgeleverd, maar een onafzienbaar publiek amusement, opwinding en informatie geboden. Op zondag trok de tentoonstelling ruim een half miljoen bezoekers.'[88]

Om te beginnen had Hagenbeck enkele gezinnen uit Lapland geïmporteerd om te laten zien hoe zij samen met rendieren hun dagelijkse leven leidden. De Sami, klein van gestalte, in hun kostuums van rendierhuid en met hun wapens, tenten en gereedschap, waren in Hamburg een sensatie, en de ondernemer rook geld. Hij stuurde zijn menselijke pronkstukken op tournee door het hele land en begon eerzuchtige plannen te smeden. Ditmaal moest een compleet Afrikaans dorp getoond worden, met dieren en mensen uit Afrika, die dansen en rituelen opvoerden. Hij wierp zijn net steeds verder uit om zijn betalende publiek steeds sensationelere spektakels te bieden:

> Het lag als een zweem uit het oude wonderland India over mijn Singalese groep. We hadden niet alleen de schilderachtige buitenkant van het land treffend weergegeven, maar ook een glimp van zijn mystiek. Het fleurige fascinerende beeld van het kamp, de majestueuze olifanten, deels behangen met dekkleed vol goud en deels met arbeidstuig, sjouwden gigantische vrachten; de Indiase magiërs en goochelaars, de duiveldansers met hun groteske maskers, de mooie slanke ree-ogige bajadères met hun zedenprikkelende dansen en ten slotte de grote religieuze Perra-Harra-processie – dat oefende allemaal schier betoverende charme uit waarvoor de toeschouwers door de knieën gingen.[89]

De exotische zinnelijkheid en een zweem oriëntaalse betovering wekten zoveel nieuwsgierigheid dat de politie moest ingrijpen om mensen en dieren te beschermen. Bij zijn Afrikaanse uitbeelding had Hagenbeck nog iets geraffineerds bedacht:

Zo 'overvielen' plotseling aan het begin van het spel slavenhandelaren dat vreedzame dorp. Arabieren die hoog op dromedarissen zaten reden met geschreeuw en wapengekletter om de zojuist nog smullende dorpsbewoners heen. Geschrokken stoof de geitenkudde uiteen, kippen vluchtten kakelend weg, en na een kort handgemeen werden de arme gevangenen, zeer realistisch in boeien en houten gaffels gelegd, als levende buit afgevoerd. Toen verschenen er Europese dierenvangers, die in een vuurgevecht de rovers-bedoeïenen verjoegen, en daarna werd er een groot vredesfeest gehouden, waarbij onder begeleiding van inheemse muziek gedanst werd en alle rites van een echt Soedanees stamfeest in acht werden genomen. Toen volgden er struisvogeldrijfjachten op rennende dromedarissen.[90]

Carl Hagenbeck schrijft vriendelijk en met een zekere sentimentaliteit over mensen uit andere continenten die bij zijn volkenshow optraden, maar hij laat enkele zaken onvermeld. Veel van de mensen die een contract met hem getekend hadden, werden met valse beloften over arbeid en welvaart op reis gelokt en keerden nooit meer naar hun vaderland terug. Ze stierven aan pokken en tuberculose. De Vuurlanders, die Hagenbeck in 1879 presenteerde, namen die ziekte mee terug naar hun eiland. Dertig jaar later was de gehele bevolking daar uitgestorven. De weggevoerde mensen werden niet ingeënt. Zij die al tijdens de zeereis stierven, werden gewoon overboord gegooid, de overlevenden werden na hun aankomst in Europa in veewagons vervoerd, en aan de grenzen werden voor hen reglementair invoerrechten betaald. Wie dat allemaal had overleefd, moest zich dagelijks laten aangapen en diende het programma van de voorstellingen af te werken, tot hij te ziek was om nog langer tentoongesteld te worden. De dood van een familielid in de groep was geen reden om afwezig te zijn bij een voorstelling.

De volkenshow was geen uitvinding van Hagenbeck. De Jardin d'Acclimatisation in Parijs had de vertoning van 'exotische' mensen ingevoerd, en in kermistenten waren al meer dan een eeuw 'freaks' en 'wilden' getoond, maar de volkenshow werd toch een bijzonder fenomeen. Ze vonden al snel in honderden steden in Europa en Amerika plaats, vooral bij wereldtentoonstellingen zoals die van 1873 in Wenen, van 1893 in Chicago en die van 1900 in Parijs, maar ook bij koloniale tentoonstellingen. Ze gaven de bezoekers enig idee wat hun buiten de beschaving te wachten stond, bij de 'wilden' wier schijnbaar primitieve en gewelddadige bestaan pas door de zegeningen van de koloniale heerschappij in geordende banen was geleid. Het was niet van belang dat de taferelen en kostuums waarin ze zich moesten tonen, soms niets te maken hadden met het leven in hun land van herkomst en dat de dansen en rituelen voor de gelegenheid bedacht waren. De enscenering stond al vast, lang voordat ze aan de reis begonnen: 'primitieve' maar zinnelijke Afrikanen, trotse en wrede Arabieren, 'Indianen' in volle vedertooi tijdens de regendans, mysterieuze Indiërs, Vuurlanders uit de oertijd, kannibalen, wild en bijna dierlijk, ideaal voor dierentuin en circus.

Hoe was het mogelijk dat iemand die zich beroemd had op de onwrikbare principes die hij van zijn vader had geërfd, mensen als winstobject tentoonstelde en hun dood met hetzelfde lachje accepteerde als de 'terechtstelling' van een olifant?

Het antwoord kunnen we tweehonderd jaar vóór de volkenshow vinden in de stralende zon van de Caribische Zee, in het dagboek van Thomas Phillips, kapitein van de Hannibal van de African Company. Phillips kwam uit Wales en was geen jongeman meer. Hij wilde in zijn geboorteland van zijn rust gaan genieten, en het commando op een schip van de African Company was een mooie gelegenheid voor hem om zijn gerieflijke levensavond te financieren. Hij zou in 1693 vanuit Bristol naar de westkust van Afrika varen om daar lading op te halen: mensen die hij op de slavenmarkt daar zou kopen in ruil voor massagoederen als messen, staven ijzer en tinnen kannen, en ze doorverkopen aan de eigenaars van suikerplantages in West-Indië.

De zogenoemde driehoekshandel was een benarde zaak. Op weg naar Afrika werd de Hannibal al aangevallen en het schip kon zich ondanks de zesendertig kanonnen aan boord maar ternauwernood in veiligheid brengen. De Hannibal moest zijn toevlucht zoeken in de eerste de beste haven om het kapotgeschoten en lekgeslagen schip, waarvan de helft van de masten was verdwenen, te repareren, en kort erna werden schip en bemanning bijna het slachtoffer van een orkaan. Ook het leven aan boord was zwaar. Voor de kust van Liberia werd de kennelijk veel jongere broer (waarschijnlijk een halfbroer) van Phillips aangetast door een koorts die onder de manschappen heerste, en hij stierf binnen een dag. De kapitein noteerde dat hij 'vol pijn over zijn verlies' in de steek was gelaten en gaf hem een erebegrafenis, met trompetten, trommels, vlaggen halfstok en zestien schoten van de boordkanonnen, 'want dat was het aantal jaren dat hij op deze onzekere aarde heeft geleefd'.[91]

Phillips noteerde verder niets over zijn gevoelens, hij was een praktisch man, gehard door jaren op zee. Zijn dagboek zit vol nuttige details: windrichting en snelheid, ligplaatsen, reliëfs van eilanden, geprefereerde handelswaren en prijzen op verschillende markten, plekken waar het wel en niet mogelijk is bij de handel valse gewichten op te geven, wat op welke markt de prijs is van gezonde mannen en vrouwen en welke trucs de handelaren toepassen om hun slaven er jong en gezond uit te laten zien.

In Whidaw, in het huidige Benin, kochten Phillips en zijn zakenpartners in een tijdsbestek van negen weken dertienhonderd slaven, die over twee schepen werden verdeeld. De Hannibal voer met zevenhonderd geketende mensen uit, die op de lage, duistere en ongeluchte slavendekken niet rechtop konden staan en zo dicht op elkaar lagen dat het onmogelijk was zich te bewegen zonder lichamen aan te stoten.

Phillips was nieuw in de slavenbusiness en kreeg goede raad van meer ervaren collega's, die hij overigens niet altijd aannam:

Mij is verteld dat een paar bevelhebbers benen of armen van de oproerigste mensen afhakken om de rest van de mannen schrik aan te jagen, want ze denken dat ze niet naar huis kunnen terugkeren als ze een ledemaat verliezen. Enkele officieren raadden me aan datzelfde te doen, maar ze konden me er niet van overtuigen er zelfs maar over te gaan denken, laat staan zo'n barbaarse daad, zo gruwelijk, inderdaad op die arme schepsels uit te voeren, die, afgezien van het ontbrekende christendom en de ware religie (meer hun ongeluk dan hun fout) al evenzeer werken van Gods hand zijn en hem even dierbaar als wijzelf. Ik kan me niet voorstellen waarom ze om hun huidskleur geminacht zouden worden, want daar kunnen ze niets aan doen, het is de uitwerking van het klimaat dat er door Gods wil heerst. Ik kan niet geloven dat er in de ene huidskleur een grotere innerlijke waarde schuilt dan in de andere, of dat blank beter is dan zwart, iets wat wij alleen maar denken omdat wij zo zijn en ertoe neigen over ons eigen uiterlijk gunstiger te oordelen, reden waarom de duivel voor de zwarten ook blank is en zo afgebeeld wordt.[92]

Dat is de tegenspraak van kapitein Phillips. Hij wist wat hij deed. Hij beschouwde Afrikanen niet als minderwaardig en geloofde niet dat hij lid was van een superieur ras. De duivel van de zwarten is blank.

De reis van de Hannibal werd voor de investeerders een financiële ramp. Meer dan de helft van de slaven stierf onderweg aan pokken of koorts, omdat ze zich doodhongerden, door boeien en zwepen koudvuur opliepen, in zee sprongen, of zonder opgaaf van redenen, uit wanhoop, wat Phillips vaak frustreerde: 'De zwarten zijn zo oproerig en weinig bereid hun land te verlaten dat ze vaak uit kano's, boten of schepen in zee springen en onder water blijven, tot ze verdronken zijn,' schreef hij.[93]

Voor de kapitein was het verlies van driehonderdzeventig slaven bitter, zoals hijzelf verklaarde: 'Er heerste zoveel ziekte en dood onder mijn arme manschappen en de zwarten dat we er eerst veertien maar daarna driehonderdtwintig moesten begraven, wat onze reis veel schade toebracht, want de Royal African Company verliest tien pond op elke overleden slaaf en de eigenaars van het schip tien pond en tien shilling [...] waardoor het verlies bijna 6500 pond bedraagt.'[94]

Phillips had de pech zijn vreselijke beroep uit te oefenen voordat de kaste van exegeten en rechtvaardigers in zijn land zich over de slavernij hadden ontfermd. Hij beschouwde zijn gevangenen weliswaar als 'slaven van de duivel', omdat ze hun kinderen niet wilden toevertrouwen aan het missieonderwijs aan boord, maar zijn devotie en zijn geweld tegenover mensen die hij (met uitzondering van de doop) als gelijkwaardig zag, leefden in verschillende hoeken van zijn geest naast elkaar. Toch ondernam de kapitein niet meer dan deze ene reis. Van de verkoop van de resterende helft van de oorspronkelijk ingeladen slaven kon hij zich na zijn terugkeer een bescheiden maar aangename oude dag in zijn geboortestad in Wales financieren.

De winsten uit de slavenhandel waren fenomenaal. Investeerders konden hun geld met één enkele reis verdubbelen of verdrievoudigen, want de Europese honger naar rietsuiker, koffie, thee, tabak en andere exotische producten was onverzadigbaar. Aanvankelijk waren het blanke strafgevangenen geweest die op de plantages hadden moeten zwoegen. Alleen al tussen 1654 en 1685 werden tienduizend van die veroordeelde blanke dwangarbeiders vanuit Bristol naar West-Indië gestuurd. Maar spoedig was hun werk niet meer toereikend, omdat ze slechts voor de duur van hun wettelijke straf konden worden ingezet en daarna weer vrij waren. Maar Afrikanen die geen christenen waren, waren niet onderworpen aan die beperkingen. Christelijke en niet-christelijke gevangenen werkten naast elkaar op de plantages.

Toen kwamen de missionarissen, vooral de Engelse quakers, die voet bij stuk hielden: de onsterfelijke zielen van alle mensen moesten gered worden, ook van hen aan wie de Heer een donkere huidskleur had gegeven. De plantagebezitters zagen daarin meteen en volkomen terecht een bedreiging van hun businessmodel en vaardigden wetten uit om de vrijlating van bekeerde Afrikaanse slaven te verhinderen. Maar tegelijk ergerden de missionarissen zich ook aan de sociale structuur op de plantages. Tot dan toe waren christenen bevoorrechte arbeiders en heidenen slaven voor het leven geweest. Maar nu moest er een nieuwe scheidslijn getrokken worden om het onderscheid te behouden tussen de Europeanen die enkel een tijdelijke straf moesten ondergaan en de slaven.

Vanaf dat moment maakten de wetten verschil tussen blanken en zwarten. Een religieuze scheidslijn, die vanuit het Europese perspectief van de godsdienstoorlogen en van de confessionele staten zin had, werd een scheidslijn naar huidskleur. Natuurlijk waren er voordien ook al verschillende huidskleuren te zien geweest, en er was sociaal gediscrimineerd, maar de discriminatoire scheidslijnen waren niet dezelfde geweest. 'Wilden', dat konden heel goed blanke Europeanen zijn die in primitieve omstandigheden leefden, terwijl ook zwarte heersers of legeraanvoerders met groot respect beschreven zijn en ook reisverslagen de nadruk op de culturele ontwikkeling legden, en niet op de huidskleur binnen andere beschavingen.

Het tot slaaf maken van zwarte mensen vormde een moreel probleem, maar was tegelijkertijd economisch bijna onweerstaanbaar. De Engelse dichter William Cowper (1731-1800) vatte het dilemma samen:

Ik beken dat de slavenhandel mij bedroeft,
een schurk is hij die zulke duistre daad behoeft,
ik hoor van leed, van kwalen en van klagen
die zelfs stenen niet verdragen.
Ik voel diep medelijden, maar ik blijf stom,
Want waar zijn we zonder suiker en rum?[95]

Ook al was slavernij iets schandaligs, de producten en andere nuttige resultaten ervan waren weldra niet meer van de Europese markt weg te denken. Er moesten slavenschepen worden gebouwd, uitgerust, bemand en verzekerd; industrieel vervaardigde ruilgoederen en andere belangrijke benodigdheden als kettingen, voetboeien en vuurwapens werden tegen stukloon gemaakt en zwengelden de economie aan, de verkoop van slaven maakte de handelaren rijk, en de producten van de plantages werden door de Europese middenklasse als statussymbool en genotmiddel enthousiast onthaald.

De historicus Eric Williams publiceerde in 1944 een studie over de economische betekenis van de slavernij voor de industrialisatie van Engeland, die even sterk werd gesteund als verontwaardigd afgewezen, omdat die studie met twee theorieën kwam, namelijk in de eerste plaats dat de slavenhandel en de winsten eruit de industriële revolutie in beslissende mate mogelijk maakten en juist Engeland zonder die inkomsten zijn textielindustrie niet zo snel had kunnen opbouwen, en in de tweede plaats, veel ernstiger, dat het racisme niet een voorwaarde maar een gevolg van de slavernij was.

Ook omdat de eerste theorie omstreden was en deels nog is (economische berekeningen achteraf zijn vaak complex, soms tegenstrijdig en bijna altijd onvolledig): het dagboek van kapitein Phillips uit het jaar 1693 steunt de tweede theorie. Phillips kende de Afrikanen als 'slaven van de duivel', maar niet als minderwaardige mensen.

In de dagboeken van latere kapiteins wordt er een heel ander beeld

opgeroepen. De wreedheid van de slavenhandel en het sadisme van kapiteins, zeelieden, soldaten en plantagebezitters gaan elke verbeeldings-
kracht te boven. De slaven, die vaak wekenlang zonder frisse lucht en
met maar één uur beweging per dag op elkaar geperst zaten, lagen in
hun eigen uitwerpselen en werden het slachtoffer van ziekten die zich
onderdeks als een lopend vuur verspreidden. Velen stierven aan diar-
ree. Steeds weer merkten zeevaarders op dat elke ochtend doden naar
boven gebracht werden om meteen overboord gegooid te worden, 'als
oude flessen', zoals een scheepsarts walgend schreef. Sommigen van de
getransporteerde slaven pleegden zelfmoord, anderen werden in hun gevangenschap krankzinnig of vervielen in een diepe depressie, die meestal
eindigde met de dood.

Brandmerken, afranselen, verminken, terechtstellen en demonstratief
wrede straffen uitdelen om andere slaven af te schrikken, bijvoorbeeld na
een muiterij, het was allemaal normaal, ook al waren God en zijn genade
nooit ver weg, zoals de volgende cargalijst aantoont: 'Door Gods genade
in goede orde en toestand geladen [...] op het schip MARY BOROUGH,
waarvan de *master*, onder God, voor deze reis David Marton is, nu voor
anker op de rede van Senegal en door Gods genade op weg naar George,
in South Carolina, met vierentwintig eersterangs slaven, zes eersterangs
vrouwelijke slaven, gebrandmerkt en genummerd zoals in de marge beschreven, en klaar voor levering.'[96]

De slavenhandelaren leerden snel hun welvaart in het licht van het
Evangelie en de verlichting te rechtvaardigen. Een zekere kapitein William Snelgrave had voor zichzelf al in de eerste helft van de achttiende
eeuw een lijst met goede redenen opgesteld. Zwarten zouden het leven
toch al niet waarderen en zouden ook elkaar zonder enige aarzeling doden, verzekerde hij. Bovendien waren slaven niet door blanken, maar
door andere Afrikanen tot slaaf gemaakt, geheel rechtmatig, want ze waren volgens de wetten van hun land krijgsgevangenen of hadden hun
schulden niet kunnen betalen. Anderen wederom zouden met opzet veel
kinderen krijgen om ze als slaven te kunnen verkopen, hoewel ze niet
arm waren. En de Europeanen zouden hun trouwens een plezier doen,
want anders werden de krijgsgevangenen gewoon vermoord of aan barbaarse afgoden geofferd, en 'als ze naar plantages gebracht worden leven

ze daar veel beter dan ooit in eigen land, want de bezitters betalen voor hen een goede prijs en het is in hun belang goed voor hen te zorgen'. Toegegeven, niet alles was even mooi in die business, maar 'het ergste wat je erover kunt zeggen zal bij nader inzien, zoals alle aardse goederen, een mengeling van goed en kwaad blijken te zijn'.[97]

De Amerikaanse arts George Pinckard bezocht in 1795 een slavenschip om zich een beeld van de omstreden handel te verschaffen. Zoals hij later aan een vriend schreef trof hij een vrolijk, vriendelijk en schoon schip aan, waarop de jonge slaven kunststukjes voor hem uitvoerden, terwijl de jonge vrouwen met 'veelbetekenende gebaren' met hem flirtten (slavinnen werden tijdens de reis vaak door officieren routinematig verkracht). De jonge dokter kreeg echter ook de gelegenheid zich te overtuigen van het fundamentele anders-zijn van de slaven: 'Bij het dansen bewogen ze nauwelijks hun voeten, maar wapperden met hun armen en wrongen hun lichaam in allerlei weerzinwekkende en onfatsoenlijke kronkelingen. Hun zang was wild geschreeuw, gespeend van alle zachtheid en harmonie.'[98] Zo kon hij tot de conclusie komen: 'Onze zielen leden bij de aanschouwing van de schandelijke praktijken, die geciviliseerde heidenen toepassen op minder geciviliseerden van hun soort, maar het oog schrok niet van tirannie of onmenselijkheid.'

De jonge dokter was niet de enige onder zijn ontwikkelde landgenoten die over de instelling van de slavernij nadachten en kennelijk geen zuiver geweten hadden. Thomas Jefferson, Amerikaanse founding father en eigenaar van zeshonderd slaven, verkeerde in de curieuze situatie dat hij de slavernij verdedigde door te verwijzen naar de Grieken en de Romeinen die veel wreder tegen hun blanke slaven zouden zijn geweest, maar hij benadrukte tegelijkertijd dat zwarten even intelligent en ethisch zijn als blanken, die evenwel op grond van hun positie veel beter gebruik konden maken van hun verstand en hun ethiek. Hij waarschuwde er dringend voor om op basis van slechts enkele observaties conclusies te trekken over het karakter en de kwaliteiten van hele volken, want 'onze eindconclusie zou een heel ras van mensen degraderen'.[99] Voor Jefferson is het uiteindelijk een kwestie van deugdelijke wetenschap. Hij heeft niet genoeg informatie en kan daarom zijn mening slechts als hypothese formuleren: 'Ik argumenteer daarom alleen vanuit het vermoeden dat de zwarten, of ze nu oorspronkelijk een eigen ras waren of door de omstandigheden daartoe gemaakt zijn, inferieur zijn aan de blanken, zowel lichamelijk als geestelijk.' Een filosofische geest aan het werk.

Opgezet en tentoongesteld

Ver verwijderd van plantages en slavenschepen op de Atlantische Oceaan is een verandering van een straatbeeld en van een cultureel fenomeen ook te zien in Wenen, waar een jonge Afrikaan verzeild was geraakt, Angelo Soliman (1721-1796). Daar was de discussie over de status van Afrikanen nog niet zo ver voortgeschreden en waarschijnlijk niet zo urgent als in landen die direct deelnamen aan de trans-Atlantische slavenhandel. Toch had ook het Habsburgse rijk via zijn bezittingen in Italië raakvlakken met de slavenhandel in de Middellandse Zee, en zo kwam het dat een jonge Afrikaan, die waarschijnlijk geboren was in het huidige Niger, door mensenhandelaren via Sicilië in Wenen terecht was gekomen, waar hij als huisleraar werkzaam was aan het hof van vorst Liechtenstein.

Het verhaal van Angelo Soliman is vaak verteld, omdat het zo typisch is voor de omgang van een cultuur met een vorm van anders-zijn die in Duitstalige landen maar zelden voorkwam, want de mensen kregen er maar weinig Afrikanen te zien. Maar tegelijkertijd was de voorstelling van een Afrikaan, met een relatief klein aantal clichés en verwachtingen, wijdverspreid.

Als lid van het hof van een belangrijk vorst met directe toegang tot de verlichte keizer Jozef II – wiens vrijmetselaarsbroeder hij ook was – was Soliman een gerespecteerd persoon in Wenen; hij trouwde een Weense vrouw en had met haar een kind. Zijn huidskleur leidde niet tot uitsluiting, ook al trad hij aan het hof soms op in door de Ottomaanse cultuur geïnspireerd kostuum met tulband, een vermeend nationaal kostuum zoals je die ook bij Serven, Hongaren of Turken kon vinden.

13. *Angelo Soliman* (1721-1796), vanaf 1734 huisleraar aan het hof van vorst Liechtenstein in Wenen. Portret, mezzo tinto, 1796. Österreichische Nationalbibliothek, Wenen

Maar na zijn dood nam zijn verhaal een brute wending. Franz I, de opvolger van de door hem niet geliefde oom Jozef, liet het lijk van de Afrikaanse gunsteling van enkele Weense mannen van adel in beslag nemen en opzetten, en het als 'wilde', alleen gehuld in struisveren en glazen parels, in zijn natuurhistorische verzameling opstellen, waar het tentoonstellingsstuk nog enkele decennia door prettig griezelende burgers bezichtigd kon worden, tot het, poëtisch gerechtvaardigd, door een brand in de Hofburg verwoest werd. Van een beschaafde man en gedoopte christen uit een ander continent was hij veranderd in een gevaarlijke 'wilde', die als zodanig alle rechten op zijn lichaam, een fatsoenlijke begrafenis en daarmee op zijn ziel verspeeld leek te hebben. De wisseling van categorieën was voltrokken.

Hier was de rechtvaardigingsindustrie van de westerse samenlevingen van beslissende betekenis. John Lockes ondersteuning van de slavernij in de Verenigde Staten was nog gemotiveerd geweest door zuiver economische belangen, maar in de achttiende en vooral de negentiende eeuw bloeide die industrie als nooit tevoren. De onderwerping van andere mensen kon moreel alleen verdedigd worden, als die mensen niet alleen verachtelijk, maar ook objectief minderwaardig waren en dichter bij de natuur en de dieren stonden dan bij beschaafde mensen, fundamenteel anders. Descartes had, tegen elke empirie in, al beweerd dat dieren geen ziel hadden en daarom ook geen emoties, geen bewustzijn, geen werkelijke persoonlijkheid.

Als gevolg van de enorm lucratieve driehoekshandel, die suiker, katoen, tabak en koffie naar Europa bracht, en in verband met de fabelachtige winsten waarmee in Engeland paleisachtige landhuizen en elegante stadspaleizen, in Frankrijk chateaus en in veel andere landen chique villa's werden gefinancierd, werd die techniek nu ook op mensen toegepast; het systeem was op belangrijke punten afhankelijk van hun onbetaalde arbeid.

In de achttiende eeuw was de discussie over de indeling van mensen in rassen nog volledig open. Het was de tijd van de *Encyclopédie* en de grote classificaties, van de plantensystematiek van Carl Linnaeus en de indeling van de dieren door Comte de Buffon en anderen, de schematisering van aardlagen en chemische elementen; bij die pogingen ging het wel om systeem in de natuur, maar niet om een hiërarchie. Linnaeus vond de ene plantensoort niet 'waardevoller' dan de andere, ook al was de systematisering zelf een kenmerk van onderwerping en verzakelijking van natuurlijke verbanden.

De grote *Encyclopédie* van Diderot en D'Alembert (gepubliceerd 1751-1772) werd als schandaleus beschouwd omdat ze door haar alfabetische ordening bestaande hiërarchieën binnen de wetenschap en de samenleving omzeilde en in twijfel trok. Ze kende weliswaar *sauvages* binnen verschillende huidskleuren, maar geen rassenhiërarchie. Diderot zelf beschreef de 'Bosjesmannen' in Zuidwest-Afrika en de oorspronkelijke bewoners van Tahiti in moreel opzicht en in praktische wijsheid zelfs als superieur aan de Europeanen. Ook hij en zijn radicale vrienden hadden hun collectieve vooroordelen en dachten af en toe in stereotypen, maar ze hingen geen racistische wereldorde aan, integendeel: hun grootste minachting ging uit naar de kerk die ze zo veel mogelijk bestreden. Diderot schreef fel tegen slavernij en koloniale onderdrukking – maar de censuur dwong hem ertoe het anoniem te doen.

Maar toch werd ook en misschien juist bij de toonaangevende filosofische persoonlijkheden van de verlichting en van de vroege negentiende eeuw de indeling van de mensen naar ras steeds meer een dogma dat talloze malen werd herhaald, kennelijk zonder dat er verder bewijs nodig was.

Georg Wilhelm Friedrich Hegel (1770-1831) had in zijn *Philosophie der Geschichte* veel te melden over Afrikanen en andere mensen buiten Europa: 'Uit al die meermalen aangevoerde trekken blijkt dat het de bandeloosheid is die het karakter van de negers kenmerkt. Die toestand kan geen ontwikkeling en vorming doormaken, en zoals we hen nu zien, zijn ze altijd geweest.'¹⁰⁰ Pietluttige tijdgenoten hebben toentertijd al tegengeworpen dat een reductie van alle op het Afrikaanse continent wonende mensengroepen en culturen tot één enkel woord, dat ze niet alleen qua uiterlijk maar ook qua karakter en vaardigheden beschrijft, lichtelijk ongenuanceerd kon lijken, maar de filosoof kende dergelijke scrupules niet, en zijn aanhangers herhaalden zijn woorden als Bijbelverzen.

Hegel, die Duitsland nooit verlaten heeft, op een kortstondig verblijf als huisleraar in Bern na, wilde met zijn denken de hele wereld in zijn greep krijgen. Volgens hem was geschiedenis het voortschrijden van de wereldgeest naar de verwezenlijking van de vrijheid, en wie die vooruitgang leek te weigeren of naar zijn mening daartoe helemaal niet in staat was, had elk burgerrecht verloren. De stem van de slavenkapitein William Snelgrave klinkt door de argumenten van de Duitser heen: de Afrikanen kennen niet anders, hebben niets anders verdiend, kunnen helemaal niet anders en hun nieuwe eigenaren doen die arme wilden een plezier. Bij Hegel klinkt dat zo:

De negers worden door de Europeanen tot slavernij gebracht en in Amerika verkocht. Toch is hun lot in hun eigen land bijna nog erger, waar al evenzeer absolute slavernij heerst; want het is het beginsel van de slavernij in het algemeen, dat de mens het bewustzijn van zijn vrijheid nog niet bezit en daarmee afzakt tot ding, een waardeloos ding. Bij negers zijn de zinnelijke gemoedsbewegingen totaal zwak, of liever gezegd helemaal niet aanwezig. De ouders verkopen hun kinderen en omgekeerd deze hen, al naargelang ze elkaar in hun macht kunnen krijgen. Door de doortastende slavernij zijn alle banden van zedelijke hoogachting die wij voor elkaar hebben, verdwenen, en de negers komen niet op de gedachte om van zichzelf te vragen wat wij van elkaar mogen eisen [...] In de verachting van de mensen door de negers is het niet zowel de verachting van de dood als de niet-hoogachting van het leven die het karakteristieke vormt.[101]

Geen enkel cliché is de grote man te erbarmelijk om niet met alle autoriteit van een koninklijk Pruisische hoogleraar te herhalen:

De negers beschikken daarom over die volkomen verachting van de mensen wier grondhouding in wezen recht en zedelijkheid is. Er is ook geen kennis omtrent de onsterfelijkheid van de ziel aanwezig, hoewel er doodsgeesten voorkomen. De waardeloosheid van die mensen grenst aan het ongelooflijke; tirannie wordt niet als onrecht gezien, en het is op de meeste plaatsen geoorloofd mensenvlees te eten. Ons weerhoudt ons instinct daarvan, als je bij de mens überhaupt van instinct kunt spreken. Maar bij de neger is dat niet het geval, en een mens opeten hangt met het Afrikaanse beginsel in het algemeen samen; voor de zinnelijke neger is mensenvlees eten alleen maar zinnelijk, vlees in het algemeen.

Met het oog op dergelijke minderwaardige creaturen, die kennelijk helemaal niet in staat waren tot rationeel denken en moreel gedrag, is het alleen maar logisch dat de slavernij voor Hegel eerder een instrument van de wereldgeest was dan een moreel schandaal. Kapiteins hadden gelijkluidend verteld dat hun gevangenen erg bang waren voor de overtocht, omdat ze ervan overtuigd waren dat de Europeanen ze zouden doden en opeten, of hun lichamen tot kool verbranden. 'Wie is hier de barbaar?' zou Montaigne hebben gevraagd.

Ook over de vestiging in de Amerika's had Hegel zo zijn ideeën: Amerika is 'het land van de toekomst', besefte hij, 'een land van verlangen voor iedereen die verveeld wordt door de historische wapenkamer van het oude Europa,'[102] voor moedige mensen die uit een stoffig geworden continent naar een heerlijke nieuwe morgen wilden, temeer daar het continent 'geografisch onrijp' was en nog bijna niet ontsloten, want het recht lag altijd bij hen die de wil van de voorwaarts strevende wereldgeest uitvoerden. Voor de 'ontdekking' van Amerika was er daar nauwelijks een noemenswaardige cultuur, schrijft Hegel, want de 'inboorlingen' onderscheidden zich door 'zachtheid en gebrek aan energie, deemoed en kruiperige onderdanigheid' tot de 'Europeanen hun daar wat gevoel van eigenwaarde kwamen bijbrengen. De inferioriteit van die individuen in elk opzicht, zelfs met het oog op grootsheid, is overal in terug te vinden'.[103]

Het was daarom duidelijk dat zulke inferieure individuen geen aanspraak op dat majestueuze land van de toekomst konden doen gelden, want: 'Het waren nijvere Europeanen die zich toelegden op de akkerbouw, de tabaks- en de katoenteelt enzovoort.' De 'inboorlingen' waren niet alleen niet in staat beschaafd te leven: in Zuid-Amerika waren ze zelfs zo lui dat een grote klok hen om middernacht moest 'herinneren aan hun huwelijkse plichten'. Toch waren er daar grote daden te verrichten, en daarom lag een logische maatregel voor de hand: 'De zwakte van de Amerikaanse geaardheid was een van de belangrijkste motieven negers naar Amerika te brengen om hen met hun kracht de arbeid te laten doen.'

De 'verhevenheid van de mens boven de natuur' vindt haar oorzaak volgens Hegel alleen maar in de superieure geestelijke kracht van de mens, die bij de Europeanen het volmaaktst blijkt en ook in Azië niet volledig ontwikkeld is of misschien al verkommerd. Alleen zijn geest stelt hem in staat te zien 'dat de toevallige wil van de mens hoger staat dan het natuurlijke, en dat hij dat laatste als het middel ziet dat hij niet de eer aandoet het op zijn manier te behandelen, maar waarover hij het bevel voert'.[104]

Van Hegels kathederretoriek loopt er een rechte lijn naar de staatsrechtskundige Carl Schmitt (1888-1985), die niet alleen een overtuigd nationaalsocialist was, maar ook een van de invloedrijkste rechtsfilosofen en helderste machtstheoretici van zijn generatie. De 'inbezitneming van land' op andere continenten, schrijft Schmitt, was volkomen legitiem en veranderde ook het Europese recht niet. Diderot had al gevraagd wat er zou gebeuren als iemand uit Tahiti op een Frans strand zijn aanspraak op het hele land zou verkondigen; want als inbezitneming van land legaal is, moet ze dat altijd zijn. Maar voor Schmitt gaat dat argument niet op:

Die bodem kon vrijelijk in bezit genomen worden, voor zover die nog niet toebehoorde aan een staat in de zin van het Europees interstatelijke recht. Bij volledig ongeciviliseerde volken was de macht van het inheemse stamhoofd geen imperium, het gebruik van de bodem door de inboorlingen geen eigendom [...] Of de relatie van de inboorlingen tot de bodem, de akkerbouw, het weiland of de jacht [...] als eigendom moest worden gezien of niet, was een vraag op zichzelf waarover uitsluitend de inbezitnemende staat besliste [...] De inbezitnemende staat kan het ingenomen koloniale land op het vlak van particulier eigendom [...] als onbeheerd behandelen.[105]

Tussen Hegel en Schmitt lagen een eeuw en twee wereldoorlogen, maar hun argumenten bleven onwrikbaar. Generaties denkers hadden daaraan bijgedragen. Immanuel Kant, de morele schutspatroon van de verlichting, wiens wereld zich tot Königsberg beperkte en die via zijn vriendschap met Engelse handelaren in de stad op zijn minst een indirecte verbinding met de slavenhandel had, hield er heel duidelijke meningen over Afrikanen op na. Op grond van een aantekening van hem is het mogelijk dat hijzelf ooit een mens met een donkere huidskleur is tegengekomen, maar de ontmoeting werd kennelijk niet gekenmerkt door wederzijdse hoogachting. Kant noteerde als jongeman in 1764 na een discussie over kunst: 'Die vent was van top tot teen helemaal zwart, een duidelijk bewijs dat wat hij zei dom was.' Tientallen jaren later schrijft hij: 'Een neger kan gedisciplineerd en gecultiveerd worden, maar nooit echt geciviliseerd. Hij vervalt vanzelf in wildheid. Amerikanen en negers kunnen zichzelf niet regeren. Ze dienen dus alleen maar tot slaaf.' Maar met de Afrikanen was nog niet het nadir van het menselijke bereikt, zoals Kant argumenteerde. De oorspronkelijke inwoners van Amerika waren, zoals ook Hegel oordeelde, te lui en te waardeloos om vanuit zichzelf zelfs maar te overleven: 'Dat ras, te zwak voor zwaar werk, te onverschillig voor ijverig werk en onbekwaam tot welke cultuur ook, waarvoor in hun buurt toch voorbeeld en aanmoediging genoeg te vinden zijn, staat nog lager dan de neger zelf, die toch de laatste van alle overige treden inneemt die wij rasverschillen hebben genoemd.'[106]

Als er hier alleen maar Duitse auteurs zijn geciteerd, dan is dat ook gebeurd omdat daaraan te zien is hoe diep de indeling van mensen in rassen, die werd ontwikkeld vanuit de rechtvaardiging van de trans-Atlantische slaafmaking van Afrikanen, was doorgedrongen in samenlevingen die maar voor een gering deel of indirect aan de driehoekshandel en aan de slavernij in het algemeen deelnamen. Maar onder de verlichtingsdenkers vormden alleen een Montesquieu en een David Hume een uitzondering door hun op elkaar lijkende uitspraken, terwijl Voltaire, de apostel van de tolerantie en de ratio, graag steeds weer op het onderwerp terugkwam: 'Ten slotte zie ik mensen die vergeleken met negers even superieur lijken als deze tegenover de apen, en de apen tegenover de oesters en andere dieren van die soort.'[107]

Het stille sterven van Saartjie Baartman

Door de gematigde verlichting, de industrialisering, de systematische uitbuiting van de koloniën en de beginnende natuurwetenschappen kreeg de onderwerping van de natuur een nieuwe dimensie, maar ze torste nog altijd de oude, moraaltheologische last met zich mee. Die moest aantonen waarom de onderwerping niet alleen mogelijk en voor de onderwerpers nuttig was, maar ook waarom ze goed en juist was, Gods wil, of de wil van de voorzienigheid, van de wereldgeest of van de vooruitgang, en niet zomaar macht en wreedheid.

Zoals de onderwerping in vroegere eeuwen theologisch was onderbouwd, zo werd ze in de loop van de decennia steeds meer ondersteund door wetenschappelijke methoden en moderne technologieën. Carl Hagenbecks kwalijke volkenshows maakten reclame voor zichzelf met het argument dat ze waardevol waren voor de ontwikkeling van de bevolking, maar brachten met hun spectaculaire opvoeringen de zorgvuldig geconstrueerde verhalen over, waarin de zogenaamde 'wilden' werden geïnterpreteerd als deel van de te onderwerpen cultuur. Voor die fraaie coulisse, die in het geval van de volkenshows letterlijk in elkaar werd getimmerd, waren feiten alleen maar hinderlijk en rationeel denken volkomen overbodig. Welke feiten droegen de filosofen aan om hun theorieën toe te lichten? Hoe plausibel was het dat op de enorme landmassa's van Afrika en de Amerika's telkens maar één enkel en gelijkvormig 'ras' leefde dat niet in staat was een eigen cultuur te ontwikkelen? Hadden ze nooit de reisverslagen van een Georg Forster of Alexander von Humboldt gelezen, de vaak vertaalde reisverslagen van Bougainville of de berichten van de jezuïeten uit Zuid-Amerika? Elk van die bekende en veelgeciteerde bronnen schetste een gedifferentieerd, vaak van groot respect getuigend beeld van de samenlevingen die de Europeanen op hun pad tegenkwamen. Toch konden de eerste onderwerpingsfilosofen op diep overtuigde toon en *ex cathedra* hun waarheden verkondigen, die ze aan de discussies met slavenhouders hadden ontleend, en toch werden ze door hun lezers serieus genomen. Naast Nietzsches slavenmoraal, die we later nog zullen tegenkomen, was er ook altijd een slavenhoudersmoraal.

In de negentiende eeuw was het idee van de onderwerping en van natuurlijke hiërarchieën, met de blanke Europeanen als hoogte- en culminatiepunt van alle bekende levensvormen en het bestaan van mensenrassen, gestold tot wetenschappelijke waarheid. De Duitse natuuronderzoeker Ernst Haeckel hield zich niet alleen bezig met zijn esthetisch nog steeds verbazingwekkende, bijna pantheïstische idee van de kunstvormen van de natuur, maar ook met schedelreeksen, die de afstamming van de Europeanen van de apen via andere volken schetsten. In Italië werkte de crimineloog Cesare Lombroso aan een streng wetenschappelijke registratie van alle fysiologische kernmerken om criminele neigingen, etnische verschillen en menselijke waarde kwantitatief te kunnen opmeten.

De eminente Franse anatoom en paleontoloog Georges Cuvier mat schedels en hersenvolumes op om zijn theorie te bevestigen dat uiteenlopende mensenrassen allemaal afstamden van een blanke Adam en dat de donkerder rassen gedegenereerde vormen van de oorspronkelijke volmaaktheid van de lichte huid waren. Ook hij bevestigde de verwantschap van de Afrikanen met apenhordes, die in de 'volmaakte barbarij' waren blijven steken.[108]

Die instelling maakte het voor Cuvier ook eenvoudiger om een van zijn beroemdste studies uit te voeren. Het object van zijn streng wetenschappelijke nieuwsgierigheid was een zekere Saartjie Baartman, een jonge vrouw die in Zuid-Afrika geboren was en tegen haar zin naar Frankrijk was gebracht; in Europa was ze op grond van haar grote achterste aanvankelijk in Engeland en daarna in Nederland en Frankrijk voor geld op kermissen tentoongesteld en als exotische prostituee eerst aan welgestelde klanten en ten slotte aan gewone cliënten verhuurd.

Cuvier interesseerde zich niet alleen voor het treurige lot van de jonge vrouw, die intussen door syfilis, eenzaamheid en alcoholisme te gronde gericht en volledig verarmd was. In haar zag hij de bevestiging van zijn ideeën over menselijke rassen. Hij mat haar zorgvuldig op en liet haar naakt schilderen vlak voordat ze op vijfentwintigjarige leeftijd stierf, hij sneed haar lichaam in dienst van de wetenschap open, waarbij hij in het bijzonder lette op de hersens en de geslachtsdelen. Haar skelet was nog tot in de late twintigste eeuw in het Musée de l'Homme in Parijs te zien.

De vermelding van apenhordes leidt ons onvermijdelijk naar Charles Darwin (1809-1882, nog een onderzoeker die ervan overtuigd was dat Afrikanen dichter bij de apen stonden dan bij de mensen), wiens onvrijwillige intellectuele revolutie door de publicatie van *On the Origin of Species* (1859) een van de belangrijkste narcistische vernederingen in de geschiedenis van de westerse onderwerping van de natuur veroorzaakte. Van de neoplatonisten tot en met de gematigde verlichting hadden generaties predikers van de meest uiteenlopende richtingen de uitzonderlijke positie eerst van de mens en daarna van de blanke mens ingeslepen in de hersens van hen die deze geschiedenis volgden. Darwins evolutietheorie had een onmiskenbare macht om dingen te verklaren, maar voor zo'n uitzonderlijke positie was daarbinnen geen plaats.

Cuvier had als toonaangevende wetenschapper nog geprobeerd het verhaal van de schepping in overeenstemming te brengen met paleontologische vondsten en alle mensen die ooit hebben geleefd af te leiden van een fysiek bestaande, door God geschapen Adam. Maar de logica van de evolutie maakte het definitief onmogelijk een mens te denken die letterlijk sinds de schepping ongeveer zesduizend jaar geleden onveranderd gebleven was. De wet van de ontwikkeling van de soorten door aanpassing aan wisselende omstandigheden kende geen uitzondering en gaf aan dat mensen en andere primaten gemeenschappelijke voorvaderen moesten hebben gehad en dat het verschil tussen hen slechts gradueel kon zijn. 'Dat de mens met al zijn nobele eigenschappen,' schreef hij, 'met de sympathie die hij voor de nederigsten voelt, met de welwillendheid die hij niet alleen voor andere mensen maar ook voor de nederigst levende wezens opbrengt, met zijn godgelijke intellect die tot in de bewegingen en de structuur van het zonnestelsel is doorgedrongen, met al die verheven krachten nog in zijn lichaam het onuitwisbare stempel van een nederige oorsprong draagt.'[109]

Darwin stootte de mens van de troon waarop de Bijbel hem geplaatst had. Dat zat hemzelf eigenlijk niet lekker, want zijn gezondheid was slecht en hij vreesde de vreselijke woede van vrienden en bekenden, om maar te zwijgen van kerkelijke opinievormers, en hij had de situatie juist ingeschat, want na de door hem meermaals uitgestelde publicatie van zijn theorie kwam hij inderdaad in een storm van verontwaardiging terecht; die heeft hem enorm veel tijd en energie gekost, terwijl hij die liever had besteed aan zijn levenslange passie voor insecten of andere experimenten, zoals het gedrag van zaaigoed in zout water of de gehoorzin van regenwormen.

Maar het idee van de onderwerping was niet door één theorie uit de wereld te helpen; integendeel, het paste zich aan. Natuurlijk waren er (en zijn er nog steeds) stemmen die zich niet wilden neerleggen bij de positie van de mens als natuurlijk wezen en zich bleven beroepen op zijn goddelijke oorsprong en zijn onvergelijkbaarheid en uniciteit, maar ze vochten wetenschappelijk op een verloren post.

Hoewel er geen beroep meer kon worden gedaan op een bijzondere biologische positie van de mens, werd de onderwerping van de natuur toch een deel van het evolutionaire denken, vooral dankzij een verre neef van Darwin, sir Francis Galton (1822-1911), een wetenschapper wiens verreikende intellectuele belangstelling, enorme energie en uitstekende netwerk hem tot een toonaangevende autoriteit maakten in zeer diverse disciplines, zoals het onderzoek naar vingerafdrukken, meteorologie, statistiek en afrikanistiek. Hij zette zich in voor de genetische selectie van (blanke) mensen en voor de verbetering van de toekomst.

Galton was een verbazingwekkende man, die bij zijn geboorte een zekere morele schizofrenie meegekregen had. Zijn familie had haar geld verdiend met de wapenhandel en was lid van de pacifistische protestantse gemeenschap van de quakers. Zijn geboortehuis was overigens gebouwd voor Joseph Priestley, het wetenschappelijke genie dat we zijn tegengekomen bij de beschouwing van de vacuümpomp in het schilderij van Joseph Wright of Derby. Het wetenschappelijke Engeland was klein. Galton studeerde rechten en wiskunde, reisde door Zuid-Afrika, schreef over allerlei onderwerpen, waarbij hij zich baseerde op data en statistische methoden, en dacht na over de toekomst van de mensheid.

In een brief aan *The Times* verkondigde hij de mening dat Chinezen aangespoord zouden moeten worden om naar Afrika te emigreren om dat continent met hun spreekwoordelijke ijver eindelijk in cultuur te brengen, systematisch te exploiteren en de duidelijk minderwaardige zwarten te vervangen.

Pas toen Galton *The Origin of Species* las, had de wetenschappelijke universalist zijn ware roeping gevonden. Vanaf dat moment wijdde hij zich geheel aan de eugenetica, het voortbrengen van een ras van verbeterde mensen door genetische selectie. Het was een even politiek als biologisch programma, waarmee Galton bewonderaars als Winston Churchill of George Bernard Shaw verwierf. Zijn eigen ideeën over de soort-superioriteit werden gekenmerkt door een mengeling van rassenleer en sociaal darwinisme. Op zijn Afrikaanse wetenschappelijke reis had hij al genoteerd: 'Het grootste deel van de Hottentotten om me heen had bijzondere gezichtstrekken, die in Engeland een slecht karakter aangeven en vooral onder gevangenen verspreid zijn, ik geloof dat dat "misdadigersgezicht" heet; ik bedoel dat ze uitstekende jukbeenderen hebben, een projectielachtig hoofd, neerslachtige maar rusteloze ogen, zinnelijke lippen en dan ook nog aanstootgevende kleren en manieren.'[110]

De gezichten van de oorspronkelijke Afrikaanse bewoners deden Galton denken aan Cesare Lombroso's fotoverzamelingen van criminelen, zwakzinnigen en geweldplegers. Zowel de etnische als ook de karakterologische of intellectuele gebreken moesten door genetische selectie uit de weg worden geruimd.

Galton was ongetwijfeld een briljante geest, maar grote intelligentie beschermt niet tegen vooroordelen en ook niet tegen extreme domheid op andere terreinen. Toen zijn onderzoek naar etnische groeperingen hem naar de kinderen in een joodse school in Londen bracht, schreef hij in een verslag over zijn experimenten: 'Wat me het meest imponeerde toen ik door de aangrenzende joodse wijk naar de school ging, was de kille calculerende blik van mannen, vrouwen en kinderen, die ik ook bij de schooljongens opmerkte.' Een dergelijke calculerende kilte kon voor een heer uit een voornamere wijk van de stad maar één ding betekenen. 'Terecht of niet, ik voelde dat ieder van hen me koeltjes op mijn marktwaarde schatte, zonder de geringste belangstelling van andere aard.'[111]

Galton wilde met behulp van compositiefoto's (het *faden* van vele portretten tot een nieuw portret) etnische ideale typen construeren en was buitengewoon enthousiast over de portretten van joodse kinderen, die voor hem een ideaal joods type vertegenwoordigden. Joodse collega's die samen met Galton aan de studie werkten, hadden een heel andere interpretatie, zoals ze duidelijk maakten aan de Anthropological Society in Londen. Enerzijds moesten de joden van Europa niet als een ras worden gezien, omdat ze zelf in de loop van hun geschiedenis zó sterk etnisch gemengd waren geraakt dat ze niet van andere Europeanen te onderscheiden waren; anderzijds kon hun 'kille' gezichtsuitdrukking ook verklaard worden doordat ze arm, hongerig en onderdrukt waren. Wat Galton voor een biologisch feit aanzag, legden zijn collega's uit als een sociaal fenomeen.

De eugenetica van sir Francis Galton probeerde in het bijzonder positieve geestelijke eigenschappen verder te vererven. Hij ondernam studies over genieën en kunstenaars en kwantificeerde zijn resultaten met de grootst mogelijke nauwkeurigheid, maar kon slechts zwakke statistische correlaties binnen families vaststellen. Uiteindelijk waren zijn ideeën weinig meer dan de in cijfers gegoten vooroordelen van een typische Engelsman uit zijn klasse en generatie. Hij meende de grotere 'eenvoud' van zwarten zelfs te kunnen aflezen aan hun vermeende simpeler gestructureerde vingerafdrukken, zag de anatomie van misdadigers in zwarte mensen en omgekeerd, en beschouwde joden als kil en geldzuchtig. Zijn leer was ondanks de overduidelijke tekortkomingen van enorme invloed: eugenetische genootschappen in heel Europa en de Verenigde Staten, lezingencycli, internationale conferenties en verspreiding via boeken die bestsellers werden, en via artikelen in de pers.

Misschien lag de verborgen kracht van Galtons ideeën in het feit dat hij de verder zo zwaar te verteren leer van Darwin combineerde met een nieuw gefundeerde biologische superioriteit van de blanke Europeanen en zo de gewenste ordening van de wereld herstelde. Ook al kon de mens zijn bescheiden oorsprong bij Darwin niet ontkennen, juist het biologische mechanisme van de genetische selectie kon ertoe dienen om hem te verheffen boven de hele natuur en om zelfs de lichamen van mensen volgens zijn eigen, schijnbaar rationele criteria een nieuwe vorm te geven.

De hiërarchie van rassen en levende wezens in het algemeen werd de succesvolste vorm van onderwerping van de natuur, omdat ze het mogelijk maakte politieke en economische macht als wet van de natuur, van de voorzienigheid of van de vooruitgang opnieuw uit te vinden en moreel op te waarderen. Wat deel van de wilde natuur was, moest door de beschaafde mens overheerst en verbeterd worden – en de beschaafde mensen definieerden zelf de criteria van wat wild was en wat niet. Het was wat argumentatie betreft een waterdicht systeem dat zelfs verenigbaar was met ideeën als 'vrijheid, gelijkheid en broederschap', zolang het mogelijk was te kiezen wie en wat er eigenlijk voor in aanmerking kwam om vrij, gelijk en solidair behandeld te worden. Wie daar niet waardig genoeg voor geacht werd, was een slaaf, een object onder controle van een zelfbenoemde deugdzame macht.

De gelijkheid werd ontkracht doordat ze omgezet werd in de gelijkheid van de gelijksoortigen en die gelijksoortigheid steeds weer opnieuw gepostuleerd en gefileerd kon worden. Nee, afgezien van andere 'rassen' en van vrouwen konden ook arbeiders en 'gemeen volk' niet als werkelijk gelijk worden beschouwd, want ze waren erfelijk gedegenereerd en amper nog menselijk, leken als het ware op de evolutieladder naar beneden te glijden, oordeelden de wetenschappers uit de negentiende eeuw, als ze met opgetrokken neus naar het industriële proletariaat keken, waarover ze met evenveel afschuw schreven als over de oorspronkelijke inwoners van andere continenten.

Victoriaanse sociaalpioniers beschreven de inwoners van de wijk East End in Londen als een minderwaardig, nauwelijks nog menselijk ras, dat op de evolutieladder aan het afglijden was en weldra weer een diersoort zou zijn. De meesten van die ongelukkige mensen waren Engelsen en Ieren. Het was het beste voor iedereen de macht in handen te laten van mensen die het ideaal van de gelijkheid in Atheense zin konden handhaven en verdedigen – als gelijkheid van vrije welgestelde Europese mannen. Zo was het mogelijk dat een volledige travestie van alle christelijke en verlichte kernideeën uitgevoerd en officieel gevierd kon worden door christelijke en verlichte mensen in het volle bewustzijn van hun rechtschapenheid.

De rechtvaardigingswetenschappen van de westerse overheersingsdrang bestreken een breed spectrum. Het reikte van de theologie en de filosofie tot en met nieuwe wetenschappen als antropologie en zoölogie, van rubberpoppetjes van onbevreesde ontdekkers en kinderboeken over avonturen onder wilden tot en met ademloze verhalen over roemrijke veldslagen in de koloniën, de vooruitgang van de wetenschap en het dankbare lachje van Afrikaanse weeskinderen in de pers.

Denken in de achttiende en de negentiende eeuw in Europa betekende in een wereld leven die haar ankers was kwijtgeraakt: eerst in de strijd tussen filosofie en theologie, daarna met steeds nieuwe ontdekkingen en uitvindingen, die in toenemende mate de oude orde in twijfel trokken. Machines en manufacturen waren politieke gebeurtenissen die beslissingen motiveerden, infrastructuur voortbrachten, een arbeidersklasse en de mechanismen om er toezicht op te houden, stakingen en revoluties, radicale traktaten en sentimentele stuiverromans.

Niet alle tijdgenoten waren gelukkig met zoveel omwenteling en ommekeer. Rousseau stond aan het hoofd van het gevarieerde leger van mensen voor wie de beschaving zelf het probleem was, en vooral na de Franse Revolutie ontwikkelde er zich in Europa een solide front van nostalgische, royalistische en vaak reactionaire denkers, die evenwel in de minderheid bleven. De schijnwerpers waren gericht op de propagandisten van het nieuwe. Het optimisme van menige auteur was grenzeloos, want eindelijk leek er een manier ontdekt hoe de mensheid zich kon bevrijden van de boeien van de natuur en de gesel van het lot, en de controle over het eigen lot naar zich toe kon trekken.

Het idee van de onderwerping glinsterde in al zijn facetten zo aanlokkelijk dat veel intellectuelen en nog meer eenvoudige burgers ervoor bezweken, als voor een welkome infectie. Van Hegel tot Haeckel, van het slavenschip Hannibal tot en met Hagenbecks volkenshow, van natuurwetenschap tot antroposofie, van speelgoed tot zondagsrede, geschiedwetenschap en geologie, theologie en stuiverromans huldigden de meest diverse genres de droom van de absolute onderwerping en haar optimistische tweeling, de vooruitgang. God stond aan haar kant.

De Britse *Pulpit Commentary*, het 48-delige compendium voor preken in het victoriaanse Engeland, voerde de apotheose van de menselijke heerschappij terug op de Bijbel en riep op tot meer inbezitneming van land. Een voorstel voor een preek over Genesis 1:28, 'onderwerpt haar [de aarde]' luidde:

> Tot op de dag van vandaag is de mens tot aan het einde van de aarde getrokken. Toch liggen er nog reusachtige gebieden braak, wachtend op zijn komst. Die clausule kan als de charter van het kolonialisme [*the colonist's charter*] beschreven worden. En onderwerpt haar. De zo verstrekte opdracht was om de enorme hulpbronnen van de aarde voor zijn behoeften te gebruiken, door landbouw en mijnbouwbedrijven, door geografisch onderzoek, wetenschappelijke ontdekking en mechanische uitvindingen. En oefen macht uit over de vissen der zee, en over het gevogelte des hemels etc., en over al het gedierte dat op de aarde kruipt. De goddelijke wil in verband met zijn schepping werd daarom tot in detail uitgevoerd door middel van een grote overmacht, die hij hun gegeven had over alle andere werken van zijn goddelijke hand.[112]

'*Man*', de mens die er ronddwaalde, was niet alleen impliciet mannelijk, maar ook impliciet blank, hij trof de rest van de aarde onaangetast en in zekere zin maagdelijk aan, want de onproductieve wilden die er woonden, hadden hun recht op eigendom verspeeld, omdat ze niets wisten aan te vangen met de gaven des Heren. Daarom is er een directe opdracht van de Heer om bossen te rooien, velden aan te leggen, mijnen in de bodem te graven, op te meten en uit te denken teneinde de heerschappij over de natuur volmaakt te maken.

De goddelijke hand leidde zo elke lucratieve onderneming; elke roof vond plaats in opdracht van de allerhoogste. De gewetensbezwaren van een kapitein Phillips, die twee eeuwen eerder nog geen onderscheid had gemaakt tussen zichzelf en de 'arme beklagenswaardigen' die hij (niettemin) transporteerde, waren allang weggetheoretiseerd. De mensen in de koloniën waren in de onsterfelijke woorden van Rudyard Kipling *new-caught, sullen peoples,/ Half-devil and half-child*. Wie de vooruitgang in de weg stond, stond ook de wil van de Heer, of voor seculiere zielen de wereldgeest, in de weg.

De Indisch-Britse historicus Pankaj Mishra ontleedt verfrissend hel-

der de vooruitgang vanuit westers perspectief en de selectieve blindheid
die ermee gepaard gaat, want die vooruitgang duwt steeds een golf van
verwoesting voor zich uit. Maar het perspectief van mensen wier leven
verwoest werd, is slechts zelden deel van de herinnering. Ontboomde
bossen, uitgeputte bodems, overbeviste zeeën, uitgeroeide dieren, verwoeste leefgebieden en vooral als gevolg van de industriële revolutie te
gronde gerichte levenswijzen en identiteiten en daaruit voortvloeiende
verarming of de angst ervoor en de reacties erop tot en met pogroms
of oorlogen – de zegenrijke macht, die steeds meer goederen, diensten
en wetenschappelijke ontdekkingen oplevert, eist altijd een prijs. 'De
versluiering van de kosten veroorzaakt door de "vooruitgang" van het
Westen ondermijnt, zoals blijkt, in hoge mate de mogelijkheid om de
tegenwoordig overal ter wereld ontaarde politiek van geweld en hysterie
te verklaren, om maar te zwijgen van indammen.'[113]

*

De vooruitgang eiste slachtoffers. Met zijn enorme dynamiek vernietigde hij traditionele levenswijzen, economische praktijken en politieke
structuren, waar hij onverbiddelijk zijn stempel op drukte, en hij formuleerde een heel stel redenen waarom dit de enige juiste morele manier was. Maar de oude structuren, die het slachtoffer werden van die
afbraakgolf van de geest, lieten lelijke en pijnlijke leemtes achter en een
geschiedenis van traumatisering en vernedering, waarvan de effecten de
geschiedenis van de vooruitgang en de groeiende welvaart nog steeds
kunnen overvleugelen en tenietdoen.

De oude structuren van de arbeid en de samenleving en de oude hi-
erarchieën en zekerheden wankelden onder de aanval van de industriële
revolutie en van een nieuwe onderwerping onder de logica van de imperialistische heerschappij, de macht van nationalistische ideeën en de
economische noodzaak. De transcendentie van die nieuwe heerschappij
was de vooruitgang zelf, de uitbreiding van het machtsbereik en de ver-
vulling van een historische missie.

Vooral één idee leek in de context van de wetenschap steeds minder
centraal te staan, zoals de charismatische generaal Napoleon Bonapar-

te ervoer. De Franse wiskundige en astronoom Pierre-Simon Laplace (1749-1827) was een briljante, wetenschappelijke voorhoededenker, die zijn brood verdiende als examinator bij de Franse artillerie-opleidingen en daarbij op een keer ook een kleine, zestienjarige kadet geëxamineerd had, Napoleon Bonaparte. Jaren later, toen Napoleon een succesvolle generaal en eerste consul van Frankrijk was en diens vroegere examinator een eminente astronoom, gaf Laplace zijn vroegere examenleerling zijn nieuwste boek, *Traité de mécanique céleste* (Verhandeling over de kosmografie).

De jonge en nog steeds kleine generaal genoot er klaarblijkelijk van om zijn leraar zijn pasverworven macht te laten voelen, en berispte hem ten overstaan van het hele verzamelde gezelschap. Newton had in zijn grote werk over God gesproken, bekritiseerde Napoleon Laplace, maar hij was God in dit boek niet één keer tegengekomen.

'Burger eerste consul,' kwam het ijzig vriendelijke antwoord, 'ik heb die hypothese niet nodig gehad.'[114]

De hazenjacht

'God is dood! God blijft dood! En wij hebben hem gedood! Hoe troosten we onszelf, de moordenaars aller moordenaars? Het heiligste en machtigste wat de wereld tot nu toe heeft bezeten, is onder ons mes doodgebloed – wie wist het bloed van ons af? Met welk water kunnen we ons reinigen? Welke zoenoffers, welke heilige spelen zullen we moeten bedenken? Is de grootsheid van die daad niet te groot voor ons? Moeten we niet zelf goden worden, al was het maar om die daad waardig te lijken? Er is nooit een grotere daad geweest – en wie na ons geboren wordt, behoort vanwege die daad tot een hogere geschiedenis dan alle geschiedenis tot dusverre is geweest!'[115]

Friedrich Nietzsche, *De vrolijke wetenschap*

Het was de vooruitgang zelf die dat laatste offer had geëist. In een universum dat zich met behulp van wiskundig geformuleerde wetten liet beschrijven, bleef gewoon steeds minder ruimte over voor een transcendentale relatie, voor een immanente godheid. Hier, in het zenit van zijn baan, was het idee van de onderwerping geconfronteerd met zijn eigen tegenspraak. De mens, die in opdracht van God de natuur onder de knie dwong, had de oude man op zeker moment niet meer nodig. Maar hoe meer God tot grote klokkenmaker verbleekte, hoe meer de schuld voor hun eigen handelen op de schouders van de bevrijde mensen rustte.

Als de wereld vanuit zichzelf verklaard kon worden en de mensen daarop niet handelden met een historische opdracht – wie waren ze dan? En wie kon hun daar antwoord op geven? Waarheen konden ze voor die leegte vluchten? En wie kon hen van de schuld van de machtige verlossen?

Op officieel en institutioneel niveau leidden zulke gevaarlijke vragen niet tot een ineenstorting van het religieuze denken, maar tot een nog intensievere en dogmatischere rechtvaardigingscampagne via preken, hoofdcommentaren, lezingen en stichtelijke drama's. De victoriaanse burgerij had zijn goddelijke opdracht even dringend nodig als de rente op haar aandelen in de Indiase spoorwegen, en beide hingen op fatale wijze met elkaar samen. Zonder morele onderbouw, zonder de *white man's burden*, zonder *mission civilisatrice* geen koloniaal rijk en geen inkomen. De discussie over de slavenhandel en de verheffing van dat debat tot nobele opoffering door blanke weldoeners had aangetoond dat eeuwen Bijbelexegese vrucht gedragen had en dat elk duidelijk blijk van handige en goed opgeleide interpreten in zijn tegendeel kon verkeren.

Uit de discussies in de verlichting bleek steeds weer de klaarblijkelijke behoefte, zelfs de persoonlijke nood van enkele deelnemers, om aan de intieme transcendentale relatie tot een grond van alle moraal en alle waarheid vast te houden zonder tegelijkertijd de duidelijke vooruitgang van de wetenschap en haar problematische verklaringen af te hoeven te wijzen. God moest in enige vorm behouden blijven voor het systeem, ook al was het als klokkenmaker, als principe, als hoogste ratio.

Alleen al de strijd om God leek op een geestelijke aardverschuiving. Het is moeilijk om er vandaag de dag een beeld van te krijgen hoe intiem en existentieel de premoderne houding van veel (zij het niet alle) Europese christenen tegenover hun God was geweest. Alleen al de fysieke wereld was doortrokken van geheimen en wonderen. Wat niet met het blote oog kon worden gezien bleef onbekend, en de hemel was een gewelf dat om de aarde gespannen was, voordat rond 1600 de eerste microscopen en telescopen nieuwe werelden openden. Maar ook zij en de kennis die ermee verworven werd, waren bereikbaar voor slechts weinig mensen en de wetenschappelijke methode stond nog in de kinderschoenen. Gods waarheid leverde een verklaring die niet minder plausibel was dan de andere. Het leven leek vol onoplosbare raadselen, die alleen door de religie voor het eerst beeld werden, voorstelbaar werden en daardoor opgehelderd konden worden. Tegelijkertijd sprak de Bijbel van een wereld waar de landelijke bevolking vertrouwd mee was, want ze ging over boeren en hun leven.

Maar die verklaring en de oplossing van alle tegenstrijdigheden in de wonderbaarlijk paradoxale drie-eenheid werkten verlammender naarmate de wereld buiten de religie, de wereld van natuurwetten, van landen en beschavingen op tot dan toe onbekende continenten, de kennis van de vergelijkende anatomie en de toenmalige cultuurantropologie, de archeologie en de geologie een tegenbeeld schiepen dat het beslissende voordeel had dat je ermee rond de aardbol kon navigeren, winstgevende handel kon drijven en vacuümpompen kon bouwen. Maar zo'n wetenschappelijk tegenbeeld had een belangrijk psychologisch nadeel. In tegenstelling tot de geopenbaarde waarheid van de religie was de kennis omtrent experimenten en theorieën altijd alleen maar een model, gedoemd om op enig moment gefalsifieerd en vervangen te worden. Ze kende niet de waardigheid van een tijdloze openbaring of de heerlijkheid van een visie, maar zijn prozaïsche juistheid hielp meer dan welk Bijbelvers ook bij het berekenen van brugbogen en verbindingshoeken.

De verlichte strijd om God en zijn seculiere equivalenten als vooruitgang en voorzienigheid wakkerde in de loop van de negentiende eeuw flink aan, want de energie van de onstuimige ontwikkelingen van industrieën, koloniale rijken, grote steden en massacultuur, technieken en theorieën over de natuurlijke wereld was niet meer onder controle te houden en scheurde elke overgeleverde zekerheid aan flarden. Gekoloniseerde volken en Europese dagloners, kinderen in fabrieken, landloze boeren en mensen op de vlucht voor honger en ellende moesten zich aanpassen aan de nieuwe omstandigheden – of verhongeren. De compenserende poging om die processen als noodzakelijk en zelfs deugdzaam en juist voor te stellen was enorm, maar er waren bereidwillige geesten genoeg om die opgave op zich te nemen. Het geweld dat Pankaj Mishra in dat proces werkzaam ziet, werd door steeds kunstzinniger gedecoreerde façaden aan het oog onttrokken.

Maar die façaden riepen van binnenuit ook verzet op, terwijl ze tegelijkertijd nieuwsgierigheid wekten. Sigmund Freud sloofde zich uit om de psychologische façaden van het burgerlijke Wenen te doorgronden en vond erachter een chaos van tegenstrijdige emoties, waarvan de gevolgen te verwoestend waren om hun bestaan überhaupt te erkennen. In *Das*

Unbehagen in der Kultur dacht de stichter van de psychoanalyse na over de vraag hoe zulke agressieve en destructieve impulsen beteugeld werden, namelijk door ze naar binnen te keren:

De agressie wordt geïntrojecteerd, verinnerlijkt, maar eigenlijk teruggestuurd naar waar ze vandaan komt, dus tegen het eigen ik gekeerd. Daar wordt ze overgenomen door een deel van het ik dat zich als Über-ich tegenover de rest opstelt en nu als 'geweten' tegen dat ik dezelfde strenge bereidheid tot geweld uitoefent die het ik graag aan andere, vreemde individuen zou hebben bevredigd. De spanning tussen het strenge Über-ich en het aan hem onderworpen ik noemen we schuldbesef; ze manifesteert zich als behoefte aan straf.[116]

Dat Über-ich, aldus Freud, functioneert als een 'bezettingsmacht in een veroverde stad' en regeert door het geweten. Even later komt Freud te spreken over het schuldgevoel, dat enkel al kan ontwaken door een voornemen of een begeerte, volgens hem als verinnerlijking van een daadwerkelijke, ver teruggaande schuld, namelijk die van de zoon, die zijn geliefde en gehate vader om het leven brengt om zijn plaats in te nemen. 'Nadat de haat door de agressie was bevredigd trad in de spijt over de daad de liefde tevoorschijn, richtte door identificatie met de vader het Über-ich op, gaf hem de macht van de vader als bestraffing voor de door hem gepleegde daad van agressie en creëerde de beperkingen die een herhaling van de daad moeten voorkomen.'

Een bezettingsmacht in een veroverde stad – dat was ook een antwoord, over eeuwen heen, op het denken van de kerkvader Augustinus, die deze bezettingsmacht de veroverde stad van de menselijke psyche had binnengeleid en die er als het ware een garnizoen voor had gebouwd. Voor Augustinus waren begeerte en instincten hindernissen op de weg naar de verlossing, die desnoods met geweld onder controle gebracht en uit de weg geruimd moesten worden om aan de hel te ontkomen. Freud stelde daartegenover dat de geweldsheerschappij zelf al een soort hel kon voorstellen, want de begeerte verdween niet als die onderdrukt en ontkend werd, ze begon alleen onder de oppervlakte te gisten en te woekeren totdat de hele psyche vergiftigd was.

Freuds interpretatie is, zoals te verwachten was, toegesneden op het door hem gepostuleerde oedipuscomplex en zit vol ambivalente emoties, maar met Laplace, die geen hypothese over God meer nodig had, en met Friedrich Nietzsche, die verbijsterd vaststelde dat de moordenaars van God zonder troost moeten blijven, ontstaan de omtrekken van een collectieve stemming onder de groep mensen die het meest en het meest dramatisch van de onderwerping van de wereld en de natuur geprofiteerd hebben: de bourgeoisie, de burgerij, de *middle class*, de kleine burgerman en de nieuwe stedelingen, de emigranten en immigranten – de meer of minder succesvolle en hoopvolle bewoners van een wereld van overheersing, die zelf nog in de kinderschoenen stond.

De schuld van het nieuwe seculiere individu spookte door de cultuur van de negentiende eeuw, een schim van de oude christelijke schuld. Ze joeg de helden in Verdi's opera's en de romans van Fjodor Dostojevski op, inspireerde Victor Hugo en Charles Dickens, Goethes *Faust* en Mary Shelleys *Monster van Frankenstein*, hield Søren Kierkegaard lange nachten uit de slaap en vermorzelde de arme Woyzeck in het gelijknamige toneelstuk van Georg Büchner.

Friedrich Nietzsche (1844-1900), telg uit een streng protestants domineesmilieu, wist van wanten als het op schuld en huichelarij van de christelijke moraal aankwam; die hadden hem eerst in de armen van de veel zinnelijker klassieke cultuur en daarna in de roes van de filosofische oeverloosheid gedreven. In zijn poëtische, polemische, provocerende, paradoxale en in de eigenlijke zin van het woord filosofische teksten schreef hij in tegen de hele westerse cultuur en haar slavenmentaliteit en tegen de morele verkwijning van de mens, waarvan hij het christendom beschuldigde. De moraal van het christendom en van Duitsland vormden de beide polen van zijn ambivalentie, die hem nooit hebben losgelaten.

Maar ook een experimentele denker als Nietzsche was er zich van bewust dat 'ook wij zieners van nu, wij godlozen en antimetafysici, ook ons vuur nog halen uit de brand die door een duizenden jaren oud geloof is aangestoken, het christelijk geloof dat ook het geloof van Plato was, dat God de waarheid is, dat de waarheid goddelijk is'.[117] Een belangrijk deel van dat ongebroken, zij het ook vaak niet-herkende geloof is de moraal, die steeds weer bevestiging geeft: 'De moraal smukt de Europeaan op – laten we het toegeven! – tot iets wat voornamer, betekenisvoller en belangrijker is, tot het "goddelijke".'[118] Maar zoveel schone schijn kon niet lang bestaan: 'Wij Europeanen blikken op een enorme puinhoop, waar her en der nog iets boven uitsteekt, waar veel nog vermolmd en luguber overeind staat, maar het meeste al is neergezegen... het geloof in God is omgevallen, het geloof in het christelijk-ascetisch ideaal vecht zijn laatste strijd.'[119]

De werkelijkheid van de late negentiende eeuw ervoer Nietzsche als een ondraaglijk compromis tussen wat geweest was en wat komen zou, de bewoners ervan waren ontheemd in meer dan één betekenis: 'Wij kinderen van de toekomst, hoe zouden wij in dit heden thuis kunnen zijn! We zijn afgunstig op alle idealen, waarbij iemand zich zelfs in deze breekbare, gebroken overgangstijd thuis zou kunnen voelen; maar wat de "realiteiten" ervan betreft, denken we niet dat ze bestendigheid hebben. Het ijs dat nu nog draagt, is al flinterdun geworden: de dooiwind waait, wijzelf, wij ontheemden, zijn iets wat ijs en andere al te dunne "realiteiten" openbreekt.'[120]

Het gladde ijs van de realiteiten brak overal in een tijd waarin de revolutie van de machines miljoenen mensenlevens opzoog. Vooral in Engeland en zijn koloniën kreeg de ijzeren vuist van de industrialisatie de samenleving met ongehoorde kracht in zijn macht. Indiase katoen werd in Noord-Engeland gesponnen en geweven om geëxporteerd te worden, ook terug naar India, ditmaal aan het eind van de keten van de toegevoegde waarde. Door de mechanisering van het spinnewiel en de weefstoel en het gebruik van met cokes gestookte stoommachines was die industrie samen met de trans-Atlantische driehoekshandel met slaven, suiker en andere producten een belangrijke drijfveer van de industriële, maatschappelijke en politieke ontwikkeling.

De wereldmacht Groot-Brittannië, nog maar tweehonderd jaar eerder niet meer dan een rusteloos eilandenrijk aan het noordelijke eind van de bewoonde wereld, leek voor te doen hoe onderwerping in naam van de Heer en de vooruitgang mogelijk was. Nergens bestond er zo'n enorme, obscene en ongehoorde groei van vermogens, kennis, kansen, theorieën, snuisterijen, voorsteden, spoorweglijnen, romans, luxezaken, uitvindingen, opbouwende preken en kathedraalachtige stations, stalen bruggen en berichten uit verre landen, een rit op een snelle machine, die door God gewild en gezegend was, zoals kerkliederen en geschiedenisboeken benadrukten.

Die al te grote eenstemmigheid van de publieke opinie te midden van de ongekende verpaupering van de mensen die deze welvaart door hun arbeid mogelijk maakten en voor wie het woord 'lompenproletariaat' bedacht werd, riep verzet op. Politiek was dit het uur U van de samenwerking van diverse bewegingen, die door de Duitse ballingen Karl Marx en Friedrich Engels geïnspireerd werden. Marx en Engels hadden midden in de industriële ellende en welvaart tussen Londen en Newcastle genoeg aanschouwelijk materiaal voor hun onderzoek. Maar cultureel kwam de reactie op zoveel apocalyptische transformatie en de confrontatie met de schaduwzijden ervan vooral uit het milieu van de opkomende middenklasse – mensen die genoeg hadden om te leren lezen en schrijven en die de rust en de tijd hadden om te lezen, maar desalniettemin niet voor de verwerpelijkheden van de samenleving blind geworden waren.

Een van de belangrijkste teksten uit de Engelse literatuur, die al aan het begin van de eeuw de in letterlijke zin onheilspellende prijs van een zuiver instrumentele relatie tot de natuur als onderwerp koos, was 'The Rime of the Ancient Mariner' van Samuel Taylor Coleridge (1772-1834), een op volkse toon gehouden, maar hoogst geraffineerd gedicht, dat je als spookverhaal kon lezen, maar dat voor veel lezers ondanks de schijnbare naïviteit bijna profetische kwaliteiten had.

Een oude zeeman vertelt op een dorpsbruiloft het verhaal van een zeereis, waarover een vloek hing. Hijzelf had het boosaardige lot op het schip gebracht, toen hij uit pure verveling en laagheid een albatros had doodgeschoten, die de zeevaarder trouw had begeleid. Meteen veranderde het weer en zijn kameraden hingen voor straf de dode vogel om zijn hals.

Pas als iedereen aan boord gestorven is, komt de zeeman tot inzicht en wordt verlost, waarop de bemanning weer tot leven komt, een genadige wind hen naar huis draagt en hijzelf begrijpt: *He prayeth best, who loveth best/ All things both grean and small;/ For the dear God who loveth us/ He made and loveth all.*[121] (Hij bidt pas echt die liefde hecht/ Aan ieder ding dat leeft;/ Omdat de God die ons bemint/ Voor alles liefde heeft.)

Misschien was het de onschuldige expressie in deze regels die ze zo machtig maakte. De albatros om de hals is als symbool van een vloek en van een morele oude last in de Engelse woordenschat blijven bestaan. Het beeld van de man die onder onmenselijke omstandigheden zelf onmenselijk wordt en een deel van de natuur en een relatie met een ander schepsel willekeurig verwoest, grift zich in het geheugen, net als de meedogenloze demiurg dr. Frankenstein, die de natuur monstrueus maakte, of de door de dood bezeten kapitain Ahab, die door Herman Melville in *Moby-Dick* op zijn laatste epische reis werd gestuurd, tot en met de demonische Kurtz in Joseph Conrads *Hart der duisternis.*

In de verhouding van natuur en mens was nu het moment gekomen dat niet meer de natuur, maar de mens als bedreiging werd gezien. Zelfs de geketende Prometheus werd in een gedicht van Percy Bysshe Shelley (de man van Mary Shelley) van zijn rots bevrijd. De mythologie en de Olympus zelf waren niet meer veilig voor de menselijke hybris.

Twee kunstenaars schiepen sterke tegenbeelden voor de allesoverheersende mentaliteit van hun tijdperk. William Blake (1757-1827) was kopergraveur en schilder, dichter en illustrator, die al vroeg ook non-conformistische visies op religie en politiek vertegenwoordigde. In zijn grafische werk zette hij zich in tegen de slavernij en creëerde beelden van menselijk leed, die in hun bijna naïeve intensiteit onvergetelijk zijn. In een ander werk beeldde hij Newton uit, de vereerde *founding father* van de wetenschappelijke revolutie. Het is waarschijnlijk eerder Newtons heroïsche geest die hier de passer hanteert, want zijn lichaam toont geen geleerde met lange haren, maar een gespierde halfgod, wiens aandacht volledig uitgaat naar zijn berekeningen.

Het ligt voor de hand in die voorstelling van het wetenschappelijk denken ook kritiek te zien. De rots waarop de figuur van de geleerde zit, is begroeid met koralen en mossen en het hele tafereel lijkt zich onder water af te spelen. Maar de wiskundige is te zeer in zijn ideeën verdiept om de overdadig rijke natuur om zich heen, die hij wil beschrijven en doorgronden, überhaupt waar te nemen.

William Blake, *Newton*, 1795. Kleurmonotype, aquarel, 46 x 60 cm. Tate Britain, Londen

Blake zelf, wiens droomschilderijen en mythologische meditaties vaak op visionaire belevenissen teruggingen, had een heel andere hoop met het oog op de materiële wereld, de eenheid van alle dingen: 'De wereld in een zandkorrel zien/ en een hemel in een wilde bloem/ Houd in je handpalm de oneindigheid/ En de eeuwigheid in een uur.'[122]

Een tweede kunstzinnige omzetting van dat tijdsgewricht vinden we bij Joseph Mallord William Turner (1775-1851), wiens kleurenstormen en landschappen, die als het ware naar het abstracte toe groeiden, een geheel eigenwillige artistieke weg insloegen, die zijn eigen eeuw behoorlijk vooruit was. Ook Turner had een duidelijke politieke houding, die hij bijvoorbeeld in zijn schilderij *The Slave Ship – Slavers Throwing overboard the Dead and Dying, Typhoon coming on* in een tafereel weergaf waarover hij in de krant gelezen had. Een slavenschip had slaven die van de dorst bijna omgekomen waren overboord gegooid om de verzekeringspremie voor hen te kunnen incasseren. De misdaad werd bekend en resulteerde in een sensationeel proces tegen de kapitein. In zijn stormachtige zee toont Turner de lichamen van de ten dode opgeschreven slaven, terwijl het schip al door de golven van de tyfoon gegrepen wordt. Boven alles uit dreigt een noodlottig glanzend licht, dat omgeven is door bloedrode stormwolken.

Ook in *The Fighting Temeraire* koos Turner een tafereel op het water, ook al is het zeeoppervlak ditmaal bijna spiegelglad. Het ooit zo machtige oorlogsschip dat hielp het Britse imperium op te bouwen en te verdedigen, is onderweg op zijn laatste reis naar de plek waar het wordt afgebroken. Zijn macht is verbleekt, zijn kanonnen en zeewaardige belading verdwenen, het wordt door een kleine zwarte stoomboot voortgetrokken; dat weerspiegelt allemaal een oude tijd, die weerloos de nieuwe energie moet volgen en bijna iets als het afscheid van de grote tijd van Nelsons marine en het hoogtepunt van de mondiale macht voorstelt.

Het achteraf gezien wellicht meest profetische schilderij van Turner toont de geest van een haas die voor zijn leven rent. De eerste dimensie is in dubbele betekenis oppervlakkig. Turner voegde het beeld pas vlak voor de eerste presentatie aan het linnen toe en de dunne laag verf is na bijna twee eeuwen verbleekt. Maar hij was er en zijn geest jakkert nog steeds voor de trein uit, ongeveer halverwege de brug. *Rain, Steam, and Speed – The Great Western Railway* werd in 1844 aan de wereld voorgesteld en was een sensatie.

Alleen al de titel maakt de ambivalentie ervan duidelijk. De Great Western Railway was de schepping van de legendarische industriebaron en uitvinder Isambard Kingdom Brunel, belichaming van alle victoriaanse ambities, ingenieur, man van de daad, ondernemer, kapitalist en genie. Turners hommage aan de grote man is tweesnijdend, want de locomotief die op de toeschouwer af raast, het enige stuk concrete materie dat onder een wolk van regenbuien en lichtreflexen van de zomerstorm tevoorschijn snelt, maakt in het natuurspektakel een verloren indruk. Het centrum van het schilderij is leeg. Maar de existentiële strijd wordt gevoerd tussen de locomotief en de bijna onzichtbaar geworden haas, die door de schilder, volgens de berichten van zijn tijdgenoten, als de eigenlijke incarnatie van de snelheid werd voorgesteld. Regen, stoom en snelheid, die aan het schilderij de titel geven, maken van de locomotief een fremdkörper.

15. William Turner, *Regen, stoom en snelheid – de Great Western Railway*, 1844. Olie op linnen, 91 x 121,8 cm. National Gallery, Londen

Aan het begin van het tijdperk van de spoorwegen droegen locomotieven nog grote namen uit de Griekse mythologie: de jager Actaeon, de zonnegod Phaedon, de eenogige gigant Cycloop; het waren allemaal vuurspuwende monsters op rails. Ook Orion, de legendarische hazenjager die in de nachtelijke hemel zijn buit nooit bereikt, had zijn naam aan een locomotief gegeven. Volgens de mythe had hij drie vaders: Neptunus, Zeus en Apollo, dus de god van het water, de god van de lucht en die van het vuur, de elementen die een stoommachine in beweging brengen, die in de natuur regen vormen en technisch gemanipuleerde stoom en snelheid, onverbiddelijk in hun inbezitneming van land, in hun streven naar technische oplossingen, hun kunstmatig aangevuurde wedloop tegen de geschiedenis waaruit ze zich wegkatapulteren.

Nu staat de jacht van de stoommachine op de haas voor een strijd
met de diepe tijd en de schokkende macht van het alles onderwer-
pende heden. Letterlijk met soepele hand voegt Turner andere, speelse
betekenismogelijkheden toe. Links naast de brug zien we een bootje
dat van de toeschouwer wegroeit en een paar figuren die aan de oever
staan, alsof ze badenden zijn of klassieke ideale figuren in de landschapsschilderijen van Claude Lorrain. Dit is ook een strijd met de
klassieke erfenis, met het ideale landschap en wat de vooruitgang ervan
maakt.

En de ploegende boer aan de rechterrand van het schilderij? Kende
Turner *De val van Icarus* van Bruegel met de boer op de voorgrond, die
de aarde aan zijn ploeg onderwerpt, het ingespannen paard beheerst en
zelf een onderworpene is? Had hij drukken naar het origineel gezien,
of een van de kopieën die daarnaar gemaakt waren? Heeft hij tijdens
zijn verblijf in Brussel in 1839 misschien zelfs het origineel gezien? Is dit
de ommekeer van de verhoudingen die Bruegel beschreef, het moment
dat een technische zonnegod de vurige ster op zijn triomfantelijke pad
nadert, terwijl de boer, onbeduidend geworden, slechts uit de verte kan
toekijken? Of heeft die Icarus nog een lange weg omhoog voor zich,
voordat ook hij in de baren zal storten?

Dit is een landschapsschilderij over landschapsschilderijen: beide
composities tonen een sterke diagonaal, een navenant tumultueus ver-
hulde hemel, een groot wateroppervlak met boten, misschien een stad
aan de horizon. Maar het verschil met vroegere werken in dit genre is dat
de held van die nieuwe mythologie nog steeds naar de zon toe raast, want
hij heeft het vuur in zijn innerlijk beteugeld en vliegt over stalen rails.
Turner schijnt die dialoog met een collega en al even wakkere geest over
eeuwen heen voort te zetten.

De wereld van ploegscharen en roeiboten is allang verdrongen door
de brute majesteitelijke bruggen en de voortrazende verandering op
rails, maar de waarschuwing speelt steeds mee. Juist de pionierstijd van
de spoorwegen kende vreselijke treinongelukken en de droom van de
godgelijke snelheid hield niet alleen voor de haas fatale gevaren in. De
schilder, die nog in de achttiende eeuw was opgegroeid, toonde dat zijn
intuïtie en zijn kunstzinnige horizon hem wel in de klassieke tijd hadden

verankerd, maar dat hij de uitdaging van de technische moderne tijd en de dodelijke keerzijde van elke schijnbare triomf over de natuur al herkend had.

Modern times

De zichzelf vergetende moderne tijd die naar de toekomst jakkert en door Blake en Turner als visoenen zijn vastgelegd, schiep haar eigen antwoorden op die beelden van de onderwerping van de natuur – verontrustende, verbijsterende antwoorden.

In Europa markeerde de ervaring van de Eerste Wereldoorlog een keerpunt. Tot dan toe hadden mensen de natuur beheerst en mechanische hulpmiddelen gebruikt om haar te onderwerpen. In de gemechaniseerde veldslagen aan het westelijk front drong het tot een hele generatie door dat moed, spierkracht en mannelijkheid en begrippen als eer en dapperheid, principes, algemene ontwikkeling of overtuiging geen kans hadden tegen de armada van machines die waren gestuurd om hen te doden. Anarchisten en monarchisten, joden en antisemieten, academici en arbeiders, communisten en beursmakelaars konden gehurkt in dezelfde loopgraaf zitten, tot dezelfde granaat, die op een afstand van vele kilometers was afgeschoten, hen allemaal uiteenreet en in het al vaak kapotgebombardeerde en drassig geworden slagveld liet wegzakken.

Artillerie en tanks, gevechtsvliegtuigen en gifgas, machinegeweren en prikkeldraad: die eerste (althans aan het westelijk front) volledig geïndustrialiseerde oorlog maakte ruw duidelijk hoe weinig de kroon op de schepping haar eigen technische voortbrengselen nog de baas kon; de machines waren allang superieur aan de bouwers. Sinds het vroege christendom en versterkt door de verlichting was het 't doel van een beschaafd leven geweest de natuur te onderwerpen en te overheersen en te beschaven, en daarmee ook alles wat aan de mens zelf 'natuurlijk', dus laag en impulsief was, te onderdrukken of in legitieme banen te leiden, om zo van het hele leven cultuur te maken en het aan de cultuur te wijden, aan de inspanning van de menselijke beschaving.

De logica van dat verhaal is zo overduidelijk dat het Gilgamesj-epos al de vraag stelde hoe een held, die voor twee derde god is en voor een derde een sterfelijke mens, zijn sterfelijkheid kan overwinnen. Ook in andere mythische verhalen en in de Bijbel behoort de mens half tot de dieren en half tot de engelen of de goden, gevangen tussen beiden en bedreigd door zijn irrationele impulsen.

Met de ontwikkeling van steeds krachtiger machines, die menselijke vaardigheden kunnen imiteren, kan nogmaals dringend die vraag gesteld worden, want de mens was nu definitief een jammerlijk tweeslachtig wezen. Maar zijn dierlijke helft en daarmee zijn vatbaarheid voor handelen in strijd met het gezond verstand kan hij niet geheel afschudden en beheersen, ondanks vasten en kastijding, sublimering en verdringing. Theologisch en technisch blijft de mens vatbaar voor fouten. Maar machines kennen die dierlijke helft niet, ze zijn volkomen automatische engelen, geheel gewijd aan hun doel, en ze beloven vlot te functioneren. In een mechanistisch wereldbeeld waren ze de volgende logische stap naar een volkomen beheersing van de natuur, volmaakter dan alleen mensen het ooit gekund zouden hebben.

De ervaring van de oorlog maakte een grote massa mensen in Europa en zijn koloniën duidelijk dat de machines de heerschappij over de natuur uit handen van de mens konden rukken om zichzelf op te werpen als heersers, volledig rationeel en perfect geconstrueerd, vrij van begeerten, van hebzucht en zelfs haat, gewillige instrumenten die in handen van sinistere machten dodelijke wapens konden worden en die in potentie de mensen volledig zouden kunnen overvleugelen.

Een hele golf populaire cultuur in de jaren 1920 en 1930 hield zich bijna maniakaal bezig met de oude relatie tussen mens en machine, een wedloop die de mens langzaam maar zeker leek te gaan verliezen. In het monumentale *Metropolis* (1927) van Fritz Lang, tegenwoordig een klassieke film maar in zijn tijd een flop, verleidt een robotvrouw de massa om die dan in het ongeluk te storten. De Tsjechische toneelschrijver Karel Čapek vertelde in zijn toneelstuk *Rossum's Universal Robots* (1920) hoe een serie productierobots, die voor slavenwerk ontworpen zijn, de mensheid elimineert om zelf gebieders van de planeet te worden, en Charlie

Chaplin toonde in zijn met onheilspellende precisie gechoreografeerde meesterwerk *Modern Times* (1936) hoe de mens, die ooit door God was ingezet om de aarde aan zich te onderwerpen, als opgejaagde en hongerige fabrieksarbeider letterlijk zelf door de grote machine wordt opgeslokt. De verhouding tussen mens en machine werd al een eeuw geleden als een strijd om de definitieve onderwerping van de natuur beschreven, waarbij homo sapiens als natuurlijk organisme wel een evolutionair voordeel heeft, maar de machine door een snelle ontwikkeling die achterstand leek in te halen en de kloof te overbruggen. Dan zouden de mensen definitief hun eigen overbodigheid hebben waargemaakt, het compromis mens zou technisch ingehaald zijn.

De uitvinding van de transistor, het internet en de triomftocht van de smartphone hebben die ontwikkeling enorm bespoedigd en stellen de vraag naar de onderwerping opnieuw. Ze verplaatsen de gebruikers vaak vele uren per dag naar een wereld die door algoritmes gestuurd wordt volgens commerciële belangen en volgens psychologische inzichten gestructureerd; ze vinden er waardering, bevestiging, bevrediging, afleiding en amusement.

De oude fantasie van de mens als cyborg, die via geïmplanteerde modulen nieuwe vaardigheden ontwikkelt, is daarmee werkelijkheid geworden, ook al is de module meestal handmatig vastgelast, en niet in het hoofd. Ook dat zal nog komen, maar het principiële verschil is al gemaakt, doordat menselijk contact en allerlei sociale verbindingen via platforms lopen die openlijk uitgaan van de manipuleerbaarheid van hun gebruikers en de wereld niet alleen veranderen in consumptiebesluiten, maar die ook inschatten welke aspecten van de realiteit, welke gedragspatronen en welke zwakke plekken van de menselijke psychologie en de cognitie zich het best laten gebruiken om de voortdurende interacties te veranderen in bruikbare data of transacties. Als de mens naar een oude zegswijze half mens en half dier is, moet duidelijk zijn dat dit dominante aspect van de digitale communicatie zich bijna uitsluitend en doelgericht op het manipuleerbare dier richt, op emoties en impulsen, onzekerheden en behoeften – het ideale fundament voor de monetarisering van homo sapiens.

De zelfonderwerping van de mens heeft een onverwachte weg ingesla-

gen. Voor Augustinus was het de onderwerping van de zondige instinctieve natuur en daarmee was die ook een enorm machtige manier om de
gelovigen zelf onder controle te houden. Maar omdat de onbeheerste
natuur een inkomstenbron zonder weerga is, wordt ze in een kapitalistische context logischerwijs als hulpmiddel systematisch op eenzelfde
wijze beheerd als de kerk het met biecht, boetgebeden, aflaten en de
controle over de seksualiteit voorgedaan heeft.

In de onderwerping is niet meer een strijd tussen drift en eeuwige ziel.
Ze is een vrijwillige handeling geworden, maar niet in de zin van Hegel,
volgens wie vrije individuen uit vrije wilskeuze delen van hun vrijheid
opgeven om een gemeenschap met wetten te vormen en die met een
macht uit te rusten die veel vrijheden pas mogelijk maakt (een mooi
hegeliaans kluwen van paradoxen). De zelfonderwerping van relatief
welvarende mensen onder de wetten van digitale netwerken is in wezen
de aanschaf van een nieuw orgaan, een machtig filter van bonte kleuren
en commercieel ontsloten mogelijkheden, dat zich tussen individu en
omgeving plaatst, een filter dat zo geconstrueerd is dat het voortdurend
tot nieuwe interacties oproept, uitnodigt, die uitdaagt en met kleine be-
loningen veraangenaamt.

In de rationele en gerationaliseerde wereld van de moderne tijd beveelt geen god meer de wereld te onderwerpen. God is geëlimineerd,
maar niet het menselijk verlangen naar hem, naar een zin voorbij het eigen triviale leven. Nietzsches godsmoordenaars, die onder de schuld van
hun misdaad voortstruikelen, en Freuds neurotische onderdrukkers van
de onacceptabele eigen begeerte hebben het met hun nederlaag op een
akkoordje gegooid, naar het schijnt. De heerschappij van de machines
voltooit die historische logica, die door kunstmatige intelligentie nogmaals zal winnen aan dynamiek en indringendheid en zal uitmonden in
een posthumaan tijdperk. Mensen verliezen steeds meer niet alleen de
middelen tot heerschappij over de noodzakelijkheden van de uitbreiding
van het digitale netwerk, ze verliezen ook de mogelijkheid de beslissings-
structuren en processen van die digitale wereld te begrijpen en zijn daarom tendentieel uitgeleverd aan de logica van de dingen. Maar dat wordt
niet per se gezien als een existentieel probleem. Goethes tovenaarsleer-
ling heeft dan wel chaos gecreëerd en raakt de geesten die hij opriep niet

meer kwijt, maar hij heeft ook Tinder ontdekt en heeft wel wat anders te doen dan met wild geworden bezems om zich heen te slaan.

Aan het eind van de overwinning staat een nederlaag, die J.M.W. Turner al zag aankomen, terwijl de wereld van de stoomlocomotieven en de ingenieurs nog sprankelende successen vierde. Nooit is de onderwerping zo volmaakt geweest, zo onaanvechtbaar, nooit was de vooruitgang epischer. Maar tegelijkertijd had die voortrazende as geen lager meer, waarin ze rustig kon draaien. Elke metafysische referentie voor het menselijk streven was voos en aanvechtbaar geworden; bangelijke, door schuld opgejaagde vadermoordenaars stonden machteloos voor de opgave de wereld een objectieve moraal terug te geven. De vooruitgang was een meedogenloze affaire, maar de eminentste wetenschappers en de populairste auteurs van hun tijd beloofden een hemels Jeruzalem, een tijd van volmaakte vrede, waarin dankzij de wetenschap honger, armoede en oorlog tot het verleden zouden behoren.

III

KOSMOS

Agonie

Nooit is de onderwerping van de natuur zo uitbundig gevierd als in de naoorlogse tijd, tussen atoombom, maanlanding en oliehausse in. Het kapitalistische Westen en de communistische staten wedijverden met elkaar om de grootste en spectaculairste successen in een oorlog van stuwdammen en boortorens, fabriekslandschappen en dode rivieren, hoogovens en afgronddiepe mijnen.

De milieubalans van het Wirtschaftswunder was van meet af aan alarmerend, maar is tegenwoordig verworden tot een systeem van georganiseerde dodelijke waanzin, waarin een primaat zijn eigen bestaansvoorwaarde is gaan vernietigen. Tegelijkertijd werden de samenlevingen die deze destructieve verandering aanjoegen er meester in om uit de verbleekte religieuze beeldenwereld een nieuwe schijnrealiteit op te bouwen waarin religieuze beelden in een commerciële context nieuw leven werd ingeblazen voor een nieuwe geruststellende rituele praktijk.

Na de apologeten van de religie kwamen de apologeten van de markt, erven van de theologen, historici en hoogleraren, die er allang bedreven in waren geraakt om onmiskenbare tegenstrijdigheden kunstzinnig in fraaie beelden te veranderen. Naarmate de stijgende economische behoeften en mogelijkheden meer verwoesting veroorzaakten, werden de betreffende samenlevingen ook efficiënter om de consumenten – zichzelf – een professioneel glanzend opgepoetst spiegelbeeld met weinig scherpte te presenteren: de wereld als productpalet en projectie.

Maar de reële wereld achter de coulissen bleef bestaan, rusteloos, voortdurend en vaak slechts microscopisch en miljardvoudig onderhevig aan een ingrijpende verandering, een stortvloed van complexe transformaties, die wetenschappelijk niet toereikend afgebeeld konden worden,

economisch niet als relevante factoren golden en politiek geen belangstelling trokken.

De moderne tijd schreed voorwaarts met de door Friedrich Hayek
zo bewonderde 'creatieve vernietiging' van bestaande contexten, sociaal, historisch of natuurlijk. Rond het midden van de twintigste eeuw
werd met een indrukwekkende zelfverzekerdheid al een begin gemaakt
met systematische campagnes ter onderwerping van de natuur. 'Het is
het lot van de mens de gehele aarde te bezitten,' schreef John Widtsoe,
directeur van het US Bureau of Reclamation in 1928, en 'het is het lot
van de aarde aan de mens onderworpen te worden. Er kan geen volledige verovering van de aarde bestaan en geen werkelijke bevrediging
van de mens, zolang grote delen van de aarde niet onder zijn controle
staan.'[123]

Maar het streven naar de absolute heerschappij van de mens was geen
monopolie van het kapitalisme. De overwinning van het proletariaat op
zijn burgerlijke en kapitalistische onderdrukkers was slechts een historisch voorspel voor de beslissende strijd tegen de natuur als laatste barri-
ère voor de menselijke ontwikkeling. 'We kunnen geen genade verwachten van de natuur, we moeten haar slopen!' luidde een schreeuwerige
slogan van de Partij, en Leon Trotski, kortstondig de grote rivaal van Stalin, proclameerde een socialistische toekomst van de totale macht: 'De
huidige verdeling van bergen en rivieren, van weiden, steppen, bossen en
kusten kan niet als definitief worden beschouwd. Door de machine zal
de mens in de socialistische maatschappij het bevel voeren over de natuur in haar geheel [...] Hij zal de plaats aanwijzen waar bergen en passen
komen. Hij zal de loop van rivieren veranderen en oceanen zijn regels
opleggen.'[124]

Stalin zelf kon bij zoveel utopische energie niet achterblijven en ge-
lastte voor de Sovjet-Unie een letterlijk moordend programma met
bouwprojecten dat geen natuurkracht en geen enkele landschappelijke
structuur zou ontzien. In zijn in 1948 afgekondigde *Plan voor de transformatie van de natuur* decreteerde de eerste partijsecretaris de verandering
van de Wolga in een reeks stuwmeren. Zes miljoen hectare land en talloze levens van dwangarbeiders verdwenen in de kunstmatig opgestuwde
watermassa's. Twee andere rivieren, de Ob en de Jenisej, moesten van

hun stroomrichting naar het noorden omgeleid worden om zuidelijke gebieden te bevloeien.

Net als in de hydraulische samenlevingen in de bronstijd was bewatering de voorwaarde voor de groei van de bevolking en de economie, en was nu ook verbonden met de opwekking van energie. Van de Aswan-stuwdam in Egypte via de Hoover-dam in de Verenigde Staten tot de Chinese Drieklovendam domineerden gigantische waterkrachtprojecten landschappen en levensomstandigheden op alle continenten. 'De mens moet de natuur veroveren!' zoals partijsecretaris Jiang Zemin bij de ingebruikneming van de Chinese stuwdam liet bekendmaken.[125]

In de grote communistische dictaturen werden propagandistische ideeën als religieuze wetten gevolgd, vaak uit angst om kritiek op superieuren te uiten. Het Centraal Comité besloot dat in de Sovjet-Unie rivieren die in het Aralmeer uitstroomden omgeleid zouden worden om de katoenproductie in Tadzjikistan, Turkmenistan en Oezbekistan te stimuleren. De industrie was dorstig, en in 2012 was het Aralmeer, oorspronkelijk het op drie na grootste zoetwatermeer ter wereld, gekrompen tot een tiende van zijn oorspronkelijke omvang.

De messiaanse droom van de dictatuur van het proletariaat heeft in de natuur niets anders opgeleverd dan vernietiging, vervuiling en stervende landschappen. China beleefde zijn grootste humanitaire ramp na de in 1958 door Mao Zedong gelaste Grote Sprong Voorwaarts, geïnspireerd door leuzen als 'De ideeën van onze voorzitter zijn de bijdrage van onze leider aan overwinningen in de strijd tegen de natuur', een strijd die eindigde in een bittere les over de systemische reacties van natuurlijke kringlopen. Om de velden te behoeden voor roofvogels, werden miljarden dieren bejaagd en gedood. Het jaar erop waren de insecten aan de beurt, als eerste de sprinkhanen, die amper nog natuurlijke vijanden hadden en de oogsten volledig vernietigden, waardoor miljoenen boeren verhongerden.[126]

De onderwerping van de natuur kent geen ideologische kleur, geen religieuze bron, geen politieke overtuiging. Ze is in Azië geboren en in Europa opgegroeid, en intussen is ze allang een wereldburger geworden. Het kolonialisme heeft haar over de wereld verspreid, en volgens haar onbarmhartige spelregels was de maximale uitputting van natuurlijke hulpbronnen ook voor postkoloniale regeringen en bevrijdingsbewegingen de enige mogelijkheid te overleven en er het eigen succes aan af te meten. Communisten en kapitalisten, allerlei soorten religies, smokkelaars en investeerders, corrupte politici en warlords, en zelfs democratisch gekozen mensen met de beste bedoelingen dragen aan de vernietiging bij. Ze is een functie van een enorm gestegen bevolking van homo sapiens met nog sterker gestegen behoeften en technische mogelijkheden.

Pas de vernietiging van Hiroshima en Nagasaki door atoombommen riep twijfel op. Een van de belangrijkste boeken over dat onderwerp, *Heller als tausend Sonnen* van Robert Jungk (1956), roept in de titel al de horror vacui van de mens op, die de innerlijke orde van de natuur definitief aangetast en het allerheiligste ontwijd heeft. Samen met de Holocaust als een kwaadaardige apotheose van de industrialisatie en de instrumentele ratio, zoals Theodor W. Adorno en Max Horkheimer die in hun *Dialektik der Aufklärung* (1944) hebben geschetst, werden beide gebeurtenissen emblemen van de gruwel voor de consequenties van de absolute zelfmachtiging van de moderne mens.

Die zelfmachtiging galoppeerde voorop. Ondanks de bedenkingen van kleine groepen experts en activisten zoals de Club van Rome, die in 1972 met het rapport *Grenzen aan de groei* een theoretisch en nog steeds geldig raamwerk voor de openbare discussie presenteerde, kreeg grenzeloze economische groei door maximale uitbuiting van de natuur de hoogste prioriteit. De keuze voor welvaart en groei was maar al te begrijpelijk in een wereld die net twee wereldoorlogen en lange periodes van koloniale bezetting achter de rug had en waarin nieuwe naties ontstonden. Dat streven naar macht en welvaart was zo oud als de geschiedenis zelf. Maar volledig nieuw was de mogelijkheid die ambities te realiseren. Die mogelijkheid borrelde uit de bodem op.

Steenkool had de industriële revolutie voortgestuwd en had geleid tot een kolossale stijging van productie, bevolkingen, welvaart en machtsprojecties van landen die deze revolutie ontketenden. De grondstof die door mijnwerkers uit het binnenste van de aarde werd gehaald, was de drijvende kracht van de verandering van hele samenlevingen en schiep binnen slechts enkele generaties een nieuwe wereld, een nieuwe sociale orde, nieuwe mogelijkheden en nieuwe politieke dromen. Tegelijkertijd ontwikkelde zich een ongemakkelijk, maar relatief stabiel evenwicht tussen arbeiders en hun bazen. De kolenmijnbouw was arbeidsintensief en lange tijd moeilijk te automatiseren. De mijnwerkers en andere arbeiders moesten lang onder afschuwelijke omstandigheden ploeteren, maar ze konden staken om meer rechten te verkrijgen, want als hun machtige arm het wilde, stond inderdaad gans het raderwerk stil.

Toen schudde een andere grondstof de kaarten nieuw. Voor de productie van aardolie was niet meer een leger aan mijnwerkers nodig, er waren veel minder arbeiders bij betrokken, en dat dan ook nog eens ver verwijderd van westerse samenlevingen en hun geruzie over mensenrechten en natuurbescherming. Aardolie was goedkoop, eenvoudig te transporteren, eindeloos veelzijdig inzetbaar als basis van producten, van kauwgom tot kerosine, en productie en verkoop werden geconcentreerd bij steeds minder concerns. Aardolie bracht de geglobaliseerde wereld in beweging en zette haar tegelijkertijd op de kop. Fabrieken hoefden niet langer gebouwd te worden op plekken waar ook steenkool in de grond zat, want olie kon overal komen. Zware olie dreef enorme containerschepen zo goedkoop aan dat vanaf dat moment grondstoffen en productieprocessen over willekeurige plaatsen konden worden verdeeld, afhankelijk van arbeidskosten, arbeidsrecht, natuurbescherming, belastingregimes en omkoopbaarheid van de diverse kandidaten. De voortschrijdende onderwerping en uitbuiting van de natuur escaleerden, die vuile dimensie van de vooruitgang werd echter verdrongen door de landen die ervan profiteerden, maar wel duizenden kilometers verderop lagen.

De wereld als projectie en productpalet: stookolie en diesel, benzine en kerosine, pvc en nylon, aardgas en steenkool stelden een paar generaties in staat de gedurende miljoenen jaren opgeslagen fossiele energie uit talloze organismen te halen en uit dat proces een feestbanket van de consumptie te toveren. Tegelijkertijd verschoven die innovaties de mondiale machtsverhoudingen, niet alleen gezien de olierijkdom in het Midden-Oosten en de Russische aardgasbronnen, maar ook door het tempo van het kapitaal dat sneller beweegt dan mensen. Het systeem van de mondiale productie maakte de arbeiders in de regionale economieën weerloos. Kapitaal kon in een mum van tijd verstuurd worden, fabrieken snel elders gebouwd, productie verplaatst; er was altijd wel iemand goedkoper, en de mensen die hun baan in de fabriek verloren, namen zelf als consumenten noodgedwongen besluiten die hun economische machtsberoving en marginalisering versnelden. Niemand had de dure Europese kolen meer nodig en de productie was elders goedkoper.

Pragmatisch gezien was het verstandig je te voegen naar de middelpuntvliedende kracht van het wirtschaftswunder en de technische wonderen van de twintigste eeuw. Het zou moeilijk voorstelbaar en waarschijnlijk voor alle politieke ambities suïcidaal zijn geweest midden in de euforische geest van verandering nee te zeggen tegen de technische vooruitgang. Zo werd in de roes van de naoorlogse tijd, die net ongekende verschrikkingen achter zich had gelaten en historische triomfen gevierd, met een enorm enthousiasme een nieuwe finale visie op de natuuroverheersing ingeluid, de eeuwige heerschappij van de markten, het proletariaat, de vrijheid – en ook van de verlosser.

In de geest van die dynamiek werden enkele oorspronkelijk theologische opvattingen overgenomen door de economische wetenschappen. De mens behoort in veel christelijke overleveringen niet echt tot de natuur. Hij is door God geroepen om zijn onsterfelijke ziel van haar lichamelijke ketenen te bevrijden; zijn handelen wordt tegen de beperkingen van de natuur in en onafhankelijk ervan doorgedreven. Daarbij kan de mens vrij kiezen tussen deugd en zonde en hij handelt in het licht van zijn goddelijke ratio uiteindelijk als werktuig van een goddelijk plan, de verlossing uit het aardse tranendal.

De neoklassieke economie, die vooral in de tweede helft van de twintigste eeuw in de westerse landen dominant was en in Chicago haar thuisbasis had, ging er eveneens van uit dat economisch handelen grotendeels onafhankelijk van natuurlijke systemen plaatsvindt, en dat mensen rationele individuen zijn in het bezit van volledige en relevante informatie en besluiten nemen om het nut te maximaliseren. Geen enkele psychologische, antropologische of sociologische school of studie in de laatste honderd jaar ondersteunt op enige wijze die uitzonderlijke opvatting. Integendeel. Als mensen rationeel en vrij zouden kiezen, was er geen reclame.

Die irrationele dimensie van het menselijk handelen werd al aan het begin van de twintigste eeuw een integraal bestanddeel van nieuwe disciplines als de antropologie, de sociologie of de psychologie, die alle op hun eigen manier wisten en onderzochten dat mensen alleen als deel van een gemeenschap met een specifiek cultureel en sociaal karakter kunnen worden begrepen, dat ze volkomen individueel noch volkomen rationeel handelen, dat ze nauwelijks ooit in het bezit zijn van de relevante en volledige informatie, dat persoonlijke en historische trauma's op hen inwerken en dat ze beïnvloedbaar en manipuleerbaar zijn. Sterker nog, zoals de oorlog in de Oekraïne meedogenloos aantoont handelen zelfs mensen die over veel geld en macht beschikken af en toe en met zwaarwegende gevolgen vanuit motieven als schuld, vernedering, wraak of ijdelheid – factoren die in een rationele markt geen rol mogen spelen.

De belangrijkste economische school van het Westen hield vast aan een mensbeeld dat direct uit de theologische traktaten van de middeleeuwen of de vroegmoderne tijd lijkt te komen en wetenschappelijke inzichten uit haar eigen tijd volledig negeerde. Net zoals Descartes aannam dat dieren geen ziel en geen emoties hebben, weerspreekt het mensbeeld van die denkschool alle evidentie en alle ervaring, maar het heeft het grote voordeel het menselijk gedrag tot zo weinig variabelen te reduceren dat het uitstekend is weer te geven in wiskundige modellen. Het is, *nota bene*, een model dat nauwelijks een relatie met de werkelijkheid en met empirisch onderzochte patronen van menselijk gedrag heeft, maar het maakt althans de ontwerpen berekenbaar. 'Dat mag dan in de werkelijkheid wel kloppen,' zoals een oude grap onder economen luidt, 'maar functioneert het ook in theorie?'

De mens uit de neoklassieke economie is een door en door theologisch concept. Maar ook de wereld waarin hij handelt blijkt een constructie te zijn die uit de theologie afkomstig is, namelijk een doods territorium dat hij systematisch en winstgevend kan uitbuiten en als eindeloze economische hulpbron kan gebruiken zonder gevolgen en terugkoppelingseffecten te vrezen. Tot ver in de twintigste eeuw werden milieufactoren als schoon water of schone lucht gezien als louter externaliteiten, als factoren die niet hoefden te worden betrokken bij het vormgeven van economische kringlopen en het ontwerpen van zakenmodellen of nationale economieën, omdat ze in principe altijd en overal beschikbaar zijn. De mens handelt buiten en boven de natuur.

Per slot van rekening heeft het historisch denken van die school niet alleen in de boeken van Francis Fukuyama een resoluut messiaans of in elk geval teleologisch karakter dat in de loop van de geschiedenis de gerichtheid op een doel onderkent, een doel dat heel toevallig samenvalt met de waarheid en de deugdzaamheid van de eigen principes, omdat het inhoudt dat het elke samenleving onvermijdelijk in het kielzog van de geschiedenis als liberale democratie in liberale markten inricht. Dat is de theologie van de globalisering.

De weg naar dat nieuwe Jeruzalem werd ongeveer vanaf 1960 met grote sprongen afgelegd. Vanaf die tijd manipuleerden mensen met behulp van wiskunde en machines natuurlijke systemen met een doeltreffendheid en een snelheid die alles in de schaduw stelde wat eerder gebeurd was: tot en met de pandemie is de productie van fossiele brandstoffen, de uitstoot van CO_2, de wereldbevolking, de vleesproductie, wetenschap en innovatie, plastic afval, opwarming van de aarde, wapenproductie en drugshandel, particuliere vermogens en grote concerns, antibiotica en *fast fashion*, toerisme en energieverbruik explosief gestegen, en niets wijst erop dat ze zich in de toekomst anders zal ontwikkelen.

Maar ook andere aspecten van industriële en postindustriële samenlevingen zouden ondenkbaar zijn zonder de enorme economische en technische stuwkracht in de twintigste eeuw. De geslaagde strijd om gelijkberechtiging van vrouwen en minderheden, en in 1968 de seksuele revolutie en de versterking van individuele rechten tegenover collectieve rechten zouden zonder de oliehausse waarschijnlijk ondenkbaar zijn geweest, want de liberalisering van morele principes, de versoepeling van patriarchale structuren en zelfs de tolerantie tegenover andersgeaardheid ontwikkelden zich met de stijgende welvaart en de sociale zekerheid. Mensenrechten, zo lijkt het, moet je je kunnen permitteren, temeer daar ze waardeloos zijn zolang ze niet gerechtelijk opeisbaar en institutioneel beschermd zijn.

Dat is het essentiële dilemma dat uitgedrukt wordt in een beroemd geworden grafiek, de zogenaamde 'hockeystick', die aangeeft hoe mondiale temperaturen zich in de afgelopen eeuw ontwikkeld hebben, namelijk in de vorm van een tegen de muur staande hockeystick, met eerst een lichte en daarna steeds steilere curve, die ten slotte omhoogschiet. De klimaatwetenschapper Michael Mann, die zijn berekeningen in 2001 ter beschikking stelde van het IPCC ten behoeve van een publicatie, werd daarop fel aangevallen door collega's. Hem werd verweten verouderde data volgens een statistisch dubieus proces te hebben ingezet en zijn onwetenschappelijke resultaten nu propagandistisch te gebruiken. Maar al snel werd duidelijk dat velen van zijn scherpste critici op instituten werkten die direct of indirect gefinancierd werden door de fossiele brandstofindustrie. Onafhankelijk onderzoek heeft de resultaten van Mann later meermalen bevestigd.

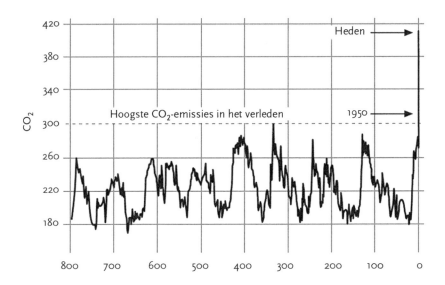

16. CO$_2$-gehalte van de atmosfeer in de laatste achthonderd jaar tot 1950. Grafiek van de NASA. Bron: https://climate.nasa.gov/vital-signs/carbon-dioxide/

In een grafiek van de ruimteorganisatie NASA wordt de hockeystick van Mann nogmaals gereproduceerd, zij het in een veel ruimere context. Op grond van analyses van ijsboorkernen wordt het CO$_2$-gehalte van de atmosfeer in de laatste achthonderdduizend jaar gereconstrueerd, viermaal zolang dus als het bestaan van homo sapiens. Het resultaat is een voortdurende schommeling van ijstijden en warmteperiodes – tot 1950.

Vanaf die tijd is er iets heel anders aan de hand.

De laatste dramatische stijging van het CO_2-gehalte in de atmosfeer overlapt exact de tijd van de stijgende temperaturen, zoals ook die van andere indicatoren als de wereldbevolking, de economische groei, de vleesproductie en afval. Dit is de curve van het menselijk succes, de geslaagde onderwerping. Ze wijst in de richting van de vernietiging.

De procesdynamiek van een mondiale economie, waarvan de hoogte en de stabiliteit afhankelijk is van een constante en eindeloze groei, kan in enkele getallen worden samengevat. Nog vóór de pandemie werden op de hele wereld per minuut dertig voelbalvelden regenwoud gerooid (sindsdien is de verwoesting geïntensiveerd) en in hetzelfde tijdsbestek smelt op het ogenblik één miljoen ton Groenlands ijs weg, en de behoefte aan fossiele energie stijgt ook nog eens met een razendsnelle ontwikkeling van de hoge energieproductie verder door. Dit is de economie van de waanzin.

De vleesproductie levert nog een andere indicatie op. Sinds 1960 is de wereldbevolking meer dan verdubbeld: de vleesconsumptie is met een factor 5 gestegen. Jaarlijks worden er 88 miljard landdieren geslacht om aan het fundamentele recht van de mens op zijn dagelijkse schnitzel tegemoet te komen, en die dieren vreten niet alleen de soja uit de verwoeste regenwouden, maar ook drie vierde van de landbouwproductie in Europa, en overigens ook drie vierde van alle vervaardigde antibiotica. Zo worden dierfabrieken een ideale broedplaats niet alleen voor ontbijt-eieren, maar ook voor multiresistente ziektekiemen.

De eenarmige houthakker

Door de plotselinge en explosieve groei binnen twee generaties is er weinig tijd voor reflectie overgebleven, maar het wordt langzamerhand wel duidelijk dat de antwoorden van de naoorlogse tijd tegenwoordig geen antwoorden meer kunnen zijn. Economische groei was in de tijd na de oorlog het traditionele antwoord op alle mogelijke uitdagingen. Maar drie procent economische groei per jaar betekent dat de economie zich elke vierentwintig jaar verdubbelt. Binnen amper één generatie resulteert dat in een verdubbelde behoefte aan grondstof, dubbel zoveel producten, een verdubbeling van de vervuiling – of, met een wonder aan duurzame technieken, een geringere maar nog steeds rampzalige toename van waarden, die nu al duizelingwekkend zijn. Die noodzaak tot groei past niet bij de zich versnellende klimaatramp.

Daarmee is een sleutelbegrip gevallen. Het is moeilijk te achterhalen wat de versnelling van de geschiedenis psychologisch voor de primaat homo sapiens betekent. Driehonderd generaties geleden ontstonden de eerste stadsculturen in Mesopotamië. Wij zijn van een wandeling in de straten van het oude Rome (waarschijnlijk als slaaf uit een andere provincie) gescheiden door honderd generaties, van de Franse Revolutie tien. Maar de immense veranderingen in de twintigste eeuw – elektrificatie en massacultuur, Auschwitz en atoombom, verstedelijking en oliehausse, transistor en toerisme, internet en kwantumfysica, kunstmatige intelligentie en zwarte gaten – duiken op in het tijdsbestek van één enkel gestrest en onzeker mensenleven.

Deze tijd van bliksemsnelle verandering heeft een geologische naam: het antropoceen, het tijdperk van de mens op aarde. Het begrip zelf, de datering en de definitie ervan zijn omstreden, maar misschien is het ook hoofdzakelijk voor geologen belangrijk of de begindatum van de Trintiy-test 1945 was, waarbij een eerste atoombom tot ontploffing werd gebracht die voor de eerste door mensen achtergelaten radioactieve sporen in de geologie van de planeet zorgde, of dat een andere datum moet worden gekozen. Feit is dat homo sapiens in zijn belachelijk korte geschiedenis als geciviliseerd wezen aanzienlijke sporen achtergelaten heeft, een geologisch bewijs voor de vooruitgang.

Met het oog op die enorme acceleratie is het des te begrijpelijker dat althans één factor van dat tijdperk van onderwerping dat voortdurend geconfronteerd wordt met wat er nog nooit is geweest een zekere mate van stabiliteit garandeert. Net als in de verlichting viel die rol toe aan het theologisch denken in een seculier gewaad.

Het is van een bittere historische ironie dat kernideeën van een agressief missionerend christendom via kolonialisme en kapitalisme, socialisme en antikoloniale bevrijdingsbewegingen in zekere mate het bedrijfssysteem van een globale wereld werden, die er prat op ging met behulp van wetenschappelijke kennis afscheid genomen te hebben van religieuze en overgeleverde ideeën – terwijl haar theologische erfenis onloochenbaar is. 'De mens' staat buiten en boven 'de natuur' die hij ter verwezenlijking van zijn doelen kan en moet onderwerpen en uitbuiten, omdat dat zijn missie op aarde is, zijn bijdrage aan de universele vooruitgang, aan de voltooiing van de geschiedenis, de verwezenlijking van zijn potentieel.

De jongste identificeerbare erven van die messiaans-theologische traditie zijn de profeten van Silicon Valley, die hun eigen culminatie van de geschiedenis zoeken in diverse digitale parallelle universums of op andere planeten. Ook de utopieën van het transhumanisme gaan ervan uit dat mensen uiteindelijk buiten en boven de natuur staan en dat het hun doel kan en moet zijn zich steeds meer van natuurlijke contexten te bevrijden. Als een individu zich op grond van data die als relevant worden beschouwd en overdraagbaar zijn, in de cloud laat uploaden, lijkt de bevrijding voltooid, de volmaakte terugtocht naar een geoptimaliseerd beeld van de ervaring van een sterfelijk leven, de finale vlucht van de mens naar de machine. Eindelijk bevrijd van zijn verouderende, ziekelijke, wellustige, reflexachtige lichaam kan hij zich voelen en leven als zuivere geest. De heilige Augustinus zou verrukt raken als hem die mogelijkheden ter beschikking hadden gestaan, en ook Origenes had zich zijn castratie kunnen besparen als die digitale verlossing zijn brandende verlangen naar ontlijving zou hebben bevredigd.

Als je eenmaal bent opgegroeid om te onderwerpen, schijnt het bovenmenselijk moeilijk te zijn de wereld op een andere wijze te zien dan door de allesvervormende lens van de intussen vervreemde en amper nog te herkennen theologische erfenis – en zo wordt de wereld hiërarchisch opgevat, met de structuur van meester en knecht. Als de realiteit zich niet voegt naar dat schema, ontstaat er vanuit die theoretische starheid zoiets als de naamloze frustratie van de Duitse keizer Wilhelm II, die in zijn Nederlandse ballingschap als een bezetene bomen omhakte en in stukken zaagde, meer dan veertigduizend, als wraak voor zijn verloren gegane troon – en dat dan allemaal alleen met zijn rechterhand, want de linker was vanaf zijn geboorte misvormd. Niet in staat om de wereld en zijn rol daarin op een andere wijze te zien werd hij Wilhelm de houthakker. Het geheel ontschorste brandhout gaf de voormalige vorst van de door het lot verbonden Duitse gemeenschap en natie van bosliefhebbers aan behoeftige mensen.

Een geschiedenis faalt, een narratief verzinkt in de agonie van zijn consequenties die het niet langer kan voorzien of veranderen. Het grote verhaal van de onderwerping van de natuur loopt stuk op zijn bijwerkingen. Deze vaststelling is geen uitnodiging je te wentelen in westerse, postchristelijke en progressieve schuldgevoelens. De bewoners van de rijke noordelijke hemisfeer zijn door de bank genomen niet dommer in hun visie op de wereld dan de laatste nog niet met de beschaving in aanraking gekomen stammen in het Amazonegebied. Het probleem is veeleer dat ze met zoveel opgehoopte kennis en technisch vermogen niet zo slim of zelfs zo wijs zijn als hun in andere categorieën denkende neven.

Het is een sentimenteel en lui cliché te beweren dat 'natuurvolken' in het bezit van een diepere wijsheid zijn, die de arrogante, moderne, westerse mens is kwijtgeraakt. Ongetwijfeld kunnen en moeten postindustriële samenlevingen veel van de inheemse kennis en de inheemse wereldvisie leren en ze zouden die met alle vereiste nieuwsgierigheid en deemoed tegemoet moeten treden, maar ook 'natuurvolken' hebben dieren uitgeroeid en hulpbronnen verkwist, bodems uitgeput en bossen verwoest, oorlogen gevoerd en leed- en verwoestingseconomieën in stand gehouden, die – vanuit modern perspectief – moeilijk of helemaal niet te begrijpen zijn. Ook zij zijn destructief, kortzichtig en af en toe ook gulzig geweest – maar hun technische reikwijdte was zo gering dat ook de consequenties lokaal beperkt en overzichtelijk bleven, en hun directe afhankelijkheid van de natuurlijke context was zo groot dat alleen gedetailleerde kennis daarover hun overleven veiligstelde. Hun leven en sterven was gebonden aan een specifieke plaats en een specifiek landschap, en de kennis daarover was belangrijk om te kunnen overleven.

Door de globalisering is die situatie omgeslagen. Handelingen zijn nog steeds individueel en lokaal, maar de collectieve effecten ervan bereiken een mondiale, systemische en zelfs interplanetaire dimensie. Economische verbanden zijn allang afhankelijk van mondiale productieketens en kapitaalstromen, waarbij vaak elke verbinding met een bepaalde plaats verbroken wordt.

Er bestaan geen lokale problemen meer, en ook geen lokaal handelen. Elk t-shirt verbindt mensen in verschillende werelddelen en op verschillende plekken in de productieketen met de inbezitneming van land en de verwoesting van regenwoud, de macht van de agrarische giganten en de effecten van bemestingsmiddelen, pesticiden en andere chemicaliën op rivieren en grondwater, de ineenstorting van de insectenpopulaties, mondiale transportnetwerken en illegale werkplaatsen, eindeloos voortwoekerende krottenwijken, kinderen en teenagers die in gevaarlijke fabrieken met stukloon hun gezondheid ruïneren, kantoren met panoramablik in Sjanghai of Huston of Lagos, en Zwitserse bankrekeningen van bruikbare partners in autoritaire regeringen, containerschepen die op zware stookolie varen, shopping malls met gigantische parkeerplaatsen en een eigen kunstmatig klimaat (dat is tenminste stabiel zolang er elektriciteit is) en met de eindeloze vuilnishopen, waarop 80 procent van de fast fashion belandt en waarop kinderen op hun beurt met wilde honden en meeuwen vechten om een maaltijd. Elke lapje stof is deel van tientallen mondiale winst-, verwachtings-, uitbuitings- en ontbossingsnetwerken. Op elk kledingstuk blijft de afdruk van tientallen handen achter.

Dat netwerk leidt tot verdere onzekerheid van een toch al uit haar voegen barstende wereld, want het is onmogelijk elke alledaagse beslissing te zien als een wereldgebeurtenis die door tienduizend subtiele spinnenwebben met onbekende realiteiten verbonden is. De wereld als productpalet en projectie biedt uitkomst tegen het autoagressieve en verlammende gevoel van de eindeloze verwevenheid. Een blik in de spiegel is genoeg om zo overweldigd te worden door de eigen ontoereikendheden in een in zichzelf besloten en eeuwig competitief systeem van consumptie, zelfoptimalisering, sociale media en werk, dat elke gedachte aan de wereld achter de spiegel voor onbepaalde tijd wordt uitgesteld.

Friedrich Nietzsche schreef dat dit economische spiegelkabinet een 'oppervlakte- en tekenwereld is, een veralgemeende, gevulgariseerde wereld'. De tekens drijven altijd boven, staan altijd vooraan en zijn daardoor als eerste of enige element interpreteerbaar, zodat 'alles wat bewust wordt, daardoor meteen vlak, dun, relatief-dom, algemeen, teken, kuddekenmerk wordt'.[127] In de VS met zijn mythische cowboys werden zulke kuddekenmerken *brands* genoemd, en daarmee werd aan de hand van vee het mechanisme beschreven dat op veel plaatsen de interpreteerbaarheid van het heden mogelijk maakt.

De interpreteerbaarheid door *branding* en consumptiekeuzes is misschien zo sterk omdat ze, gevoegd bij duidelijke motivaties als hebzucht, ijdelheid en kuddegeest, voortbouwt op heel oude rituelen. De 'verbruiker' die van 's ochtends tot 's avonds omgeven is door beelden en boodschappen waarin zijn eigen ontoereikendheid en het bestaan van een betere wereld vol ideale, gelukkige, jonge, rijke, tevreden en attractieve mensen wordt gesuggereerd, is niet zo ver verwijderd van een boerin van vijfhonderd jaar geleden, die een variant op die boodschappen kreeg via de heiligenbeelden in de kerk, die ook spraken van een betere wereld en een verhevener manier van leven.

Maar de boerin en haar verre kleinkind in de stad verbindt vooral een en dezelfde weg naar de verlossing, via een tijdelijke redding door offers en deelname, via gebed en biecht en communie. Wat de kerk voor de boerin was, is nu de winkelstraat, waarin de belofte aan deelname aan de ideale wereld ingelost wordt door de communie. Die bestaat uit een uitruil van geld en merkartikelen. Aan het eind van dat diepreligieuze proces staat de eigen identiteit, bestaande uit interpreteerbare tekens, van logo's voorziene en door marketingcampagnes ondersteunde handelingen, die een individu in de ogen van anderen kenmerken.

Maar in tegenstelling tot de boerin heeft het kleinkind voor haar deelname aan de transcendente wereld van het geluk geld nodig. Haar zo verworven identiteit blijft eeuwig instabiel en moet steeds weer aangevuld worden en nieuwe geldigheid krijgen, door nieuwe communies, nieuwe aankoop van interpreteerbare producten met een in zekere zin ingebouwde semiotische veroudering. Broodroosters en auto-onderdelen gaan ooit kapot en kunnen niet worden gerepareerd, maar moeten door nieuwe producten vervangen worden, en de signaalwerking van producten heeft een nog snellere vervaldatum. *You might as well be dead as out of style.*

Het kan niet echt verbazen dat samenlevingen die zozeer in de ban zijn van de religieuze praktijk en van oude, uit de theologie afkomstige denkbeelden, alleen met de grootste moeite hun denken in zoverre kunnen bevrijden dat ze achter de onderwerping of de beteugeling van de natuur, die tot maatschappelijk doel is verheven, de omtrekken van hun eigen, systematisch gereglementeerde onzekerheden herkennen.

Liberale zelfbegoocheling

Psychologisch is het wel veel gevraagd om de eigen ervaring in een ander licht te gaan zien, en vooral in westerse landen wordt dat nog eens extra bemoeilijkt. Tot aan de ineenstorting van de Sovjet-Unie leek de wereld bipolair en elke toekomst daarmee een duidelijke keuze tussen liberalisme en (Sovjet-)totalitarisme. Voor een groot deel van de mensen in het Westen (en voor velen in het Oosten) was de keuze alleen al niet moeilijk omdat de levensomstandigheden en levensverwachtingen en de vrijheid en onvrijheid aan beide kanten van het IJzeren Gordijn overduidelijk verschilden en een adhesiebetuiging aan het model van de Sovjet-Unie een sterke ideologische overtuiging vereiste die in elk geval over de lijken van feiten en vijanden wilde gaan, en niet zelden ook over die van vrienden.

Toen kwam de val van het IJzeren Gordijn en daarmee de zekerheid dat het liberale messianisme had getriomfeerd. Na 1989 leek door Francis Fukuyama's al genoemde bekende uitspraak het 'einde van de geschiedenis' bereikt, en liberale waarnemers waren er behoorlijk zeker van dat de hele wereld, gedragen door de onzichtbare stroom van de wereldgeschiedenis, nu onvermijdelijk in de veilige haven van de democratie en de vrije markt zou binnenspoelen, onweerstaanbaar aangetrokken door de superioriteit van liberale markten en de liberale politiek, die hen wel moest volgen.

Het tegendeel was het geval. Het liberalisme won uitsluitend meer terrein in de vorm van nieuwe varianten, zoals de kleptocratie en de illiberale democratie, terwijl veel samenlevingen de democratische uitingsvorm ervan de rug toekeerden, en al het geld en alle macht van de wereld Irak en Afghanistan er niet van konden overtuigen het liberale pad op te

gaan. Het model van het Westen, zo leek het, was slechts beperkt expor-
teerbaar en was door de vermindering van de industrie en de globalisering ook in westerse landen allang in een crisis geraakt.

Twee andere factoren ondermijnden het liberale evangelie. De eerste
is de economie, de veelgeroemde en voornaamste competentie van liberale samenlevingen, die met de crisis van 2008 flink begon te haperen, en
niet alleen toen – terwijl autoritaire landen als China ook zonder democratie en zonder vrije markt, tegen alle westerse wijsheid in, honderden
miljoenen mensen uit de armoede hadden gehaald en aantoonden dat
een democratie misschien niet zonder markt kan, maar een markt wel
degelijk zonder democratie, en dat dan ook nog met relatief brede steun.
Hoewel in een land als China opiniepeilingen over politieke onderwerpen met de nodige omzichtigheid moeten worden bekeken, constateren
waarnemers steeds weer dat een meerderheid van de Chinezen inderdaad
met hun regeringsvorm tevreden zijn en terechtwijzingen over de vrijheid van meningsuiting, de doodstraf en de onderdrukking van minderheden van de hand wijst met een beroep op de lage misdaadcijfers, de
pasverworven welvaart, de afnemende corruptie en de toenemende nationale trots. De liberale democratie is kennelijk niet meer automatisch de
beste, want best functionerende maatschappijvorm.

De tweede ondermijnende factor is het zelfbedrog van het liberale
project. Wie na de oorlog in een westers land is opgegroeid leerde via
school, televisie en krant dat de enorme en zichtbare vooruitgang van
westerse samenlevingen, hun welvaart, hun vrede en hun relatieve sociale gerechtigheid een resultaat is van hard werken en stiptheid, van
democratie en transparantie, verlichting en opleiding, gemeenschapszin
en de scheiding van machten (juist daarom was de Shoah zo moeilijk in
dat beeld in te passen en kon per slot van rekening alleen gesacraliseerd
worden om het normale functioneren van de vooruitgangsmoraal niet
nog meer in de weg te staan).

De keerzijde van dat vooruitgangsnarratief kwam in het verhaal niet
voor – de betekenis van de slavernij en het lompenproletariaat voor de
industriële revolutie tot en met de vuile oorlogen van kleine landen onder supervisie van grote mogendheden, van de genocidale landverove-
ring van Amerika tot en met koloniale massamoorden en de vergiftiging

en verwoesting van hele regio's en samenlevingen. Ook dat was er de oorzaak van dat het liberalisme een bijzonder lichtend antwoord leek op de machinaties van de communistische vijanden. Maar alleen al van een kleine historische afstand bezien blijkt ook het liberale project gecompromitteerd door zijn politieke, economische en intellectuele elites en de ecologische verwoesting door massaconsumptie.

Bakens, die generaties lang stabiele oriënteringspunten zijn geweest, zijn in de stroom van het heden op drift geraakt of onder de oppervlakte verdwenen, en de vroegere historische opgave van de mensheid – ook een narcistische opwaardering – is door de realiteit gelogenstraft. Het is een prettig gevoel je eigen welvaart te zien als een gerechtvaardigde beloning voor je harde werken. Maar de discussies in de laatste jaren hebben aangetoond dat zelfs met het tegendeel moreel genot te behalen valt: het kan ook een aangenaam gevoel geven jezelf als lid van een bevoorrechte minderheid te beschuldigen van het verzaken van alle mogelijke historische en economische plichten, en uit die discursieve catharsis tevoorschijn te komen als moreel gelouterd en in het bezit van de ultimatieve waarheid. Het collectieve mea culpa van de liberale elites kan ertoe verleiden symbolische genoegdoening aan te zien voor politiek of economisch handelen.

Maar in verband met zulke grote onzekerheden is het verstandig dat de publieke discussie zich langs denkwijzen en ideeën wurmt die enigszins ondoordacht zijn overgenomen uit het grijze verleden en waarvan het allegorische wereldbeeld niet meer opgewassen is tegen de uitdagingen van het antropoceen. Hoewel ze vanuit natuurwetenschappelijk oogpunt duidelijk onjuist zijn, hebben ze toch het enorme voordeel dat ze ons vertrouwd zijn in een zich chaotisch ontwikkelende wereld, dat ze als het ware tot onze culturele bloedstroom behoren en dat ze een uitgesproken vleiend beeld van de mens tegenover de rest van de natuur bieden.

Dat vleiende beeld beneemt ons het zicht op de fundamentele paradox van het historische succes van de westerse en later mondiale beschaving: de enorme technische en wetenschappelijke vooruitgang is enerzijds mogelijk gemaakt door morele compromissen ten koste van anderen, terwijl anderzijds de daardoor veroorzaakte fysieke en biologische verwoesting buiten beschouwing werd gelaten en de vooruitgang in werkelijkheid de voorwaarde voor het leven vernietigde. Zo ontstond er een soort heilsgeschiedenis van de markt, volgens welke de hele historische ontwikkeling haar ideële opheffing trachtte te bereiken – en de onderbouwing ervan met argumenten een steeds grotere industrie van de rechtvaardiging, het discours en de projectie financierde, die het theologische denken met een nieuw vocabulaire en oude beelden op onze tegenwoordige tijd toepast.

Het idee van de agonie lijkt van toepassing op het dramatische moment in het leven van de held waarop zijn grootste droom teniet wordt gedaan en hij het diepste punt van zijn weg bereikt, zoals de agonie van Jezus in de tuin van Gethsemane en daarna aan het kruis. Maar komt na de agonie niet de verlossing?

De wereld als uurwerk

'Maar terwijl ik nu tot slot dit duistere vraagteken langzaam, langzaam neerzet [...] overkomt het mij dat om er om mij heen het meest boosaardige, blijmoedige, koboldachtige lachen opklinkt: de geesten van mijn boek zelf vallen over me heen, trekken mij aan mijn oren en roepen mij tot de orde. "We houden het niet meer uit" – roepen ze mij toe – ; "weg, weg met deze ravenzwarte muziek. Is het geen klaarlichte voormiddag overal om ons heen? En groene grazige weilanden en gras, het koninkrijk van de dans? Was er ooit een beter uur om vrolijk te zijn? [...]"'

Friedrich Nietzsche, *De vrolijke wetenschap*

Nee, geen verlossing, geen hemels Jeruzalem. Wel een ramp en een revolutie, groter dan de copernicaanse, een belangrijke gebeurtenis voor de mensheid, hier en nu. Het einde van drieduizend jaar cultuurgeschiedenis en het begin van een reis naar onbekende universums – als een voor zichzelf bijna onbekend wezen.

Maar wacht even. Dat zijn grote woorden. Je moet ze even omzichtig hanteren als op scherp gestelde handgranaten. Wat te doen als de aangeleerde opvatting van de geschiedenis geen zinvolle greep op de wereld meer mogelijk maakt, als een heel wereldbeeld blind geworden is? Verhalen kunnen stuklopen op de werkelijkheid, en het verhaal dat een onderwerper en autocraat zichzelf vertelt, kan niet altijd volkomen contraproductief zijn geweest, anders zou hij niet zijn op de plek waar hij nu is. Maar het is mogelijk en het komt zelfs vaak voor dat een verhaal in de loop van de tijd het contact verliest met de werkelijkheid waaruit ze is ontstaan, vooral als de omstandigheden veranderen. Soms verandert het verhaal zelf de omstandigheden zelfs, zoals het Westen, dat de doctrine van de onderwerping lang als leidraad heeft gehad, tot het gebruik van aardolie de successen exponentieel sneller liet exploderen dan de mogelijkheden tot reflectie.

De periode van de kritieke en catastrofale ontwikkelingen die al begonnen is en waardoor de afzienbare toekomst zal worden bepaald, kunnen we niet overleven vanuit de structuren van de onderwerping, van de macht en van de groei, omdat die perspectieven geen zinvolle antwoorden meer kunnen aandragen. Tegelijkertijd heeft dat verhaal eeuwenlang zoveel succes gehad en heeft bewezen zo'n sterke transformatieve kracht te hebben dat het bijna onmogelijk lijkt het wereldbeeld van de onderwerping en het mensbeeld van de boven de natuur verheven usurpator definitief te verwerpen.

Laten we dicht bij dit neuralgische punt in deze biografie van een aanstekelijk idee blijven, op het moment van zijn dood en van de onvermijdelijke vraag wat erna zal komen. Welk idee, welk wereldbeeld, welk groot verhaal heeft de potentie de mensheid uit een existentiële crisis te halen, een crisis die zich nu al manifesteert in een dramatische ineenstorting van natuurlijke systemen? Wat kan het moment van de dood van dit verhaal verraden over de toekomst?

Laten we die revolutie in beelden oproepen en beginnen met een enorme, complexe automaat uit staal en goud en koper, met talloze tandraderen in filigraan, en blauw glanzende veertjes, met hendels en assen en wijzers en knoppen en een oppervlak waarop zich eveneens door verborgen tandraderen met het innerlijk van de machine verbonden figuren bewegen en het dagelijkse drama van het maatschappelijk leven afdraaien. Stellen we ons dat beeld voor in alle orden van grootte, van het functioneren van het genoom via de bouw van afzonderlijke cellen tot en met het mechaniek van hele melkwegstelsels.

Dat beeld van de wereld als uurwerk, dat we in eerdere hoofdstukken al zijn tegengekomen, begeleidde de verlichting en de moderne tijd en ontplooide een enorme kracht. Maar ook die metafoor kent haar geschiedenis en heeft pas geleidelijk terrein veroverd, van het inzicht van Nicolaas Copernicus (1473-1543) dat de aarde om de zon moet draaien, tot en met het einde van de achttiende eeuw, voordat een wetenschappelijke methode zich zo stevig had gevestigd dat daaruit een gesloten wereldbeeld kon ontstaan.

De sleutel tot die nieuwe opvatting was een wisseling van perspectief. Tot ver in de renaissance werd de wereld door geleerden opgevat als de schepping van God, en vandaar ook de onomstreden theologie als middel tot inzicht. Empirische inzichten of wiskundige berekeningen konden behulpzaam zijn, maar de laatste beslissende instantie bleef de goddelijke openbaring en het scheppingsverhaal uit de Bijbel. Als bijvoorbeeld de vondst van fossielen in tegenspraak was met het scheppingsverhaal, dan moest de vondst net zo lang anders geïnterpreteerd worden tot die in de Bijbelse orde paste. De wereld was innerlijk even raadselachtig als de gedachten van God, een orde die de mensen niet konden of behoorden te begrijpen.

In die theologische wereld stonden de mens en zijn morele handelen centraal, want het was aan hem om Gods wil op aarde en daarmee het plan van de geschiedenis in te vullen, als heerser en onderwerper van de natuur, waarvan de verschillende onderdelen zich als het ware in concentrische cirkels om de mens heen groepeerden. Zo werd het morele handelen van individuen binnen de christelijke tradities het theologische middelpunt van de wereld.

Met de enorme ontwikkelingsdrang die in de zeventiende eeuw door Europese samenlevingen ging, kwam er een nieuwe metafoor op. De poging van René Descartes de hele wereld, inclusief een goede, barmhartige en almachtige god, alleen vanuit het verstand af te leiden, verleidde ertoe de wereld als een gigantische machine te zien, waarvan het mechanisme weliswaar heel erg complex was, maar in principe te doorgronden. Om de machine te gebruiken voor eigen doeleinden was het dus voldoende de verloren gegane gebruiksaanwijzing te reconstrueren.

De onbetwistbare charme van die mechanische metafoor was dat ze resultaten opleverde en causaliteiten kon beschrijven. De wetten van Newton beschreven een waarneembare realiteit, waarin alles volgens de regels functioneerde. Het tweede grote voordeel van dat beeld leidt tot het tweede deel van Newtons carrière, waarin een van de grootste wiskundige genieën van de mensheid afdaalde in de Bijbelse mystiek van de getallen, naar geheime boodschappen van de schepper zocht en de datum van de Apocalyps wilde opsporen. Religie en wetenschap waren nog niet zo strikt gescheiden als tegenwoordig – terwijl overigens verrassend veel natuurkundigen ook nu nog vaak een zwak voor mystieke ideeën koesteren.

De wetten van Newton en zijn mystieke onderzoek waren met elkaar verenigbaar, omdat de wetenschap nog steeds een geschapen universum beschreef waarvan de schepper zijn boodschappen enkel in de materiële wereld verborgen had. Dat mechanische universum liet altijd de mogelijkheid open dat achter het mechanisme iemand stond die het had bedacht, Voltaires 'grote klokkenmaker', zo al niet de algoede schepper, die Leibniz als wiskundige probeerde te identificeren.

Dat beeld van de natuur als mechanisme of als machine was er uitstekend voor geschikt om te tonen waarom voorwerpen naar beneden vallen, waarom een papegaai in een vacuüm stikt en waarom kikkerdijen stuiptrekken als ze op elektrische stroom worden aangesloten. Mystiek georiënteerde waarheidszoekers bekritiseerden het als simplificatie, omdat het hogere niveaus van inzicht en realiteit ontkende, maar de efficiëntie en het vermogen ervan om dingen uit te leggen bleken onweerstaanbaar.

Voor wetenschappelijk denkende geesten in een wereld die gepokt en gemazeld was door religieuze ideeën, had het mechanische wereldbeeld nog een onschatbaar voordeel. Immanuel Kant had geargumenteerd dat je uit de wereld van de aanschouwing geen conclusies kon trekken over de raadselachtige sfeer van de 'dingen op zichzelf', en dat wetenschap en religie niet met elkaar in tegenspraak konden raken. De theologen hielden zich bezig met wat er achter de fenomenen zat, terwijl de wetenschappers in alle rust het mechaniek van de kenbare wereld konden onderzoeken. Er was een wapenstilstand bereikt.

Het universum als uurwerk kon ook prachtig nagebouwd worden, en sinds er mechanische klokken bestonden werden vaak met verbluffende complexiteit en vakbekwaamheid ook mechanische modellen van de wereld gemaakt. Die meesterwerken van wiskundige planning en hoogste vakmanschap lieten planeten in hun vaste banen om de zon draaien. Maar als de planeten zo met een verborgen drijfkracht door de lucht konden ruisen, dan lag de gedachte van veel verlichters voor de hand dat achter het mysterie van het leven niets meer dan een zeer complexe machine schuilgaat. Bouwers van automaten zetten ook dat idee in machines om, die in heel Europa getoond werden, waaronder een mechanische Turk die kon schaken, de causale kunst om in structuren en beslisbomen te denken. In die eerste schaakautomaat zat evenwel een kleine schaakmeester verstopt – zo goed waren de machinebouwers nu ook weer niet. Maar hun vaardigheid was voldoende voor een veelvoud aan figuren en schepen tot en met mechanische vogels in kooien, die met behulp van verborgen blaasbalgjes konden tjilpen. Een mechanische eend kon zelfs voedsel eten en schijnbaar verteerd weer uitscheiden.

De wereld als uurwerk is goed te classificeren en visueel aantrekkelijk. De Duitse arts Fritz Kahn ontwikkelde het idee onder de indruk van de industrialisatie nog een stap verder en beeldde in 1926 de mens op een poster uit als 'industriepaleis', met in het hoofd ontwerpers met grijze haren, hoornen brillen en witte schorten en in de rest van het lichaam heel verschillende apparaten, arbeiders, leidingen en productiestappen. Die mens is in zekere zin de erfgenaam van de zielloze mechanische hond van Descartes, een functie-eenheid, die effectief geëxploiteerd en eventueel gerepareerd kan worden.

Het mechanische wereldbeeld had nog een andere eigenschap die heel belangrijk bleek te zijn. Mensen hadden altijd al geprobeerd de wereld om zich heen te beschrijven en in begrippen onder te brengen, maar dankzij de wetenschappelijke methode werden hiërarchieën en stambomen veel en veel eenvoudiger en methodologisch robuuster. Carl Linnaeus kon alle organische leven ordenen (uiteraard met de mens aan de top), andere wetenschappers hielden zich bezig met chemische elementen en geologische tijdperken, sociale klassen en oude beschavingen, met mensen-'rassen' of kwallensoorten, boomkikvorsen of perioden in de kunstgeschiedenis. Alles werd netjes ingedeeld en in een opklimmende orde beschreven, en culminatie en referentiepunt was bijna zonder uitzondering het eigen, burgerlijke heden.

Alleen een geclassificeerde, als hiërarchie en mechanisme begrepen wereld kon als volledig doordrongen en veroverd doorgaan. Zo werd ze ook voorgesteld door de samenlevingen van de onderwerpers. Musea presenteerden hiërarchie en de classificatie van een universum waarin elk tandradertje zijn plaats had om de historische missie van de heerschappij te vervullen. In Wenen werd die opvatting over de heerschappij in optima forma zichtbaar, toen in de tweede helft van de negentiende eeuw de Ringstraße werd aangelegd. Om de Maria-Theresien-Platz heen, met een groot standbeeld van de vorstin, staan op gepaste afstand het Kunsthistorisches Museum en het Naturhistorisches Museum, cultuur en natuur perfect geordend, allegorisch omringd door klassieke naakten en grote geesten en onderverdeeld in klassen en genera, tijdperken en materialen, verdiepingen en vertrekken.

Daar ontmoeten oude bekenden uit theologische debatten uit voorbije eeuwen elkaar weer: de mens als verheven boven de natuur en als kroon op de schepping, de beschaving als emancipatie van natuurlijke behoeften, de rationele structuur van het universum, de universaliteit van de eigen waarheid, de teleologische kijk op de geschiedenis die op een doel afgaat, het grote project van de voltooiing van de heerschappij. Ook dat klinkt door in het mechanische wereldbeeld: elke machine heeft een doel te vervullen, een functie. Hoe zou het universum zonder constructeur en zonder doel kunnen bestaan?

Beelden leiden of dwingen het denken in een bepaalde richting, suggereren bepaalde conclusies. Wie over de wereld als een machine denkt, ontkomt niet meer aan de logica van het mechanische. Elk deel van de machine en elk simpel reserveonderdeel is een kleinste eenheid. Ze kan niet verder worden afgebroken zonder zijn identiteit te verliezen. Een tandrad of een schroef is nu eenmaal een tandrad of een schroef, en een deel ervan is niets meer dan een fragment zonder functie. Het bestaat uit materiaal en kan gesmolten of anderszins in zijn bestanddelen uiteen worden gehaald, maar als tandrad heeft het zijn kleinste functionele leven. Alles wat je over het tandrad als tandrad moet weten, komt voort uit zijn vorm en zijn plaats en functie in de machine. Wie moeite doet elk tandrad en elke as en elke veer afzonderlijk te analyseren, heeft daarna de hele machine begrepen.

Dat wereldbeeld produceerde fraaie modellen en grafieken, maar kon slechts een deel van de waarneembare fenomenen verklaren waarmee filosofen zich al heel lang hadden beziggehouden. Als de wereld alleen maar uit atomen bestond – waar en wat was dan de ziel? Hoe kon leven ontstaan? Wat vulde het heelal? Hoe konden mensen zeker zijn van hun waarheid en welke relatie kon God hebben met een zuiver materiële wereld? Er werd een reeks intellectuele hulpconstructies gevormd om die gaten in de geprojecteerde waarheid te vullen, van fluïdum en ether in de achttiende eeuw tot en met Hegels wereldgeest en Kants Ding an sich.

Bewondering voor kannibalen

De planeet als goddelijke schepping en als uitspansel, het universum als uurwerk – die beelden zijn ons vertrouwd, maar ze construeren een horizon die in de huidige crisis niet tot zinvol handelen kan inspireren. De tegenhanger van die modellen is ons begrijpelijkerwijs minder vertrouwd, omdat vooral de mensen in het Westen generaties lang met succes in die modellen hebben geleefd en ze hebben aangewend en omdat iedere mens die in een westerse samenleving is opgegroeid tot op zekere hoogte geleerd en verinnerlijkt heeft om de wereld vanuit dat perspectief en binnen dat patroon te begrijpen. Toch waren pogingen de wereld vanuit een andere invalshoek te begrijpen altijd al onderdeel van het denken over de natuur, ook en zelfs in Europa en in het zogenoemde Westen, waar de onderwerping de hoofden en harten van de meeste mensen veroverd had.

Terwijl een overheersende opinie binnen de westerse samenlevingen de geestelijke scheiding tussen cultuur en natuur had voltrokken en daarop haar eigen zelfbesef had opgebouwd, werden er ook altijd pogingen ondernomen om aan die normatieve scheiding met al haar filosofische en politieke consequenties te ontkomen. Een observator als Michel de Montaigne probeerde eind zestiende eeuw niet eens om de gaten in zijn kennis van de wereld met filosofische principes rustig af te schermen. Integendeel, hij maakte van het onderzoek ernaar het brandpunt van zijn belangstelling.

Waarom, zo vroeg hij in zijn essay 'Over kannibalen', was de mening van de Europeanen over inheemse Zuid-Amerikanen die Frankrijk bezochten (en door hun gastgevers ook inderdaad weer teruggebracht werden) interessanter dan de observaties van de inheemse mensen over de

Franse samenleving? Wie waren in verband met de bloedige godsdienst-oorlogen die in naam van een barmhartige God in Europa werden gevoerd, de eigenlijke barbaren? En als zijn kat met hem speelde, verdreef hij dan zijn tijd met haar, of andersom?

Montaigne was bereid zijn scepsis tegenover alle geaccepteerde waarheden nog meer ruimte voor vragen te geven, te beginnen met het exclusieve godsgeschenk van het verstand. Wat als dat verstand, waarop de mens zijn deugden baseert en 'waarom hij denkt dat hij zo hoog verheven is boven de andere schepselen', helemaal niet zo verbazingwekkend en uniek is? Laat hij zich niet door sprookjes het hoofd op hol brengen?

Wie of wat heeft hem ervan overtuigd dat die wondere dans aan het hemelgewelf, het zo trotse zwieren van die eeuwig boven zijn hoofd lichtende toortsen, de schrikbarende beweging van die onmetelijke zee, speciaal voor hem geschapen zijn en al die tijd blijven voortbestaan om hem te dienen? Is er iets groteskers denkbaar dan dat zo'n zielig armzalig schepsel, dat nog niet eens zichzelf in de hand heeft en aan alle kanten kwetsbaar is, zich heer en meester noemt van het heelal, terwijl hij daar zelfs het geringste deel nog niet van kent, laat staan dat hij het kan gebieden?[128]

Hoe kun je een verstand vertrouwen dat zich door zo'n doorzichtig spel laat overtuigen, wie heeft de mens 'het voorrecht toegekend dat hij zichzelf toedicht, namelijk dat hij de enige is in dit grote bouwwerk die hiervan de schoonheid en de structuur kan vatten, de enige die hier de bouwheer voor kan danken, de enige die beseft wat er in deze wereld omgaat'?

Dat instrumentele wereldbeeld is gewoon belachelijk, meent Montaigne. De verheven pracht van het universum en zijn hemellichamen kunnen niet vergeleken worden met mensen die kortstondig op deze planeet verblijven en zich dan vleien met de gedachte die onder controle te hebben, hoewel ze gedreven wordt door invloeden die ze zelf niet begrijpen. Maar wat ze daarbij vooral over het hoofd zien is het duidelijke, theologisch gefundeerde narcisme om alleen aan de mens een complex bestaan toe te schrijven. In verband met de sterren vraagt hij zich af:

Waarom ontzeggen wij aan deze lichamen levensgeesten en een verstand? Hebben wij, die alleen maar aan hen gehoorzamen kunnen, soms iets verstards in hen ontdekt, iets van een gevoelloze stompzinnigheid? Willen wij soms zeggen dat wij geen ander schepsel dan de mens hebben gezien dat beschikt over een rationele geest? Kom nou! Hebben wij ooit iets gezien wat vergelijkbaar is met de zon? En bestaan zijn bewegingen minder omdat ze met niets vergelijkbaar zijn?[129]

Met zulke opmerkingen opent Montaigne wellicht niet de poort naar de hel, maar zeker wel naar parallelle universums. Omdat dieren op dezelfde prikkels hetzelfde reageren als mensen en hun wil wel moeten doorzetten, meende hij, moest hij toegeven dat het verstand en de manier van doen ervan die wij zien, of misschien een betere, ook bij de dieren te vinden zijn.

Mensen zijn onverbeterlijke dromers, schrijft Montaigne, eeuwig slachtoffer van de verleiding alles op zichzelf te betrekken, hun eigen perspectief niet te veralgemenen en zichzelf in een onrealistisch gunstig licht te zien. Als mensen en dieren niet zo verschillend zijn als mensen graag denken, als zelfs het universum een eigen intelligentie, een soort leven kan hebben die niet te bewijzen maar ook niet te weerleggen valt, als mensen op de invloed van planeten en onopgemerkte impulsen reageren en intelligentie en bewustzijn veel meer actoren met elkaar verbinden dan hun theologische wereldbeeld toelaat, wat betekent dat dan voor de plaats van de mens in dat universum?

Montaigne had intellectuele durf, maar was niet levensmoe. Hij liet dergelijke vragen niet alleen onbeantwoord, maar stelde ze ook niet, hoewel ze de kennelijk volgende stap vormen waarop zijn argumenten, opgesierd met eerbiedwaardige klassieke citaten, zinspelen. Toch was hij niet de enige wiens denken tot zulke radicale conclusies leidde. Bernardino Telesio had in de zestiende eeuw geprobeerd de wereld als een groot organisme te beschrijven, maar zijn beeld van een levende planeet had niet het pleit gewonnen van de metafoor van de natuur als machine. Spinoza had de verbondenheid van al het zijnde uit een oneindig variërende en communicerende substantie afgeleid, maar was als te gevaarlijk uit de canon verbannen. De wereld van de verlichting en van de industriële revolutie was en bleef een automaat, een fabriek, een machine.

Hier worden de eerste contouren van een wereldbeeld zichtbaar om niet in hiërarchieën maar in netwerken te denken, niet in grenzen maar in verbindingen en communicatie, niet in individuele gebeurtenissen maar in de verwevenheid van complexe symbiosen.

De eerste grote wetenschappelijke poging het gehele universum als een systeem van met elkaar verbonden systemen te beschrijven, bleef onvoltooid en kon wellicht ook geen zinvolle afronding vinden. Alexander von Humboldt (1769-1859) was een waarlijk universele geest en geleerde, die meerdere jaren door Latijns-Amerika, Centraal-Azië en de Verenigde Staten had gereisd om veldstudie te verrichten en wiens schrandere intelligentie overal fascinatie en aanknopingspunten zag. Hij verrichtte onderzoek en schreef over natuurkunde en geologie, over planten en mineralen, dieren en klimatologische omstandigheden, astronomie en antropologie, chemie en archeologie, en leverde in elk van die disciplines belangrijke bijdragen.

Zijn reisverslagen toonden al aan dat Humboldt een waarnemer was die inderdaad bereid was zich in te laten met wat hij waarnam. In een tijd en ten overstaan van lezers die niets meer bewonderden dan de klassieke oudheid, beschreef hij de sculpturen van de Maya's als minstens gelijkwaardig aan die van de Grieken, probeerde de geheimen van de Azteekse hiëroglifen te doorgronden, hield zich genuanceerd bezig met de Azteekse kalender, en zag tussen de bevolkingen van de diverse gebieden 'even markante verschillen [...] als tussen Arabieren, Perzen en Slaven, die allemaal tot het Kaukasische ras behoren'.[130]

Humboldt deed in zijn beschouwing over andere culturen alles wat Hegel en andere zogenaamde grote denkers nooit nodig hadden gevonden: hij schiep een empirische basis voor zijn opvattingen en vond ze daardoor steeds weer veranderd en steeds verder verwijderd van de intellectuele horizon van zijn tijdgenoten:

De geschiedenis toont aan, als ze terugkijkt naar de verste tijdperken, dat bijna alle delen van de aardbol door mensen bewoond zijn die zich voor de oorspronkelijke inwoners houden, omdat ze hun afstamming niet kennen. Te midden van de vele volken die elkaar hebben afgelost en zich hebben vermengd, is het onmogelijk de diepste grond van de eerste bevolking exact te bepalen, de oorspronkelijke laag waarachter het domein van de kosmogonische overleveringen begint.[131]

In een Europa waarvan een groot deel van de intellectuele avant-garde nationalistisch dacht, waren dat strijdlustige woorden. Maar Humboldt had nog een andere mededeling voor zijn tijdgenoten en hun streven naar nationale en koloniale grootheid: 'Niets is moeilijker dan naties te vergelijken die in hun maatschappelijke vervolmaking verschillende wegen zijn gegaan.'[132]

De onverzadigbaar nieuwsgierige Humboldt had nergens een grotere hekel aan dan aan luie generalisaties. Zijn beschrijvingen van landschappen, kunstwerken, planten, vulkanen, mensen, monumenten en klimaatzones zijn altijd specifiek, gedetailleerd, gaan in op fysieke kenmerken en historische aspecten, wijzen op verschillende talen en gebruiken, zien of zoeken de rijkdom van elke levensvorm en elke culturele uiting. Zijn wetenschappelijke methode bestond niet alleen uit exact meten, verzamelen, beoordelen, lezen en publiceren, maar ook en vooral uit gesprekken met collega's en vrienden tijdens lange wandelingen en uit meer dan dertigduizend brieven en talloze bezoeken.

Het was eigenlijk alleen maar logisch dat Humboldt zich voor zijn levenswerk een onmogelijke taak oplegde: de wereld als een geheel te beschrijven, als systeem van systemen, verenigd in een wederzijdse afhankelijkheid en in de adembenemende schoonheid van alle leven. Bijna zijn hele geleerde leven werkte hij aan zijn idee van een groot werk waarin hij eindelijk alles bijeen kon denken, *Kosmos*. Bijna alsof hij wilde aansluiten bij Montaignes lange Latijnse citaten, maar ook bij de klassieke traditie van de Duitse burgerij citeerde hij als motto van zijn boek de *Naturalis historia* van de Romeinse denker Plinius: 'Maar de kracht en de grootsheid der dingen in de natuur ontberen in al hun wisselvalligheden de geloofwaardigheid als iemand in zijn geest alleen maar de delen ervan ziet, en niet het geheel.'

Dat was volgens Humboldt het probleem met het denken in tandraderen en schroeven: het concentreerde de kennis op afzonderlijke delen, isoleerde competenties en beschreef die afzonderlijke delen als uitwisselbaar, zuiver functioneel, niet verder te reduceren. Humboldts reizen en studies hadden een heel ander beeld in hem doen ontstaan. In plaats van die klassieke geschiedenis nogmaals te vertellen koos Humboldt een andere weg. Hij wilde de diverse aspecten van de planeet in hun samenhang tonen: de effecten van het klimaat op planten en menselijke culturen in verschillende streken en op verschillende hoogten, de sterrenhemel en de menselijke verwerving van kennis, de geschiedenis van gesteenten, vulkaanuitbarstingen en de eerste planten die erna terugkeren, de geschiedenis van de natuurkunde en de astronomische ideeën van zijn collega Laplace – alles wekte zijn interesse en wakkerde zijn wil aan om het door vergelijkingen te onderzoeken op gelijkenissen en karakteristieke eigenschappen.

Humboldt heeft zijn grote *Kosmos* nooit voltooid, maar hij had al gezegd wat hij wilde zeggen en met de middelen van zijn tijd kon zeggen, en althans commercieel was het een behoorlijk succes. Het werk werd uitstekend verkocht. Maar als leeservaring was *Kosmos* een teleurstelling. De grote wetenschapper was geen even groot schrijver. Hij verloor zich in gecompliceerde zinnen, eindeloze tangenten, overpeinzingen en enorm lange voetnoten. Ook lezers die sympathiseerden met het intellectuele uitgangspunt van zijn werk, vonden het moeilijk het grote boek uit te krijgen. Volgens vrienden was het als een bezoek aan hem. De grote geleerde begon aan een prachtige onvergetelijke monoloog en bleef intussen niet stilzitten, steeds weer ijlde hij naar een boekenplank of naar zijn bureau om een boek of een object te pakken om het onderwerp aanschouwelijker te maken, en sprong kennelijk zonder het te merken van de ene taal over op een andere, voerde discussies met collega's, haalde historische gebeurtenissen aan, las voor uit nieuwe publicaties of droeg gedichten van zijn gewaardeerde collega Goethe voor.

De grote man liet zijn publiek verward en ietwat geïntimideerd achter, en alleen de moedigsten en nieuwsgierigsten onder hen zetten hun gesprekken voort – ook dat was een aspect van de natuurlijke selectie zoals Humboldts vriend en tijdgenoot Darwin heeft beschreven. Maar als Humboldt zijn voortdurend rusteloze aandacht bundelde, kon hij met grote welsprekendheid naar voren brengen wat hem op het hart lag:

De natuur is voor de filosofische beschouwing eenheid in veelheid, verbinding van het veelvoudige in vorm en samenstelling, summum van natuurlijke dingen en natuurkrachten, als een levendig geheel. Het belangrijkste resultaat van het zinvolle fysische onderzoek is daarom dit: in de verscheidenheid de eenheid te zien, van het individuele alles te vatten [...] Langs die weg reikt ons streven verder dan de beperkte zintuiglijke wereld, en we kunnen erin slagen de natuur te begrijpen en de ruwe stof van de empirische aanschouwing als het ware door middel van ideeën te beheersen.[133]

Ook Humboldt zocht de beheersing van de empirische aanschouwing, maar niet van de natuur zelf. De natuur heeft hij als te kolossaal, als te veranderlijk en vooral als te onscheidbaar versmolten waargenomen om haar ooit te kunnen beheersen.

Verweven leven

Alexander von Humboldt bouwde voort op een traditie die van de atomisten in het klassieke Griekenland via de Romeinse dichter Lucretius en via Montaigne tot Spinoza en Diderot reikte en waarvan het doel was het waarneembare universum enerzijds empirisch te beschrijven en anderzijds op grond van die waarneming theorieën erover te vormen die de herkenbare wereld in haar samenhang en haar eigenheid toonden.

Maar vanaf het midden van de negentiende eeuw leidde de ontwikkeling van de wetenschap naar een punt waarop de natuurkunde haar pact met de waarneming opzegde. Ook Humboldts filosofische beschouwingen moesten capituleren voor de relativiteitstheorie en de kwantumfysica, want enerzijds druisten deze in tegen elke empirische werkelijkheid, maar anderzijds hadden ze het enorme vermogen te voorspellen en situaties te beschrijven. Ze functioneerden als wetenschappelijke theorieën, maar ze hadden zich losgemaakt van wat mensen kunnen zien en voelen. Niemand zou ooit bij benadering een object met lichtsnelheid met eigen ogen kunnen bestuderen of de exacte plek van een massief deeltje. Maar de mogelijkheid systematisch over die fenomenen na te denken en ze te berekenen veranderde niettemin de wereld en het menselijk begrip ervan.

Relativiteitstheorie en kwantumfysica spreken elkaar tegen in bepaalde, theoretisch nog steeds niet opgeloste dingen, maar ze hebben een essentiële overeenkomst: wat hen vooral onderscheidt, is het benadrukken van de context, de onmogelijkheid en zinloosheid van de beschrijving van een geïsoleerd individu, object of gebeurtenis zonder omgeving, zonder betrokkenheid. In deze mathematische modellen zijn ook natuurkundige fenomenen slechts denkbaar in verbinding met anderen, ze ontlenen hun identiteit alleen aan hun plek in een groter geheel. Ruimte en tijd konden alleen als continuüm bestaan, en elk nadenken over het een of het ander was op zichzelf onzinnig en slechts geoorloofd omdat menselijk leven bij zulke lage snelheden en op zo'n kleine ruimte plaatsvond dat de ontstane onnauwkeurigheden niet van belang waren.

Ook de kwantumfysica bekritiseerde niet alleen haar eigen discipline, maar ook de taal zelf. Het had geen zin over objecten met een bepaalde plek en een bepaalde impuls te spreken die als onafhankelijke realiteit bestonden. En bovendien veranderde louter de daad van de waarneming het gebeuren en ook dat was niet volledig meetbaar, maar bestond alleen als statistische waarschijnlijkheid.

De Italiaanse natuurkundige Carlo Rovelli omschrijft de kwantumfysica als een theorie met een buitengewoon vermogen om dingen te verklaren en met een grote effectiviteit (daarzonder geen computer, geen internet, geen laser...), maar wel met één schoonheidsfoutje: ze levert niets zinnigs op, ze dwingt ons om in paradoxen te denken en tegenstrijdigheden op de koop toe te nemen teneinde tot controleerbare resultaten te komen. Met andere woorden, een van de belangrijkste en meest gestaafde wetenschappelijke methoden ontkracht de wetenschappelijke methode.

'Ik zou alleen in een god geloven als hij kan dansen,'[134] laat Nietzsche zijn Zarathustra zeggen, en als die god de god van Spinoza is – God of de natuur – dan danst hij inderdaad, want je danst altijd met iemand en die dans is er een die alleen een god kan dansen, een dans van alle moleculen met alle elementaire deeltjes, een wilde, extatische, ordeloze golving van de materie in vormen en constellaties die wetenschappers uit diverse disciplines pas sinds enkele jaren en decennia beginnen te ontdekken.

Enerzijds zijn die nieuwe inzichten te danken aan de ontwikkeling van nieuwe technologieën en meetapparatuur, het gebruik van big data en kunstmatige intelligentie, maar anderzijds zijn ze ook heel eenvoudig toe te schrijven aan het feit dat de convergentie van diverse wetenschappelijke ontwikkelingen ertoe geleid heeft dat er nieuwe vragen worden gesteld.

Nee, geen zorgen, we gaan hier niet in de richting van de esoterie, de spiritualiteit, de homeopathie of het etherische. Het gaat om wetenschap, om theorievorming door hypothese en experimenten, om het onderzoek en de kennis van de materiële wereld, ook al lost die bij nadere beschouwing op in energie die echter op haar beurt ook wetenschappelijk te onderzoeken is of in steeds complexere wiskundige modellen opgaat.

De wetenschappelijke disciplines die hier een gemeenschappelijke horizon ontdekten, waren biologie en cybernetica, complexiteitsonderzoek en klimaatfysica, antropologie en speltheorie, gedragsbiologie, microbenonderzoek en botanica. De resultaten van die wonderlijke cognitieve interferenties over de disciplines heen waren verbazingwekkend. Een natuurlijke wereld die ruim een eeuw lang opgemeten, geanalyseerd en onder de microscoop gefixeerd was, begon plotseling in nieuwe talen te spreken, bijna alsof iemand haar eindelijk iets intelligents had gevraagd.

Een voorbeeld dat ook door Merlin Sheldrake, een Engelse bioloog en mycoloog (kenner van schimmels en paddenstoelen), grote bekendheid heeft gekregen is het leven van een bos. Sheldrake interesseert zich niet in de eerste plaats voor bomen, planten en dieren, maar voor paddenstoelen die in bossen groeien, of liever voor de wortels ervan, het zogenaamde mycelium. Paddenstoelen zijn fascinerende organismen en het was al langer bekend dat de paddenstoelen waarnaar liefhebbers in de nazomer op zoek gaan, slechts de vruchten ervan zijn. De eigenlijke paddenstoel – dier noch plant, maar een eigen levensvorm – woekert ondergronds in de vorm van een gigantisch netwerk van microscopisch fijne wortels, die zonder centrum als een organisme groeien en waarvan de afzonderlijke strengen schijnbaar onafhankelijk van elkaar intelligente beslissingen nemen over de vraag of ze in een bepaalde richting doorgroeien of dat ze hun activiteiten een andere richting uit laten gaan.

Merlin Sheldrake is nog een jonge man en ook zijn onderzoeksterrein heeft zich pas de laatste tijd gevestigd. Wat hij en zijn collega's ontdekten, revolutioneert het wetenschappelijk begrip van natuurlijke systemen. Het mycelium vormt niet alleen het wortelnetwerk en de eigenlijke lichamen van de paddenstoelen, maar het is verbonden en vervlochten met de bomen van het bos. Met zijn enzymen haalt het mycelium mineralen uit de bodem en stelt ze ter beschikking aan de boomwortels, terwijl de boom suiker geeft aan het mycelium. Maar die eenvoudige symbiose is nog maar het begin van een veel complexere en slechts in aanzet begrepen relatie. Het mycelium stelt bomen ook in staat met elkaar te communiceren en elkaar bijvoorbeeld te waarschuwen voor aantasting door insecten, zodat andere individuen afweerstoffen kunnen gaan maken, sterker nog, de wortels van de paddenstoelen stellen afzonderlijke bomen ook in staat andere individuen zoals jonge of beschadigde scheuten doelgericht te voorzien van voedingsstoffen.

Het netwerk van de paddenstoelen heeft intussen de bijnaam *Wood Wide Web* gekregen, omdat het inderdaad als een communicatienetwerk binnen en zelfs tussen bossen lijkt te functioneren, en het bos, dat wetenschappelijk gezien tot dusverre niets meer was dan een verzameling bomen, een volledig nieuw karakter kreeg als communicerend, solidair (en af en toe antagonistisch) handelend organisme, dat met een soort eigen strategische intelligentie is begiftigd.

Zuiver natuurwetenschappelijk is het dus niet voldoende een boom te analyseren volgens de zeer verschillende parameters, zoals je een tandrad of een schroef analyseert, om daarna dat resultaat te vermenigvuldigen met het aantal bomen in een bos teneinde een beeld te krijgen van leven en functioneren van dat bos. Enerzijds is elke boom al een bos: een communicatieruimte tussen verschillende organismen, een asiel- en bestaansplek voor microben en mijten, virussen en bacteriën. Maar anderzijds is het bos een kosmos van die microkosmossen, een symbiotisch organisme dat zeer verschillende soorten in en om zich heen verzamelt, een systeem van verbijsterende complexiteit, waarin bomen via paddenstoelenwortels contact met elkaar hebben, elkaar van voedsel voorzien, samen op schadelijke insecten reageren en zich strategisch gedragen, een voortdurende interactie tussen levende en niet-levende actoren, van mineralen en microben via mycelium tot en met de gehele flora en fauna.

Wat mensen, die nauw verbonden zijn geweest met natuurlijke leefgebieden, sinds jaar en dag doorgeven, wordt wetenschappelijk onderzoeksterrein, ook al moeten er nog theorieën en methoden ontwikkeld worden om de reikwijdte van die ontdekkingen echt te begrijpen, temeer daar de resultaten van de mycologen ook naar andere wetenschappen uitgebreid kunnen worden. De loop van rivieren en berglandschappen, oceanen, bossen en steppen, woestijnen en zeebodems vormen systemen die ook voor natuurwetenschappers het best gelezen en begrepen kunnen worden als organismen, als actoren in een kosmisch gebeuren van talloze soorten communicatiekanalen, afhankelijkheden en symbioses. Elk van die systemen lijkt een stortvloed van lagere en steeds kleinere systemen tot een functionele klankkast te bundelen en zelf deel van grotere en complexere systemen te zijn, een stromen en wervelen op alle niveaus, van elementaire deeltjes via het water uit de kraan tot onmetelijke, verre melkwegstelsels, een kosmische dans van schepping en vernietiging. Die dans wordt niet vóór mensen en ook niet tégen hen gedanst, hij voltrekt zich gewoon, als een storm.

Een ander nieuw te onderzoeken natuurwetenschappelijk continent, waarbij communicatie en coöperatie tot nieuwe bestaansvormen leiden, is de ontdekking van het (menselijke) microbioom. Al sinds de vroege twintigste eeuw was bekend dat vooral de spijsverteringsorganen van alle dieren en dus ook van de mens microben bevatten die belangrijk zijn om voedsel chemisch af te breken en ten nutte te maken. Het microbioom van de mens past qua volume zo ongeveer in een theekopje. Wetenschappers hebben afzonderlijke stammen van die microben in een laboratorium gekweekt, de stofwisselingsprocessen ervan geobserveerd en gedocumenteerd. Al snel leek de hele essentie van dat fenomeen bekend.

Pas in de laatste decennia is dankzij betere instrumenten, technieken en genetische analyses een nieuwe dynamiek op dat terrein ontstaan. Het microbioom, dus het samenstel van alle in en op het lichaam levende lichaamsvreemde micro-organismen, is niet alleen enorm veel groter en diverser dan vroeger aangenomen, maar demografisch-medische studies tonen ook aan dat het een fundamenteel effect heeft op elk aspect van het menselijk bestaan. Intussen onderzoeken grote en goed gefinancierde initiatieven als het Human Microbiome Project (opgericht in 2007) de genetische sequentie en de eigenschappen van het menselijk microbioom.

Wetenschappers die zich vroeger met dat onderwerp hadden beziggehouden, hadden volgens een goede wetenschappelijke praktijk afzonderlijke organismen geïsoleerd en in ideale omstandigheden gekweekt.

Hun wetenschappelijke socialisering, hun laboratoriumverslagen en misschien ook de bruikbare hoeveelheid gegevens weerhielden ervan te kijken wat er gebeurt als die species niet in ideale omstandigheden worden gehouden, maar met elkaar kunnen communiceren en op elkaar kunnen reageren, niet tientallen, maar tienduizenden van allerlei soorten en organismen, die zich in x-miljard individuen kunnen opdelen en die allemaal groeien en verteren, chemicaliën veranderen en andere produceren, met elkaar ruilen en symbiotische gemeenschappen vormen, die een nieuwe biologische omgeving scheppen en zelf een soort biologische documentatie van de collectieve ervaringen en omgevingen zijn. Dan ontstaat er namelijk een heel nieuw biologisch complex landschap, waarin ook en vooral mensen een geheel nieuwe plaats innemen.

Naar de huidige stand van het wetenschappelijk onderzoek (dit is een dynamisch terrein) biedt het menselijk lichaam onderdak aan bijna veertig biljoen bacteriën, fungi en virussen, dus duidelijk meer dan lichaamseigen cellen (ongeveer dertig biljoen bij een volwassene). Die individuen behoren tot duizenden species en voegen aan het genoom van de mens met zijn twintigduizend genen een collectief genoom van twee miljoen genen toe; elk menselijk lichaam bevat dus honderdmaal meer niet-menselijk dan menselijk erfgoed.

Het menselijk lichaam is zuiver kwantitatief gezien een transportsysteem en een voedingsbron voor microbieel leven, maar dat is geen passieve co-existentie. De gezondheid en diversiteit van de microbiotische activiteit wordt in onlangs gepubliceerde studies niet alleen in verband gebracht met de ontwikkeling van kankergezwellen, voedselintolerantie, allergieën en diabetes, maar ook met de waarschijnlijkheid om aan autisme, ouderdomsdementie, parkinson of aan klinische depressies te gaan lijden. Het microbioom *helpt* mensen niet bij de spijsvertering – het vormt ze tot in haar bewustzijn en haar waarnemingsvermogen.

Na de decodering van het menselijk genoom door het Human Genome Project (1990-mei 2021) hebben steeds nauwkeuriger analysemethoden ook de genetica gerevolutioneerd en een nieuw begrip mogelijk gemaakt van de manier waarop leven is georganiseerd en informatie wordt doorgegeven. Naast het nieuwe continent van het genoom heeft een omwenteling binnen de genetica ook het begrip van de vererving veranderd op een manier die het beeld van naar buiten toe afgeschermde individuen, dat in het licht van zijn ratio vrije beslissingen neemt, volkomen doet kantelen: de zogenaamde epigenetica.

Epigenetica is een deelgebied van de genetica, dat rond 1990 is ontwikkeld en dat de vererving van fenotypische kenmerken zonder verandering van de DNA-sequentie bestudeert. Minder academisch uitgedrukt: de functie van afzonderlijke genen kan door chemische markers, die zich op het genoom vastzetten, beïnvloed, onderdrukt of versterkt worden. Die chemische markers, die zich op de genen vastzetten, corresponderen met intense ervaringen als hongersnood of lichamelijke pijn of historische trauma's van individuen en kunnen van de ene generatie overgaan op de volgende. Nog eenvoudiger uitgedrukt: een echo van historische ervaringen kan overerfd worden, althans als chemische marker, die ook in een volgende generatie de functie van cellen en transmitters, ziekten en zelfs instinctieve reacties kan beïnvloeden. In dieren zijn epigenetische overervingsmechanismen door gedragspatronen experimenteel aangetoond, ook indien tussen hun ouders en hun nakomelingen geen enkel contact heeft bestaan. Ook bij mensen hebben studies aangetoond dat trauma's in de ene generatie de manifestatie van genetische kenmerken in volgende generaties kunnen beïnvloeden.

De ontdekking van de epigenetica betekent dat het menselijk genoom nu juist geen star en mechanistisch bouwplan is, volgens welke exact en punt voor punt een individu wordt geconstrueerd, maar dat de instructies dynamischer en veranderlijker zijn, dat ze op milieu-invloeden reageren en door de ervaringen van vroegere generaties gevormd worden, tot in de stofwisseling van afzonderlijke cellen toe.

Het beeld van het genoom als een nauwkeurige gebruiksaanwijzing, die fraai paste bij de metafoor van de mens als machine, blijkt misleidend. Misschien imiteert hier voor één keer het leven de kunst en niet andersom, want het functioneren van het genoom komt overeen met wat ook het 'culturele DNA' van een samenleving laat zien: ze bestaat uit informatie – verhalen en herinneringen, trauma's, gezindheden en rituelen – die door de ene generatie aan de andere wordt doorgegeven. Maar bij die overdracht komen mutaties niet alleen voor door toevallige fouten, maar ook door de integratie van ervaringen, belevenissen, migratie, nieuwe verhalen, die zich om de oude structuren slingeren en heel nieuwe en andere functies kunnen opleveren, een cultureel beeld dat de trauma's van allang verdwenen generaties letterlijk in de cellen van hun nakomelingen doorleven en daar in lichamelijke functies en hormonale storingen nog steeds present zijn.

Zowel het onderzoek naar het microbioom als dat naar de epigenetica staat in de kinderschoenen en hun inzichten worden doorlopend herzien, maar het is nu al duidelijk dat de natuurwetenschappelijke ontsluiting van de complexe microbiële en chemische communicatieprocessen niet alleen zal resulteren in nieuwe medische diagnosemogelijkheden en behandelingsmethoden, maar ook in een nieuw mensbeeld.

Dat doet allemaal wat voortreffelijke wetenschap moet doen, want het gaat het eigen referentiekader niet alleen methodologisch te buiten, maar ook metafysisch en in al zijn niet in de laatste plaats politieke implicaties. Hoe beïnvloeden die factoren de toerekeningsvatbaarheid in een strafproces, of de gelijkheid in een samenleving, de gelijke kansen, de mogelijkheid van gerechtigheid zelf? Is dit een variant van het klassieke verhaal van de harde jeugd, of is het een aanwijzing dat er een biologische basis bestaat voor verschillende ervaringen en handelingsmogelijkheden?

Dit soort argumenten lopen het gevaar in het biologistische af te glijden, maar ze raken een diepe aporie van democratische samenlevingen, de onoplosbare vragen die zich onttrekken aan alle modellen en verklaringen. In de geheel theologische traditie van de verlichting bouwen ze voort op de veronderstelling dat de staatsburgers ervan vrije, rationele individuen zijn, in staat en van plan zich in elk geval door de gang naar de stembus verantwoord te informeren en te engageren.

Wetenschappelijke inzichten schetsen een heel ander schepsel: in zeer hoge mate manipuleerbaar en vol cognitieve vooroordelen, nooit echt meester over zichzelf, met een bewustzijn waarvan de stemming het resultaat van microbiële activiteiten is en waarvan het lichamelijk functioneren berust op een flink aantal onbekende factoren, een schepsel dat volgens cognitieve analyses zware intellectuele gebreken en problematische tendensen toont.

Hier blijken filosofische vragen in diepste wezen politiek en potentieel revolutionair. Zal de idealistische visie van de democratische orde op dezelfde manier gemarginaliseerd worden als de theologische verklaring van de wereld vóór haar? Hoe kunnen liberale samenlevingen omgaan met een telkens veranderende hoeveelheid wetenschappelijke data, die mensen als irrationeler, kwetsbaarder en manipuleerbaarder toont dan de democratie aanneemt en moet aannemen?

Maar het gaat niet alleen om vragen van politiek-filosofische aard, die desnoods gepareerd kunnen worden met de stelling dat de eigen verantwoordelijkheid en de wilsvrijheid van het burgerlijk universum ook als noodzakelijke fictie nog hun functie vervullen om de openbare orde te handhaven, ook als misschien niet elk individueel en in deze context ontstaan oordeel gerechtvaardigd is.

De nieuwe wetenschappelijke interpretatie van de mens brengt een hele filosofische traditie aan het wankelen. De heer der schepping van de oude stempel, zoals de neoplatonisten, de Bijbel en de abrahamitische tradities over hem dachten, staat boven de natuur en onderwerpt haar aan zijn vrije wil. Hij is naar buiten gesloten en geestelijk soeverein, meester van zijn handelingen (het hardnekkige mannelijk substantief is hier geen toeval), zijn lichaam is naar het beeld van God geschapen.

In tegenspraak met dat vertrouwde beeld is de mens als uiterst symbiotisch organisme en als product van onvermoede communicatieprocessen tussen talloze levensvormen, waarvan de activiteit tot in de emotionele stemming, de intelligentie en de waarneming het hele leven kleurt of zelfs beheerst, een organisme waarvan de ervaringen generaties lang worden doorgegeven en waarvan de individualiteit dienovereenkomstig anders moet worden gezien. Dat levert een schokkend en onverwacht, maar tegelijkertijd uiterst bevrijdend beeld van de primaat homo sapiens op, die juist bezig is een enorme epistemische stap te zetten. De soevereine mens als drager van de ziel verbleekt, en onder het masker van de theologische traditie komt een wilder, verweven en verregaand onbekend wezen tevoorschijn.

De plaats van de vanouds bekende, in de eerste plaats theologische en bij de millenniumwisseling economisch beschreven mens wordt nu ingenomen door een fenomeen waarvan het na zesduizend jaar taalkundige ontwikkeling moeilijk is het te beschrijven en waarvoor ons misschien zelfs de juiste woorden ontbreken: een beleven, een bewustzijn, een complex van begeerte en lust en pijn, een facet van een enorme symbiose van vele duizenden species, een complex van ongehoord snateren en pulseren van transmitters en elektrische impulsen door de banen van een lichaam dat zichzelf constant uitruilt en vernieuwt. Moleculen uit de wereld om hem heen worden voortdurend geïncorporeerd, getransformeerd en afgescheiden, alleen het belevende ik, dat over dat fantastische gebeuren heerst, blijft stabiel.

De mens als soeverein en rationeel handelend wezen ontpopt zich als model van het voorseizoen. Een symbiotisch biologisch complex van gebeurtenissen met een eigen innerlijk poppentheater vervangt de oude Adam. Dat organisme kan evenmin als één boom in een bos volledig beschreven en begrepen worden als individu, maar slechts als een deel, een knooppunt in een netwerk van gebeurtenissen en motivaties, een kortstondige levenssituatie, die door al die situaties heen vibreert.

Niets van dat al maakt het poppentheater, het individuele beleven – alles wat wij mensen hebben – minder belangrijk, minder fascinerend en minder essentieel als criterium voor de vraag wat een goed leven is, maar die perspectiefwisseling vanuit natuurwetenschappelijke optiek roept de vraag van Montaigne in herinnering, die zich erover verwonderde dat zo'n schepsel 'dat niet eens baas over zichzelf is' zich 'een heerser en regent over de hele wereld noemt'.

De wetenschappelijk-cognitieve revolutie die zich op het ogenblik aan het voltrekken is gaat van de empirisch steeds weer bevestigde hypothese uit dat natuurlijke fenomenen niet adequaat beschreven kunnen worden door het analyseren van de delen ervan of van afzonderlijke individuen. In plaats van starre en stabiele objecten te zien denkt zij in communicatieve handelingen, in gebeurtenissen en verbindingen, die hun identiteit en hun handelingspotentieel uit hun context betrekken, die kortstondig bepaalde situaties en functies aannemen waarvan elke verandering wordt weerspiegeld in de transformatie van het geheel.

Maar als analytische aanzet lijkt dat uit wetenschappelijke modellen ontwikkelde perspectief op de zogenoemde natuur veel beter in staat tot de beschrijving van fenomenen en interacties dan het eerdere mechanische beeld. Alleen zo is het mogelijk om meer vertrouwd te raken met de oneindige complexiteit van natuurlijke systemen en om hun functione-ren beter te begrijpen. Maar de voorwaarde voor dat betere begrip is dat we de bijzondere positie van de mens opgeven en met een zekere epis-temische bescheidenheid de mogelijke plaats van homo sapiens binnen die contexten definiëren. De beloning voor die revolutie is het radicale denken van de mens als een wezen dat onscheidbaar verweven is met het bestaan van andere levende en niet-levende actoren op deze planeet.

Een handvol aarde

Het project van de onderwerping van de natuur door de mens blijkt op zijn laatst aan het begin van de eenentwintigste eeuw een catastrofale vergissing te zijn. Het loopt stuk op de ecologische realiteit en stikt in zijn ongewilde neveneffecten. Paradoxaal genoeg was het project van de onderwerping gedoemd te mislukken, omdat de technologische reikwijdte van de menselijke onverzadigbaarheid door fossiele brandstoffen plotseling enorm vergroot werd en de eigen dynamiek van de groei zich zo pijlsnel ontwikkelde dat er geen tijd meer overbleef voor het begrijpen van die transformatie en de reflectie op haar onstuimige ontwikkeling, en er in de vaart van de vooruitgang waarschijnlijk ook geen behoefte aan kritiek te bespeuren was.

Tijdens die enorme transformatie, die bijna alle mensen op onze planeet op de een of andere manier geraakt heeft en waarin het aantal mensen daardoor in zes decennia meer dan verdubbeld werd, waren meedogenlozere onderwerping, efficiëntere uitbuiting en toenemende groei geslaagde strategieën op een mondiale markt. Maar die logica is met de beginnende effecten van de klimaatramp in elkaar gestort.

In de tijd na de oorlog (en uiteindelijk sinds de zestiende eeuw) wisten westerse regeringen slechts één enkel antwoord te vinden op zeer verschillende structurele problemen: economische groei. Maar dat antwoord is door de klimaatramp obsoleet geworden. Meer groei, meer uitbuiting en meer dominantie van menselijke belangen leiden niet meer tot welvaart, vrijheid, veiligheid of controle, maar in toenemende mate tot oncontroleerbare ontwikkelingen, tot de stijging van de oceanen en de verandering van hele weerssystemen, tot natuurrampen als orkanen, hittegolven, overstromingen, verstepping en droogte tot en met de migratie van miljoenen mensen en andere levende wezens op zoek naar overleving.

De steeds zichtbaardere gevolgen van de klimaatramp weerleggen de maakbaarheid van een onderwerping van de natuur, ook omdat die berust op het idee uit het bronzen tijdperk dat de mens buiten en boven 'de natuur' staat en haar getroost kan uitbuiten en veranderen zonder zelf het slachtoffer te worden van de gevolgen. Met de toenemende economische, menselijke en ecologische kosten van de systemische veranderingen die door menselijke bemoeienis op gang zijn gebracht, stijgt ook de zekerheid dat de logica van de onderwerping geen constructieve strategieën meer te bieden heeft die in deze situatie effect zouden kunnen sorteren. Elke werking heeft ongewenste en onoverzichtelijke bijwerkingen.

Het systemisch narcisme van de heren van de schepping was in technisch relatief primitieve samenlevingen een onschuldige illusie onder vele, maar ontwikkelde zich met de technische ontwikkeling in de twintigste eeuw tot een suïcidaal waanidee, of misschien niet eens een idee, maar een diep gevoel van het eigen vrijblijvende en contextvrije handelen, van een stilzwijgende maatschappelijke overeenkomst dat we over sommige dingen beter niet kunnen praten en er niet te veel over moeten nadenken.

De enorm toegenomen productiviteit en activiteit van de mensheid heeft zuiver natuurwetenschappelijk gezien een reactie opgeroepen die elke menselijke vooruitgang aan het wankelen brengt en zelfs haar voortbestaan twijfelachtig maakt, omdat oude recepten plotseling niet meer werken, respectievelijk onaanvaardbaar sterke neveneffecten hebben. Een wereldbeeld dat gedurende duizenden jaren een sleutel bij de hand had om te domineren en uitdagingen te weerstaan, had geen zinvol antwoord op die systemische dynamiek.

De Franse filosoof Bruno Latour beschrijft de reactie van een verlichte mensheid waarvan de geschiedenis de werkelijkheid niet meer kan beschrijven en waarvan het model ondeugdelijk blijkt: 'De bedreiging door de aarde schokt haar. Het lijkt alsof de aardbol die ze wilden weergeven, registreren, lokaliseren, inperken en opslokken niets anders was dan een zeer provisorische projectie van wat er nog te ontdekken overbleef [...] Ten slotte duikt de aarde aan het begin van de eenentwintigste eeuw weer op als *terra incognita* – tot ongelovige verbazing van het rijke en verlichte deel van de menselijke soort.'[135]

Maar hoe moeten we navigeren op die onbekende aarde? Latour, afkomstig uit een Bourgondische wijnboerenfamilie, ziet het antwoord op de vervreemding van de verlichting in een terugkeer naar de aarde, niet in nostalgische of nationalistische zin, maar als relokalisering van het leven op een concrete plek, in een lichamelijke ervaring van de eigen verbondenheid. In een handvol aarde, merkt hij op, kunnen meer microben leven dan mensen op deze planeet, een microbioom dat door delen van de aardkorst trekt, een universum waarop andere bouwen en dat met andere systemen vervlochten is. Als goede Bourgondiër vat hij die niet op als de dampende aardkluit van het nationalisme, maar als *terroir*, de manifestatie van de onverwisselbaarheid van elke plek, elke handvol aarde, die aan een wijn zijn individuele karakter verleent, elk verweven leven.

Latour gaat uitvoerig in op de Gaia-hypothese, ontwikkeld door James Lovelock en Lynn Margulis. Die theorie werd door invloedrijke wetenschappers lange tijd afgedaan als esoterisch en tegelijkertijd vanuit een even groot misverstand door esoterici ingepalmd, maar is geheel natuurwetenschappelijk gemotiveerd. Het gaat erom de aarde, respectievelijk de biosfeer ervan als een organisme op te vatten, dat probeert de optimale omstandigheden voor zijn overleven te creëren.

Lovelock formuleerde zijn centrale idee als volgt:

Gaia wijst de apartheid van de victoriaanse biologie en geologie net als de co-evolutie van de hand, maar gaat nog veel verder. Gaia behandelt de evolutie van een nauwverweven systeem, waarvan de bestanddelen biota en haar materiële omgeving zijn, die uit de atmosfeer, de oceanen en de oppervlaktegesteenten bestaat. Zelfregulering van belangrijke eigenschappen als klimaat en chemische samenstelling wordt opgevat als consequentie van dat evolutionaire proces. Net als bij levende organismen en vele gesloten systemen kunnen we ervan uitgaan dat het emergente eigenschappen kent, dat wil zeggen dat het geheel meer is dan de som van zijn delen.[136]

Voor Bruno Latour biedt de Gaia-hypothese een aantrekkelijke mogelijkheid nieuw te gaan denken over het eigen bestaan op de aarde-als-net-
werk. In zijn concept is Gaia tegelijkertijd een metafoor met ambivalente, quasireligieuze resonanties en een cognitieve situatiebeschrijving van
het onbekende continent dat voortkomt uit de perspectiefwisseling van
de hedendaagse wetenschap en haar idealen.

Het beeld dat Latour in zijn werk, maar ook in openbare tentoonstellingen en op multimediale performances ontwikkelt, voegt een icoon toe
aan zowel de wetenschappelijke als de politieke fantasie. In plaats van te
zeggen dat mensen 'op de aarde' leven, dus metaforisch met hun voeten
in de modder maar met hun hoofd hoog opgeheven en met hun blik op
de verre horizon gericht, als om hun verheven positie boven de natuur te
onderstrepen, stelt Latour voor over mensen na te denken als over bewoners van de 'kritische zone' – de dunne, door Lovelock aanschouwelijk
voorgestelde membraan van gassen tussen het dode gesteente onder onze
voeten en de eeuwige leegte boven onze hoofden, de enige omgeving
waarin leven überhaupt mogelijk is:

> In de orde van grootte van het normale beeld van de planeet is de
> dunne oppervlakte van de kritische zone amper te zien, want ze be-
> helst hoogstens enkele kilometers in de hoogte en enkele kilometers
> in de diepte. Het is niet meer dan een vernislaagje, een dunne mat,
> een vliesje, een biofilm. En toch is het – tot andere werelden zijn ont-
> dekt en er contact mee is gemaakt – de enige plek die levende wezens
> ooit ervaren hebben. Het is de totaliteit van onze begrensde wereld.
> We moeten het ons voorstellen als een huid, de huid van de aarde,
> gevoelig, complex, riskant, reactief. Daar leven wij allemaal – cellen,
> planten, insecten, dieren en mensen.[137]

Voor Latour is de prijs van dat nieuwe denken hoog. De mensen in onze
moderne wereld beginnen te beseffen: 'Ze kunnen voor hun toekomstige welvaart niet langer rekenen op die enorme en onuitputtelijke reserve.
Modernisering, technologische ontwikkeling, globalisering lijken een
gelukkige en onverdiende uitzondering te zijn geweest waar nu een eind
aan komt.'

De uitdaging is om het concept van de *agency*, van het handelingspotentieel, radicaal te verruimen, want door de klimaatramp zijn ook
niet-menselijke actoren deel van een proces dat vanuit menselijk perspectief in essentie politiek en ecologisch is, het filosofische mensbeeld
revolutioneert en nieuwe praktijken en een nieuwe manier van waak-
zaamheid vereist:

> Het kan niet langer gedefinieerd worden als een verzameling mensen
> die de hulpbronnen van de bodem door een productiesysteem uit-
> buiten, maar als de tegenstrijdige en omstreden assemblage van alle
> mogelijke soorten van met elkaar verweven levensvormen, die ernaar
> streven de tijd te trotseren en iets verder de ruimte in te expanderen.
> Het oude onderscheid tussen samenleving en natuur wordt vervangen
> door het kwellende proces van het bij elkaar brengen van menselijke
> en niet-menselijke actoren, die allemaal naar erkenning snakken.

Op prachtig ironische wijze wordt hier een historische cirkel volledig
gesloten. De ervaring van de mensheid in de klimaatramp is ook de
confrontatie met het feit dat ze onmogelijk zo door kan gaan, alsof de
menselijke geschiedenis, het menselijk bewustzijn en de rol van de mens
uit de natuur zijn getild, alsof ze geen deel van natuurlijke processen
en kringlopen zijn en niet voortdurend in complexe, oncontroleerbare
en onbegrepen interacties zijn betrokken, die weliswaar vergoelijkt en
geloochend kunnen worden, maar die desondanks onaangedaan blijven
voortbestaan en waarvan de gevolgen massale verwoesting veroorzaken.

Het besef dat leven en overleven van mensen en hele samenlevingen
in een radicale afhankelijkheidsrelatie tot natuurlijke processen staan en
dat een geslaagd bestaan op een zorgvuldig afgestemd geven en nemen
moet berusten, brengt ons terug naar het tijdperk van Gilgamesj, want
het uit de wetenschap voortgekomen wereldbeeld heeft verrassend veel
gemeen met klassieke, polytheïstische natuurbeelden.

Een gemiddelde Soemeriër of een Akkadiër uit het tweede millennium vóór het begin van onze jaartelling had een relatie tot zijn goden
die slechts in details verschilde van die van een Maori, een Azteek, een
Tibettaan of een vrouw in het klassieke Athene. Ze wisten allemaal dat

hun omgeving werd bewoond door goden en geesten, voorouders en demonen, nimfen of furiën en dat de wereld om hen heen van die belangen en hun handelen doordrongen was. Ze wisten ook dat ze zelf door amper begrepen krachten bewoond en voortgedreven werden en dat het belangrijk was de best mogelijke technieken en begripsmogelijkheden in te zetten om met die krachten in een wederzijds nuttige relatie te treden.

Bij elke handeling was het duidelijk dat ze in een netwerk van machten en belangen zaten, dat erkend moest worden. Elke handeling was een ingreep in het bestaande labiele evenwicht en tastte de machtssfeer van een andere bestaansvorm aan. Wie de zee wilde gaan bevaren, moest offeren aan de god van de zee; wie een reis plande, vroeg aan het orakel naar de wil der goden; wie een akker beplantte, bouwde een altaar voor de daar wonende geesten, die even aanwezig waren als de voorouders en de goden zelf. Elke menselijke daad was onderdeel van een diepte die tot aan de mythe reikte, tot in een eindeloos gecompliceerd web van magische krachten en heldenverhalen, goddelijk ingrijpen, geschenken en tegengeschenken, een constant geven en nemen tussen de mensen en de wereld waarin ze leefden. Wie dat niet deed, zoals Gilgamesj, moest door zijn hoogmoed mislukken.

De metaforische taal van het animisme heeft de wederzijdse verwevenheid van menselijke en niet-menselijke belangen en handelingen poëtisch uitgedrukt als een relatie met voorouders, geesten en goden, en heeft die relatie door rituelen en offers geformaliseerd. Dat was op metaforisch niveau geslaagder dan op natuurwetenschappelijke niveau, want ook als Poseidon een kostbaar brandoffer in genade had aangenomen, konden door een storm schip en bemanning inclusief kostbare lading op een rots te pletter slaan. Toch was er een cultureel raamwerk waarbinnen het geven en nemen in combinatie met natuurlijke gebeurtenissen als geboorte en dood, zaaisel en oogst symbolisch en ritueel erkend en nagekomen werd.

Hier wordt nogmaals de metafysische radicaliteit van het idee van de onderwerping, van de breuk met een complex begrip van de wereld met wederzijdse afhankelijkheden duidelijk. Met het gebod aan Adam en Eva de aarde te onderwerpen kwam dat wereldbeeld ten val. Vanaf dat moment was de relatie van de mens geen geven en nemen meer, ze was helemaal niet wederzijds meer, maar bestond erin dat mensen de natuur 'veroverden' en 'beteugelden', bergen 'bedwongen' en continenten 'ontdekten' – een manier van uitdrukken met duidelijke seksuele associaties: de deken werd als het ware van het intieme land weggetrokken om het te bezitten, graag ook door symbolisch een vlaggenstok in de grond te rammen. De aarde zelf, de 'natuur', was passief en had geen stem meer, kon bezeten en verkocht worden, gepenetreerd en ontgonnen, uitgebuit en beheerst door Gods beminde, maar gevallen schepsel, de mens.

Nu stelt de klimaatramp de dwingende vraag in hoeverre de kennis van de animistische culturen over de onderlinge afhankelijkheid van menselijk en niet-menselijk handelen en willen in overeenstemming was met de daadwerkelijke relatie tussen homo sapiens en het overweldigend grootste deel van de oneindig gecompliceerde natuur, al past dan het idioom waarin die kennis gehuld wordt niet bij onze tijd. Waar de mythe van goden en godinnen spreekt, kent de natuurwetenschap haar eigen systemische denken met eigen handelende actoren en misschien zelfs eigen wetenschappelijke rituelen.

De metaforische talen veranderen, maar de fundamentele beoordeling van de relatie tussen mensen en de wereld die haar omringt en doordringt en vormt, was wellicht realistischer dan het millennia durende uitstapje naar het narcisme, dat in de vroege eenentwintigste eeuw een existentiële vergissing blijkt te zijn.

Maar nu de grote coulissen van zijn onderwerpingsgeschiedenis afgebroken zijn, blijft er op het podium een naakte aap over. Ook het laatste stuk dat er werd opgevoerd, *De vrije markt*, dwong hem ertoe zich in zijn rol van succesvol optredend, gelukzalig consumerend individu in allerlei vreemde bochten te wringen en zichzelf een toestand van voortdurend nerveuze afleiding te bezorgen. Maar ook aan dat stuk is nu een eind gekomen. Misschien wordt het tijd om over een psychologisch niet-wrede, hem passende positie van homo sapiens na te denken. Zelfs Hagenbecks Tierpark deed in dit opzicht meer moeite dan de sinistere profeten van de digitale toekomst.

Riskant denken

We gaan een risico aan. Laten we de verlichting met Kant eens voort-denken als het afscheid van de mens van zijn onmondigheid. Hoe zou dat eruitzien? En willen we dat eigenlijk wel?

De pretentie van de verlichting was aanvankelijk de kennis over de wereld een solide basis te geven, dus empirisch redeneren op grond van het verstand en verifieerbare waarnemingen, en in de tweede plaats pleiten ten gunste van een samenleving waarin macht niet berust op willekeur of traditie, maar op het vrije en gelijke oordeel van verstandi-ge individuen en op een idee van algemeen welzijn, de vooruitgang.

Die vage omschrijving stelt eigenlijk meer vragen dan ze beant-woordt, en ze jongleert met begrippen die volkomen verschillend kun-nen worden gedefinieerd, om te beginnen het begrip verstand. Daarom is Kants in wezen poëtische en onspecifieke voorstel van het afscheid van de onmondigheid zo sterk – hij laat zich niet in met het spel der definities.

Maar het is belangrijk dat die begrippen steeds weer onderzocht en bediscussieerd worden, want in naam van de verlichting bestaan er wel-iswaar veel politieke en ideologische getuigenissen, maar weinig intel-lectuele ernst. *Liberté – égalité – fraternité* levert een prachtige strijd-kreet op voor mensen met een idealistische gezindheid, maar hoe die vrijheid in te vullen als de vrijheid voor de een altijd de onvrijheid voor een ander betekent; wat gelijkheid kan betekenen als ze met vrijheid in conflict raakt; en wie ook recht heeft op gelijkheid en wie niet, en waar-om; of het idee van de broederlijkheid niet de patriarchale structuur van het hele systeem verraadt, dat vrouwen altijd al heeft onderdrukt en voor wie de onderdrukking programma is: zodra je de woorden maar een beetje uitpakt en er vragen over gaat stellen, gaat de eenduidigheid verloren. Misschien is het verstandig een door Heisenberg geïnspireerde benadering van die definities te vinden: het is mogelijk uitspraken over belangrijke gebieden te doen, maar het is niet mogelijk elk onderdeel van dat gebied vast te nagelen.

Die discussies over definities zijn vooral in de afgelopen decennia in de schaduw van het feminisme, het postkolonialisme en de gender-theorie weer begonnen en hebben bijgedragen aan een verdieping van de vragen en aan een verruiming van de referentiepunten. Er komt dus weer leven in de oude discussie over de verlichting en in die context lijkt het nuttig de oorspronkelijke ambitie van de verlichting nog eens op haar draagvermogen te onderzoeken.

De verlichting was de poging de mens binnen de natuur te denken. Vroege verlichters als Spinoza, Bacon en Descartes (en vóór hen, als schrijvende eenling, Montaigne) stelden zich als doel hun kennis alleen te grondvesten op wat ze observeerden en logisch uit hun observaties konden concluderen, dus alleen uit de aanschouwing van de natuur. Descartes faalde omdat hij tegelijkertijd een almachtige en een goede god in zijn systeem wilde onderbrengen, wat hem tot enkele vreselijke compromissen dwong, waaronder de bewering dat alleen mensen een ziel hebben en daarmee ook een persoonlijkheid, gevoelens en herinneringen; dieren waren niets anders dan biologische automaten.

Dergelijke compromissen werden in de daaropvolgende twee eeuwen door veel denkers gesloten. Ze probeerden op diverse manieren gebruik te maken van het elan van de verlichtingsbeweging om enerzijds hun sociale en wetenschappelijke interesses te volgen, maar anderzijds om vrede met de theologie te sluiten en niet te ver uit het raam te gaan hangen.

Wat tegenwoordig gewoonlijk 'de verlichting' wordt genoemd, komt overeen, zoals eerder al verteld, met wat Jonathan Israel *moderate mainstream* noemt, namelijk auteurs (er zaten nauwelijks vrouwen bij) wier denken bewust of onbewust een voortzetting van een christelijk-theologische traditie was, zij het wel in een ander vocabulaire: heilsgeschiedenis werd vooruitgang en ziel werd verstand; de mens stond buiten de natuur, namelijk erboven, en hij had de bijzondere opdracht de aarde te onderwerpen. Tegelijkertijd zorgde een professionele recht-vaardigingsindustrie ervoor dat verlichte geesten hun imperialistische veldtochten konden laten doorgaan voor morele noodzakelijkheid en hun rijkdom voor een persoonlijk offer.

Die tendens om macht naar buiten te projecteren, komt volgens de logica van de gematigde verlichting ook overeen met een instelling je-gens het gevoelsleven die doortrokken was van een diep christelijke haat tegen het lichaam, en een naar binnen gekeerde projectie van macht. De verlichte moraal stond vaak even preuts tegenover de zinnelijke lust als de kerkvaders. De begeerte paste niet in het concept van een ver-standelijk wezen dat zichzelf zo perfect controleert en beheerst dat het in de discussie met andere gelijkgezinden de weg vindt naar vrije en rationele keuzes.

De begeerte werd zo het probleem van de verlichting, zoals het ook een probleem van de theologie was geweest, en in beide gevallen is de oplossing de rigoureuze onderdrukking ervan. Alleen al de panische retoriek van verlichte artsen tegen masturbatie vult hele bibliotheken en leidde bij vele generaties tot de meest sadistische praktijken van be-zorgde opvoeders tegenover hun beschermelingen, die vooral voor zich-zelf en voor de bezoedeling van hun eerbaarheid beschermd dienden te worden.

Zulke perversiteiten van het oorspronkelijke belang de mens als deel van de natuur te zien, hebben de energie van de verlichting lange tijd in een zonderlinge maalstroom doen verdwijnen. Een voortdenken van de verlichting zou er dus mee moeten beginnen de fundamentele theo-logische aannames, die het verlichte denken lang met zich mee heeft gezeuld, als zodanig te herkennen en er korte metten mee te maken, omdat ze de discussie enkel verplaatsen naar een vreemde en onvrucht-bare bodem.

Laten we dus proberen bepaalde fundamentele aannames, die histo-risch gemakkelijk zijn te identificeren als theologische ideeën, op hun deugdelijkheid te onderzoeken voordat we ze als acceptabel bouwmate-riaal aanvaarden. In dit boek hebben we de opkomst en het verval van een van die theologische aannames – de onderwerping van de natuur – gevolgd. Andere zijn we onderweg tegengekomen.

Zonder de theologische ideeën die door de gematigde verlichting zijn overgedragen en in zekere zin van een nieuw etiket zijn voorzien, wekt homo sapiens de indruk eigenaardig en bepaald ongewoon naakt te zijn. Hij of zij staat midden in de natuur, een primaatsoort waarvan de verbazingwekkende successen nu een bedreiging zijn voor zijn over- leven, wat op zichzelf een oud evolutionair verhaal is. Die primaten- soort handelt niet rationeler dan welke andere dieren ook, hun levens- doel en sociale strategieën, hun angsten en verlangens lijken op elkaar, maar deze primatensoort heeft een complexere taal en kan daarom haar verwoestende emoties in rationeel klinkende zinnen vatten en zijn ware motieven verhullen met behulp van verfijndere leugens dan waartoe andere dieren in staat zijn.

Die homo sapiens kan de natuur niet onderwerpen want hij kan, zoals Montaigne al opmerkte, niet eens zijn eigen natuur begrijpen, laat staan beheersen, en hij raakt daarom verstrikt in eindeloze emotionele conflicten. Inderdaad zijn z'n belevenissen tijdelijke gebeurtenissen die vertwijfeld en koppig zijn eeuwigheid postuleren; een primaat die over zichzelf beledigd is, omdat hij een idee van zichzelf heeft dat hij niet kan inlossen.

Niets van dat al doet iets af aan de existentiële drama's en de grote dromen van individuen en hele samenlevingen, het neemt alleen de onzinnige aanname weg dat die *sub specie aeternatis* enige betekenis hebben. Aan de geschiedenis van de mens komt een einde, niet door de oplossing van alle problemen en in eeuwige vrede, in een utopie van de ultimatieve gerechtigheid of zelfs in een dystopische heerschappij van het kwaad, maar chaotischer, en om prozaïsche redenen zonder specta- culaire finale.

De eindigheid van homo sapiens is alleen een tragedie als het ver- haal over de vooruitgang nog in zijn botten zit, als het idee van een goddelijk plan nog steeds ergens in de balken van het bouwwerk van de geschiedenis hangt en af en toe door een luid gekraak of het geritsel van het stof der eeuwen van zich doet horen. Dieren zijn sterfelijk. Beschavingen en soorten zijn het ook. Homo sapiens vormt daarop geen uitzondering. Niettemin is niets belangrijker dan de toekomstige mogelijkheden om te leven zoals we nu leven zo goed mogelijk vorm te geven; niettemin hebben mensen een ethische relatie met hun nakomelingen, zoals ze die ook met hun voorouders hebben. Dat klinkt misschien niet erg verlicht, maar het is wel een antropologische constante.

Naast het beschrijven van de dominante westerse traditie van de laatste drie eeuwen, de gematigde verlichting en haar hoogst efficiënte recyclen van theologische problemen heb ik ook geprobeerd steeds weer ruimte te geven aan andere visies binnen dezelfde westerse geschiedenis, want er zijn altijd al mensen geweest die de zin en de moed hebben gehad om de implicaties van de verlichtingsenergie met meer wil tot radicaliteit te overdenken. In hun werken en discussies lijkt de wereld vaak vreemd en kil, een mens uit atomen, die in een continuüm van atomen leeft, knooppunten in een eeuwig transformatieproces, een geheimzinnig leven en beleven, dat het centrum van alle menselijk streven wordt. Steeds weer zagen die denkers met een diep, bijkans mystiek respect dat ze met zulke ideeën uiteindelijk een wereld beschreven waarvan het eigenlijke functioneren nog volledig onvoorstelbaar voor hen was, een fysieke realiteit waarvoor ze nog geen geschikte mogelijkheden om die te begrijpen en geen modellen hadden.

De begripsmogelijkheden van de wetenschap zijn sindsdien gerevolutioneerd, maar het menselijk dilemma is daardoor alleen maar verdiept. Alleen al in verband met de meest conventionele ideeën van de huidige kosmologie of de kwantumtheorie moeten voorstellings- en waarnemingsvermogen de zeilen strijken. Maar het menselijk drama binnen dit toenemend vreemde universum en het emotionele begripsvermogen zijn gelijk gebleven.

Homo sapiens wordt door zijn steeds betere, zij het per definitie ook steeds voorbeeldige begrip van de wereld een vreemde realiteit in geduwd. De verlichting was het begin van die weg, maar werd ook sterk beïnvloed door een terugdeinzen voor de implicaties. Het is nu tijd ook over die implicaties na te denken, omdat het een existentiële bedreiging geworden is ze verder te negeren.

De voorstellingswerelden en beelden van een cultuur groeien aan en met elkaar. De verlichting loste de beelden van een schepping af en verving ze door een mechanisch op de ratio georiënteerd wereldbeeld, een idee dat perfect paste bij de logica van de manufactuur, het kapitalisme, de industrialisering, de empirische wetenschap, het kolonialisme en de perfectionering van een samenleving als panopticum, als eugenetisch experiment, of als transhumanistische toekomst.

Met de revolutie van de netwerkvorming neemt een nieuw beeld de voornaamste plaats op het podium in. Ook dat beeld is niet meer dan een kruk voor ons begrip van een fundamenteel vreemdsoortige realiteit en niet de laatste waarheid erover – en ook dat beeld ontstond en ontstaat nog steeds in wanordelijke dialoog met de samenleving van waaruit het leeft en die het op haar beurt vormgeeft. In een wereld met een mondiaal netwerk en een mondiale afhankelijkheid, waarin maatschappelijke, seksuele en culturele identiteiten steeds onzekerder, contingenter en kunstmatiger lijken, correspondeert dat beeld van de natuurlijke context met de emotionele stemming van de samenleving.

Het is een ondankbare taak de theologische coulissen van de verlichting af te breken en de hoofdpersonen op het podium in een omgeving te laten staan waarin ze zich niet kunnen oriënteren. Maar met de aannames over de plaats van de mens in de wereld begint ook de verlichte toekomstvisie te wankelen. Een principieel falen van de verlichting, door Karl Marx opgepakt, was haar lineaire denken over de toekomst.

Een liefdevol geïllustreerd artikel in de *Encyclopédie* van Diderot en d'Alembert, *Pompe à feu* (vuurpomp), beschrijft een vreemde machine die water pompt en door vuur wordt aangedreven. In de tweede helft van de achttiende eeuw beschrijven de auteurs een vroege stoommachine en begrijpen niet dat ze worden geconfronteerd met een techniek die niet alleen de industrie maar ook economie en samenleving radicaal zal veranderen. Ze denken hun utopieën lineair vanuit de achttiende eeuw verder. Hun utopische samenlevingen zijn nog steeds op de landbouw gebaseerd en kennen alleen de gemeenschap van gelijken (hoewel af en toe bepaalde mensen gelijker zijn dan andere), waarin verstandig en deugdzaam gekozen en geleefd zal worden, wanneer de perversie van de kerk en van de monarchie maar eenmaal overwonnen is.

Die verlichte utopie is ook bloedeloos omdat de mensen die erin leven al evenzeer theologische constructies zijn als de mensen uit de neoklassieke economie. Dus blijft een vraag die in het kielzog van de verlichting te zelden is gesteld: wat gebeurt er als niet alle burgers van een land de voorrechten van hun vrijheid en gelijkheid willen opeisen? Wat gebeurt er als het hun helemaal niet interesseert wie de macht heeft en wat hij met anderen doet, zolang zijzelf genoeg te eten hebben en onderhouden worden? Wat komt er van de verlichting terecht als de Romeinen gelijk hadden met hun *panem et circenses*?

De laatste vraag wordt graag met morele nadruk of zelfs verontwaardiging van de hand gewezen, alsof het ongepast en cynisch is hem te stellen. Maar na drie eeuwen verlichting en diverse generaties democratie en een behoorlijke portie vrijheid, die historisch zijn weerga niet kent, lijken de ethische en politieke ideeën van de verlichters ook in welvarende samenlevingen geenszins werkelijkheid te zijn geworden – terwijl veel verlichters er diep van overtuigd waren dat alle mensen zich zouden ontwikkelen en zich laten informeren, aan de politieke besluitvorming zouden deelnemen en zich voor de verbetering van hun samenleving inzetten, als ze daar maar de mogelijkheid toe hadden. Dat dit ook in verregaand vrije en democratische samenlevingen niet het geval is, duidt erop dat het mensbeeld van die denkers zich sterker richtte op de idealen dan op de door hen zo vaak bezworen empirie.

Hier woedt een van de grootste veldslagen van het wetenschappelijk onderzoek naar menselijk gedrag en de potentie ervan. Zijn mensen, afgezien van kleine groepen, een familie of een clan, in staat met vreemdelingen, voor hen moeilijk te begrijpen mensen, samen te leven en samen te werken en hen zelfs te vertrouwen, en hun vertrouwen en zekerheid te investeren in instellingen die hen moeten beschermen, of zijn de democratische experimenten van de twintigste eeuw niets meer geweest dan een bijeffect van de aardoliehausse, niet herhaalbaar zonder een enorme economische groei? Zijn mensen in het meervoud niet alleen in staat maar ook bereid individuen te worden zoals de verlichting ze heeft gezien, of heeft de oude cynicus Voltaire toch gelijk gehad toen hij een waarheid voor verlichte mensen wilde en een andere waarheid die het plebs onder controle hield? Is het voor de uitoefening van de macht voldoende om de samenleving voldaan, vermaakt en verstrooid te houden? Wat betekent de morele, cognitieve en ethische herontdekking van het onbekende netwerkgebeuren *homo sapiens* voor de primaat en voor de staatsburger?

Zijn mensen in samenlevingen waarvan de omvang en complexiteit een individuele kennissenkring, een klasse en een bepaald soort mensen te boven gaat, in staat om voldoende vertrouwen te hebben en solidariteit te tonen en met de instellingen van het collectief samen te werken, in plaats van te proberen te overheersen of in tribale reflexen terug te vallen? Zijn ze in staat zichzelf voor te stellen zonder onderwerping?

De bandbreedte van het menselijke sociale gedrag pendelt tussen de ontspannen *free love*-communes van de bonobo's en de oorlogszuchtige hiërarchie van de chimpansees, waarmee wij in beide gevallen ongeveer 98,5 procent van ons genetisch materiaal delen. Dat betekent dat het genetisch verschil tussen ons en chimpansees en bonobo's even groot is als dat tussen de Indische en de Afrikaanse olifant. Wat is de potentie van het sociale wezen homo sapiens? Dat kan alleen de geschiedenis ons tonen.

Laten we dus werken met de hypothese dat het afscheid van de onmondigheid psychologisch gecompliceerder is dan Kant en zijn collega's meenden, maar dat het wellicht niet onmogelijk is, niet helemaal en zeker niet altijd en overal, maar dat er perspectief moet zijn dat achter dat afscheid ligt en naar een landschap leidt dat navigeerbaar kan worden.

Het nadenken over de natuur gebeurt in beelden: als schepping, als machine, als kritische zone, als zelfregulerend organisme. Geen van die beelden is waar, juist en volledig, omdat elk beeld een eigen metaforische taal gebruikt en bepaalde ervaringsaspecten diep en gedetailleerd kan beschrijven, terwijl andere vlak en schimmig blijven. Dat hoort bij de aard van een denkbeeld, en Francis Bacon en Claude Lévi-Strauss wisten al dat mensen totems nodig hebben om over de wereld om zich heen na te kunnen denken.

De beslissende vraag aan het beeld van de wereld is niet of het waar is, maar of het kan leiden tot constructief handelen in deze wereld. Vindt iemand met die landkaart in zijn hoofd zijn doel? En is het een doel dat het waard is gezocht te worden? Pas als de kaart het landschap toereikend beschrijft, is het zinvol de vraag te stellen of het daarop vermelde doel de moeite waard is om na te streven. Als de landkaart de wereld beschrijft als een verschil tussen heersers en overheersten, dan leidt elke weg door het reliëf van de onderdrukking. Als een landkaart het territorium met behulp van grenzen voorstelt, denkt een beschouwer er anders over na. Als de landkaart verbindingen, afhankelijkheden en communicatieprocessen toont, inspireert ze tot andere bewegingen door de wereld.

Op een bepaalde manier heeft ook deze geschiedenis van de onderwerping van de natuur de poging ondernomen om mee te tekenen aan zo'n landkaart, die niet in grenzen denkt maar in verbindingen, niet in definities maar in cumulatieve betekenisfacetten. Deze manier van nadenken herinnert in zekere zin aan de nieuwe observatie van bomen als deel van een communicerend biologisch organisme. De duidelijk omschreven definitie van een boom als object, dat omgeven is door een denkbeeldige zwarte lijn, heeft in deze context geen zin. De boom is beter te begrijpen als een communicatief gebeuren. Zijn stam is solide en van buitenaf gezien duidelijk bepaald, maar de takken en twijgen en vooral de wortels breiden zich uit, verbinden zich functioneel en communicatief met de wortelscheuten van andere bomen en met het mycelium van paddenstoelen en andere organismen, zodat de boom zich verder uitstrekt dan het uiterste einde van zijn wortels. Pas vanuit het perspectief van de interactie ontstaat er een zinvol beeld van de boom.

Ook een rivier kun je vanuit dat perspectief anders begrijpen: niet als afgrenzing tussen de landen op beide oevers, maar als transportweg, als ruimte voor levenscycli die zich vaak honderden kilometers langs zijn loop afspelen. De rivier verbindt en transporteert een nauwelijks te begrijpen en nog lang niet ontsloten veelvoud aan substanties, informaties, dier- en plantensoorten, microben en verhalen die door hun nieuwe samenhang en nieuwe complexiteit nieuwe soorten met een instabiel evenwicht scheppen.

Een voortgedachte verlichting zou een multidimensionaal en voortdurend veranderende landkaart van verbindingen en verwevenheden zijn, die grenzen erkent, maar ze als een minder interessant aspect ziet in een landschap van afhankelijkheden en conversaties. Een voortgedachte verlichting zou de complexiteit in het eenvoudige zoeken, de verbondenheid in het geïsoleerde, het zwermende leven waar het kennelijk niet is, de uniciteit van de ervaring, het *terroir* van het bestaan.

Het beeld ervan zou een handvol aarde zijn.

Een voortdenken van de verlichting zou betekenen over de plaats van de mens radicaal nieuw te denken, als een element in een natuur die geen onderworpen aarde meer is, maar een oneindig vervlochten, onderling afhankelijk systeem van systemen die grenzen doen vervagen en die andere wetenschappelijke categorieën, verhalen en beelden, andere kunstzinnige interventies en persoonlijke ervaringen nodig hebben om begrijpelijk te worden. In dat concept van de natuur doordringen het individuele en het collectieve elkaar, het levende en het niet-levende, oorzaak en gevolg op een manier die weliswaar wiskundig kan worden weergegeven maar niet voorstelbaar is. Dit is inderdaad *terra incognita*.

Een voortdenken van de verlichting zou ermee beginnen de eigen ethos in de zin van Foucault, de houding en de aannames van de eigen cultuur te onderzoeken op structuren die het rationele heldere denken bemoeilijken, omdat ze argumenten in een bepaalde richting sturen en inhoud voorzien van een bepaalde waarde, een eigenaardige kleuring, een geur, een ballast. Alle woorden dragen de afdruk van hun geschiedenis met zich mee, maar niet alle zijn zo tendentieus en moeilijk te begrijpen als het vreselijk beladen woord 'natuur'.

Het is een voortdurende uitdaging om in de structuren van het zogenaamde seculiere historische, filosofische, wetenschappelijke en politieke denken theologische kernideeën te identificeren die de blik van de westerse traditie eeuwenlang gestuurd hebben en die nog steeds een verrassend sterke invloed uitoefenen, van het teloorgaande idee van de onderwerping van de natuur tot en met het daarmee corresponderende mensbeeld.

Ecologie, schrijft Bruno Latour,

is niet het binnendringen van de natuur in de openbare ruimte, maar het einde van de 'natuur' als concept waarmee onze verhouding tot de wereld kan worden samengevat en gepacificeerd. Wat ons met reden ziek maakt, is dat we het einde van dit Oude Regime voelen aankomen. Het concept natuur doet zich nu voor als een verminkte, gesimplificeerde. Overdreven moraliserende, buitensporig polemische, en voorbarig politieke gedaante van het anders-zijn van de wereld waarvoor we ons moeten openstellen als we niet collectief gek willen worden – of laten we zeggen, *wereldvreemd*. Om een beetje kort door de bocht te gaan: voor westerlingen en voor degenen die hun voorbeeld hebben gevolgd, heeft de 'natuur' de *wereld* onbewoonbaar gemaakt.[138]

Hoe kan de wereld ook filosofisch bewoonbaar gemaakt worden? Is het mogelijk te ontkomen aan de filosofische en taalkundige opsplitsing van de werkelijkheid en van haar logica van de onderwerping? Dat zou nu precies iets zijn in de geest van een afscheid van de eigen onmondigheid.

Het gaat niet om terminologie, maar om het mogelijk maken van resonantie in de zin van Hartmut Rosa.[139] In de loop van de geschiedenis is de natuur in verschillende metaforische beelden beschreven. In dit boek zijn de abstracte beelden van de traditie in hun omgang met de natuur beschreven. Die beelden of ideële vormen maken onder elkaar resonanties los en creëren een veld waarbinnen bepaalde beelden en begrippen met elkaar de ruimte van een cultuur vormen. Bepaalde beelden en woorden ontwikkelen daarbij een sterke resonantie, terwijl andere nog geïntroduceerd moeten worden of überhaupt in een constellatie alleen maar uit de toon kunnen vallen, omdat ze deel van een ander resonantieveld zijn.

Zouden menselijke samenlevingen en individuen beter de weg in de wereld vinden, haar beter kunnen begrijpen en een betere landkaart van haar kunnen tekenen als ze 'natuur' en 'cultuur' als verschillende categorieën achter zich zouden kunnen laten om in een wereld te leven waarin zulk onderscheid alleen het veel belangrijkere feit van de wederzijdse verwevenheid en verbondenheid aan het oog onttrekt?

Als het mogelijk is de mensheid niet alleen wetenschappelijk maar ook epistemisch en existentieel midden in de natuur te huisvesten en van daaruit nieuw te construeren, dan zou er een kolossale filosofische revolutie op weg zijn gebracht om de mogelijkheid van de oorspronkelijke belofte van de verlichting toch nog in te lossen.

De benadrukking van Thiry d'Holbach dat de mens 'een werk van de natuur' is, wordt ook duidelijk in de geschiedenis van het menselijk denken. Misschien kon alleen in een landschap als rondom Uruk het idee ontwikkeld worden dat de mens de aarde kan onderwerpen; zonder de klimaatschok van de kleine ijstijd was het vast niet zo snel tot een verandering in de zeventiende eeuw en tot de discussies in de verlichting, de *lumières* en de diverse *enlightenments* gekomen. Ook de huidige klimaatramp schept de empirische noodzaak voor een hernieuwd nadenken over de verhouding tussen 'mens' en 'natuur', hoewel die begrippen in de loop van deze intellectuele reis steeds wankeler en poreuzer zijn geraakt en geen duidelijke betekenis meer kunnen behouden.

De klimaatramp verandert de waarneming van de natuurlijke wereld en van de menselijke verhouding tot haar. Net als de pandemie is ze een onwelkome, maar ook onmiskenbare herinnering aan het feit dat de taal van het Westen en zijn erfgenamen en imitatoren niet meer geschikt is om de realiteit te beschrijven en dat dit probleem de wortels van de taal raakt, omdat het het wereldbeeld negeert dat aan de taal ten grondslag ligt. Concreet: de woorden die ons denken vormen, de begrippen die klaarstaan om met ervaring gevuld te worden, zijn nog steeds theologisch geladen, met alle culturele ballast van dien.

Waar cultuur en natuur, maar ook politiek en opwarming van de aarde, economie en ecologie uit elkaar worden gehaald, waar 'de mens' boven 'de aarde' verheven is, waar de geschiedenis een paradijselijk doel of een apocalyps nastreeft, waar een grotere zin ergens toch alles moet onderbouwen en garanderen, waar 'mensen' anders zijn dan 'dieren', waar de eigen deugd altijd samenvalt met het eigen nut en voorrechten moreel gerechtvaardigd zijn – waar zo geargumenteerd en gedacht wordt, wordt theologisch gedacht; niet omdat de spreker in religieuze zin gelovig is, maar omdat de algemene conversatie die begrippen gebruikt, omdat die begrippen meteen een resonantie in de gesprekspartner oproepen, een gemeenschappelijke ruimte, die teruggaat op het wereldbeeld van teloorgegane samenlevingen.

Maar die collectieve resonantieruimte is allang de hel in Plato's grotgelijkenis geworden, de projectieruimte van een schimmenwereld die in het tijdperk van de smartphone meer ingang gevonden heeft dan Plato in zijn wildste dromen had kunnen denken. In die zin zijn we allemaal platonische idealisten. De theologische traditie roept in de natuurlijke wereld geen resonantie meer op en belemmert met haar historische coulissen de blik op de eindeloos fascinerende samenhang van de materie die voor de natuurwetenschappen pas sinds korte tijd begonnen is meetbaar, beschrijfbaar, modelleerbaar en denkbaar te worden, ook al leidt dat intellectuele proces naar alle waarschijnlijkheid naar een concept van de ervaringswereld en haar natuurkundige fundamenten waar we vanuit ons huidige perspectief niet eens een idee van kunnen vormen.

Het is goed mogelijk dat systemen met een dergelijke complexiteit alleen via kunstmatige intelligentie en neuronale netwerken theoretisch ontworpen en onderzocht kunnen worden en dat menselijke hersenen helemaal niet in staat zijn zich een intuïtief en zintuiglijk beeld van dat soort werkelijkheid te maken. De zintuigen en de intelligentie van homo sapiens zijn erop berekend een bepaalde kleine uitsnede waar te nemen uit de natuurkundige en door organische wezens ervaarbare werkelijkheid, waarin ze zinvol kunnen handelen. Bij grotere getallen en bij ideeën die niet met hun ervaring stroken, faalt hun voorstellingsvermogen.

Maar tegelijkertijd is er niets belangrijker dan ook visueel en dramatisch greep te krijgen op de realiteit om adequaat te kunnen handelen. De psychologische en cognitieve crisis van de klimaatramp manifesteert zich ook doordat een bepaalde houding – die van de onderwerper die drieduizend jaar succes heeft gehad – zich tegen de bezitters ervan gekeerd heeft en een hele archipel van samenlevingen nu niet over een betrouwbaar middel beschikt om tot begrip van de situatie te komen.

Welke intermenselijke resonantieruimte kan die nieuwe aarde uitbeelden? Hoe kunnen talen, lichamen, emoties en bewustzijn aankomen op een aarde die qua taal eerst nog moet worden ontsloten, omdat de oude taal waardeloos geworden is? En hoe is dat mogelijk vanuit die oude taal? Zoals het altijd mogelijk is geweest: vanuit de ervaring, waar ze niet meteen door taal gekanaliseerd wordt. 'We moeten ons nu voorbereiden. We moeten het verhaal van de werkelijke verhoudingen ontcijferen, zoals we plotseling de Steen van Rosetta hebben gevonden en we de hiërogliefen konden ontcijferen. Het is vertaalkunst. Verzamelen. En grip krijgen,' zegt Alexander Kluge in een interview.[140]

Die Steen van Rosetta is nog lang niet ontcijferd, maar de eerste letters en woorden krijgen contouren – voldoende om nu al te kunnen zeggen dat de natuur een taal spreekt waarvan de grammatica weinig van doen heeft met de zintuiglijke ervaring van homo sapiens en met de mentale constructies van zijn omgeving. Het overleven van de mensheid als beschaving en als species zal ervan afhangen hoe goed en hoe snel mensen die taal leren te decoderen en te spreken.

Mensen zien zichzelf (in de vervreemde omgeving van grote metropolen misschien nog meer dan in traditionele verbanden) als naar buiten toe afgeschermde individuen, ook al is dat vanuit het perspectief van de natuurwetenschappen in het gunstigste geval een traditionele fictie. De natuur spreekt een vreemde taal, misschien hebben mensen juist daarom hun metaforische universums ontwikkeld waarin ze andere verhalen konden vertellen waarin ze zich thuis voelden.

Maar kunnen mensen leren zich in andere verhalen thuis te voelen? Kan de onderwerping (ook van het eigen zelf) vervangen worden door een ander idee van het goede leven?

De mensheid van de eenentwintigste eeuw wordt uit haar conceptuele biotoop, het verhaal van de onderwerping van de natuur, verdreven als Adam en Eva uit het paradijs, zij het dat er ditmaal geen god is en er geen engel met een vlammend zwaard optreedt en niet eens een vertoornde Gaia, maar dat een voorspelbare en allang voorspelde stortvloed van verschuivingen binnen de kritische zone, een verandering met potentieel verwoestende terugkoppelingseffecten over haar wordt uitgestort.

Laten we ons niet op een dwaalspoor laten brengen door de parallel met Adam en Eva. Dit is geen moreel verhaal, er verschuilt zich geen god achter, geen zin en geen verbond en geen historische missie, niet eens het banale idee van de vooruitgang. De verdrijving uit het paradijs geheel zonder engelen en zonder heilsgeschiedenis is een smartelijke ervaring, want mensen blijken een overweldigend verlangen naar engelen en verlossing te hebben. Ze huiveren in de nieuwe, vreemde natuur, want ze hebben nog geen begrippen om haar te beschrijven, en ze hebben nog niet begrepen dat hun verdrijving ook hun bevrijding is.

Willen ze die bevrijding echt wel?

Dankwoord

Het was een avontuur om voor dit boek onderzoek te doen en het te schrijven, een reusachtige uitdaging en een fascinerende reis. Enkele medereizigers en reisleiders hebben me daarbij in het bijzonder gesteund. Mijn dank voor goede gesprekken, geduldig luisteren bij lange uitweidingen, wijze vragen, suggesties en het beantwoorden van ook naïeve vragen gaat uit naar Thomas Angerer, Gertraud Auer-d'Olmo, Tina Breckwoldt, Lothar von Falkenhausen, Michael Ignatieff, Ivan Krastev, Geert Mak, Brian Van Norden, Hannes Benedetto Pircher, Shalini Randeria, Alexa Sekyra, Richard Sennett en Heike Silbermann.

Tobias Heyl heeft dit boek van meet af aan begeleid, mede gestalte gegeven en wijs geredigeerd, Sebastian Ritscher heeft het met groot enthousiasme en eindeloos veel geduld op weg geholpen. Marie Klinger is me behulpzaam geweest met citaten, documenten en belangrijke vragen.

Midden in de stilte van de pandemie is mijn vrouw Veronica meer dan ooit mijn belangrijkste en dagelijkse gesprekspartner geweest.

Ik dank jullie allen voor het feit dat mijn rondfladderende ideeën op aarde konden aankomen en een vorm gevonden hebben.

Wenen, juni 2022

Noten

1.   https://www.nzz.ch/feuilleton/alexander-kluge-zeichnet-eine-grosse-be-obachtungsgabe-aus-Id.1660027.

2.   https://www.theguardian.com/world/2021/dec/06/china-modified-the-weather-to-create-clear-skies-for-political-celebration-study.

3.   https://www.noajansma.com/buycloud.

4.   Id.

5.   Chakrabarty, *Das Klima der Geschichte im planetarischen Zeitalter*, p. 114, passim.

6.   Latour, *Face à Gaïa*, p. 25.

7.   Id. p. 150.

8.   Descola, *Jenseits von Natur und Kultur*, p. 533.

9.   *Het Gilgamesj-epos*, Amsterdam 2001. Vertaling Theo de Feyter.

10. Id.

11. Ranke, *Das Gilgamesj-Epos*. Deze versregels zijn uit de standaardversie van het epos verwijderd, maar zijn in een paar bronnen aanwezig.

12. Algaze, *Initial Social Complexity of Southwestern Asia*.

13. Jean Bottéro, 'Das religiöse Empfinden', in: Hrouda, *Der alte Orient*, p. 219.

14. *Statenbijbel*, Deuteronomium XII 2.

15. Deuteronomium XII 2/3. Nederlandsch Bijbelgenootschap 1977.

16. Testart, *La Déesse et le grain*.

17. Id.

18. Id.

19. Luckenbill, *Ancient Records of Assyria and Babylonia*, p. 45.

20. Genesis 1:28, Luther, *Die Bibel*.

21. Psalm 8: 4-7. *Statenbijbel*.

22. Rasji (rabbijn Shlomo Yitzchaki), commentaar op Genesis 1:28.

23. Shelley, 'Ozymandias'. In: *Zo heb ik de wereld nog gekend*. Vertaling Jaap Verduyn.

24. Augustinus, geciteerd naar Holland, *Dominion*, p. 137.

25. Augustinus, *De catechizandis rudibus*, 18. (Over de schepping van de mens en de overige wezens.)

26. De Genesi ad litteram opus imperfectum; geen vermelding van Gen. 1: 26-28. De Genesi adversus Manichaeos 1 17, 27.

27. Geciteerd naar J. MIgne, *Sancti Aurelii Augustini, Hipponensis episcopi, opera omnia* (Patrologia Latina, deel 42). Een Engelse vertaling van die essentiële passage is te vinden bij Helgeland, *Christians and the Military*, p. 81 ev.

28. Vergilius, *Het verhaal van Aeneas*, Boek VI, Amsterdam 2000, p. 158. Vertaling M. d'Hane-Scheltema.

29. Augustinus, *De stad van God*, in het Nederlands onder andere uitgegeven door uitgeverij Ambo/Athenaeum-Polak & Van Gennep (1984).

30. *De stad van God.*

31. Holland, *Dominion*, p. XXII.

32. Homerus, *Odyssee*, boek IX, Amsterdam 2005. Vertaling H.J. de Roy van Zuydewijn.

33. Geciteerd naar Friedman, *Closing*, p. 299.

34. Id. p. 322.

35. Id. p. 242.

36. Id. p. 240 ev.

37. Id. p. 93 ev.

38. Heinrich Heine, Ludwig Börne, in: *Werke und Briefe*, in 10 delen, deel 4, Berlijn, Weimar 1972, p. 119.

39. W.H. Auden, 'Musée des Beaux Arts', 1838, Amsterdam 1980. Vertaling J.A. Emmens.

40. Girolamo Sernigi, *A Journal of the First Voyage of Vasco da Gama, 1497-1499*.

41. Zhuang Zhou, *Das wahre Buch vom südlichen Blütenland*, Düsseldorf/Keulen 1972, p. 51-52.

42. Id. p. 49.

43. Headrick, *Humans versus Nature*, p. 160.

44. De datering staat nog steeds ter discussie en veel onderzoekers houden een veel langere periode aan. In *De opstand van de natuur* heb ik uitvoerig over de kleine ijstijd en de culturele uitwerkingen ervan geschreven.

45. René Descartes, *Over de methode* (1637).

46. Henry More aan Descartes, Henry More, 'Epistolae quatuor ad Renatum Des-Cartes', in: *Opera Omnia II*, (1679), p. 227-271.

47. René Descartes aan Henry More, 2 mei 1649, geciteerd in *Cambridge Neoplatonists*. Het origineel kent enkele ambivalenties. Het luidt: *Nec moror astutias et sagacitates canum et vulpium, nec quaecunque alia quae propter cibum, venerem, vel metum a brutis fiunt. Profiteor enim me posse perfacile illa omnia, ut a sola membrorum conformatione profecta, explicare.*

48. Michel de Montaigne, *Essays*, Amsterdam 2004, p. 547. Vertaling Hans van Pinxteren.

49. Francis Bacon, *Novum Organum*, Amsterdam 2015, p. 46.

50. DNR, boek V, hoofdstuk III, deel II, p. 216.

51. Francis Bacon, *Cogitata et visa*, SEH 3, p. 619.

52. Baruch de Spinoza, *Ethica*, Amsterdam 2012, p. 46. Vertaling Corinna Vermeulen.

53. Dat Spinoza op de index belandde, is eigenlijk vanzelfsprekend, en hij was er in goed gezelschap, onder anderen van Descartes, Montaigne, Francis Bacon en Thomas Hobbes. De censoren hadden een fijne neus voor historische betekenis.

54. Descartes, *Discours de la méthode*, VI, p. 2.

55. Daarvoor exemplarisch en uitvoerig: Dorothea Weltecke, *Der Narr spricht: Es ist kein Gott. Atheismus, Unglauben und Glaubenszweifel vom 12. Jahurhundert bis zur Neuzeit*, Frankfurt/M. 2010.

56. Anthony Ashley Cooper, derde graaf van Shaftesbury, *An Inquiry Concerning Virtue or Merit* (1699), p. 169.

57. Jenyns, Soame, *A Free Inquiry into the Nature and Origin of Evil*, Londen 1757, p. 65-66.

58. Noël Antoine Pluche, *Spectacle de la nature*, deel I, p. iv-v. *Le Spectacle de la nature, ou Entretiens sur les particularités de l'Histoire naturelle qui ont paru les plus propres à rendre les jeunes gens curieux et à leur former l'esprit [par l'abbé Pluche]*, TOME I, *Partie les frères Estienne* (Parijs), 1764-1770.

59. Id. p. VII.

60. Robertson, R., p. 148.

61. Id. p. 188.

62. Kant, *Werkausgabe*, deel I, p. 340 (A 121).

63. Id. (A 122).
64. Voltaire, 'Poème sur le désastre de Lisbonne', *Œuvres complètes de Voltaire*, Garnier, 1877, deel 9, p. 470-479.
65. J.G. Herder, *Ideen zur Philosophie der Geschichte der Menschheit*, deel 1, 1781, hfdst. 3.
66. Kant, *Naturgeschichte*, p. XII.
67. Kant, 'Was ist Aufklärung?'
68. Peter Gay, *The Enlightenment*, deel II, p. 368.
69. Geciteerd in David Day, *Conquest – How Societies Overwhelm Others*, p. 159.
70. Thomas Jefferson, *Notes on the State of Virginia* (1802), p. 130.
71. Jonathan Swift, *Gullivers reizen*, Utrecht/Antwerpen 1979, p. 256. Vertaling Arjaan van Nimwegen.
72. Paul Henri Thiry d'Holbach, *Système de la nature*, Parijs 2019 [1770].
73. Id.
74. Id.
75. Id.
76. Diderot, *De droom van D'Alembert*, Amsterdam 1980, p. 72. Vertaling J.D. Hubert-Reerink.
77. Diderot aan Sophie Volland, 15 oktober 1759, *Œuvres*, p. 172.
78. Rousseau, *Vertoog over de ongelijkheid*, Amsterdam 1983, p. 62. Vertaling Wilfried Uitterhoeve.
79. Id. p. 69.
80. Id. p. 97.
81. Jeremy Bentham, *A Comment on the Commentaries and a Fragment on Government*, p. 393.
82. Jeremy Bentham, *An Introduction to the Principles of Morals and Legislation*.
83. Id.
84. Jeremy Bentham, *Panopticon; or the Inspection-House*.
85. Deze passage over Bentham is in een andere versie in 2017 gepubliceerd in mijn essay 'Gefangen im Panoptikum'.
86. Hagenbeck, Carl, *Von Tieren und Menschen*, Leipzig 1967, p. 4.
87. Id. p. 158.
88. Id. p. 43.
89. Id. p. 57.
90. Id. p. 61.

91. Thomas Phillips, *A Journal of a Voyage Made in the Hannibal of London, ann. 1693, 1694, From England, to Cape's Monseradoe, in Africa, And thence along the Coast of Guiney to Whidaw, the Island of St. Thomas, An so forward to barbadoes*, Walton 1732, p. 114.

92. Id. p. 219-220.

93. Id. p. 219.

94. Id. p. 142.

95. William Cowper, geciteerd in George Dow, *Slave Ships and Slaving*, p. 170.

96. Williams, *Slavery and Capitalism*, p. 196.

97. Id. p. 19.

98. Id. p. 23.

99. Jefferson, *Notes on the State of Virginia*, p. 264.

100. Hegel, *Philosophie der Geschichte*, p. 51.

101. Id. p. 51.

102. Id. p. 46.

103. Id. p. 44.

104. Id. p. 51.

105. Schmitt, *Der Nomos der Erde*, p. 171.

106. Geciteerd in Dieter Schönecker, 'Amerikaner seien "zu schwach für schwere Arbeit". Und Schwarze faul: Wie ich lernte, dass Kant Rassist war', *NZZ*, 16 april 2021.

107. Voltaire, *Traité de métaphysique*.

108. Georges Cuvier, *Le règne animal: distribué d'après son organisation*, p. 50.

109. Charles Darwin, *On the Origin of Species*.

110. Galton, *Narrative of an Explorer in Tropical South Africa*, p. 123.

111. Francis Galton, 'Photographic Composites,' *The Photographic News*, 1885, p. 243.

112. Rev. Joseph S. Exell en Henry Donald Maurice Spence-Jones, *The Pulpit Commentary*, 48 delen, Londen 1880-1897.

113. Pankaj Mishra, *Age of Anger*, Londen 2017.

114. Hervé Faye, *Sur l'origine du monde, théories cosmogoniques des anciens et des modernes*, Parijs 1884, p. 110.

115. Friedrich Nietzsche, *Die fröhliche Wissenschaft*, aforisme 125.

116. Sigmund Freud, *Das Unbehagen in der Kultur*.

117. Friedrich Nietzsche, *Die fröhliche Wissenschaft*.

118. Id.

119. Id.

120. Id.

121. Coleridge, 'The Rime of the Ancient Mariner'. 'Het gedicht van de oude zeeman', in *Lyrische balladen*, Amsterdam 2010. Vertaling Jabik Veenbaas.

122. William Blake, 'Auguries of Innocence'.

123. Geciteerd in Headrick, *Humans versus Nature*, p. 1.

124. Leo Trotski, geciteerd in Murray Feshbach en Alfred Friendly Jr., *Ecocide in the USSR: Health and Nature under Siege*, New York 1992, p. 43.

125. Shapiro, *Mao's War against Nature*, p. 204-205.

126. Elizabeth Economy, *The River Runs Black: The environmental Challenge of China's Future*, Ithaca 2010, p. 49.

127. Friedrich Nietzsche, *De vrolijke wetenschap*, Amsterdam 1999. Vertaling Pé Hawinkels.

128. Michel de Montaigne, 'Pleidooi voor Raymond Sebond', in *De essays*, Amsterdam 2004 [2021] p. 544. Vertaling Hans van Pinxteren.

129. Id.

130. Humboldt, *Ansichten*, p. 9.

131. Id. p. 8.

132. Id. p. 15.

133. A. von Humboldt, *Kosmos* (1845-1862), deel 1, p. 5 ev.

134. Friedrich Nietzsche, *Aldus sprak Zarathoestra*, Amsterdam 2008. Vertaling Wilfred Oranje.

135. Latour en Weibel, *Critical Zones*, p. 5.

136. James E. Lovelock, *Reviews of Geophysics* 17, 11 mei 1989, p. 215-222.

137. Latour en Weibel, *Critical Zones*, p. 5.

138. Latour, *Oog in oog met Gaia*, p. 61. Vertaling Rokus Hofstede en Katrien Vandenberghe.

139. Rosa, *Resonanz – Eine Soziologie der Weltbeziehung*, p. 289, passim.

140. https://www.nzz.ch/feuilleton/alexander-kluge-zeichnet-eine-grosse-beobachtungsgabe-aus-ld.1660027.

Bibliografie

Adamson, Peter & Richard Taylor (red.), *The Cambridge Companion to Arabic Philosophy*. New York 2005.

Algaze, Guillermao, 'Initial Social Complexity of Southwestern Asia. The Mesopotamian Advantage'. In: *Current Anthropology*, deel 42, nr. 2 (april 2001), p. 199-233.

Ambrosius von Mailand, *Exameron*. Kempten 1914.

Appiah, Kwame Anthony, *In My Father's House: Africa in the Philosophy of Culture*. New York 1993.

Assmann, Jan, *Die Mosaische Unterscheidung oder Der Preis des Monotheismus*. München 2003.

Assmann, Jan, *Monotheismus und die Sprache der Gewalt*. Wenen 2006.

Assmann, Jan, *Exodus – Die Revolution der Alten Welt*. München 2015.

Auerbach, Erich, *Mimesis – The Representation of Reality in Western Literature*. Princeton, NJ 1953.

Augustinus, *De catechizandis rudibus, des heiligen Kirchenvaters Aurelius Augustinus ausgewählte Schriften*, deel 8; Bibliothek der Kirchenväter, deel 49. München-Kempten 1925, p. 233-309.

Augustinus, *De stad van God*. Baarn 1983.

Aydin, Cemil, *The Idea of the Muslim World: A Global Intellectual History*. Cambridge, Mass. 2017.

Bacon, Francis, *Novum organum*. Amsterdam 2016.

Bakari, Mohamed El-Kamel, 'Sustainability and Contemporary Man-Nature Divide: Aspects of Conflict, Alienation, and Beyond', *Consilience: The Journal of Sustainable Development* 13(1), 2014, p. 125-146.

Ball, Philip. *The Water Kingdom – A Secret History of China*. Londen 2016.

Barnes, Barry & Steven Shapin (red.). *Natural Order – Historical Studies of Scientific Culture*. Beverly Hills, Londen 1979.

Bayly, C.A. *The Birth of the Modern World, 1780-1914*. Oxford 2004.

Bellah, Robert N. *Religion in Human Evolution from the Palaeolithic to the Axial Age*. Cambridge, Mass. 2011.

Bennet, John. 'Minoan Civilization'. *Oxford Classical Dictionary*. Oxford 2015.

Bentham, Jeremy. *A Comment on the Commentaries and a Fragment on Government*. Londen 1977.

Bentham, Jeremy. *Eine Einführung in die Prinzipien der Moral und Gesetzgebung*. Saldenburg 2013.

Birstein, Vadim J. *The Perversion of Knowledge: The True Story of Soviet Science*. Boulder, Oxford 2004.

Birrell, Anne. *Chinese Mythology: An Introduction*. Baltimore, Londen 1993.

Black, Jeremy. *The Literature of Ancient Sumer*. Londen 2004.

Blake, William. *Auguries of Innocence*. In: *The Complete Poetry and Prose of William Blake*. New York 1982.

Blom, Philipp. *Het grote wereldtheater. Over de kracht van de verbeelding in crisistijd*. Amsterdam 2020.

Blom, Philipp. *De opstand van de natuur. Een geschiedenis van de kleine ijstijd (1570-1700) en het ontstaan van het moderne Europa*. Amsterdam, 2017.

Blom, Philipp. *Gefangen im Panoptikum. Reisenotizen zwischen Aufklärung und Gegenwart*. Salzburg 2017.

Blom, Philipp. *Wat op het spel staat*. Amsterdam 2017.

Blum, P.R. (red.). *Philosophers of the Renaissance*. Washington, D.C. 2010.

Blumenberg, Hans. *Schiffbruch mit Zuschauer. Paradigma einer Daseinsmetapher*. Frankfurt/M. 1979.

Boyce, James. *Born Bad – Original Sin and the Making of the Western World*. Berkeley 2015.

Buckley, Veronica. *Madame de Maintenon – The Secret Wife of Louis XIV*. Londen 2008.

Cajete, Gregory. *Native Science: Natural Laws of Interdependence*. Santa Fe, NM 1999.

Callicott, J. Baird & Roger T. Ames (red.). *Nature in Asian Traditions of Thought: Essays in Environmental Philosophy*. Albany, NY 1989.

Campbell, Joseph. *The Masks of God*. New York 1959-1968.

Carson, Rachel. *Silent Spring*. New York 1962.

Casas, Bartholomé de las. *The Devastation of the Indies: A Brief Account*. Baltimore 1992 (1552).

Chakrabarty, Dipesh. *Das Klima der Geschichte im planetarischen Zeitalter*. Frankfurt/M. 2022.

Challenger, Melanie. *How to be an Animal: A New History of What it Means to be Human*. Londen 2021.

Cheng, Anne. *Histoire de la pensée chinoise*. Parijs 1997.

Chomsky, Noam & Robert Pollin, met C.J. Polychroniou. *Climate Crisis and the Global Green New Deal*. Londen 2020.

Clendinnen, Inga. *Aztecs: An Interpretation*. Cambridge 2014.

Coccia, Emanuele. *Metamorphoses*. Londen 2021.

Coetzee, P.H. & A.P.J. Roux (red.). *The African Philosophy Reader*. New York 2003.

Cohen, Cl. *La femme des origines: Images de la femme dans la préhistoire occidentale*. Parijs 2003.

Coleridge. 'Rime of the Ancient Mariner'. In: *The Complete Poems*. Londen 1997.

Conrad, David. *Empires of Medieval West Africa: Ghana, Mali, and Songhay*. New York 2009.

Cooper, Anthony Ashley, third Earl of Shaftesbury. *An Inquiry Concerning Virtue or Merit*. Stuttgart 1984.

Copenhaver, B.P. & C.B. Schmitt. *Renaissance Philosophy*. Oxford 1992.

Cottingham, J. '"A Brute to the Brutes?". Descartes' Treatment of Animals'. In: *Philosophy* 53 (206), 1978, p. 551-559.

Cronon, William (red.). *Uncommon Ground – Rethinking the Human Place in Nature*. New York 1996.

Curran, Andrew S. *The Anatomy of Blackness: Science & Slavery in an Age of Enlightenment*. Baltimore 2011.

Cuvier, Georges. *Le règne animal: arrangé en conformité avec son organisation*. Parijs 1817.

Davidson, Basil. *The African Slave Trade*. New York 1961.

Descartes, René. *Discours sur la méthode. Abhandlung über die Methode des richtigen Vernunftgebrauchs* (1637). München 1966.

Descola, Philippe. *Diversité des natures, diversité des cultures*. Parijs 2010.

Descola, Philippe. *Jenseits von Natur und Kultur*. Berlijn 2011.

Descola, Philippe. *Par-delà nature et culture*. Parijs 2005.

Descola, Philippe. *L'écologie des autres. L'anthropologie et la question de la nature*. Parijs 2011.

Descola, Philippe. *La Composition des mondes. Entretiens avec Pierre Charbonnier*. Parijs 2014.

Descola, Philippe. *Les formes du visible*. Parijs 2021.

Diderot, Denis. *Le rêve de d'Alembert*. Parijs 1830.

Diderot, Denis. *Supplément au voyage de Bougainville*. Parijs 1772.

Diderot, Denis & Guillaume Raynal. *Histoire philosophique et politique des deux Indes*. Parijs 1772-1781.

Dow, George. *Slave Ships and Slaving*. Salem, Mass. 1927.

Dschuang Dsï. *Das wahre Buch vom südlichen Blütenland*. Düsseldorf, Keulen 1972.

Economy, Elizabeth. *The River Runs Black: The Environmental Challenge of China's Future*. Ithaca 2010.

Eliade, Mircea. 'Paradise and Utopia: Mythical Geography and Eschatology', in: Frank E. Manuel (red.). *Utopia and Utopian Thought*. Boston 1966, p. 261 ev.

Elvin, Mark. *The Retreat of the Elephants: An Environmental History of China*. New Haven. Londen 2004.

Elvin, Mark & Liu Ts'ui-jung (red.). *Sediments of Time: Environment and Society in Chinese History. Studies in Environment and History*. Cambridge 1998.

Engels, Friedrich. 'Dialektik der Natur', in: Karl Marx/Friedrich Engels – *Werke*, deel 20. Berlijn/DDR 1962, p. 444-455.

Ernst, G., Tommaso Campanella. *The Book and the Body of Nature*. Dordrecht 2010.

Evangelisch-Reformierte Landeskirche des Kantons Zürich (red.). *Zürcher Bibel*. Zürich 2007.

Evernden, Neil. *The Social Creation of Nature*. Baltimore 1992.

Exell, Joseph S. & Henry Donald Maurice Spence-Jones. *The Pulpit Commentary*, 48 delen. Londen 1880-1897.

Fanon, Frantz. *Black Skin, White Masks*. New York 1952.

Fanon, Frantz. *The Wretched of the Earth*. *1961*. Parijs 1963.

Faye, Hervé. *Sur l'origine du monde, théories cosmogoniques des anciens et des modernes*. Parijs 1884.

Feshbach, Murray & Alfred Friendly Jr. *Ecocide in the* USSR: *Health and Nature under Siege*, New York 1992.

Fleming, Andrew. 'The Myth of the Mother-Goddess'. In: *World Archaeology*, deel 1, in: nr. 2: *Techniques of Chronology and Excavation*, 1969, p. 247-261.

Foucault, Michel. *Les mots et les choses*. Parijs 1966.

Frankopan, Peter. *The Silk Roads: A New History of the World*. Londen 2015.

Freeman, Charles. *The Closing of the Western Mind – The Rise of Faith and the Fall of Reason*. Londen 2003.

Freud, Sigmund. 'Das Unbehagen in der Kultur'. In: Sigmund Freud. *Studienausgabe*, deel IX. *Fragen der Gesellschaft, Ursprünge der Religion*. Frankfurt/M. 1997.

Fukuyama, Francis. *The End of History and the Last Man*. New York 1992.

Gaillardet, Jérôme & Soraya Boudia, 'La Zone critique'. In: *Revue d'anthropologie des connaissances* [online], 15-4 (2021).

Galton, Francis. *The Narrative of an Explorer in Tropical South Africa*. Londen 1853.

Gatti, H. (red.). *Giordano Bruno: Philosopher of the Renaissance*. Aldershot 2002.

Gay, Peter. *The Enlightenment: An Interpretation: The Rise of Modern Paganism*. New York 1966.

Gay, Peter. *The Enlightenment: An Interpretation: The Science of Freedom*. New York 1969.

Gilbert, Scott F. & David Epel. *Ecological Developmental Biology. Integrating Epigenetics, Medicine and Evolution*. Sunderland, Mass. 2009.

Gimbutas, Marija. *The Gods and Goddesses of Old Europe, 7000-3000 BC: Myths, Legends & Cult Images*. Berkeley, Los Angeles 1974.

Glacken, Clarence J. *Traces on the Rhodian Shore. Nature and Culture in Western Thought from Ancient Times to the End of the Eighteenth Century*. Berkeley 1967.

Goodison, Lucy & Christine Morris (red.). *Ancient Goddesses: The Myths and the Evidence*. Londen 1998.

Gosh, Amitav. *The Nutmeg's Curse: Parables for a Planet in Crisis*. Londen 2022.

Gottschall, Jonathan. *The Storytelling Animal – How Stories Make Us Human*. New York 2012.

Graeber, David & David Wengrow. *The Dawn of Everything*. Londen 2021.

Graham, A.C. *Disputers of the Tao: Philosophical Argument in Ancient China*. La Salle 1989.

Graves, Robert. *The White Goddess*. Londen, Faber & Faber, 1948.

Gray, John. *Black Mass: Apocalyptic Religion and the Death of Utopia*. Londen 2007.

Gray, John. *The Silence of Animals: On Progress and Other Modern Myths*. Londen 2013.

Gray, John. *The Soul of the Marionette: A Short Inquiry into Human Freedom*. Londen 2015.

Greenwood, David J. & William A. Stini. *Nature, Culture, and Human History*. New York 1977.

Gribbin, John & Mary Gribbin. *James Lovelock: In Search of Gaia*. Princeton, NJ 2009.

Gupta, Bina. *An Introduction to Indian Philosophy: Perspectives on Reality, Knowledge, and Freedom*. New York 2011.

Hagenbeck, Carl. *Von Tieren und Menschen*. Leipzig 1967.

Hanke, Lewis. *All Mankind Is One: A Study of the Disputation between Bartolomé de Las Casas and Juan Ginés de Sepúlveda in 1550 on the Intellectual and Religious Capacity of the American Indians*. Illinois 1974.

Hankins, J. *Plato in the Italian Renaissance*. Leiden 1990.

Headley, J.M. *Tommaso Campanella and the Transformation of the World*. Princeton, NJ 1997.

Headrick, Daniel R. *Humans versus Nature. A Global Environmental History*. Oxford 2020.

Hegel, Georg Wilhelm Friedrich. *Vorlesungen über die Philosophie der Geschichte*. München 1924.

Heimert, Alan. 'Puritanism, The Wildeness and the Frontier'. In: *New England Quarterly* 26, 1953.

Heine, Heinrich. *Werke und Briefe*. Berlijn, Weimar 1972.

Helgeland, John et al. (red.). *Christians and the Military*. Philadelphia 1985.

Henry, Paget. *Caliban's Reason: Introducing Afro-Caribbean Philosophy*. New York 2000.

Herder, Johann Gottfried. *Ideen zur Philosophie der Geschichte der Menschheit*, deel 6. Red. Martin Bollacher. Frankfurt/M. 1989.

Hobbes, Thomas. *Leviathan*. Londen (1651) 1985.

Hoffman, Philip T. *Why did Europe Conquer the World?* Princeton, NJ 2015.

Holbach, Paul Henry Thiry d'. *System der Natur, oder von den Gesetzen der Physischen und Moralischen Welt*. Leipzig 1791.

Holland, Tom. *Dominion – The Making of the Western Mind*. Londen 2019.

Holmes, Richard. *The Age of Wonder – How the Romantic Generation Discovered the Beauty and Terror of Science*. Londen 2008.

Holzinger, Markus. *Natur als sozialer Akteur. Realismus und Konstruktivismus in der Wissenschafts- und Gesellschaftstheorie*. Opladen 2004.

Homerus: *Ilias/Odyssee*. München 1976.

Howard, Douglas A. *A History of the Ottoman Empire*. Cambridge 2017.

Hrouda, Barthel (red.). *Der alte Orient*. München 1991.

Humboldt, Alexander von. *Ansichten der Kordilleren und Monumente der eingeborenen Völker Amerikas*. Frankfurt/M. 2004.

Humboldt, Alexander von. *Kosmos – Entwurf einer physischen Weltbeschreibung*. Frankfurt/M. 2004.

Hyde, Lewis. *The Gift – How the Creative Spirit Transforms the World*. New York 1979.

Israel, Jonathan. *A Revolution of the Mind: Radical Enlightenment and the Intellectual Origins of Modern Democracy*. Princeton, NJ 2009.

Israel, Jonathan. *Democratic Enlightenment: Philosophy, Revolution, and Human Rights 1750-1790*. Princeton, NJ 2011.

Israel, Jonathan. *Enlightenment Contested: Philosophy, Modernity, and the Emancipation of Man, 1670-1752*. Princeton, NJ 2006.

Israel, Jonathan. *Radical Enlightenment: Philosophy and the Making of Modernity, 1650-1750*. Princeton, NJ 2001.

Israel, Jonathan. *The Enlightenment That Failed: Ideas, Revolution, and Democratic Defeat, 1748-1830*. Princeton, NJ 2019.

Ivanhoe, Philip J. & Bryan W. Van Norden (red.). *Readings in Classical Chinese Philosophy*. Indianapolis 2005.

Jacobsen T. & R.M. Adams. 'Salt and Silt in Ancient Mesopotamian Agriculture: Progressive changes in soil salinity and sedimentation contributed to the breakup of past civilizations'. In: *Science*, deel 128, nr. 3334, 1958, p. 1251 ev.

James, William. 'The Will to Believe'. In: *Pragmatism: The Classic Writings*. Red. H.S. Thayer. Indianapolis 1982.

Jefferson, Thomas. *Notes on the State of Virginia*. Red. William Harwood Peden. New York 1982.

Kant, Immanuel. *Werkausgabe*. Frankfurt/M. Deel 1. *Vorkritische Schriften bis 1768*. Frankfurt/M. 1977.

Keen, Benjamin. *Essays in the Intellectual History of Colonial Latin America*. Boulder, Colorado 1998.

Kim, Yung Sik. *The Natural Philosophy of Chu Hsi, 1130-1200*. Philadelphia 2000.

Khalidi, Muhammad A. (red.). *Medieval Islamic Philosophical Writings*. New York 2005.

Kramer, Samuel Noah. *The Sumerians: Their History, Culture, and Character*. Chicago, IL 1971.

Lambert, W.G. & Alan R. Millard. *Atra-Hasis: The Babylonian Story of the Flood*. Oxford 1969.

Latour, Bruno. *Cogitamus. Six lettres sur les humanités scientifiques*. Parijs 2010.

Latour, Bruno. *Enquête sur les modes d'existence. Une anthropologie des Modernes*. Parijs 2012.

Latour, Bruno. *Face à Gaïa: Huit conférences sur le nouveau régime climatique*. Parijs 2015.

Latour, Bruno. *La clef de Berlin et autres leçons d'un amateur de sciences*. Parijs 1993.

Latour, Bruno. *Nous n'avons jamais été modernes*. Parijs 1991.

Latour, Bruno. *Où atterrir? Comment s'orienter en politique*. Parijs 2017.

Latour, Bruno. *Où suis-je? Leçons du confinement à l'usage des terrestres*. Parijs 2021.

Latour, Bruno & Peter Weibel. *Critical Zones. The Science and Politics of Landing on Earth*. Cambridge, Mass. 2020.

Leick, Gwendolyn. *Mesopotamia: The Invention of the City*. Londen 2001.

Levi, Primo. *Il sistema periodico*. Turijn 1973.

Lopez, Barry. *Horizon*. Londen 2020.

Luckenbill, Daniel David. *Ancient Records of Assyria and Babylonia*, deel 2: *Historical Records of Assyria From Sargon to the End*. Chicago, IL 1927.

Luther, Martin. *Die Bibel*, 1546. Hier: Deutsche evangelische Kirchenkonferenz und Britische und ausländische Bibelgesellschaft, Berlijn 1906.

Maffie, James. *Aztec Philosophy: Understanding a World in Motion*. Boulder 2014.

Margulis, Lynn & Dorian Sagan. *Microcosmos: Four Billion Years of Microbial Evolution*. Berkeley, Los Angeles 1997.

Maul, Stefan M. *Das Gilgamesch-Epos*. München 2005.

Mbembe, Achille. *Critique of Black Reason*. Durham, NC 2017.

McKibben, Bill. *The End of Nature*. Londen 1990.

McPhee, John. *Dominating Nature*. New York 1989.

Merchant, Carolyn. *The Anthropocene and the Humanities: From Climate Change to a New Age of Sustainability*. New Haven, Londen 2020.

Merchant, Carolyn. 'The Scientific Revolution and The Death of Nature'. In: *Isis* 97, 2006, p. 513-533.

Mengzi. *The Essential Mengzi*. Indianapolis 2007.

Mills, Charles W. *The Racial Contract*. Ithaca, NY 1999.

Mishra, Pankaj. *A Great Clamour: Encounters with China and Its Neighbours*. Londen 2013.

Mishra, Pankaj. *Age of Anger: A History of the Present*. Londen 2017.

Mishra, Pankaj. *Bland Fanatics: Liberals, Race, and Empire*. Londen 2020.

Montaigne, Michel de. *De essays*. Amsterdam 2021.

Morton, Timothy. *Hyperobjects: Philosophy and Ecology After the End of the World*. Minneapolis 2013.

Muthu, Sankar. *Enlightenment Against Empire*. Princeton, NJ 2003.

Nagao, Debra. 'The Planting of Sustenance: Symbolism of the Two-Horned God in Offerings from the Templo Mayor'. *Anthropology and Aesthetics* 10, p. 5-27.

Needham, Joseph. *Science and Civilization in China*, band 7, deel II: *General Conclusions and Reflections*. Cambridge 2004.

Needham, Joseph & Wang Ling. *Science and Civilization in China, I: Introductory Orientations*. Cambridge 1954.

Needham, Joseph & Wang Ling. *Science and Civilization in China*, deel 2: *History of Scientific Thought*. Cambridge 1957.

Nietzsche, Friedrich. *Werke in 3 Bden*. München 1954.

Norton-Smith & Thomas M. *The Dance of Person and Place: One Interpretation of American Indian Philosophy*. Albany 2010.

Paganini, G. & Maia Neto, J.R. (red.). *Renaissance Scepticisms*. Dordrecht 2009.

Pelluchon, Corine. *Les lumières à l'âge du vivant*. Parijs 2021.

Phillips, Thomas. *A Journal of a Voyage Made in the Hannibal of Londen*. Walton 1732.

Pluche, Noel Antoine. *Spectacle de la nature*, band 1, IV-V. Parijs 1764-1770.

Plumwood, Val. *Feminism and the Mastery of Nature*. Londen, New York 1993.

Plumwood, Val. 'Nature as Agency and the Prospects for a Progressive Naturalism'. In: *Capitalism, Nature, Socialism* 12, nr. 4 (2001).

Popkin, R.H. *The History of Scepticism from Savonarola to Bayle*. Oxford 2003.

Ranke, Hermann: *Das Gilgamesch-Epos. Der älteste überlieferte Mythos der Geschichte*. Wiesbaden 2012.

Raschi (Rabbi Schlomo Yitzchaki). *Perush Rashi 'al ha-Torah*. Jeruzalem 1994.

Ravenstein, E.G. (red.). *A Journal of the First Voyage of Vasco da Gama, 1497-1499*. Londen 1898.

Richter-Boix, Alex. *El Primate que cambió el mundo: Nuestra relación con la naturaleza desde las cavernas hasta hoy*. Barcelona 2022.

Robertson, Ritchie. *The Enlightenment – The Pursuit of Happiness 1680-1790*. Londen 2020.

Rosa, Hartmut. *Resonanz – Eine Soziologie der Weltbeziehung*. Berlijn 2016.

Rountree, Kathryn. 'Archaeologists and Goddess Feminists at Çatalhöyük: An Experiment in Multivocality.' In: *Journal of Feminist Studies in Religion*. Band 23, nr. 2, 2007, p. 7-26.

Rousseau, Jean-Jacques. *Diskurs u"ber die Ungleichheit*. Berlijn 1756.

Rubiés, Joan-Pau. 'Ethnography, philosophy and the rise of natural man 1500-1750'. In: Guido Abbattista (red.). *Encountering Otherness. Diversities and Transcultural Experiences in Early Modern European Culture*, Trieste: EUD, 2011, p. 97-127.

Sanford, Charles L. *The Quest for Paradise, European and American Moral Imagination*.
Urbana 1961.

Scheidler, Fabian. *Der Stoff, aus dem wir sind*. München 2021.

Schmitt, Carl. 'Der Begriff des Politischen'. In: *Archiv für Sozialwissenschaften und Sozialpolitik* 58 (1927), p. 1-33.

Schmitt, Carl. *Der Nomos der Erde im Völkerrecht des Jus Publicum Europaeum.* Berlijn 1950.

Schmitt, Carl. *Politische Theologie. Vier Kapitel zur Lehre von der Souveränität.* München, Leipzig 1922.

Schwartz, Benjamin I. *The World of Thought in Ancient China.* Cambridge, Mass. 1985.

Scott, James C. *Against the Grain – A Deep History of the Earliest Times.* New Haven, Londen 2017.

Segarra, Marta. *Humanimales: Abrir las fronteras de lo humano.* Barcelona 2022.

Sennett, Richard. *Flesh and Stone: The Body and the City in Western Civilization.* New York 1994.

Sennett, Richard. *Respect in a World of Inequality.* Penguin, New York, 2003.

Sennett, Richard. *The Corrosion of Character, The Personal Consequences of Work in the New Capitalism.* New York 1998.

Sennett, Richard. *The Culture of the New Capitalism,* Yale 2006.

Sennett, Richard. *The Craftsman.* Londen 2008.

Sennett, Richard. *Together: The Rituals, Pleasures, and Politics of Cooperation.* New Haven, CT 2012.

Serres, Michel. *Le Contrat naturel.* Parijs 1990.

Shapin, Steven. *Never Pure.* Baltimore 2010.

Shapiro, Judith. *Mao's War Against Nature.* Cambridge 2001.

Sharman, J.C. *Empires of the Weak – The Real Story of European Expansion and the Creation of the New World Order.* Princeton, NJ 2019.

Sheldrake, Merlin. *Entangled Life: How Fungi Make Our Worlds, Change Our Minds & Shape Our Futures.* Londen 2020.

Shelley, Percy Bysshe: 'Ozymandias'. In: *Shelley's Poetry and Prose.* Londen 1977.

Soper, Kate. *What is Nature?* Oxford 1995.

Soyfer, Valery N. 'The consequences of political dictatorship for Russian science'. In: *Nature Reviews Genetics* 2, nr. 9, september 2001, p. 723-729.

Spinoza, Baruch de. *Ethica.* Hamburg 2012.

Swift, Jonathan. *Gullivers reizen.* Utrecht 1979.

Testart, Alain. *La déesse et le grain: Trois essais sur les religions néolithiques.* Parijs 2010.

Tiwald, Justin & Bryan W. Van Norden (red.). *Readings in Later Chinese Philosophy: Han Dynasty to the 20th Century.* Indianapolis 2014.

Van Norden, Bryan W. *Introduction to Classical Chinese Philosophy.* Indianapolis 2011.

Van Norden, Bryan W. *Taking Back Philosophy: A Multicultural Manifesto.* New York 2017.

Van Norden, Bryan W. *Virtue Ethics and Consequentialism in Early Chinese Philosophy.* New York 2007.

Vogel, Hans Ulrich & Günter Dux (red.). *Concepts of Nature: A Chinese-European Cross-Cultural Perspective.* Leiden 2010.

Voltaire. *Candide of het optimisme.* Amsterdam 1975.

Voltaire, 'Poème sur le désastre de Lisbonne'. In: idem, *Œuvres complètes de Voltaire*, Garnier 1877.

Voltaire. Traité de métaphysique. *Œuvres complètes de Voltaire.* Garnier 1877.

Weaver, Jace (red.). *Defending Mother Earth: Native American Perspectives on Environmental Justice.* Maryknoll, NY 1996.

Wesel, Uwe. *Der Mythos vom Matriarchat.* Frankfurt/M. 1999.

Whitehead, Alfred North. *The Concept of Nature.* Cambridge 1920.

Whyte, Kyle P. 'Our Ancestor's Dystopia Now: Indigenous Conservation and the Anthropocene'. In: *Routledge Companion to the Environmental Humanities.* Londen 2016.

Williams, Eric. *Capitalism and Slavery.* Londen 2022.

Williams, Eric. *The Economic Aspect of the Abolition of the West Indian Slave Trade and Slavery.* Lanham, Maryland 2014.

Williams, George H. *Wilderness and Paradise in Christian Thought.* New York 1962.

Wiredu, Kwasi (red.). *A Companion to African Philosophy.* Malden, MA 2004.

Xagorari-Gleißner, Maria. *Meter Theon: Die Göttermutter bei den Griechen.* Rutzen, Mainz e.a. 2008.

Yates, Frances. *Giordano Bruno and the Hermetic Tradition.* Londen 1964.
Yaycioglu, Ali. *Partners of the Empire: The Crisis of the Ottoman Order in the Age of Revolutions.* Stanford, California 2016.

Zalasiewicz, Jan. *The Earth After Us.* Oxford 2008.
Zalasiewicz, Jan. *The Planet in a Pebble – A Journey into Earth's Deep History.* Londen 2010.
Zhao, Tingyang. *Alles unter dem Himmel – Vergangenheit und Zukunft der Weltordnung.* Frankfurt/M. 2020.
Zhuangzi. *Wandering on the Way: Early Taoist Parables and Tales of Chuang Tzu.* Honolulu 1997.

Illustratieverantwoording

© Noa Jansma
© NOAA
akg-images
akg-images/arkivi
akg-images/BRITISH LIBRARY/SCIENCE PHOTO LIBRARY
akg-images/Erich Lessing
akg-images/Joseph Martin
Heritage Images/Heritage Art/akg-images
Hervé Champollion/akg-images
mauritius images/Old Visuals
Stiftung Preußischer Kulturbesitz: © Foto: Kunstbibliothek, Staatliche
Museen zu Berlin

Register